Vandenberg · Nero

PHILIPP VANDENBERG

NERO

KAISER UND GOTT KÜNSTLER UND NARR

Gondrom

Lizenzausgabe für Gondrom Verlag GmbH & Co. KG, Bindlach 1991

Covergestaltung: Graphik Design Studio L. Mielau, Wiesbaden
Gesamtherstellung: Wiener Verlag, Himberg bei Wien
ISBN 3-8112-0904-3

Inhalt

I.
Ein Siebzehnjähriger wird Kaiser

Ungeheuer ist viel, doch nichts ist
Ungeheurer als der Mensch.
Sophokles

Rom, 12. Oktober, 54 n. Chr.

»Saltatrices!«

Gellend hallte die Stimme der Kaiserin Agrippina durch die Gänge des Palastes: »Die Tänzerinnen sollen kommen! Saltatrices!«

Wie ein Gespenst rannte Agrippina in einem langen, durchsichtigen, golddurchwirkten Gewand den Korridor entlang, der zum Schlafzimmer des Kaisers führte. Ein Klirren und Rasseln und Klingen kleiner Glöckchen – kichernd, trippelnd, tänzelnd kam ihr eine Schar halbnackter Mädchen entgegen. Das einzige, was die hübschen Kinder am Leib hatten, waren Lederriemchen, Schleifchen und ein paar goldene Kettchen, die im Schein der Fackeln an den Wänden blinkten und glänzten.

Agrippina klatschte ungeduldig in die Hände und wies auf den schweren Vorhang vor dem kaiserlichen Schlafgemach. Es war nicht ungewöhnlich, daß Claudius, Kaiser und Gott des römischen Weltreiches, abends zu später Stunde nach seinen Tänzerinnen verlangte, im Gegenteil, der sinnlich-senile Greis hatte für schöne Frauen mindestens genausoviel übrig wie für Knaben. Und eine tanzende ägyptische Sklavin, die ihm, wenn er bei Tische lag, auf dem glänzenden Mosaikfußboden vorführte, wie sie es mit einer lebenden Schlange trieb, erregte noch immer sein Interesse.

An diesem Abend schien der Göttliche lustlos. Er saß aufrecht in seinem Bett, blickte teilnahmslos auf die Musiker, die an der gegenüberliegenden Wand Aufstellung genommen hatten, und ließ die aufreizenden Bewegungen der Mädchen, das Zurschaustellen ihrer körperlichen Vorzüge ohne jede Regung über sich ergehen. Agrippina beendete den schwülen Reigen mit einem neuerlichen Händeklatschen, dann zeigte sie zur Tür, die Mädchen verschwanden klimpernd.

Die Szene am Abend des 12. Oktober wäre überhaupt nicht erwähnenswert, hätte sich nicht kurz zuvor ein unglaublicher Vorgang abgespielt, den Agrippina jetzt zu vertuschen suchte: Claudius, der dem aufreizenden Treiben so teilnahmslos zugesehen hatte, war tot, vergiftet von seiner Frau Agrippina. Das römische Weltreich war kaiserlos; aber niemand durfte es wissen, zumindest vorläufig nicht – denn für den Nachfolger standen die Sterne nicht günstig.

Agrippina, in erster Ehe verheiratet mit Gnäus Domitius Ahenobarbus, einem Großneffen des Augustus, in zweiter Ehe mit Crispus Passienus, in dritter Ehe mit Kaiser Claudius, hatte bei ihrem teuflischen Plan, den Kaiser umzubringen, an beinahe alles gedacht, nur etwas hatte sie außer acht gelassen: die Sterne. Die Auguren prophezeiten nichts Gutes für die Übernahme der Kaiserwürde durch ihren Sohn Nero. Aber morgen, sagten die Sterndeuter, morgen könnte Nero Erfolg beschieden sein. Also galt es, den Tod des Kaisers Claudius bis zum nächsten Tag zu verheimlichen. Um keinen Verdacht aufkommen zu lassen, mußten die Mädchen tanzen, tanzen vor einem Toten.

Die vorangegangenen Stunden waren selbst für die sprichwörtlichen Zustände im alten Rom ungeheuer dramatisch verlaufen. Julia Agrippina hatte ihren geh- und sprechbehinderten Onkel Claudius vor fünf Jahren gewiß nicht aus Liebe geheiratet, allerdings auch nicht aus Raffgier oder Habsucht. Entscheidend waren einzig und allein taktische Überlegungen gewesen: Agrippina ging es nur darum, die Chancen ihres eigenen Sohnes zu erhöhen, vielleicht doch noch Kaiser zu werden. Und dazu war ihr jedes Mittel recht. Agrippina wollte, daß der sechzigjährige Kaiser ihren dreizehnjährigen Sohn adoptiere.

Claudius erfüllte ihren Wunsch nur widerwillig, weil er die Schwierigkeiten ahnte, die dadurch für die Thronfolge entstehen würden. Schließlich hatte er selbst einen neunjährigen leiblichen

Sohn aus dritter Ehe mit Valeria Messalina. Er liebte den kleinen Britannicus zärtlich, obwohl die Stiefmutter Agrippina immer wieder versuchte, das Kind als schwachsinnigen Epileptiker hinzustellen. Aber gegen seine resolute Gemahlin war der Kaiser machtlos.

Kaiser unter dem Pantoffel

Es war Agrippina gelungen, ihrem Sohn Lucius Domitius Ahenobarbus – so hieß Nero, bevor er Thronfolger wurde – vorzeitig die Männertoga, die sogenannte *Toga virilis* zu verschaffen. Das geschah unter dem fünften Konsulat des Tiberius Claudius und dem des Serbius Cornelius im Jahre 51. Nero war damals gerade vierzehn Jahre alt. Er galt damit als Mann und – was Agrippina noch wichtiger erschien – war zur Übernahme von Staatsgeschäften befähigt. Agrippina veranstaltete damals ein großes Zirkusspektakel, bei dem jeder Besucher eine Geldspende erhielt. Dies war, so hatte sich im kaiserlichen Rom gezeigt, noch immer die einfachste und sicherste Art, sich Freunde zu verschaffen. Nero erschien zu den Spielen im Prachtgewand eines Triumphators, Britannicus in der *Praetexta,* der Knabentoga. Die Zukunft des Jungen, so schien es, war an diesem Tag vorgezeichnet. Ein unwiderstehlicher Arm stieß Nero auf den Weg des Schicksals.

Es gab Tribunen in der Garde, die den jungen Britannicus ob seines künftigen Geschickes öffentlich bemitleideten. Aber sie taten dies nicht lange, eines Tages waren sie verschwunden und durch neue ersetzt. Britannicus bekam von all dem nicht allzuviel mit, nur so viel wußte er: Dieser Stiefbruder war sein Feind. Jedenfalls, berichtet Tacitus, »war kein Mensch so mitleidslos, daß ihn das Schicksal des Britannicus nicht mit Wehmut erfüllte«. Die Stiefmutter Agrippina begegnete ihm mit heuchlerischen Zärtlichkeiten. Das spürte Britannicus, und er spottete oft über ihre zur Schau getragene Zuneigung. Als der Junge eines Tages seinen Stiefbruder, der jetzt den Namen Nero Claudius Cäsar Augustus Germanicus führte, schlicht mit seinem Geburtsnamen »Domitius« anredete, kam es zum offenen Konflikt. Nero hinterbrachte seiner Mutter den demütigenden Affront, diese lief zu Claudius und zeterte:

»Das ist ein Hohn auf die Adoption. All das, was der Senat beschlossen, was das Volk befohlen hat, wird dadurch im eigenen Haus wieder aufgehoben. Und wenn du«, schrie Agrippina ihren kaiserlichen Gemahl an, »den verruchten Leuten, die deinem Sohn zu diesen Feindseligkeiten geraten haben, nicht Einhalt gebietest, dann werden sie den ganzen Staat ins Unglück stürzen!«

Claudius wußte in seiner Hilflosigkeit keinen anderen Rat als – wie Tacitus berichtet – »die besten Erzieher seines Sohnes mit der Verbannung oder mit dem Tod« zu bestrafen. Agrippina wählte neue Erzieher aus. Ihre Macht und ihr Einfluß auf den Kaiser waren so groß, daß Claudius – an dessen Verstandeskräften viele antike Geschichtsschreiber ohnehin zweifelten – allein schon deshalb nicht mehr Herr seiner Sinne war, weil Agrippina ihm jede Entscheidung abnahm.

Ein Dorn im Auge der herrschsüchtigen Gemahlin waren auch die beiden Oberbefehlshaber der Prätorianergarde, Lusius Geta und Rufrius Crispinus. Ihren Äußerungen hatte Agrippina entnommen, daß sie noch immer der von Claudius beseitigten dritten Ehefrau Messalina nachtrauerten. Das erschien ihr zu riskant, da die kaiserliche Leibgarde der Prätorianer, seit Augustus neun Eliteeinheiten unter dem Kommando zweier Präfekten, beim Thronwechsel stets eine bedeutende Rolle spielte. In dieser Schlüsselposition war es ein Leichtes, den Kandidaten ihrer Wahl durchzusetzen. Agrippina wußte das und handelte danach.

Die beiden Kommandanten lägen in Fehde miteinander, meldete Agrippina dem Kaiser, das schaffe Uneinigkeit unter den einzelnen Kohorten. In diesem Fall gebe es nur eine praktikable Lösung: Beide müßten ihres Amtes enthoben und durch einen einzigen Oberbefehlshaber ersetzt werden. Dem alternden Imperator leuchtete das ein. Agrippinas Wahl fiel auf den Militärtribunen Afranius Burrus, und der vergaß dies der Kaiserin sein Leben lang nicht.

Zu dieser Zeit, so behauptet der Historiker Tacitus, sei Agrippina längst dazu entschlossen gewesen, Kaiser Claudius zu beseitigen. Angeblich fehlte es ihr auch nicht an Helfershelfern. Nur über die Todesart war sich die intrigante Kaiserin nicht im klaren. Natürlich bot sich Gift an, die klassische Mordwaffe der Frau. Nur – ein plötzlich wirkendes Gift brachte sie selbst zuallererst in den engsten Kreis der Verdächtigen. Ein langsam wirkendes Gift, das Claudius' Siechtum förderte, konnte andererseits beim Kaiser den Gedanken aufkommen lassen, daß seine Frau dahinterstecke. Beim Herannahen des Todes hätte er dann vielleicht doch noch seinen leiblichen Sohn zum Nachfolger bestimmt. Agrippina wurde nervös.

Zwitterwesen und Mißgeburten verkünden Unheil

Wundergläubig wie sie war, hielt sie die Zeit zum Handeln ganz plötzlich für gekommen. Merkwürdige Vorzeichen kündigten eine bedeutungsvolle Wende des Schicksals an. Die Auguren, jene angesehenen Deuter göttlicher Vorzeichen, prophezeiten dies aufgrund eines wilden Bienenschwarms, der sich auf dem Capitol niedergelassen hatte. Aber auch Blitze, die in römische Feldzeichen und die Zelte der Soldaten eingeschlagen hatten, verwiesen auf ungewöhnliche Ereignisse. Hinzu kam, daß an verschiedenen Orten doppelgeschlechtliche Menschen geboren wurden. Ein Schwein warf ein Ferkel mit Habichtsklauen. Und innerhalb weniger Monate starben die wichtigsten und höchsten Beamten des Staates, ein Konsul, ein Prätor, ein Tribun, ein Ädil und ein Quästor. Seit Menschengedenken war das Römische Reich nicht mehr von einer solchen Fülle von Vorzeichen erschüttert worden. Agrippina schwankte. Waren dies die Zeichen für das Ende der Regierung des Claudius? Kündeten sie den Neubeginn einer besseren Kaiserherrschaft unter Nero an? Oder würde sie mit ihren schändlichen Plänen das Weltreich in ein Chaos stürzen?

Auch Claudius, dem diese Vorzeichen bekannt wurden, beschäftigte sich mit den Erscheinungen. Eines Nachts gestand er nach reichlichem Weingenuß seiner Frau: »Mir ist es vom Schicksal bestimmt, an den Lastern meiner Frauen zuerst Geduld, dann aber Rache zu üben!«

Der Satz traf Agrippina wie ein Keulenschlag. Er klang, als hätte der anscheinend so senile Claudius das Treiben seiner herrschsüchtigen Gemahlin durchschaut. Wußte er mehr? Hatte er bereits Abwehrmaßnahmen getroffen? War ihre Verbannung bereits geplant, ihre Hinrichtung schon vorbereitet?

Für Agrippina gab es jetzt nur eins – handeln. Sie, die sich ihrem Lebensziel schon so nahe gesehen hatte, wurde fast wahnsinnig bei dem Gedanken: ich oder er.

Claudius kränkelte wieder einmal wie so oft in den letzten Jahren. Zweifellos fürchtete er, daß ihm Agrippina mit mäßigen, aber regelmäßigen Giftportionen nach dem Leben trachtete. Wie aber sollte dies geschehen, wo doch Halotus, sein Vorkoster, jeden Bissen probierte, an jedem Getränk nippte, bevor es Claudius vorgesetzt wurde. Jedenfalls reiste der Kaiser ohne Vorankündigung nach Sinuessa ab, in ein nahes Thermalbad an der Via Appia, das wegen seines milden Klimas, seines vorzüglichen Weines und wegen des Landhauses berühmt war, das Cicero sich hier gebaut hatte.

Agrippina war nun vollends verunsichert, ihre Zweifel schlugen in Angst um. Würde Claudius ihr zuvorkommen? Würde er *sie* beseitigen, noch bevor sie zum Zuge gekommen war?

Da kehrte Claudius unerwartet aus Sinuessa nach Rom zurück. Er wirkte gut erholt und war guter Dinge.

Aber gerade das beunruhigte die Kaiserin. Entgegen ihrer sonstigen Gewohnheit, bei allen Vorhaben die Zukunftsdeuter um Rat zu fragen, traf sie sich umgehend mit einer stadtbekannten Giftmischerin. Ihr Name war Locusta, sie stammte aus Gallien und war schon einmal wegen Giftmischerei verurteilt worden, aber glimpflich davongekommen, weil sie den Mächtigen mit ihren Künsten auch weiterhin dienen sollte. Locusta hatte ein Mittel parat, das, so versicherte sie, Halluzinationen hervorrief und zum sicheren Tod führe. Nur, was nütze das sicherste Gift, wenn sich keine Möglichkeit böte, dieses dem Opfer einzuflößen. Jeder Versuch hätte höchstens den Eunuchen Halotus das Leben gekostet. Also gab es nur *einen* Weg, Claudius zu vergiften: Agrippina mußte den Vorkoster Halotus für sich gewinnen.

Es wird ewig ein Geheimnis der Geschichte bleiben, wie Agrippina dies geschafft hat. Der Plan war riskant. Wäre die Kaiserin bei Halotus auf taube Ohren gestoßen, dann hätte er sie wohl auch verraten. Ihr Leben hing an einem seidenen Faden. Aber es war der einzige Weg.

Das Geheimnis der tödlichen Champignons

Tatsache ist: Am Abend des 12. Oktober 54 gab es im Kaiserpalast auf dem Palatin Pilze. Champignons waren die Leibspeise von Kaiser Claudius. Das Mahl nahm seinen gewohnten Gang. Musikanten spielten, während die kaiserliche Familie bei Tische lag. Halotus kostete wie gewohnt jede Speise, jedes Getränk, dann reichte er es Claudius weiter, eine vieltausendmal exerzierte Prozedur, auf deren Ablauf niemand mehr achtete. Und so fiel es wohl auch niemandem auf, daß Halotus aus einer Phiole im Ärmel einige Tropfen einer geruchlosen Flüssigkeit auf einen Champignon träufelte, den er vorher bereits mit größter Selbstverständlichkeit gekostet hatte.

Claudius fühlte sich sichtlich wohl, die Kur in Sinuessa war ihm anscheinend gut bekommen, er war leicht angetrunken und scherzte mit den Musikanten. Doch auf einmal schlug er eine Hand vors Gesicht, wurde bleich; eine Tischsklavin kam mit einer Silberschüssel gerannt. Majestät wollte sich wohl übergeben, auch dies keine Besonderheit bei dem alten Kaiser. Er aß oft, bis er sich erbrach, und tafelte danach munter weiter. Doch diesmal schien es nicht so recht zu klappen, so sehr er auch würgte.

»Einen Arzt, holt einen Arzt!« rief Agrippina erregt. Kurze Zeit später war Xenophon, ein Grieche von der Insel Kos, berühmt wegen seiner Heilkunst, zur Stelle. Und jetzt zeigt sich, wie teuflisch perfekt Agrippina den Mord an ihrem Gatten eingefädelt hatte: Xenophon bat den Kaiser, den Mund weit zu öffnen, er wolle ihm eine Feder einführen, um ihm das Erbrechen zu erleichtern. Der völlig apathische Claudius bemerkte nicht, wie Xenophon die Feder in ein Fläschchen tauchte, das genauso aussah wie jenes, das sein Vorkoster Halotus im Ärmel versteckt hatte.

Agrippina drängte inzwischen alle Anwesenden bis auf Britannicus und seine beiden Schwestern aus dem Speisesaal. Der Kaiser setzte sich auf; mühsam und mit schmerzverzerrtem Gesicht riß er den Mund auf, Xenophon steckte ihm die Feder in den Schlund, Claudius bäumte sich auf, sackte röchelnd zusammen. Der Arzt konnte dem Sterbenden nicht einmal mehr die Feder aus dem Rachen ziehen: Voll Entsetzen starrten Britannicus, Octavia und Antonia auf den Federkiel, der aus dem Mund ihres Vaters ragte. Auch Agrippina mimte Bestürzung.

Während der Arzt mühevoll die Feder aus dem Rachen des toten Kaisers entfernte, winkte Agrippina einen Diener zu sich und flüsterte ihm etwas zu. Der verschwand. Dann zitierte sie einen zweiten herbei und gab auch diesem, für die Anwesenden nicht zu verstehen, einen Auftrag.

Der zwölfjährige Britannicus weinte bitterlich. Agrippina ging auf den Jungen zu, umarmte ihn und versuchte, scheinbar selbst vom Schmerz überwältigt, ihn zu trösten. Schluchzend klagte sie, Claudius werde ihr ewig in Erinnerung bleiben, und sie habe ja noch ihn, Britannicus, er sei das leibhaftige Ebenbild seines Vaters.

Ihr Schmerz schien jäh zu enden, als einer der beiden Boten zurückkehrte und Agrippina etwas ins Ohr flüsterte. Starr vor Entsetzen stand sie da, blickte auf den toten Kaiser, es schien, als sei sie aus einem Traum erwacht. Soeben hatten die Auguren verkündet, die Vorzeichen stünden denkbar schlecht für einen neuen Kaiser – zumindest am heutigen Tag.

Tiefhängende, schwarze Wolken jagten über die Stadt, ein Unwetter braute sich über dem Palatin zusammen. Der tote Kaiser Claudius saß, in Tücher eingehüllt, mit starr geradeaus gerichtetem Blick in seinem Bett. Es war Nacht, eine unheimliche Nacht.

Nur eine Frau wie Agrippina, eiskalt und gefühllos, rigoros in der Verfolgung ihrer Ziele, behielt in dieser Situation die Nerven. Das römische Weltreich, siebzig Millionen Menschen waren ohne Kaiser, ihr aller Schicksal lag in den Händen einer herrschsüchtigen Frau, ein Koloß war gelähmt, handlungsunfähig. Aber es war nur eine Handvoll Menschen, die davon wußte.

Der zweite Bote, der von Agrippina losgeschickt worden war, hatte den Senat verständigt, aber nicht etwa vom Ableben des Imperators, nein, es gehe ihm schlecht, richtete er aus. Noch in der Nacht traten die Senatoren zusammen, um über den Eventualfall zu beraten. In der Stadt wurden Krankenberichte angeschlagen, in denen der Zustand des Cäsars als ernst bezeichnet wurde. Claudius befinde sich jedoch wieder auf dem Wege der Besserung.

Immer noch saß der tote Kaiser aufrecht in seinem Bett. Agrippina rief abermals nach den Musikanten.

»Was wollt Ihr hören?« trat Agrippina an den erstarrten Claudius heran. Als keine Antwort kam, hieß sie die Kapelle etwas Aufheiterndes spielen. Inzwischen legte sie der Leiche des verblichenen Gatten feuchte Umschläge auf die Stirn. Beherrscht spielte die Kaiserinwitwe die grauenhafte Tragödie zu Ende. Sie mußte den Tod des Imperators bis zum nächsten Tag verheimlichen.

Hundertachtzig Millionen: der Preis für einen Kaiser

Um nicht Gefahr zu laufen, von einem ihrer Mitwisser verraten zu werden, bat Agrippina Burrus, den Kommandanten der Leibgarde, den Palast hermetisch abzuriegeln. Niemand durfte den Palatin verlassen. Der Prätorianerpräfekt konnte sich nun revanchieren. Schließlich war die Kaiserin es gewesen, die ihm diesen einflußreichen Posten verschafft hatte.

Er, Neros Erzieher Seneca und ihr Berater und Liebhaber Pallas waren in diesen entscheidenden Stunden bei Agrippina. Burrus erklärte ohne Umschweife, er habe mit den Soldaten bereits die Möglichkeit des Ablebens des Imperators und eine eventuelle Nachfolge des jungen Nero erörtert. Die Prätorianer seien im Prinzip einverstanden, aber jeder Leibgardist verlange fünfzehntausend Sesterzen Handgeld, eine Summe, die nach heutiger Kaufkraft etwa ebensoviel Deutschen Mark entspricht. Claudius habe bei seiner unverhofften Thronübernahme genausoviel zahlen müssen. Pallas, mit dem Vermögen Agrippinas bestens vertraut, rechnete und kam auf die Summe von hundertachzig Millionen, das war selbst für eine Kaiserin nicht wenig. Doch es blieb nichts anderes übrig, man mußte den Prätorianern ihre Zustimmung abkaufen. Mit dieser Elitetruppe im Rücken war selbst ein Possenreißer schon ein halber Kaiser.

Das
RÖMISCHE WELTREICH
um die Mitte des 1. Jahrhunderts n. Chr.
0 200 400 600
Kilometer
0 100 200 300 400
Römische Meilen
25 v. Jahr der Einverleibung
HIBERNIA
seit 71
Eburacum
59
BRITANNIA
43 n.
Londinium
Oceanus Germanicus
Chersonesus Cimbrica
SCAN
Frisii
Albis
9-12 n.
OCEANUS ATLANTICUS
Oceanus Britannicus
Germania Inf.
Colonia Agr
GERM
Belgica
57-51 v.
38/52
Aug. Trever.
Durocortorum
Lutetia
Sequana
Mosa
(Limes)
Sup.
83
Rhenus
Lugdunensis
Liger
Caesarodunum
GALLIA
58-51 v.
Augusta Vindel.
Regina Castra
Danuvius
RAETIA
15 v.
NORICUM
Virunum
Garumna
Aquitania
Burdigala
Lugdunum
Narbonensis
Rhodanus
Mediolanum
Aquileja
Gallaecia
Asturia
17 v.
Bracara Augusta
Durius
Clunia
Tarraconensis
Iberus
Narbo
121
15
Bononia
Ravenna
Massilia
46
Caesaraugusta
Scallabis
HISPANIA
Tagus
Tarraco
Lusitania
133
Emerita Augusta
181/133 v.
Anas
Baetica
Corduba
Hispalis
206/197 v.
Carthago Nova
Mare Balearicum
Baleares 123 v.
CORSICA 238 v.
SARDINIA 238 v.
Tiberis
ITALIA
ROMA
Capua
Mare Tyrrhenum
Tingis
Mare Ibericum
MARE
Caesarea
MAURETANIA
Tingitana
26 v./42 n.
Caesariendis
Cirta
46 v.
Numidia
Carthago
146 v.
241 v.
SICILIA
AFRICA
Syrtica
106 v.

SARMATIA
Vistula
Borysthenes
Tanais
Rha
Tyras
Tisia
Danuvius
REGNUM BOSPORI
47 v./14 n.
DACIA
107 n.
Sirmium
Sarmizegetusa
Ister
PONTUS EUXINUS
Odessus
Superior MOESIA Inferior
29 v.
Trapezus
Amastris
PAPHLA-CONIA
64
PONTUS
63 n.
ARMENIA MINOR
64 n.
ARMENIA
Philippopolis
THRACIA
45 n.
Byzantium
BITHYNIA
74
Nicomedia
146 v.
MACEDONIA
Thessalonice
Mysia
GALATIA
25
CAPPADOCIA
17 n.
Caesarea
Mazaca
Tigris
168 v.
EPIRUS
Mare Aegaeum
ASIA
133 v.
Phrygia
25
LYCAONIA
12 n.
Comagene
MESOPOTAMIA
Tarsus
Antiochia
Euphrates
ACHAIA
146
Athenae
Corithus
Ephesus
PAMPHYLIA
103
CILICIA
64
LYCIA
74
SYRIA
64 v.
44 n.
Cyprus
58
67 v.
Creta
Damascus
Tyrus
64
Caesarea
Hierosolyma
R N U M
ARABIA
Apollonia
Cyrene
74 v.
CYRENAICA
20 v.
Marmarica
Alexandria
Petra
Heliopolis
Memphis
AEGYPTUS
Nilus
30 v.
Hermopolis
Thebae
Sinus Arabicus

Seneca, der den Verhandlungen angstvoll beiwohnte, wagte keinen Einwand. Der vom Schicksal schwer geprüfte Erzieher Neros war ein Philosoph von Rang und ein glänzender Schriftsteller, aber auch ein Konformist, der stets nach dem Grundsatz handelte: Wes' Brot ich eß, des' Lied ich sing'. Agrippina verdankte er vor fünf Jahren seine Rückkehr aus der korsischen Verbannung, und er war sich natürlich bewußt, daß er mit Nero nicht nur den Adoptivsohn des Kaisers Claudius, sondern den Thronfolger unter seinen Fittichen hatte. Nur, daß dieser schon mit siebzehn Prinzeps würde, damit hatte selbst Seneca nicht gerechnet.

Der rechtmäßige Thronfolger Britannicus aus Claudius' dritter Ehe mit Messalina war von Agrippina inzwischen in einem Nebengemach eingeschlossen worden. Auch Octavia, mit der Nero seit einem Jahr offiziell verheiratet war, befand sich irgendwo im Palast. Ebenso Antonia, eine Tochter aus der ersten Ehe des Claudius. Ungewiß ist, ob Nero selbst in das Mordkomplott seiner Mutter eingeweiht war. Wahrscheinlich wußte er von all dem nichts, denn kein einziger antiker Historiker spielt auf seine Mittäterschaft an.

Für den Fall des Ablebens von Kaiser Claudius forderte der römische Senat, der inzwischen beinahe vollzählig in der Curie tagte, jene Rechte zurück, die ihm von Claudius entzogen worden waren. Boten brachten einen entsprechenden Beschluß des Gremiums zum Palatin. Er enthielt auch den Hinweis, daß die Senatoren bei Erfüllung dieser Forderung gegen Nero als Nachfolger von Claudius nichts einzuwenden hätten. Agrippina tobte wegen der Auflagen, wurde aber durch Senecas Zureden beschwichtigt. In dieser Situation sei kaum Zeit für lange Verhandlungen. Die Kaiserin gab nach. Damit waren dem neuen Prinzeps alle Wege geebnet.

Über den sieben Hügeln Roms graute der Morgen. Regengüsse peitschten noch immer über die Stadt. Die Straßen waren menschenleer. Es schien, als halte die Metropole den Atem an. An diesem 13. Oktober 54 würde das Weltreich einen neuen Kaiser bekommen.

Um die Mittagsstunde, so orakelten die zum Palast zitierten Astrologen und Auguren, sei den Göttern ein neuer Kaiser genehm, bis dahin werde als sichtbares Zeichen dafür auch das Unwetter abziehen. Seneca und Agrippina hatten inzwischen Nero eingeweiht. Doch der nahm, als wüßte er, was ihm bevorstand, die angebotene Macht eher widerwillig entgegen. Schließlich hatte er nie ein Hehl daraus gemacht, daß ihm an der Kaiserwürde nichts gelegen war: Bildhauer, Maler, Sänger, Wagenlenker – ja; aber Kaiser? Und noch dazu in so jungen Jahren?

Doch es bedurfte nur einiger mit Härte und Bestimmtheit vorgetragener Sätze seiner Mutter Agrippina, und Nero gab jeden Widerstand auf. Erst jetzt erfolgte die offizielle Bekanntgabe vom Tod des Kaisers Claudius. Sogleich begann Seneca, mit seinem Schützling die Leichenrede auf Claudius einzustudieren. Traditionsgemäß war die Laudatio auf den Vorgänger das erste öffentliche Auftreten des neuen Kaisers und damit ein Prüfstein; denn ein Prinzeps, der reden konnte, begeisterte die Römer allemal. Augustus galt als besonders schlagfertig, und er sprach schnell, Tiberius dagegen redete langsam, allerdings – meint Tacitus – waren seine Worte gehaltvoll und nicht ohne Absicht zweideutig. Sogar Caligula, der allgemein als verrückt galt, war ein faszinierender Redner, und selbst der senile Claudius fand bei den Römern Anerkennung, weil er so gewählt sprach. Nero aber war erst siebzehn. Gewiß, er war gescheit, sprach fließend Griechisch, aber um ein großer Redner zu sein, war er einfach zu jung. Deshalb hatte Seneca alle anstehenden Reden bereits vorgeschrieben.

Während der Lehrmeister wichtige Sätze immer und immer wieder deklamierte, blickte Nero besorgt zum Fenster hinaus. Noch immer verdunkelten schwarze Wolken den Himmel, und obwohl es bereits auf Mittag zuging, ließen die angekündigten günstigen Vorzeichen auf sich warten. Es goß in Strömen.

Intime Erinnerungen an eine Sänfte

Die schweren Regengüsse erregten vor allem deshalb das Unbehagen des designierten Kaisers, weil er sich, wie der Brauch es verlangte, zunächst auf seinem schönsten Pferd zur Prätorianerkaserne zu begeben hatte. Das Lager befand sich zwölf Kilometer nordöstlich des Stadtzentrums zwischen der Via Nomentana und der Via Collatina. Bei diesem Wetter, befürchtete Nero, würde er wohl vollkommen durchnäßt und von oben bis unten mit Dreck besudelt dort ankommen – nicht gerade das Idealbild eines Kaisers.

Auch Agrippina mißfiel dieser Plan. Sie ließ für ihren Sohn eine Prunksänfte herbeischaffen. Die Ankündigung, er werde in dieser Sänfte zur Kaserne getragen, löste bei Nero allerdings zwiespältige Gefühle aus, denn in ihr hatte ihn seine schöne Mutter in die Geheimnisse der Liebe eingeweiht. Während vier Sklaven die Tragekabine einst im Laufschritt durch die Stadt schleppten, hatte Agrippina sich entkleidet und Neros Hände über ihren Körper geführt, bis der Junge zum Orgasmus kam, manchmal mehrmals hintereinander. Jedenfalls »hätten ihn die Flecken an seiner Kleidung verraten«, berichtet der Chronist Sueton.

Gegen Mittag war es endlich soweit. Die Tore des Kaiserpalastes wurden geöffnet. Gebannt starrten die Soldaten der wacheschiebenden Kohorte auf das Portal. Als erster erschien Burrus, hob die Hand zum Gruß. Hinter ihm tauchte Nero auf, in Purpur gehüllt, das rötliche Haar auch an den Wangen nach vorn gekämmt, stiernackig, blauäugig, blaßhäutig, aber durchaus nicht häßlich. Neben ihm stand Agrippina, mit ihren neununddreißig Jahren stattlich anzuschauen, groß, schlank, das Haar züchtig zurückgekämmt, die Anspannung des Augenblickes stand ihr ins Gesicht geschrieben. Octavia, Seneca und Pallas hielten sich im Hintergrund.

»Wo ist Britannicus?« raunte einer der Soldaten. Man reckte die Hälse, hob die Schultern, sah sich fragend an. In diesem Augenblick erscholl von irgendwoher der Ruf: »Es lebe der Cäsar! Es lebe Kaiser Nero!« Das Häuflein Soldaten stimmte in den Jubelruf ein.

Nero lächelte gezwungen, hob beide Arme zum Gruß, sagte aber kein Wort, er schritt die breite Freitreppe hinunter, wo die Sänfte auf ihn wartete. Agrippina blieb zurück. Hinter der Sänfte setzte sich eine Reiterschar in Bewegung, angeführt von Burrus und Seneca, denen der Regen ins Gesicht peitschte. War dies ein schlechtes Omen für die bevorstehende Akklamation im Prätorianerlager?

Nein, die Auguren sollten recht behalten. Nero wurde mit Jubel empfangen. »Heil Nero«, schrien die Soldaten, »heil dir, Cäsar!« Nero sprach die wohlgesetzten Worte, wie er sie mit Seneca einstudiert hatte, versprach – und das war für die Prätorianer das wichtigste – einem jeden die gleiche Summe, wie sie sein Stiefvater Claudius beim Regierungsantritt verteilt hatte. Das größte Hindernis auf dem Weg zum Kaiserthron war damit beseitigt. Jetzt stand noch die formelle Bestätigung durch den Senat aus.

Gewisse Zugeständnisse an die sechshundert Mitglieder des höchsten Reichsadels hatte Agrippina bereits zugesichert, so daß von dieser Seite Einwände kaum zu befürchten waren. Offen war allerdings, wie der Rat der Alten auf die Jugend des neuen Prinzeps reagieren würde. Noch nie war das Weltreich von einem Jüngling regiert worden. Der göttliche Augustus war sechsunddreißig, als er die Regierung antrat, Tiberius sechsundfünfzig, Claudius fünfzig, und selbst der jüngste unter ihnen, Agrippinas Bruder Caligula, war fünfundzwanzig und damit acht Jahre älter, als ihm die Kaiserwürde übertragen wurde.

Mutter und Sohn

Auf die Anwesenheit bei der Akklamation durch die Prätorianer hatte Agrippina weise verzichtet. Sie wollte die Soldaten nicht provozieren. Niemand sollte in dieser Stunde auf die Idee kommen, daß hinter allen militärischen Befehlen des Cäsars eine Frau stand. Anders im Senat. In diesem politischen Gremium wußte jeder, daß nicht ein Siebzehnjähriger die Welt regieren würde, sondern die neununddreißigjährige »Augusta«.

Dieser kaiserliche Ehrentitel war ihr in Anlehnung an den vergöttlichten Kaiser Augustus von ihrem dritten Gemahl Claudius verliehen worden. Denn keine Frau hatte so große politische Erfahrung wie sie; Agrippina war die Tochter des legendären Feldherrn Germanicus, sie war Schwester und Bettgespielin des Kaisers Caligula, Gattin und Regentin des senilen Kaisers Claudius und nun auch noch Mutter und Bettgenossin eines weiteren Kaisers.

»Heil dir, Nero Cäsar Augustus Germanicus!« erscholl es aus den Kehlen der Alten, als der junge Kaiser die Stufen zur Curie emporstieg. Nero streckte die Rechte zum Gruß aus, während er zur Stirnseite des kahlen hohen Versammlungsraumes schritt. Dort hatte bereits Agrippina Platz genommen. Seneca wich Nero nicht von der Seite. Sein Schützling stand vor seiner ersten großen Bewährungsprobe. Gewiß, der Thronwechsel wurde von den Senatoren bereits akzeptiert, aber ob die würdigen Herren Nero auch als Persönlichkeit Achtung entgegenbrachten, das sollte sich jetzt zeigen, wenn der Siebzehnjährige seine erste Rede als Kaiser hielt.

Es war dies nicht sein erster Auftritt vor dem Senat. Nach seiner Volljährigkeitserklärung vor drei Jahren hatte der junge Mann vor diesem Gremium bereits mit viel Geschick für ein Anliegen der Bewohner von Bononia plädiert. Das heutige Bologna war von einem verheerenden Stadtbrand verwüstet worden, und seine Bewohner hatten in Rom um Hilfe gebeten. In fließendem Griechisch hatte er sich ein andermal vor dem Senat für einen Hilferuf aus dem syrischen Apamea und für Bittschriften aus Rhodos und Troja eingesetzt. Das waren nichts anderes als von Seneca entworfene Redeübungen, zu denen Agrippina den Auftrag gegeben hatte. Nun galt es, diese Achtungserfolge zu bestätigen.

»Meine Herren Senatoren!« begann Nero seine einstudierte Rede. »Ich bin jung und weiß nichts von Bürgerkriegen und inneren Zwistigkeiten, ich bringe keinen Haß mit, keine Kränkungen, die ich erlitten habe, und keine Rachegelüste.«

Münze des Nero. Die Rückseite zeigt den Hafen von Ostia.

Dieser eine Satz, der nur der geschickten Redekunst eines Seneca zu verdanken war, nahm bereits allen potentiellen Kritikern der Jugend des neuen Kaisers den Wind aus den Segeln. Jugend hatte in dieser wirren Zeit auch etwas Gutes, bedeutete sie doch, daß der neue Kaiser nicht an den komplizierten Verstrickungen der römischen Politik beteiligt war; ein deutlicher Hinweis auf Claudius, der zu keiner Zeit Herr seiner eigenen Entscheidungen war.

Nero entwarf dann ein Konzept seiner künftigen Regierung und setzte sich dabei deutlich von seinem Vorgänger ab: »Ich werde mich nicht zum Richter in allen Händeln machen, so daß, wenn sich Ankläger und Angeklagte unter *einem* Dach befänden, nur die Macht einiger weniger gilt. In meinem Haus wird nichts käuflich oder einer Günstlingswirtschaft zugänglich sein. Getrennt sollen Staat und Hofstaat sein. Der Senat soll seine alten Rechte behalten!«

Tosender Applaus schallte dem neuen Cäsar entgegen, Heilrufe und »Lang lebe Nero!«. Agrippina beobachtete den grandiosen Auftritt ihres Sohnes scheinbar teilnahmslos, doch ihre Erregung war groß. Seneca hatte in der Tat den Nerv der ehrwürdigen Herren getroffen, der Senat von Rom jubelte Nero zu.

Wie lange hatte Agrippina für diesen Augenblick gelebt! Was alles hatte sie dafür auf sich genommen! Fünf Jahre Ehe mit einem unappetitlichen, geistesschwachen Kaiser, fünf Jahre Angst vor Attentaten, vor der Mißgunst der Verwandtschaft. Wie viele Mordpläne hatte sie ausgeheckt, durchgespielt, wieder verworfen. Wie viele Millionen hatte sie verschleudert, um sich Freunde zu erkaufen! Wie viele Ämter hatte sie, nachdem sie Claudius beschwatzte, neu besetzt! Wie viele Menschen auf dem Gewissen?

So hörte Agrippina die programmatische Rede ihres Sohnes nur aus weiter Ferne: Sein Versprechen, er selbst werde für die ihm anvertrauten Heere sorgen, den Hinweis, Italien und die Senatsprovinzen hätten sich mit ihren Sorgen an das Tribunal der Konsuln zu wenden, und das Verbot, sich die Richter eines Prozesses zu kaufen. »Heil dir, Nero Claudius Cäsar!« Die immer wiederkehrenden Rufe versetzten Agrippina in eine Art Trance. Ihr Sohn, dieser siebzehnjährige Junge, war Kaiser des Römischen Reiches, der jüngste, der je den Thron bestiegen hatte!

Der neue Cäsar wurde vom Senat mit allen erdenklichen Ehrenbezeigungen überhäuft. Nero wußte nicht, wie ihm geschah. Hilfesuchend sah er sich bisweilen nach seinem Lehrmeister Seneca um. Der nickte ermutigend. Nur einmal, als ihm die Senatoren den Ehrentitel »Pater patriae – Vater des Vaterlandes« antrugen, nahm Seneca seinen Schützling kurz beiseite. Darauf bedankte sich Nero für die Ehrerbietung, bat aber gleichzeitig um Verständnis, wenn er den Titel nicht annehme, er fühle sich dafür ganz einfach zu jung. Damit hatte er die letzten Skeptiker unter den altehrwürdigen Herren auf seiner Seite.

Die Sitzung des Senates dauerte bis in die frühen Abendstunden. Zu guter Letzt wurde auch Agrippina geehrt. Die Senatoren erkannten ihr zwei Liktoren zu. Das waren beamtete Diener. Sie trugen zum Zeichen ihrer Amtsgewalt, die bis zum Scharfrichterdienst ging, Rutenbündel und bahnten ihrer Herrin in der Öffentlichkeit den Weg, klopften an Türen und verhandelten mit Leuten, mit denen die Kaiserinmutter selbst nicht reden wollte. Jetzt, zum Zeichen der Trauer schwarzgekleidet, trugen sie die Rutenbündel mit der Spitze nach unten. Agrippina wurde vom Senat außerdem das Priesteramt für den Genius des verstorbenen Kaisers übertragen. Sie wurde also Priesterin und zählte damit zu den angesehensten Frauen Roms. Das Amt war notwendig geworden, nachdem die Senatoren göttliche Verehrung für den verblichenen Claudius beschlossen hatten.

Als sich die hohen Bronzetüren der Curie endlich öffneten, war das Forum voller Menschen. »Heil dir, Nero Claudius Cäsar!« Ganz Rom war auf den Beinen, nur mit Mühe konnte sich der Zug des neuen Prinzeps den Weg über die Via Sacra zum Palatin bahnen. »Ave Nero Claudius Cäsar!« schallte es Nero aus hunderttausend Kehlen entgegen. Der jugendliche Kaiser wurde von vier Sklaven in seiner Sänfte stoßend und schiebend durch die Volksmenge getragen. Ihm gegenüber saß seine Mutter Agrippina. Der Stolz stand ihr ins Gesicht geschrieben. »Heil dir, Nero, Heil!«

Wie ein Lauffeuer hatte sich die Nachricht vom Tod des alten Claudius verbreitet. Der Kaiser ist tot! Das klang nicht sehr traurig. Das feierwütige Volk von Rom wußte, ein neuer Kaiser bedeutete eine Reihe neuer Festtage und kostenlose Getreiderationen. Außerdem hatte es sich schon herumgesprochen: Vierhundert Sesterzen sollten pro Kopf in der Bevölkerung verteilt werden, das Monatsgehalt eines Arbeiters. »Heil dir, Nero!«

Kein Platz für Rivalen

Noch in der Nacht, während im kaiserlichen Palast die Vorbereitungen für die Beisetzung des Claudius abliefen, bereitete Agrippina ihren nächsten Mord vor. Sie schickte einen Boten mit einer persönlichen Botschaft nach Kleinasien. Adressiert war der Auftrag an Publius Celer, einen römischen Adeligen, und einen Freigelassenen namens Helius, beide Prokuratoren des kaiserlichen Privatbesitzes in Asien. Sein Inhalt: Junius Silanus, Prokonsul von Asien, muß sterben, und zwar sofort.

Die Eile Agrippinas hatte einen besonderen Grund. Neros Mutter fürchtete die Rache des Prokonsuls, sie hatte vor fünf Jahren seinen jüngeren Bruder zum Selbstmord getrieben, weil der Siebzehnjährige sich erlaubt hatte, um die Hand der damals erst zweijährigen Octavia anzuhalten.

Verlöbnisse in so jungen Jahren waren durchaus nicht ungewöhnlich, und der junge Mann konnte nicht ahnen, daß Agrippina die kleine Octavia für ihren damals erst fünfjährigen Sohn Lucius Domitius vorgesehen hatte. Deshalb verbreitete Agrippina das Gerücht, der Bruder des Silanus, der es immerhin schon bis zum Prätor gebracht hatte, unterhalte ein Verhältnis mit seiner ebenso schönen wie leichtfertigen Schwester.

Zwar wußte jedermann in Rom, daß Agrippina sich jahrelang ihrem eigenen Bruder Caligula hingegeben hatte, aber es gab da das Sprichwort: *»Quod licet Jovi, non licet bovi«* – zu deutsch etwa: Was Jupiter darf, das ist dem kleinen Mann noch lange nicht erlaubt. Der Silanus-Bruder wurde jedenfalls durch ein censorisches Edikt aus dem Senatorenstand ausgestoßen, er verlor sein Prätorenamt. Claudius löste die Verlobung auf. Drei Tage später, am 1. Januar 49, beging der Unglückliche Selbstmord.

Aber nicht nur die Rache des Junius Silanus mußte Agrippina fürchten. Silanus war zudem noch ein Urenkel des Kaisers Augustus! Für den Fall, daß Nero etwas zustieß, konnte er Anspruch auf den Kaiserthron erheben. Schon allein deshalb mußte er sterben.

In derselben Nacht ließ Agrippina auch Narcissus verhaften, einen stadtbekannten Intriganten. Er hatte es unter Claudius innerhalb weniger Jahre vom freigelassenen Sklaven zu einem der reichsten Männer Roms gebracht. Sein Vermögen, so erzählte man, soll vierhundert Millionen Sesterzen betragen haben.

Die schmierige Art dieses Mannes hatte bei Claudius Anklang gefunden. Er war es, der dem in Ostia weilenden Kaiser verriet, daß seine Frau Messalina mit dem Schönling Gaius Silius ein Verhältnis habe. Dabei machten die beiden aus ihrer Liebesbeziehung gar kein Geheimnis. Messalina überhäufte den verheirateten jungen Mann mit Geld und Ehrenämtern und brachte es sogar fertig, daß dessen Ehefrau Julia Silana eines Tages, als Messalina wieder einmal samt Hofstaat bei ihrem Liebhaber erschien, das Feld räumte. Narcissus überzeugte den Kaiser davon, daß er dies nicht hinnehmen könne, und leitete die Ermordung des lasterhaften Weibes in die Wege. Eigentlich hätte Agrippina dem Narcissus für diese Tat dankbar sein müssen, blieb sie doch ihr selbst erspart. Allerdings hatte Narcissus damals den Fehler begangen, dem Kaiser von einer Verbindung mit Agrippina abzuraten. Und das hatte ihm die Kaiserin nie vergessen. Narcissus wurde in ein finsteres Kerkerloch geworfen und wenig später am Grab der Messalina hingerichtet.

Von all dem wußte Nero nichts. Er sann, nachdem der Trubel dieses ersten Tages als Kaiser des römischen Weltreiches vergangen war, über seine Zukunft nach – und er war nicht gerade glücklich. Mit einem Schlag, so schien es, waren alle seine Träume ausgeträumt. Statt singen würde er nun Reden halten müssen, statt Gedichte zu schreiben, würde er nun Todesurteile unterzeichnen müssen, statt Wagenrennen standen ihm unbequeme Reisen in die Provinzen bevor. Nie würde er Weltruhm als Bildhauer erlangen können, alle seine Pläne, Schauspieler oder Tänzer zu werden, mußte er nun begraben. Seine Mutter hatte es so gewollt, gefragt hatte sie ihn nicht.

Der Tribun der Palastwache riß Nero aus seinen Träumen: »Cäsar, wie soll die Parole für heute nacht lauten?« – Nero überlegte, dann sagte er zögernd: »Mutter ist die allerbeste!«

II.
Nero und seine Zeit

Wer die grauenvollen Geschehnisse jener Zeiten durch mich oder andere Geschichtsschreiber kennenlernen will, soll vorweg wissen, daß für jede Verbannung und jeden Mord, den der Kaiser befahl, den Göttern Dank abgestattet wurde.
Tacitus

Auf dem Marsfeld rauchte ein riesiger Scheiterhaufen. Obenauf der Leichnam des toten Kaisers. Claudius erhielt ein Staatsbegräbnis, das dem des Kaisers Augustus in nichts nachstand. Ganz Rom war auf den Beinen; zum einen war Claudius beim Volk nicht unbeliebt gewesen, zum anderen wollten alle den neuen Kaiser begutachten. Ein Siebzehnjähriger als Prinzeps war für römische Verhältnisse neu und damit interessant.

Inzwischen wurde auch bereits das Gerücht in der Stadt verbreitet, Claudius sei, wie sein Vorgänger Caligula, keines natürlichen Todes gestorben. Aus der Leichenrede, die traditionsgemäß der Nachfolger zu halten hatte, erhoffte man nähere Aufschlüsse.

Wie tags zuvor begann Nero seine von Seneca verfaßte Rede bravourös. Er ging auf das hohe Alter des Kaisergeschlechts ein, zählte die Konsulate und Triumphe der Vorfahren auf und wies darauf hin, daß unter Claudius' Regierung Rom keinerlei Verluste erlitten habe. Beifall unterbrach wiederholt seine Ansprache. Er wußte mit großem Ernst die wissenschaftlich-historischen Studien seines Stiefvaters zu würdigen, erntete aber spöttisches Gelächter, als er auf »die Weisheit und Umsicht« des Kaisers zu sprechen kam. In der Rede fehlte auch die leiseste Andeutung eines Konfliktes, jede Art von überheblicher Anspielung. Die Römer waren enttäuscht, der Skandal blieb aus.

Claudius wurde wie Augustus vier Jahrzehnte zuvor zum Gott erhoben, der Kult des Divus Augustus mit dem Divus Claudius vereinigt. Münzen mit der Aufschrift »Divus Claudius Augustus« bestätigten den feierlichen Beschluß.

Die perfekte Regie dieser ganzen Inszenierung lag in den Händen Agrippinas. Sie hatte heimlich das Testament des Claudius vernichtet, das vermutlich Britannicus die gleichen Rechte einräumte wie Nero, und auch die Vergöttlichung des Kaisers sollte keineswegs nur dem ewigen Andenken von Claudius dienen, sondern trug auch zur Erhöhung ihres eigenen Ansehens im römischen Volk bei: Agrippina war nun die Exgemahlin eines Gottes!

Um Nero zu begreifen, um den Ablauf einer der aufregendsten Epochen der römischen Kaiserzeit verstehen zu können, müssen wir zuerst Julia Agrippina kennenlernen, dieses zwiegesichtige Weib, aufopfernde Nonne und laszive Hure, Dienerin und Herrschsüchtige, opferbereite Mutter und eiskalte Mörderin.

Ihr Leben ist eng verknüpft mit dem Leben von vier römischen Kaisern. In Agrippina begegnet uns ein erregendes Stück römischer Geschichte.

Die Schlüsselfigur im Leben Agrippinas: ihr Vater

Es besteht kein Zweifel, daß diese Agrippina eine Frau von außergewöhnlicher Intelligenz, seltener Schönheit, ausnehmender Eitelkeit und einzigartigem Geltungsbedürfnis war. Der Schlüssel zum Verständnis ihres ungewöhnlichen Charakters liegt wohl bei ihrem Vater Germanicus. Zeit ihres Lebens hat Julia Agrippina daran gelitten, daß dieser strahlende Volksheld, ihr Vater, nicht der Nachfolger des göttlichen Augustus geworden war, und er – erst vierunddreißigjährig – starb, als sie selbst gerade vier Jahre alt war. Nie konnte sie den lodernden Scheiterhaufen auf dem Marktplatz von Antiochia vergessen, auf dem die Leiche ihres Vaters verbrannt wurde. Nie ging ihr das Bild aus dem Sinn, wie ihre Mutter mit den sechs Kindern das Schiff bestieg, um nach Rom zurückzufahren, in den Händen die Urne mit der Asche ihres Vaters.

Germanicus war das Idealbild eines Römers. »Seine Wohlgestalt und Stärke«, schreibt der Historiker Sueton, »waren unvergleich-

Grabmonument des Poblicius in Colonia Agrippinensis.

lich, sein Geist in griechischer und römischer Beredsamkeit und Literatur hochgebildet, er besaß seltene Liebenswürdigkeit und ein bewunderungswürdiges, des Erfolges sicheres Streben, sich die Gunst der Menschen zu erwerben und ihre Liebe zu gewinnen.« Das schlichte und bescheidene Auftreten ihres Vaters und sein Schicksal müssen noch viele Jahre nach dessen Tod Agrippina so beeinflußt haben, daß sie zu der Erkenntnis gelangte: Das gegenteilige Verhalten nützt dir und deiner Karriere mehr. Germanicus war gütig und tolerant gegenüber jedermann; sogar als offenkundig wurde, daß der syrische Statthalter Piso ihm mit Gift nach dem Leben trachtete, kündigte er ihm, nach Altvätersitte, die Freundschaft – mehr aber nicht.

Germanicus, der Vater von Agrippina und Caligula, der Sohn des Nero Claudius Drusus und der jüngeren Antonia war als solcher wiederum Enkel der Livia Augusta und des Marc Anton, ein Neffe des Tiberius und ein Großneffe des Augustus. Bei soviel edler Verwandtschaft war er für die Nachfolge des Augustus geradezu prädestiniert. Doch als dieser am 19. August des Jahres 14 starb, zog Germanicus mit seinen Truppen gerade durch Belgien. Boten überbrachten die Nachricht, daß Tiberius als Nachfolger ausersehen war, und Germanicus tat, was man bei seinem Charakter erwarten konnte, er leistete sofort den Eid auf den neuen Kaiser Tiberius.

Daraufhin meuterten seine Truppen, die ihn zum Kaiser ausrufen wollten, ein Bürgerkrieg drohte. Germanicus verhinderte ihn mit einer List: Er verfaßte ein Edikt und unterzeichnete es mit »Tiberius Imperator«. Darin versprach er den meuternden Soldaten hohe Vergünstigungen, Soldanhebung und Geldgeschenke, die Germanicus dann aus der eigenen Tasche bezahlen mußte.

Von Köln aus, der Hauptstadt der römerfreundlichen Ubier, einem Germanenstamm, unternahm Germanicus dann im Jahre 15 einen Feldzug gegen die Chatten und Cherusker. Ziel des Unternehmens war es, die bei der Varus-Schlacht im Teutoburger Wald gefallenen römischen Soldaten ehrenvoll zu bestatten und die verlorenen Legionsadler, stolze Symbole römischer Macht, zurückzuholen. Als Germanicus mit einem der Feldzeichen zurückkehrte, hatte ihm seine Frau, mit der er seit zwei Jahren in der Ubierstadt Köln lebte, eine Tochter geboren. Germanicus gab ihr den Namen seiner Frau, Agrippina.

Dem tapferen Feldherrn gelang es ein Jahr später, noch einen zweiten Legionsadler zurückzugewinnen, er schlug jenseits der Weser zwischen Minden und Rinteln eine große Schlacht und wurde schließlich von Kaiser Tiberius zurückberufen. Im Frühjahr 19 begab er sich mit Frau und Kindern auf eine Vergnügungsreise nach Ägypten.

Vipsania Agrippina hatte ihrem Mann neun Kinder geboren, von denen drei früh starben. Sechs Kinder begleiteten die Eltern nach Ägypten, drei Knaben: Nero, Drusus, Gaius Cäsar (Caligula) und drei Töchter: Agrippina, Livilla und Drusilla. Die Kinder tollten auf den schwarzen, platten Felsen der Nilinsel Elephantine herum, besichtigten mit ihren Eltern die legendäre Stadt Theben, das unheimliche Apis-Heiligtum in Memphis und die gewaltigen Pyramiden. Die Rückreise führte über Antiochia, wo Germanicus überraschend den Tod fand.

Die Witwe des Germanicus fühlte sich durch Kaiser Tiberius bedroht. Tiberius und Vipsania Agrippina haßten sich: Der Alte hatte auf Geheiß des Augustus den Germanicus adoptieren müssen, obwohl er in Drusus einen leiblichen Sohn hatte. Vipsania Agrippina war also seine Schwiegertochter. Als schließlich Tiberius' Sohn Drusus vergiftet wurde, forderte die Witwe des Germanicus die Thronnachfolge für einen ihrer Söhne. Nun begann Tiberius sie zu fürchten.

Wie sich erst viel später herausstellte, ging der Tod des Tiberius-Sohnes Drusus auf das Konto eines Mannes namens Seianus. Der war gleichzeitig der Ratgeber des Kaisers und Liebhaber der Gattin seines Sohnes Drusus. Seianus verleitete seine Geliebte schließlich dazu, ihrem Ehemann das tödliche Gift zu verabreichen. Angeblich, so behauptet jedenfalls Sueton, habe sich der Kaiser den Tod seines Sohnes nicht allzusehr zu Herzen genommen; er war leichtsinnig gewesen und hatte einen lockeren Lebenswandel geführt. Seianus mußte schon bald erkennen, daß der Mord an Drusus vergeblich war; denn als er bei Tiberius um die Hand der verwitweten Schwiegertochter anhielt, bekam er eine Absage.

Tiberius ahnte nun wohl, wer den plötzlichen Tod seines Sohnes zu verantworten hatte; doch mehr als Seianus fürchtete er Vipsania Agrippina.

»Glaubst du, Töchterchen«, fragte er die Schwiegertochter bei einem Gastmahl auf dem Palatin, »dir geschieht Unrecht, weil du nicht herrschst?«

Agrippina antwortete nicht. Sie lehnte es auch ab, von den ihr dargereichten Tafelfrüchten zu kosten, wohl aus Angst, sie könnten vergiftet sein. Das machte den senilen Kaiser noch unsicherer.

»Ah, du beschuldigst mich der Absicht, dich zu vergiften!« meinte der Prinzeps empört und lud seine Schwiegertochter von diesem Tag an nicht mehr zu sich ein. Das hinderte Agrippina jedoch nicht, ihn zu besuchen.

Als ihre Tante Claudia Pulchra von einem eben erst zu Amt und Würden gelangten Prätor wegen unsittlichen Lebenswandels, Ehebruchs, der Giftmischerei und Verwünschungen gegen den Kaiser angeklagt wurde, ging sie zu Tiberius. Der Imperator brachte gerade vor einer Statue seines vergöttlichten Vaters Augustus ein Opfer dar.

»Es schickt sich doch nicht«, meinte Vipsania Agrippina bissig, für ein und denselben Mann, dem verewigten Augustus Opfer darzubringen und gleichzeitig seine Nachkommen zu verfolgen. Der göttliche Geist des Augustus ist nicht auf leblose Standbilder übergegangen. Ich selbst«, rief sie und schlug sich dabei auf die Brust, »ich selbst bin sein wahres Abbild, ich bin seinem göttlichen Blut entsprossen. Man schiebt Pulchra doch nur vor. Der einzige Grund für ihr Verderben besteht doch darin, daß sie sich eine Agrippina zur Verehrung ausgesucht hat . . .«

Tiberius, der nach außen stets ruhig und ausgeglichen wirkte, zeigte keine Reaktion. Die Tante wurde verurteilt, Agrippina tobte, legte sich ins Krankenbett und weinte. Als der Kaiser davon hörte, eilte er zu ihr. Darauf hatte sie nur gewartet.

»Tiberius, Vater«, schluchzte sie, »nimm dich doch meiner Verlassenheit an, gib mir wieder einen Gatten. Ich bin doch noch jung genug, oder?«

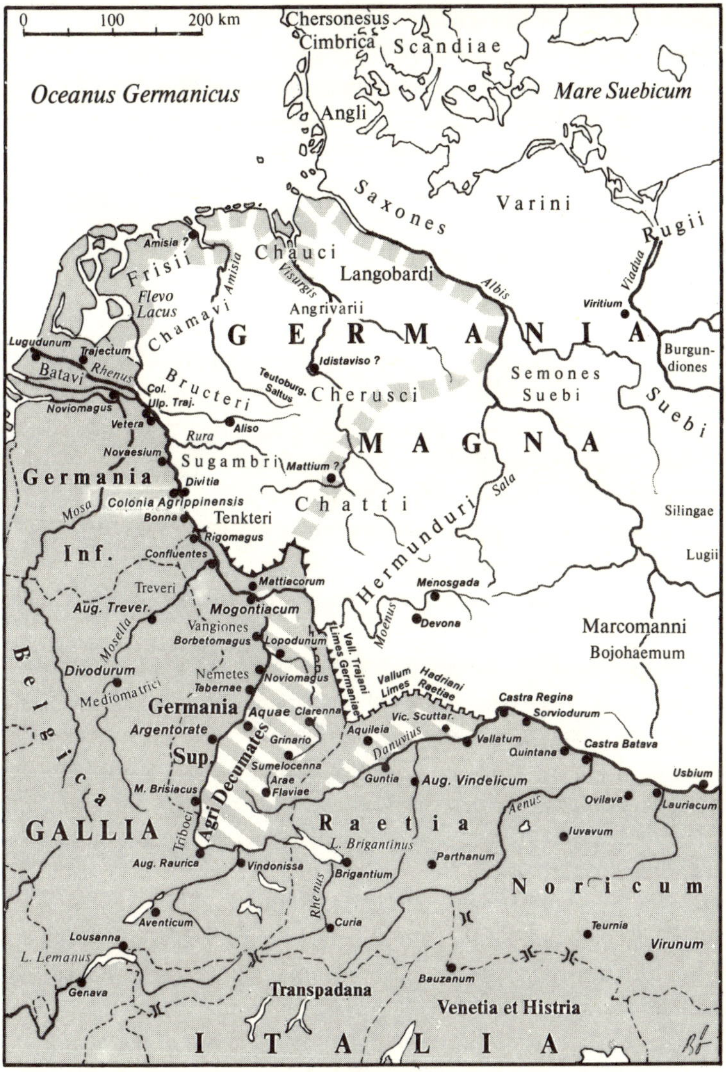

Germanien

- - - - - - - - Provinzgrenzen

Limes als Grenzmauer

Limes als Grenzwall (Pfahlgraben)

Versuch der Eroberung Germaniens unter Augustus

Tiberius nickte tröstend.

»Ehrbare Frauen«, begann Vipsania Agrippina von neuem zu schluchzen, »ehrbare Frauen können nur in der Ehe Trost finden. Gewiß gibt es Männer in Rom, die es für eine Ehre ansehen, des Germanicus Gattin und Kinder in ihr Haus aufzunehmen.«

Das anfängliche Mitleid des Kaisers wurde schnell gedämpft, als ihm bewußt wurde, von welch politischer Tragweite dieser Wunsch war. Tiberius bemühte sich jedoch, seinen Unwillen zu verbergen.

Er verließ die Schwiegertochter, ohne ihr eine Zusage gemacht zu haben. In den folgenden Nächten klopfte es spät, als alle schliefen, an ihre Haustür.

»Wer ist da?« fragte Vipsania Agrippina, ohne zu öffnen.

»Ein Freund«, klang es von draußen.

Was er wolle, sie kenne die Stimme nicht.

»Das Gift ist schon für dich bereitet!« sagte der Unbekannte.

Schritte entfernten sich.

So ging es mehrere Nächte hintereinander. Tacitus vermutet, daß Seianus diesen Nervenkrieg inszenierte.

Der Einfluß dieses Günstlings wuchs stetig. Als größtes Hindernis auf dem Wege zur Macht sah er Vipsania Agrippina und ihre Kinder an. Gaius Cäsar, der spätere Caligula, war bereits sechzehn Jahre alt, Julia Agrippina, die spätere Mutter Neros, war dreizehn.

Vipsania Agrippina gab den Gaius Cäsar zur Urgroßmutter, die jedoch kurz darauf starb. Julia Agrippina wurde als bildhübsches dreizehnjähriges Mädchen von Gnäus Domitius Ahenobarbus geehelicht, was den Bruder Gaius Cäsar freilich nicht daran hinderte, die ansehnliche Schwester bisweilen nicht nur verwandschaftlich zu lieben. Öfter freilich tat er dies mit seiner Schwester Drusilla und manchmal auch mit beiden.

Ihrer Mutter warf der machtlüsterne Seianus immer häufiger anmaßende Reden gegen den Kaiser und einen trotzigen Sinn vor. Schließlich wurde Vipsania Agrippina auf die kleine Insel Pandateria westlich von Cumä verbannt. Caligula entging der Anklage der Unzucht und dem Vorwurf, Liebschaften mit Jünglingen zu pflegen, nur dadurch, daß er sich zu seiner Großmutter Antonia zurückzog.

Vipsania Agrippina, die Großmutter Neros.

Die ältere Agrippina war eine stolze Frau und ließ sich auch in ihrer Verbannung nicht einschüchtern. Sie stieß wüste Beschimpfungen gegen Tiberius aus. Daraufhin schickte er einen brutalen Schläger nach Pandateria, der sie sadistisch verprügelte. Sie verlor ein Auge und verweigerte daraufhin jegliche Nahrung. Von Tiberius auf die Insel entsandte Männer mußten die störrische Frau über Wochen hinweg künstlich ernähren, indem sie die wild um sich Schlagende fesselten und ihr die Nahrung gewaltsam in den Schlund stopften. Das meiste erbrach sie. Vipsania Agrippina starb schließlich 33 n. Chr. im Alter von siebenundvierzig Jahren.

Julia Agrippina war beim Tod ihrer Mutter gerade achtzehn Jahre alt. Die Umstände ihres Todes waren ihr bis ins Detail mitgeteilt worden, und in die Tränen des Zorns mischte sich die Angst, daß nun auch noch die Kinder die Verfolgungen des Tiberius und seines Hofschranzen Seianus fürchten müßten. Sie sollte recht behalten.

Der Kaiser, der Seianus einst seine Tochter Livia verweigert hatte, gab nun seine Zustimmung, als er deren Tochter Julia zur Frau begehrte. Er war arglos gegenüber seinem Günstling und erschüttert, als er von einer Verschwörung erfuhr, hinter der Seianus stand. Tiberius machte kurzen Prozeß mit dem Verräter, er ließ ihn verhaften und noch am selben Tag, es war der 18. Oktober 31, hinrichten. Sein Vermögen wurde eingezogen. Der neue Mann der Stunde hieß Sutorius Macro. Tiberius ernannte ihn zum Prätorianerpräfekten.

Ein menschenscheues Ungeheuer: Tiberius

Schneller als Julia Agrippina erwartet hatte, übertrug Tiberius seinen Haß auf die Kinder der Agrippina Vipsania. Ihre Brüder Nero und Drusus waren die ersten Zielscheiben des Despoten. Als Tiberius den beiden feierlich die Männertoga verlieh, hatte Agrippina zunächst geglaubt, mit dem Tod ihrer Mutter hätte der Kaiser auch seine Feindschaft begraben. Doch dann geschah etwas Unerwartetes: Der Senat schloß die Kinder des Germanicus zum Jahresanfang in seine öffentlichen Gelübde ein, und von diesem Zeitpunkt an fürchtete Tiberius, sie hätten es auf die Kaiserwürde und damit auf sein Leben abgesehen.

Dergleichen Ehrenbezeigungen, tadelte der Prinzeps die Senatoren, dürften nur bewährten und älteren Männern zuteil werden. Er zog damit einen deutlichen Trennungsstrich zwischen sich und die Nachkommen des Germanicus. Jedermann in Rom wußte nun, daß sie nicht mehr unter dem persönlichen Schutz des Kaisers standen. Intrigen und Verleumdungen waren nun Tür und Tor geöffnet. Und es dauerte auch nicht lange, bis Tiberius sie öffentlich zu seinen Feinden erklärte und verhaften ließ. Nero schickte er auf die Insel Pontia nahe der Küste von Terracina in die Verbannung, wo er an Hunger und Entkräftung starb, nachdem ihm ein Henker vorher Strick und Haken, die für ihn bestimmt waren, gezeigt hatte. Drusus verschmachtete in einem Kellerverlies auf dem Palatin, man berichtete, er habe vor Hunger die Füllung seiner Matratze gekaut.

Von den neun Kindern des Germanicus waren nur noch vier am Leben, die drei Töchter Drusilla, Livilla und Julia Agrippina und Gaius Cäsar, auf den sich die ganze Hoffnung der Schwestern stützte. Wenn einer dem sadistischen Prinzeps die Stirn bieten konnte, dann war es Gaius Cäsar. Und der alternde Tiberius scheint dies sehr wohl gespürt zu haben; denn zu ihm als einzigem fand er ein persönliches Verhältnis.

Kaiser Tiberius hatte sich zu einem menschenscheuen Ungeheuer entwickelt. Schon sein Äußeres wirkte abstoßend, ja ekelerregend: von fahlweißer Hautfarbe, war er über und über von Pickeln und Runzeln entstellt. Sueton schildert ihn als mittelgroß, stark und kräftig mit breiten Schultern. Er war Linkshänder und soll mit dem Zeigefinger Äpfel durchbohrt und in Zeigefinger und Daumen so viel Kraft gehabt haben, daß er jedem, den er mit diesen beiden Fingern zu fassen bekam, eine Wunde quetschte. Seine weißen Haare trug er lang, sie hingen, für römische Verhältnisse ungewohnt, im Nacken herab. Erschreckend groß waren seine Augen. Wenn er ging, warf er den Kopf nach hinten, beim Reden machte er gezierte Bewegungen mit den Fingern.

Es wurde behauptet, der alte Tiberius habe sich seines unangenehmen Äußeren geschämt und deshalb Rom verlassen. Hinter vorgehaltener Hand erzählten sich die Leute aber auch von unglaublichen Orgien und Perversitäten, denen der Imperator fern der Hauptstadt frönte. Tatsache ist, daß Kaiser Tiberius im Jahre 26 von Rom nach Spelunea reiste, 27 auf der Insel Capri eintraf und von dort aus zehn Jahre bis zu seinem Tod das Weltreich regierte. Rom hat er nie wiedergesehen.

Wer aber glaubte, der Einfluß des Kaisers, seine Grausamkeit und Tyrannei seien dadurch geringer geworden, der sah sich getäuscht. Im Gegenteil, seine Helfershelfer führten jeden Wink des Imperators mit unbarmherziger Härte aus, für Mitleid war nun überhaupt kein Platz mehr.

Julia Agrippina, die sich kurze Zeit in Sicherheit gewiegt hatte, mußte schon bald wieder um ihr Leben fürchten; denn ihr Ehemann Ahenobarbus entpuppte sich als rücksichtslos brutaler Wüstling, der für sie höchst selten Interesse zeigte, für andere Frauen, vor allem seine Schwester Domitia Lepida, dafür um so mehr. Er war ein gefürchteter Schläger und stadtbekannter Betrüger. Auf einem Orientfeldzug hatte er einen Freigelassenen totgeprügelt, nur weil dieser nicht so viel trinken konnte, wie Domitius ihm befohlen hatte. Die unehrenhafte Entlassung aus dem Heer machte ihn nur noch rabiater. In seinem Zorn überfuhr er bei der Rückkehr auf der Via Appia einen kleinen Jungen. Zeugen, die den tödlichen Unfall beobachtet hatten, sagten, mit voller Absicht. Als ihm deshalb ein Mann auf dem Forum Vorhaltungen machte, schlug er ihm ein Auge aus. Als Beamten oblag ihm die Auszahlung von Siegprämien für die Wagenlenker; Domitius Ahenobarbus zahlte sie jedoch in seine eigene Tasche. Dunkle Bankgeschäfte erleichterten ihm dies.

Anfangs wunderten sich die Römer, daß sich auch nach fünfjähriger Ehe zwischen Julia Agrippina und Domitius Ahenobarbus noch kein Nachwuchs eingestellt hatte, doch bald redete kein Mensch mehr darüber. Es war eben eine von vielen tausend gescheiterten Ehen im freizügigen Rom des ersten Jahrhunderts. Agrippina, gerade zwanzig Jahre alt, war schön, aber verhärmt. Hätte nicht ihr Bruder Gaius Cäsar bisweilen sein Verlangen bei ihr befriedigt, man hätte sie als tugendhaft bezeichnen können.

Bei den Bettspielen mit ihrem unersättlichen Bruder erfuhr Agrippina unglaubliche Geschichten, die sich auf der Felseninsel Capri abspielten. Gaius Cäsar war ein häufiger Gast auf dem hafenlosen Eiland, das nur von kundigen Lotsen mit kleinen Schiffen angelaufen werden konnte. Tiberius hatte Caprea – wie die Insel damals hieß – in ein Paradies verwandelt. Aber nur nach außen hin; was sich in den zwölf neuerrichteten Villen und Palästen, auf den in der Sonne glühenden Felsen und in den türkisfarben schimmernden Grotten abspielte, verschlug Agrippina die Sprache und scheint eine nachhaltige Schockwirkung auf die junge Frau ausgeübt zu haben, von der sie sich ein Leben lang nicht mehr befreien konnte.

Tiberius Claudius Nero hatte damals den Spitznamen Biberius Caldius Mero, was auf einen Säufer, Homosexuellen und ungemischten Wein Trinkenden anspielte. Doch derlei Scherze waren lebensgefährlich. »Niemals«, berichtet Tacitus, »lebten die Bürger in größerer Angst und Scheu, und man suchte sich selbst gegen die nächsten Freunde zu decken.« Agrippina wurde, das wußte sie, sobald sie das Haus verließ, auf Schritt und Tritt beschattet, und wenn sie heimkam, suchte sie zuallererst das Haus nach unerwünschten Lauschern und Beobachtern ab. Nicht einmal im Schlaf war man mehr sicher.

Titius Sabinus, ein römischer Adelsmann, der Agrippina oft besuchte und sie in aller Öffentlichkeit bedauerte, wurde von den Schnüfflern des Kaisers so lange verfolgt, bis er einem Freund in seinem Schlafzimmer, weil er sich dort am sichersten glaubte, die neuesten Schreckensnachrichten von Tiberius berichtete. Doch die Decke hatte Ohren: Vier Mann lagen auf dem Speicher postiert und erlauschten durch die Spalten der Kassettendecke, was der Unglückliche zu erzählen wußte. Ein Brief an den Kaiser, und Titius Sabinus fristete sein Dasein im Kerker.

Gefürchtet waren vor allem die Sklaventrupps, die damals auf der Suche nach jungen hübschen Knaben und Mädchen – je jünger, desto besser – für die kaiserlichen Lusthäuser auf Capri Stadt und Land durchkämmten. Verweigerten die Eltern die Herausgabe, so verschwanden die Werber wortlos, ein paar Tage später waren die

Kinder für immer verschwunden. Die Römer rätselten, was mit ihnen geschah, man erzählte sich die sonderbarsten Dinge, Genaues wußten nur wenige. Agrippina erfuhr es von ihrem Bruder.

Der gräßliche Greis auf Capri war weitgehend impotent. Deshalb versuchte er mit den ausgefallensten sexuellen Praktiken das letzte Fünkchen Sexualität am Glimmen zu halten.

Die Blaue Grotte, heute das Ziel Tausender ahnungsloser Touristen, sah unbeschreibliche Szenen. Fackeln an den mit erotischen Skulpturen geschmückten Felswänden verwandelten den Felsendom mit seinem glasklaren Boden in ein glitzerndes, funkelndes Meer. Hier schwamm Tiberius inmitten einer Schar hübscher Knaben, die er »meine Fischlein« nannte, und die darauf dressiert waren, Majestät unter Wasser an seinem Penis zu saugen, ihn zu beißen und zu liebkosen. Ähnliches trieb Tiberius auch über Wasser in seinen Lusthäusern, dann aber mit Säuglingen, die noch nicht der Brust entwöhnt waren.

Bei Tisch ließ sich der lüsterne Greis am liebsten von frühreifen nackten Mädchen bedienen, und in seinem »Sofazimmer« sah er mit abschlaffender Begeisterung zu, wie jeweils zwei Mädchen und ein junger Mann oder auch zwei Männer und ein Mädchen alle nur erdenklichen Liebesspiele trieben.

Tiberius mußte für die Darsteller zwei neue Wörter erfinden, er nannte sie »Spintrier« und »Sellarier«.

In allen Gärten und Felsenhöhlen der Insel hatte der Kaiser sogenannte Venusplätze angelegt, wo schöne Knaben und Mädchen als Panisken und Nymphen verkleidet zum Liebesspiel einluden. In seinen verschiedenen Schlafzimmern wechselten Skulpturen und Gemälde mit lasziven Beischlafszenen. Das teuerste Stück in dieser Sammlung, ein echter Parrhasius, der Boucher der Antike, war eine Million Sesterzen wert und zeigte die arkadische Heldin Atalante, die den Meleagros mit Mund und Zunge in höchste sexuelle Ekstase versetzte. Hatte er sich an alldem sattgesehen, dann vergnügte sich Tiberius mit der illustrierten Schrift »Figurae Veneris« der Pornoautorin Elephantis, deren Buch stets auf seinem Nachttisch lag.

Die Greueltaten eines Wahnsinnigen

Abgestumpft von Sex und Perversionen suchte Tiberius schließlich Zerstreuung in abscheulichen Grausamkeiten, vor denen nicht einmal seine Freunde und die wenigen, die es gut mit ihm meinten, sicher waren. Ein Caprifischer, der ihm eines Tages eine riesige Seebarbe in eines seiner Felsennester brachte, bekam den stachlichen Fisch »zum Dank« ins Gesicht geschlagen. Nur gut, meinte der Bedauernswerte, daß ich dir keinen Meerkrebs zum Geschenk gemacht habe. Tiberius ließ daraufhin einen Meerkrebs herbeibringen und zerfleischte damit das Gesicht des Fischers.

Nie wurden so viele Todesurteile verhängt wie zur Zeit des Tiberius. Der leiseste Verdacht, jede Anschuldigung wurde vom Prinzeps als oberstem Richter für todeswürdig erachtet. Daß diese Todesmaschinerie in Rom so reibungslos funktionierte, ist eigentlich erstaunlich, da Tiberius doch mehr als zehn Jahre lang zweihundertfünfzig Kilometer von der Hauptstadt entfernt auf seiner Felseninsel residierte. Doch sein Herrschaftsinstrument war die Angst: Einer fürchtete den anderen, wer denunziert wurde, mußte mit dem Tod rechnen, Prozesse wurden zur reinen Farce, Folterungen waren an der Tagesordnung, ebenso Selbstmord. Ehrenhafte Senatoren nahmen sogar inmitten der Curie Gift – damit es jeder sehen sollte –, um einem Prozeß zu entgehen, in dem ihnen ohnehin Gerechtigkeit versagt geblieben wäre. Schon im Todeskampf zukkend, berichtet Sueton, habe man sie dann noch in den Hinrichtungskerker geschleppt.

Ankläger, sprich Denunzianten, und Zeugen erhielten zum Teil hohe Belohnungen. Zum Schrecken der Bürger wurden ganze Familien, Vater, Mutter und Kinder, angeklagt und wegen ein und desselben Delikts abgeurteilt. Ein kaiserliches Edikt verbot den Angehörigen jede Trauer. Henker mußten Sonderschichten einlegen, selbst an hohen religiösen Feiertagen walteten sie ihres grausamen Amtes. Kam ihnen ein junges Mädchen unter die Finger, das noch unberührt war, so wurde es vergewaltigt, bevor man es erdrosselte; denn eine Jungfrau zu erdrosseln galt seit altersher als Frevel.

Von all den Greueltaten wußte Tiberius, aber er bekam die

meisten nicht zu Gesicht. Auf Capri kamen nur jene zu Tode, die vom Kaiser persönlich verurteilt worden waren, Verwandte und Freunde. Waren sie weiblichen Geschlechts und einigermaßen ansehnlich, soll er sich in der Nacht an ihnen auf die abscheulichste Weise vergangen und sie am Morgen zu den steilsten Klippen der Felseninsel begleitet haben, von wo er sie dann lächelnd in die Tiefe stürzen ließ. Männern wurde in den Kerkern der Penis zugebunden und Wein eingeflößt, bevor sie das gleiche Todesschicksal erlitten.

Tiberius, den kein Römer mehr zu Gesicht bekam, war zur grauenhaften Legende geworden. Gefürchtet waren seine regelmäßigen Briefe an den Senat, in denen er immer neue Greueltaten forderte, die immer wirrer wurden, denen aber keiner der hochwohlgeborenen Herren zu widersprechen wagte. Zu groß war die Angst jedes einzelnen. Die einzige Hoffnung der Römer war, daß der Tod das Reich von diesem Tyrannen erlösen möge. Immerhin ging Tiberius auf die achtzig zu und zeigte zunehmend Verfallserscheinungen.

»Was ich euch schreiben soll, versammelte Väter«, begann einer der letzten Briefe an den Senat, »oder wie ich euch schreiben soll oder was ich nicht schreiben soll in meiner jetzigen Lage – mögen alle Götter und Göttinnen mich noch elender hinsterben lassen, als ich mich jetzt schon täglich hinsterben fühle, wenn ich es weiß . . .«

Schon selbst vom Tode gezeichnet, war Tiberius jedoch noch nicht zu schwach, um Todesurteile zu fällen und deren Ausführung zu überwachen. Und auch Agrippina wäre sicher unter dem Schwert eines Henkers gefallen oder von den Felsenklippen von Capri gestoßen worden, hätte sie nicht jahrelang in ihrer Sommervilla in Antium, südlich von Rom, in völliger Zurückgezogenheit gelebt, bedrängt von Gerüchten und verfolgt von der Angst.

Um die Jahreswende 36/37 wollte Tiberius, den nahen Tod vor Augen, noch einmal die Hauptstadt seines Reiches sehen, die er vor über zehn Jahren verlassen hatte. Erwartungsvoll ließ er sich in einem Prunkboot, in dem die Ruderer in drei Stockwerken übereinander saßen, tiberaufwärts bis in die Nähe der kaiserlichen Gärten rudern. Militärposten hatten die Uferwege hermetisch abgeriegelt, so daß niemand den alten Kaiser zu Gesicht bekam. Hatte er vor irgend etwas Angst? War er abergläubisch? Tiberius verließ das

Schiff nicht, ließ wenden und fuhr tiberabwärts zurück. Wenige Tage später sichtete man den Kaiser mit seinem Troß auf der Via Appia; am Meilenstein Nr. 7 machte er halt, betrachtete lange die in der Ferne liegenden Mauern der Stadt und gab das Zeichen zur Rückkehr. Von Sueton wissen wir, warum: Seine zahme Schlange, mit der Tiberius gerne spielte und die er stets in einem Korb mit sich führte, war von einem Ameisenheer angefallen und bis auf das Skelett gefressen worden. Der zeichengläubige Kaiser sah darin ein böses Omen. Wie die Schlange von den Ameisen, so fürchtete Tiberius, vom Mob überfallen und getötet zu werden.

»Zurück!« schrie Tiberius und deutete weg von der Stadt. In Eilmärschen hasteten die Soldaten, den von Angst geschüttelten Kaiser in ihrer Mitte, durch die Campagna und setzten zu Schiff auf die Insel Astura über, die der Mündung des gleichnamigen Flusses vorgelagert ist. Fieberanfälle machten eine längere Rast notwendig. Kaum halbwegs genesen hetzte der kränkelnde Kaiser weiter, zurück aufs Festland.

Was ging im Kopf des vom Tode gezeichneten Greises vor?

Agrippina bangte um ihr Leben, als sie hörte, daß Tiberius sich ganz in ihrer Nähe aufhielt. Alle Verwandten hatten bereits frühzeitig den Tod gefunden, nur sie, ihre beiden Schwestern und Gaius Cäsar waren übriggeblieben. Das sexuelle Interesse, das Gaius Cäsar einst für sie empfand, hatte deutlich nachgelassen. Gewiß, er war seit drei Jahren mit Claudilla verheiratet, entscheidend dürfte aber gewesen sein, daß er seiner Schwester Drusilla verfallen war.

Tiberius wußte von dem Verhältnis, aber es störte ihn nicht. Er hatte Gaius Cäsar und dessen Vetter Tiberius Gemellus erst vor wenigen Wochen zu seinen Erben eingesetzt. Seither wich Gaius nicht mehr von der Seite des Prinzeps. Zusammen mit dem Kaisertroß wechselte er nun beinahe täglich den Ort. Er machte all die pathologischen Vergnügungen des greisen Prinzeps mit, seine Grausamkeiten und Perversionen, die – das hatte er längst erkannt – nur das nahe Ende überspielen sollten. Er wartete auf seine Stunde.

16. März 37. Tiberius hatte das Kap Misenum, ein etwa hundert Meter hohes Vorgebirge am Golf von Neapel erreicht und dort eine Luxusvilla bezogen, die früher Lucullus, einem steinreichen Politiker, Feldherrn und Kunstfreund gehört hatte. Bei klarem Wetter tauchte im Meer das Felseneiland Capri auf. Der Kaiser sei jedoch zu schwach für eine Überfahrt, meinte Charikles, sein griechischer Leibarzt.

Wie es um Tiberius tatsächlich bestellt war, wußte niemand, nicht einmal der Leibarzt; denn der Kaiser versuchte seine Schwäche mit allerlei Späßchen zu überspielen. Charikles mußte einen Trick anwenden, um seinen Puls fühlen zu können. Während er scheinbar ehrfurchtsvoll die Hand des Prinzeps hielt, versuchte er, die Pulsschläge zu zählen. Tiberius bemerkte es jedoch, zog seinen Arm zurück und forderte den Hofstaat zu einem üppigen Gelage auf, wobei er sich selbst keinerlei Einschränkungen auferlegte.

»Es geht mit ihm zu Ende«, raunte der Leibarzt dem Prätorianerführer Macro zu, »es dauert höchstens noch zwei Tage.« Unauffällig verließ Macro die Gesellschaft, winkte Sklaven herbei, gab flüsternd seine Anweisungen. Unter den Zechern in der Umgebung des Prinzeps entstand Unruhe, ja Ratlosigkeit und Betroffenheit, als einer nach dem anderen in das bevorstehende Ende eingeweiht wurde. Boten brachten die geheime Botschaft zu den verschiedenen Heeresverbänden, die Truppen standen in Alarmbereitschaft. Was würde geschehen?

In den späten Abendstunden setzte bei Tiberius plötzlich der Atem aus. Der Leibarzt und einige Sklaven bemühten sich um den Prinzeps und brachten den leblosen Körper ins Schlafgemach. Kaum war Tiberius weggetragen, da erhob sich Gaius Cäsar, lief in das Totenzimmer, riß Tiberius den Siegelring vom Finger und kam strahlend mit erhobenen Händen, den Ring vorzeigend, zurück in den Speiseraum. »Heil dir, Gaius Cäsar, heil dir, Caligula!« riefen die Umstehenden. Der Ring des Kaisers war das deutliche Zeichen: Caligula erhob Anspruch auf die Thronfolge.

Inmitten des lärmenden Getümmels hielt der triumphierende Gaius erschrocken inne, wies auf die Feuerpfanne, deren wärmespendende Glut schon vor Stunden erloschen war. Auch die Herumstehenden stutzten. Ohne daß ein Windhauch zu spüren war, begann die Asche von neuem zu glühen, wuchs zum Feuer an, und – der Schrecken wurde zum Entsetzen – aus dem Nebenraum klang klagend die Stimme des Tiberius: »Wo sind meine Diener? Ich habe Hunger . . .«

Die Gäste stoben, bleich vor Schreck, auseinander. Gaius sank in sich zusammen, umklammerte den Ring an seiner Rechten. Von einem Augenblick auf den anderen hatte sich der Triumph in Elend gewandelt. Er hatte dem vermeintlich toten Kaiser den Ring vom Finger gerissen, sich selbst zum Kaiser proklamiert, doch der alte Kaiser lebte!

Nur einer behielt in dieser Situation die Nerven: Macro, der Anführer der Leibgarde. Er ging in das Schlafgemach des Tiberius, nahm ein Kissen, drückte es mit aller Kraft auf das Gesicht des Kaisers, ein kurzes Aufbäumen, Umsichschlagen, verzweifeltes Schnappen, dann war das Leben des Tiberius erstickt.

»Tiberius ist tot«, sagte Macro, als er zu den anderen zurückkehrte. Gaius sah ihn ungläubig an. Der andere nickte mit dem Kopf: »Heil dir, Gaius Cäsar!«

Noch in der Nacht verbreitete sich die Nachricht vom Tod des Tiberius und von der Thronbesteigung seines Nachfolgers Caligula. Agrippina war eine der ersten, die davon erfuhren. Die Jahre der Angst, der Unsicherheit, jetzt waren sie vorbei. Agrippina war erst einundzwanzig, für sie begann nun ein neues Leben – jedenfalls glaubte sie das.

»In den Tiber mit dem Tiberius!« scholl es durch die Straßen von Rom, als die Nachricht die Hauptstadt erreicht hatte. Noch zehn Tage vor seinem Tod hatte der alte Kaiser Todesurteile gefällt, und da, laut Gesetz, die Exekution erst zehn Tage nach dem Schuldspruch ausgeführt werden durfte, erwürgten die Wärter mehrere Delinquenten just an dem Tag, als die Todesnachricht vom Kap Misenum eintraf. Das steigerte den Haß gegen den verblichenen Tyrannen. Stimmen wurden laut, man solle Tiberius ein ehrenhaftes Begräbnis verweigern, ihn lieber im nächsten Amphitheater etwas »anbraten«. Doch Caligula bereitete seinem väterlichen Oheim ein würdiges Leichenbegängnis: Am 3. April 37 wurde

Tiberius im Mausoleum des Augustus verbrannt und seine Asche beigesetzt.

Caligula war ein Kaiser, wie ihn sich das Volk wünschte. Es nannte den beinahe Fünfundzwanzigjährigen zärtlich »Stern«, »Kleinchen«, »Puppe«, »Schoßkind« oder eben »Stiefelchen« – nichts anderes bedeutete »Caligula«. Tiberius Gemellus, nach dem Wunsch des verstorbenen Prinzeps sein Miterbe, mußte nach einem einstimmigen Beschluß des Senats auf alle Ansprüche verzichten. Und schon wenige Tage nach seiner Rückkehr nach Rom machte Caligula sich bei stürmischem Wetter auf den Weg nach Pandateria und zur Insel Pontia, um von dort die Asche seiner unter Tiberius umgekommenen Mutter und seines Bruders nach Rom zu holen. Eigenhändig, bemerkt Sueton, barg er die Asche in Tonkrüge, kam zu Schiff nach Ostia und fuhr von dort den Tiber aufwärts bis zum Mausoleum des Augustus.

Es war um die Mittagszeit, und die Römer standen dichtgedrängt, als die Krüge auf zwei Tragbahren in den hohen Rundbau getragen wurden. Zum Andenken an seine Mutter stiftete Caligula Circusspiele, und damit hatte der neue Prinzeps die letzten Zweifler für sich gewonnen; denn unter Tiberius hatte es derartige Schauspiele nicht mehr gegeben. Zu Ehren seines Vaters benannte er den Monat September in »Germanicus« um. Claudius, sein Onkel, wurde, als er am 1. Juli 37 das Konsulamt übernahm, Mitkonsul. Und seine Schwestern Julia Agrippina, Drusilla und Livilla ließ er durch Senatsbeschluß in alle Eidesformeln aufnehmen. Jeder Schwur mußte folgendermaßen enden: »Auch will ich mich selbst und die Meinigen nicht lieber haben, als ich den Gaius und seine Schwestern liebe.« Die Konsuln hatten ihre Ansprache mit den Worten zu beginnen: »Segen und Heil dem Gaius und seinen Schwestern!«

Die Geburt Neros, die niemand mehr erwartet hatte

Unter diesen Schwestern kam es schon bald zu Spannungen, vor allem deshalb, weil Caligula, der sich bisweilen mit allen dreien im

Bett vergnügte, Drusilla in aller Öffentlichkeit wie seine Ehefrau behandelte. Für die Römer war es dann eine Sensation, die monatelang Gesprächsstoff hergab, als bekannt wurde, daß Julia Agrippina schwanger war. Zunächst gab es überhaupt keinen Zweifel, wer der Vater des zu erwartenden Nachwuchses sein würde: natürlich Caligula, von dem jedes Kind in Rom wußte, daß er seinen Schwestern verfallen war. Agrippinas Ehe mit Ahenobarbus war schließlich neun Jahre kinderlos geblieben, und ausgerechnet jetzt sollte – unmöglich!

Und doch, das unmöglich Scheinende wurde zur Gewißheit. Caligula selbst erhob keinerlei Vaterschaftsansprüche, und Agrippinas Ehemann Gnäus Domitius Ahenobarbus bekannte sich öffentlich als Kindsvater. Weiterhin bestehende Zweifel, ob hier nicht zugunsten der Konvention interne Verabredungen getroffen wurden, sollten schon bald zerstreut werden; denn als Agrippina am 15. Dezember in ihrem Landhaus in Antium ein Knäblein zur Welt brachte, da schien es dem Ahenobarbus wie aus dem Gesicht geschnitten, und mit zunehmendem Alter wurde es immer mehr ein Ebenbild seines Vaters.

Der Junge war mit den Beinchen voraus in den frühen Morgenstunden bei Sonnenaufgang auf die Welt gekommen. Die Auguren meinten, das könne nichts Gutes bedeuten. Und Ahenobarbus benahm sich nicht gerade wie ein glücklicher Vater, als er die Glückwünsche der Verwandtschaft mit dem Hinweis abwiegelte: »Ein Geschöpf von mir und Agrippina kann nur ein Scheusal und eine Pest für den Staat sein.« Ein deutlicher Hinweis darauf, daß das Baby nach neun Jahren Ehe keinesfalls ein Wunschkind war, jedenfalls nicht für den Rüpel Ahenobarbus.

Eine Geburt war im alten Rom ein Familienereignis, ein Großfamilienereignis, zu dem sich die gesamte Verwandtschaft einfand. So auch bei Agrippina, wo man gleich, nachdem ersichtlich war, daß es sich um einen Jungen handelte, über den Namen zu diskutieren begann.

Caligula sah seinen Onkel Claudius an und sagte spöttisch: »Er soll Claudius heißen!«

Aber das nahm keiner ernst, schließlich wurde Claudius schon damals am Hof nicht ganz für voll genommen. Agrippina protestierte heftig und forderte ihren Bruder Caligula auf, für ihr Kind einen vernünftigen Namen zu wählen. Endlich einigte sich die Familie nach neun Tagen, das Kind Lucius Domitius Ahenobarbus zu nennen – nach seinem Vater.

So wuchs denn Domitius, wohlbehütet von seiner Mutter Agrippina, die ihm jede erdenkliche Liebe zukommen ließ, heran. Agrippina war des Glückes voll, hatte einen neuen Lebensinhalt gefunden, die Todesangst, die ihr jahrelang im Nacken saß, war verschwunden. Caligula erwies sich als ein guter Kaiser, die Römer liebten ihn, Gerechtigkeit hatte – so schien es – im Reich wieder Einzug gehalten.

Caligula ließ öffentlich auf dem Forum alle Prozeßakten und Zeugenaussagen verbrennen, die zum Tod seiner Mutter und Brüder geführt hatten. Als dabei ein Unbekannter an ihn herantrat und ihm zuflüsterte, sein Leben sei in Gefahr, er müsse ihm unbedingt Gehör schenken, entgegnete Caligula selbstsicher: »Ich habe nichts begangen, weshalb mich jemand hassen könnte!«, und er fügte hinzu: »Für Denunzianten habe ich keine Ohren!«

Dieser neue Prinzeps war endlich wieder ein Kaiser nach dem Herzen des römischen Volkes. Zweimal erhielt jeder Römer eine Geldspende von dreihundert Sesterzen. Die Senatoren und der Adel wurden von Caligula samt Frauen und Kindern zu Gastmählern auf den Palatin geladen, dabei erhielten die Männer Staatskleider zum Geschenk, Frauen und Kinder wurden mit purpurfarbenen Bändern bedacht, »und um die öffentliche Fröhlichkeit für immer zu verlängern«, bemerkt Sueton, »fügte er zu den Festtagen der Saturnalien noch einen Tag hinzu, den er den Jugendtag nannte«.

Es gab auch wieder Gladiatoren- und Bühnenschauspiele. Afrikanische und campanische Faustkämpfer traten gegeneinander an, Hetzen auf seltene Tiere vertrieben Langeweile, Wagenlenker im Senatorenrang preschten um die Rennbahn, den Zuschauern wurden – kostenlos – Picknickkörbe mit allerlei Leckereien gereicht, und auch die »Missilia« flogen wieder über die Ränge, jene Holzkugeln, an denen Gutscheine für Kleidung, Hausrat, Tiere oder Sklaven befestigt waren.

Wie einen bösen Traum schüttelte das Volk die zweiundzwanzig

Jahre Tiberius-Herrschaft ab und erhob den neuen Kaiser zum Idol.

Welch ein edler Mensch war er doch, dieser Caligula. Er gab den Befehl, die Pornodarsteller des Tiberius, die »Spintrier«, im Meer zu ertränken, begnügte sich dann aber, auf Bitten aus dem Volk, mit deren Verbannung. Schriftsteller, die aus politischen Gründen indiziert worden waren, rehabilitierte er. Der Staatshaushalt, unter Tiberius ein Tabu, konnte von jedermann eingesehen werden. Und obwohl der Senat das Testament des Tiberius für ungültig erklärt hatte, zahlte Caligula alle Erbberechtigten bar aus. Sogar das Testament der Julia Augusta, das Tiberius ignoriert hatte, erfüllte er nachträglich.

So nimmt es nicht wunder, daß sich um den fünfundzwanzigjährigen Prinzeps schon bald ein regelrechter Kult rankte, der in dem Senatsbeschluß gipfelte, jedes Jahr an einem bestimmten Tag ein goldenes Porträt Caligulas von Priestern und Senatoren auf das Capitol tragen zu lassen, wobei edle Knaben und Jungfrauen die Tugenden des jungen Kaisers besingen sollten.

Die seltsame Wandlung des Caligula

Die Lobgesänge endeten jäh, als Caligula im Oktober 37 schwer erkrankte. Um welche Krankheit es sich handelte, darüber schweigen sich die antiken Quellen aus, aber sicher war sie lebensbedrohend, denn Caligula setzte auf dem Krankenlager seine Schwester Drusilla zur Erbin des Reiches und seines Vermögens ein. Menschenmassen umlagerten Tag und Nacht den Palatin, viele von ihnen gelobten feierlich, ihr Leben zu opfern, wenn nur Caligula wieder genesen würde.

Schon als Kind war Caligula von labiler Konstitution, und Sueton meint, er sei weder an Leib noch an Seele gesund gewesen und habe unter epileptischen Anfällen gelitten. In späteren Jahren konnte er durchaus Anstrengungen ertragen, die ihm allein schon sein ausschweifendes Sexualleben abforderte. Aber bisweilen brach er zusammen, konnte sich auch mit fremder Hilfe nicht mehr aufrichten und war nicht mehr in der Lage zu gehen. Er war groß und ziemlich dick, nur Hals und Schenkel waren dünn. Auf dem Kopf hatte er kaum Haare, auf dem übrigen Körper dafür um so mehr. Augen und Schläfen tief eingefallen und von bleicher Hautfarbe, soll er eine etwas befremdliche Erscheinung gewesen sein. Trotz allem, das Volk betete für ihn, und die Götter erhörten die Bitten, Caligula kam wieder zu Kräften.

Aber welch Caligula! Der Mann, der nun Grimassen schnitt, mit verzerrtem Gesicht auf den Balkon trat, das war nicht der Caligula, den alle liebten. »Er hatte«, bemerkt Sueton, »seine Geisteskrankheit, als sie ihn zuerst befiel, selbst erkannt; und er dachte wiederholt daran, sich irgendwohin zur Kur zurückzuziehen.« Die Erfolgsaussichten wären wohl fraglich gewesen, denn der geistige Verfall des Kaisers verschlimmerte sich rapide, steigerte sich gleichzeitig zum Größenwahn.

»Größter und bester Cäsar« ließ er sich auf eigenen Wunsch nun anreden, und es tat ihm sichtlich gut, angebetet zu werden. Dazu stellte er sich bisweilen zwischen den Standbildern der Brudergottheiten Castor und Pollux in deren Tempel auf und sog die Gebete der andächtig Nahenden in sich auf. Bald genügte auch das nicht mehr, und er ließ sich einen eigenen kleinen Tempel errichten mit seinem Standbild in Lebensgröße, das von einem Tempeldiener tagtäglich mit dem gleichen Gewand bekleidet werden mußte, das der Kaiser gerade trug. Dann wurden ihm Flamingos geopfert, Fasanen, Pfauen, Perlhühner und anderes edles Federvieh. Aus Griechenland ließ er Götterbilder nach Rom bringen, darunter den berühmten olympischen Jupiter, schlug ihnen die Köpfe ab und setzte seinen eigenen Porträtkopf darauf.

Obwohl er die Götter Roms nicht fürchtete, sondern eher verachtete, erschrak er vor harmlosen Naturerscheinungen. Gewitter brachten ihn zur Verzweiflung. Wenn es blitzte, versteckte sich Caligula unter seinem Bett, dagegen liebte er den Mondschein, die Göttin Luna, wie er sagte. Mit ihr pflegte er des Nachts, wenn ihr Licht durchs Fenster fiel, laut zu sprechen, bisweilen lud er sie zum Beischlaf ein.

Natürlichen Schlaf fand Caligula wenig, kaum mehr als drei Stunden. Meist schlich er angstvoll durch die finsteren Hallen des palatinischen Palastes, er litt unter Verfolgungswahn. Der gewaltsame Tod des Tiberius hatte bei ihm die Angst hinterlassen, ihm könne es ebenso ergehen.

Medizinhistoriker, die sich mit der seltsamen Mentalität Caligulas beschäftigt haben, beurteilen ihn als schizothymen Charakter mit deutlichen Anzeichen schizoider und schizophrener Prägung. Das nächtliche Umherwandeln ist durchaus ein schizophrenes Symptom. Die Mediziner sprechen von motorischer Unruhe infolge einer sehr starken Erregung, die manchmal in wilden, bizarren Wühl- und Wälzbewegungen zum Ausdruck kommt. Und gerade dieses Symptom skizziert Sueton in seiner Caligula-Biographie unbewußt ziemlich exakt: »In der letzten Zeit«, schreibt der Historiker, »ergriff ihn die Begierde, im Geld zu wühlen, so sehr, daß er oft auf unermeßlichen Haufen von Goldstücken, die er in einem großen Saal aufschütten ließ, mit nackten Füßen spazierenging oder auch wohl sich mit dem ganzen Körper eine Zeitlang darauf herumwälzte.«

In einem Lehrbuch der Neurologie und Psychiatrie wird der schizothyme-schizoide Charakter ganz allgemein folgendermaßen beschrieben: »Neben glühender Liebe fanatischer Haß, neben mimosenhafter Empfindsamkeit, mystischer Phantasterei und Hingabebereitschaft steht Kälte, Grausamkeit und eisige Tyrannei, nervöse Überreiztheit und Affektverkrampfung, extremste Ambivalenz der Triebziele und Gefühle in innerer und äußerer Lebenseinstellung.« Man könnte meinen, hier handle es sich um ein Psychogramm Caligulas.

Außer der leidenschaftlich geliebten Schwester Drusilla war niemand aus der Umgebung des Prinzeps nunmehr seines Lebens sicher. Die Großmutter Antonia wurde vergiftet. Der Verbrennung ihrer Leiche sah Caligula vom Fenster seines Speisezimmers zu. Sein Schwiegervater Silanus mußte sich mit dem Rasiermesser die Kehle durchschneiden. Der Stiefbruder Tiberius wurde von einem gedungenen Kriegstribunen ermordet. Von beiden Männern fühlte sich der Prinzeps bedroht. Nun mußte Agrippina als Mutter eines erbberechtigten Sohnes nicht nur um ihr eigenes Leben, sondern auch um das ihres Kindes fürchten. Die Angst begann von neuem.

Nach der Geburt ihres Sohnes war Caligulas sexuelles Interesse an Agrippina völlig erloschen. Der Kaiser kündigte nun an, er werde nach dem Vorbild der Ptolemäerkönige mit Drusilla eine Geschwisterehe eingehen. Es wäre nicht seine erste Ehe gewesen. Sueton meint, es sei schwer zu entscheiden, was verwerflicher war, die Art, wie er seine Ehen schloß und führte, oder die Art, wie er sie auflöste. Caligula hatte mit einundzwanzig Jahren Junia Claudilla, eine Tochter des angesehenen Marcus Junius Silanus, geheiratet, sie starb im Wochenbett, nach anderer Überlieferung in der Verbannung.

Seine zweite Ehe dauerte nur ein paar Tage. Die Auserwählte hieß Livia Orestilla, Caligula entführte sie während der Trauungszeremonie mit einem anderen Mann. »Laß dir nicht einfallen, meine Frau zu belästigen!« rief er dem verdutzten Bräutigam zu, heiratete sie, schlief mit ihr und verstieß sie enttäuscht. Er tröstete sich mit Lollia Paulina, der Ehefrau eines Armeegenerals in der Provinz, von deren Schönheit er gehört hatte. Lollia wurde entführt, geschieden und geheiratet, aber – so Sueton – »er entließ sie nach kurzer Zeit wieder, indem er ihr für immer verbot, je wieder mit einem Mann zu schlafen«.

Die vierte Ehefrau war gewiß nicht die schönste, aber die aufregendste, »ein Weib von unglaublicher Üppigkeit und Liederlichkeit«. Venus hatte ihr ausladende Brüste und pralle Schenkel verliehen, deren Attraktivität auch unter der Geburt dreier Töchter nicht gelitten hatte. Ihr war Caligula, zumindest für kurze Zeit, regelrecht verfallen. Voll Stolz präsentierte er Cäsonia, so hieß sie, bei Gastmählern seinen Freunden. Zur vorgerückten Stunde begann sich das Prachtweib dann zu entkleiden. Kaum einer, der seither eine Essenseinladung bei Caligula ausschlug.

Zur Eheschließung mit seiner Schwester Drusilla kam es nicht mehr. Drusilla starb am 12. Juni 38. Die Todesursache wird von allen Chronisten verschwiegen. Caligula ordnete in seinem maßlosen Schmerz Landestrauer an, die Gerichte wurden geschlossen, Baden und Nachtmahle waren verboten, er selbst floh aus Rom, reiste nach Syrakus, kam Wochen später mit einem Bart zurück, und jeder zweite Satz, den er von nun an gebrauchte, war: »Bei der Gottheit der Drusilla!«

Caligulas Unberechenbarkeit führte schließlich dazu, daß die

Opposition gegen den Prinzeps wuchs. Als Anführer einer Verschwörung entpuppte sich ausgerechnet der Ehemann der verstorbenen Drusilla, Ämilius Lepidus. Dieser war mit Caligula eng befreundet, manche behaupten, zu eng sogar, und hatte des öfteren mit dem Kaiser, Drusilla, Livilla und Agrippina das Bett geteilt, wobei sich jeder mit jedem vergnügte. Jetzt wurde Ämilius Lepidus festgenommen, rechtmäßig verurteilt und hingerichtet.

Eine weitere Anklage richtete sich gegen Agrippina. Der Mutter Neros wurde Ehebruch und Mitwisserschaft an einer Verschwörung gegen den Kaiser vorgeworfen. Caligula schickte sie in die Verbannung.

Ein Tänzer und ein Friseur, Neros Erzieher

Agrippinas Mann Gnäus Domitius Ahenobarbus wollte sich nicht um den kaum zweijährigen Sohn kümmern und gab ihn zu seiner Tante Lepida. Dort nahmen sich ein Tänzer und ein Friseur, zwei Männer mit offensichtlich homoerotischen Neigungen, seiner an. Diese frühesten Kindheitserlebnisse prägten auch die spätere Entwicklung Neros.

Auf Korsika, der Deportierteninsel, war Agrippina oft dem Tod näher als dem Leben. Das Schicksal, vor dem sie sich jahrelang unter Tiberius gefürchtet hatte, bereitete ihr nun Caligula, ihr eigener Bruder, der ihr so oft seine Liebe gestanden hatte. Wenn ihr nicht ein Mordkommando zuvorkäme, würde sie wie ihre Mutter eines Tages durch Selbstmord enden. Ihr Söhnchen, für kurze Zeit der Inhalt ihres Daseins, lebte es überhaupt noch? Auf diese und andere Fragen gab es keine Antworten. Sie erfuhr auch nicht, daß ihr Mann Ahenobarbus, Neros Vater, im Jahre 40 gestorben war. Verbannung, das bedeutete ausgestoßen sein aus der Gesellschaft, aller Rechte beraubt, eine Gnadenfrist vor dem Tod.

Von Tiberius hatte Caligula gelernt, wie sich ein Kaiser auch ohne die Zuneigung seines Volkes zwei Jahrzehnte an der Macht halten konnte. Er verfügte über genügend Mittel, um jede Opposition oder gar Verschwörung im Keim zu ersticken. Zudem war

Caligula, im Gegensatz zu Tiberius, ein junger Mann; er zählte noch nicht einmal dreißig Lenze.

Mit seiner perversen Aggressivität schüchterte Caligula seine Verwandten und Freunde ein. Mord war für ihn nun nichts weiter als ein Zeitvertreib. Oft brach er unmotiviert in schallendes Gelächter aus. Als ihn bei einem Zechgelage die beiden Konsuln einmal fragten, worüber er lache, prustete er heraus: »Worüber sonst, als daß es nur eines Winkes von mir bedarf, um euch beiden auf der Stelle die Kehle durchschneiden zu lassen?«

Die Gesichter der Konsuln erstarrten, keiner aß an diesem Abend noch einen Bissen. Nicht einmal der inzwischen schon berühmt gewordene Striptease der Cäsonia brachte sie auf andere Gedanken. Als sie in ihrer aggressiven prallen Nacktheit vor den Gästen stand, erhob sich der Prinzeps, küßte die Geliebte auf den Hals und sagte so laut, daß alle es hören konnten: »Ein so schöner Hals. Und doch, wenn ich es befehle, wird man ihn durchschneiden.« Cäsonia nahm derlei Gerede gelassen hin, es wiederholte sich tagtäglich.

»Warum«, wollte er immer wieder wissen, »warum liebe ich dich nur so sehr?«

Und wenn Cäsonia dann gelangweilt die Schultern hob, drohte der Prinzeps: »Ich werde es dir entlocken, ich werde dich auf die Folter spannen!«

Seine Zechgelage waren ebenso berühmt wie gefürchtet. Nicht nur, daß er die schönsten Jünglinge und die attraktivsten Liebesdienerinnen Roms zu Tische bat – mit der Hure Pyrallis unterhielt er eine längere Beziehung –, seine Vorliebe galt auch den Abkömmlingen ehrwürdiger Adelsgeschlechter und ihren Damen. Letztere musterte er dann mit den Blicken eines Sklavenhändlers, prüfte ihren Körper mit den Händen und verschwand während des Mahles mit der einen oder anderen in einem Nebengemach, aus dem er oft »mit Spuren seiner Ausschweifung« zurückkam. Vor allen Gästen ließ er sich dann über das »enge Becken«, »die handlich kleinen Brüste« und das »wollüstige Gestöhn« dieser oder jener Dame aus.

Zu essen gab es nicht selten mit Blattgold umhüllte Speisen, sein Lieblingsgetränk war Essig, in dem kostbare Perlen aufgelöst werden mußten. Er ersann die unsinnigsten Gerichte und Mahlzeiten und erfand ganz neue Arten von Bädern. Caligula liebte es, in wohlriechenden warmen Essenzen zu baden. Sein Pferd »Incitatus« hatte einen eigenen Palast nebst Dienerschaft zur Verfügung. Das alles verschlang Unsummen von Geld. Allein im ersten Jahr seiner Regierung soll der Kaiser neben unermeßlichen Schätzen aus seinem Privatbesitz 2,7 Milliarden Sesterzen aus der Erbschaft des Tiberius verschleudert haben.

Im Herbst des Jahres 40 kam es zu einer zweiten Verschwörung, die jedoch ebenso erfolglos mit dem Tod aller Mitglieder endete. Ein Attentat, darin waren sich nun alle Gegner einig, konnte nur gelingen, wenn die Zahl der Mitwisser klein gehalten wurde und sich die Verschwörer in der unmittelbaren Umgebung des Kaisers befanden. Was lag näher, als die Ausführenden unter den Mitgliedern der Leibwache zu suchen?

Caligulas Ende

24. Januar 41. Caligula verließ um die Mittagszeit das Theater, in dem er ziemlich lustlos einer Vormittagsvorstellung beigewohnt hatte. In Begleitung der Cäsonia und einiger Vertrauter stieg er in die unterirdische Galerie des Theaters hinab, wo eine Truppe schöner Knaben aus Asien ihre Rollen probte. Der Kaiser blieb stehen, begutachtete die Eleven und äußerte den Wunsch, die Knaben auf der Bühne zu sehen. Der Leiter der Truppe bat Caligula jedoch, die Vorstellung zu verschieben, da er unter Schüttelfrost leide, eine Entschuldigung, die der Prinzeps akzeptierte.

Caligula wechselte mit den hübschen Knaben noch einige Worte, da hallte es *»hoc age!«* durch das Gewölbe – »Tu das!« Dies riefen die Opferschlächter, wenn sie das Beil über das Opfertier hoben. Im selben Augenblick krachte das scharfe Schwert des Prätorianertribunen Chärea von hinten in das Genick Caligulas, schlug eine tiefe, tödliche Wunde, gleichzeitig bohrte ihm der Tribun Cornelius Sabinus von vorn sein Schwert durch die Brust. Caligula sackte zu Boden.

Am Boden liegend, blutüberströmt, wand sich der Kaiser wie eine Schlange und brüllte: »Ich lebe noch, ich lebe noch!« Doch wie auf ein geheimes Kommando stürzte sich nun eine ganze Meute auf den Sterbenden, fügte ihm mit dem Schwert eine Wunde nach der anderen zu, einige zerfleischten sein Geschlechtsteil. Jetzt eilten Sänftenträger dem Kaiser mit ihren langen Stangen zu Hilfe, auch jene germanischen Leibwächter, die in das Komplott nicht eingeweiht waren, ergriffen Partei für den Kaiser. In dem allgemeinen Gemetzel wurden einige Leibwächter getötet, auch ein paar Senatoren aus der Begleitung des Kaisers verloren ihr Leben. Cäsonia versuchte, als sie die Tragweite des Vorfalls erkannte, durch die unterirdischen Gewölbe ins Freie zu gelangen. Doch erst durch ihre Flucht machte sie das Mordkommando auf sich aufmerksam. Ein paar Männer holten sie ein, packten sie und schlugen sie mit dem Kopf so lange gegen die Wand, bis sie kein Lebenszeichen mehr von sich gab.

Geheim und ohne Aufwand erfolgte noch am selben Tag die Beisetzung. Die Leichname Caligulas und Cäsonias wurden in die Gärten der Familie Lamia, unweit der berühmten Gärten des Maecenas, gebracht, wo man sie nur halb verbrannte und unter dem Rasen verscharrte. Den Kaisern des römischen Weltreiches war, so schien es, ein unrühmlicher Tod vorbestimmt.

»Der Kaiser ist tot!«

»Caligula soll ermordet worden sein!«

Den Gerüchten, die durch die Stadt Rom schwirrten, wollte niemand Glauben schenken. Sicher war dies wieder nur eine der Kapriolen des Kaisers, meinte man. Caligula wolle nur die Reaktion der römischen Bürger auf diese Nachricht testen. Auch die Tatsache, daß noch kein Name für die Nachfolge genannt wurde, ließ den Tod Caligulas zunächst unwahrscheinlich erscheinen, und in der Tat hatten sich die Prätorianer noch keine Gedanken über den neuen Kaiser gemacht, zumindest bot sich kein Name an.

Erst als der Senat eine außerordentliche Sitzung einberief, um »die Freiheit wiederherzustellen«, fand das Gerücht zögernd Glauben. Um die Ernsthaftigkeit ihres Vorhabens zu dokumentieren, beriefen die Konsuln den Senat nicht in die Curie ein, sondern auf das Capitol. Die schrecklichen Jahre der Kaiserzeit schienen der Vergangenheit anzugehören, die Republik sollte im neuen Glanze erstehen.

Aber noch während die Senatoren darüber berieten, wie mit Hilfe der Stadtkohorten die Republik wiederherzustellen sei, hatten sich die Prätorianer in ihrem Lager außerhalb der Stadt auf einen neuen Kaiser geeinigt: Claudius.

Sogar in den eigenen Reihen gab es Leute, die das für einen schlechten Scherz hielten. Jahrelang hatte Caligula seinen Onkel Claudius vor aller Welt lächerlich gemacht. Man glaubte, daß der beleibte Fünfzigjährige nicht ganz richtig im Kopf sei, weil er sich von seinem unberechenbaren Neffen in aller Öffentlichkeit hatte schlagen lassen.

Jedenfalls schien er gutmütig wie ein Schaf und gerade deshalb den Prätorianern der rechte Mann für ihre Zwecke zu sein. Sie brauchten einen Kaiser, sonst waren sie arbeitslos. Eine Republik bedurfte keiner Leibgarde. Deshalb waren sie notfalls auch bereit, für »ihren neuen Prinzeps« zu kämpfen.

Die Senatoren waren gegen ihn, das Volk nahm ihn nicht ernst, und der Gesundheitszustand des Fünfzigjährigen schien auch nicht mehr der beste zu sein, so sprach allein seine Abstammung für ihn: Claudius war ein Bruder des legendären, von allen geliebten Germanicus – das war aber vorerst auch alles. Daß er zur Zufriedenheit des Volkes vierzehn Jahre regieren würde, hätte damals, im Jahre 41 n. Chr., niemand für möglich gehalten.

Claudius begnadigt Neros Mutter

Claudius, der unter dem Einfluß des listigen Herodes Agrippa stand, versuchte in seiner Hilflosigkeit zunächst, Freunde zu gewinnen und erließ deshalb eine allgemeine Amnestie. Gefangene, die in finsteren Verliesen einer ungewissen Zukunft entgegendämmerten, wurden freigelassen, Verbannte kehrten von den gefürchteten Deportierteninseln heim, unter ihnen eine Frau mit großem Namen: Agrippina.

Wie hatte sie sich verändert! Tiefe Falten zeichneten das Gesicht der noch nicht einmal Dreißigjährigen. Ihr einst so schöner Körper war ausgemergelt, und doch hatte diese Frau nichts von ihrem Stolz verloren. Voll Dankbarkeit für die Errettung ihres Lebens warf sie sich ihrem Onkel Claudius in die Arme und brachte ihm eine über das verwandtschaftliche Maß hinausgehende Zuneigung entgegen. Agrippina konnte wieder hoffen.

Wenn man von den unmündigen Kindern der beiden absah, waren Claudius und Agrippina die letzten Überlebenden der julisch-claudischen Dynastie. Agrippina scheint schon bald nach ihrer Rückkehr aus der Verbannung den Plan gefaßt zu haben, ihren Sohn auf den Kaiserthron des Römischen Reiches zu bringen. Das Vorhaben war gewagt und mußte aufgrund der erbrechtlichen Verhältnisse zunächst aussichtslos erscheinen. Aber die Sterndeuter, die sie befragt hatte, bewerteten ihre Pläne positiv. Ihr Sohn werde, so orakelten sie, zu höchsten Würden aufsteigen, doch sie, Agrippina, werde dabei von ihm getötet werden.

»Mag er mich umbringen«, lautete Agrippinas Antwort, »wenn er nur Kaiser wird!« Danach lebte sie von nun an, danach handelte sie.

Zunächst heiratete Agrippina jedoch ein zweites Mal. Der Auserwählte hieß Crispus Passienus und war eine recht farblose Erscheinung. Der Grund für diese Eheschließung wird nicht ohne weiteres ersichtlich. Da sie kaum ohne Überlegung gehandelt haben dürfte, wäre es denkbar, daß finanzielle Gründe eine Rolle spielten oder daß sie meinte, als verheiratete Frau weniger Aufsehen zu erregen, wenn sie den allem Weiblichen sehr zugetanen Kaiser hofierte.

Als erste erkannte Messalina, die dritte Gemahlin von Claudius, Agrippinas wahre Absichten. Messalina hatte dem Kaiser im Jahre 40 Octavia und ein Jahr später Britannicus geboren, und sie bezweifelte nicht, daß ihr Sohn eines Tages Kaiser werden würde. Kein Wunder, wenn es in ganz Rom keine zwei Frauen gab, die sich mehr haßten als Agrippina und Messalina. Beide hatten einen Sohn, aber nur einer konnte Kaiser werden.

Der Ehe des Claudius mit Messalina waren zwei recht unglückliche Verbindungen vorausgegangen. Von seiner ersten Ehefrau Plautia Urgulanilla trennte sich der Kaiser wegen Ehebruchs und Mordverdachts. Sein Erstgeborener Drusus war in jungen Jahren an einer Birne erstickt. Fünf Monate nach der Scheidung brachte Plautia eine Tochter zur Welt, Claudius ließ sie aussetzen, weil er angeblich nicht der Vater war. Die zweite Ehe mit Aelia Paetina, der Tochter eines ehemaligen Konsuls, währte nur kurz. Messalina, die

Tochter des Marcus Valerius Messala Barbatus und der Domitia Lepida, hatte er mit neunundvierzig Jahren geheiratet. Messalina war damals bereits fünfunddreißig Jahre alt.

Claudius bevorzugte den dominierenden Frauentyp. In dieser Hinsicht ähnelten sich Messalina und Agrippina sehr. Beiden gemein war auch eine übersteigerte Triebhaftigkeit, zügellos lebten beide. Auch an Intelligenz und Rücksichtslosigkeit stand keine der anderen nach. War Messalina die Agilere von beiden, so zeigte Agrippina mehr Besonnenheit.

Eine Schlange rettet dem kleinen Nero das Leben

Je mehr Agrippina sich Claudius widmete, desto entschlossener war Messalina, die Interessen ihres eigenen Sohnes wahrzunehmen. Wie ernst die Situation war, zeigt ein Mordversuch, mit dem Messalina Agrippinas Sohn Nero, der damals noch Domitius hieß, zu beseitigen suchte. Die Kaiserin hatte gedungene Mörder nach Antium entsandt, die das Haus der Erzrivalin beobachteten. Für den Anschlag erschien ihnen die Mittagszeit am günstigsten, während der kleine Domitius in seinem Bett schlief. Unbemerkt konnten sich die Mörder einschleichen. Als sie das Kind erwürgen wollten, hielten sie jedoch vor seinem Bett erschreckt inne: Unter dem Kopfkissen des schlafenden Domitius kroch eine Schlange hervor.

Schlangen waren im alten Rom Symbole der Göttlichkeit. Sueton berichtet, man habe später unter dem Kissen eine abgestreifte Schlangenhaut gefunden. Agrippina ließ sie zum Andenken an diesen Vorfall in einem goldenen Armreif fassen, den Nero lange Zeit am rechten Arm trug. »Als ihm«, schreibt Sueton, »das Andenken an seine Mutter schließlich leid war, warf er das Armband weg, und später, in der Bedrängnis seiner letzten Lebenstage, suchte er vergeblich wieder danach.«

Claudius wußte von den geheimen Aktivitäten Messalinas nichts. Wenn sie Agrippina verleumdete, stieß dies bei ihm auf taube Ohren. Für ihn stand ohnehin fest, daß Britannicus sein Nachfolger werden würde. Die eigentlichen Regierungsgeschäfte führten in jener Zeit vier einflußreiche Freigelassene: Narcissus, Pallas, Callistus und Polybios – zusammen mit Messalina ein gefürchtetes Quintett, dem man politische Fähigkeiten jedoch nicht absprechen konnte.

Oberstes Ziel Messalinas blieb die Beseitigung Agrippinas, vor allem ihres Sohnes Domitius. Gewiß hätte sie neue Mordpläne ausgeheckt und sicher eines Tages ihr Ziel auch erreicht, wenn sie nicht ein Opfer ihrer eigenen Sinnlichkeit geworden wäre.

Gaius Silius hieß der junge Mann, angeblich war er der bestaussehendste Römer jener Tage, leider auch verheiratet. Das hinderte Messalina jedoch nicht, den Schönling für sich zu beanspruchen. Julia Silana, die Ehefrau, wurde von der Kaiserin aufgefordert, das Ehebett zu räumen. Der nun geschiedene Silius, der bereits als Konsul designiert war, erhielt Ehrenämter und Geldzuwendungen, damit er sich für die Liebe schonen konnte. Wenn Messalina der Sinn danach stand, erschien sie in prächtiger Aufmachung mit großem Gefolge in der Villa des Angebeteten.

Messalina war Wachs in den Händen dieses jungen Mannes, der sich der Unhaltbarkeit seiner Situation aber allmählich bewußt wurde. Eines Tages stellte er die Geliebte dann auch vor die Alternative: entweder Claudius oder ich! Schließlich sei er nun nicht mehr verheiratet, kinderlos und bereit, Messalina zu heiraten und Britannicus zu adoptieren. Liebe macht blind. Das scheint die einzige Erklärung für das, was sich daraufhin abspielte. Während Kaiser Claudius sich aus einem offiziellen Anlaß in der nahen Hafenstadt Ostia aufhielt, feierten Messalina und Silius in aller Form Hochzeit.

Eine Katastrophe bahnte sich an. Als die Berater des Kaisers, Callistus, Narcissus und Pallas, davon Wind bekamen, waren sie entsetzt. Wenn Messalina einem Schauspieler ihre Gunst geschenkt hätte, wäre zwar das Kaiserhaus geschändet worden, es hätte ihm aber nicht der Untergang gedroht. Jetzt aber ließ sich dieser junge Mann von Adel aufgrund seines blendenden Äußeren, seines scharfen Verstandes und des ihm bevorstehenden Konsulates zu noch höheren Hoffnungen verleiten.

Vor allem fürchteten die drei jedoch um ihre einflußreiche

Stellung. Sie beschlossen deshalb, Messalina zu beseitigen. Dies war ein riskantes Unternehmen, denn ihre Anhängerschaft war groß. Deshalb sollte es Claudius selbst tun. Narcissus gewann zwei Liebesdienerinnen des Kaisers, Calpurnia und Cleopatra, die bei Claudius gerade in hoher Gunst standen, für die Unterstützung ihrer Pläne. Gemeinsam reisten beide nach Ostia und baten den Kaiser um eine Unterredung. Als sie den Kaiser sahen, fiel Calpurnia Claudius zu Füßen und rief atemlos: »Messalina hat sich mit Silius vermählt!«

Und an Cleopatra gewandt fragte sie: »Hast du nicht dasselbe gehört?« Die Schöne nickte.

Claudius, sonst eher gleichgültig gegenüber den Amouren seiner Frau, ließ Narcissus rufen. Dieser gab sich tief bestürzt, stammelte tausend Entschuldigungen, warum er dem Kaiser nie von den Affären der Messalina berichtet habe. Es stehe ihm aber auch nicht zu, das ehebrecherische Verhalten der Kaiserin zu kritisieren. Claudius solle von Silius jetzt nicht Messalinas Palast und Hofstaat zurückfordern, den dieser sich bereits angeeignet habe, aber er solle den Ehevertrag zerreißen und Messalina zurückfordern.

»Oder«, so Narcissus wörtlich, »weißt du etwa nichts von deiner Scheidung? Wo doch das ganze Volk, der Senat und das Heer die Vermählung des Silius mitangesehen haben. Wenn du nicht schnell handelst, hat der junge Gatte ganz Rom in Besitz!«

Der Kaiser rief nach seinen Freunden. Lusius Geta, der Oberbefehlshaber der Leibgarde, und Turranius, der Leiter der Kornauslieferungen, bestätigten den Sachverhalt und bestürmten den Prinzeps, sich der Treue seiner Garde zu versichern, jetzt gelte es, schnell zu handeln.

»Bin ich denn überhaupt noch Kaiser?« fragte Claudius immer wieder.

Die letzten Tage der Messalina

Messalina und Silius schienen in ihrem Taumel den sich anbahnenden Konflikt überhaupt nicht wahrzunehmen.

Es war der Herbst des Jahres 48, und die beiden gaben in Messalinas Palast ein Weinfest. In riesigen Keltern wurden frische Trauben gepreßt, der Wein floß aus tönernen Amphoren, Musikanten spielten aufpeitschende Rhythmen, und halbnackte Mädchen mit langen, offenen Haaren führten ekstatische Tänze vor.

Mitten unter ihnen, rasend vor Leidenschaft, Messalina und Silius, einen Efeukranz auf dem Kopf. Das junge Paar liebte sich vor aller Augen, die Umstehenden taten es ihnen gleich. Im Übermut kletterte einer auf einen hohen Baum.

»Von Ostia«, rief er aus der Höhe hinab, »naht ein schweres Unwetter!«

Gewitterwolken brauten sich nicht nur am Horizont zusammen. Ein Bote meldete, Claudius sei im Anmarsch. Zu dem Regen, der die Teilnehmer der Orgie auseinandertrieb, gesellte sich nun die Angst. Und noch ehe sich die trunkenen Gäste zerstreut hatten, trafen Centurionen ein, trieben die Anwesenden zusammen und legten allen Fesseln an.

Messalina und Silius konnten entkommen. Silius floh zum Forum, Messalina fuhr dem Kaiser mit einem Wagen der Müllabfuhr auf der Landstraße nach Ostia entgegen. Als wäre sie aus einem Traum erwacht, wollte sie Claudius um Gnade anflehen.

Der Prinzeps preschte inzwischen in einem Wagen in Richtung Rom. Mit ihm fuhren Geta, Vitellius, Largus Cäcina und Narcissus. Narcissus überredete den Kaiser, ihm für einen einzigen Tag den Oberbefehl über die Truppen zu erteilen, es gebe sonst keine andere Hoffnung für sein Leben. Hilflos stimmte Claudius zu, verfluchte Messalina, erinnerte sich dann wieder wehmütig der schönen Ehejahre, bedauerte die unmündigen Kinder und verhielt sich dann auffallend still. Nur Vitellius meinte ab und zu mit einem tiefen Seufzer: »Welche Schandtat!« Und mit erhobener Stimme: »Welcher Frevel!«

Da tauchte Messalina vor dem kaiserlichen Wagen auf. Schon von weitem rief sie: »Claudius, Cäsar, schenke der Mutter von Britannicus und Octavia Gehör!«

Der Kaiser reagierte nicht. Narcissus schrie vom Wagen herab: »Messalina, du wirst angeklagt, die Ehe mit Claudius gebrochen zu haben und eine neue mit Silius eingegangen zu sein!« Aus den Falten seines Gewandes zog er eine Schriftrolle und überreichte sie dem Kaiser. »Verzeichnis der Ehebrüche Messalinas« stand da in großen Lettern zu lesen, es folgte eine ganze Kolumne mit Namen, Fakten und Zahlen. Dann trieb Narcissus die Pferde wieder an, die Kaiserin blieb zurück.

Doch Messalina gedachte nicht, so ohne weiteres aufzugeben. Nach wenigen Kilometern Fahrt wurden dem kaiserlichen Gespann die Kinder des Prinzeps entgegengeführt.

»Schafft sie fort!« schrie Narcissus den Erziehern entgegen.

Dies war kaum geschehen, da stellte sich Vibidia, die älteste der Vestalinnen, in den Weg. Die Hüterinnen des ewigen Feuers der Vesta genossen in Rom höchstes Ansehen. Sie galten während ihres dreißig Jahre zu Keuschheit verpflichtenden Dienstes als heilig. Ein verurteilter Verbrecher, der ihnen zufällig über den Weg lief, und sei es auf dem Wege zur Hinrichtung, mußte freigelassen werden. Ausgerechnet Messalina hatte seit fünf Jahren die Oberaufsicht über die Vestalinnen inne, überführte sie eine des Geschlechtsverkehrs mit einem Mann, so wurde diese lebendig begraben.

Vibidia bat nun flehentlich, Claudius möge seine Gattin nicht dem Verderben preisgeben, ohne ihr Gelegenheit zur Verteidigung gegeben zu haben.

Das solle geschehen, antwortete Narcissus für den Kaiser, jetzt müsse die Jungfrau aber den Weg freimachen und ihren heiligen Pflichten nachkommen. So gelangte Claudius mit seinen Begleitern endlich ins Prätorianerlager. Dorthin hatte man inzwischen auch Silius gebracht.

Dieser versuchte erst gar nicht, sich zu rechtfertigen. Er hatte hoch gespielt und alles verloren. Das sah er ein, und deshalb forderte er keinen Strafaufschub, er bat nur darum, seine Hinrichtung möglichst zu beschleunigen.

Angestachelt von Narcissus, hielt Claudius an diesem Tag ein Blutgericht. Die engsten Vertrauten und zahlreiche Liebhaber der Messalina, soweit sie greifbar waren, mußten die Zuneigung der lüsternen Kaiserin mit dem Leben bezahlen. Zum Tode verurteilt wurden: Titius Proculus, Messalinas Ehrenwächter, der Senator Juncus Vergilianus, der Leiter der Gladiatorenschule, Sulpicius Rufus, der Chef der Feuerwehr, Decrius Calpurnianus, ferner

Vettius Valens, Pomponius Urbicus und Sanfeius Trogus. Sie alle nahmen das Todesurteil ohne Widerspruch hin.

Zaghafter Einspruch kam nur von zwei Verurteilten. Der Adelige Traulus Montanus jammerte, er könne nichts dafür, daß er so schön sei. Messalina habe ihn nur eine einzige Nacht als Lustobjekt mißbraucht und am Morgen wieder hinausgeworfen.

Mit ähnlichen Argumenten versuchte der Schauspieler Mnester seinen Kopf zu retten. Er riß sich sein Gewand vom Leibe und rief: »Claudius, Cäsar, sieh diese Striemen auf meinem Körper. Nur unter dem Zwang der Peitsche habe ich mich Messalina hingegeben, nicht wie andere aus Gewinnsucht oder wegen günstiger Zukunftsaussichten!« Die Worte waren vergebens, es blieb bei der Todesstrafe.

Einem Mann namens Cäsonius blieb hingegen das Schwert des Henkers erspart, obwohl er bei keiner Orgie Messalinas gefehlt hatte. Er konnte allein aufgrund seines äußeren Gehabes glaubhaft machen, daß er in seiner Eigenschaft als Mann nur Männern zur Verfügung gestanden habe.

Schwankend zwischen Erbitterung und Reue hielt sich Messalina in einer Villa in den Gärten des Lucullus auf; in ihren Palast zurückzukehren, wagte sie nicht. Claudius suchte den Palatin auf und betrank sich bis zur Besinnungslosigkeit; denn ihm war inzwischen klargeworden, daß auch Messalina mit dem Tode bestraft werden müsse. Deshalb sandte er einen Boten zu der, wie er sagte, »unglücklichen« Messalina, sie solle am nächsten Tag erscheinen und sich verantworten. Narcissus erfuhr davon und schickte, bevor der Kaiser von Mitleid und wehmütigen Erinnerungen übermannt wurde, ein Mordkommando aus. Auf Befehl des Prinzeps, wie er versicherte.

Das Kommando, zwei Centurionen, ein Tribun und der Freigelassene Enodus, brach das Tor des Hauses auf, in dem man Messalina vermutete. Messalina leistete keinen Widerstand. Sie nahm das Schwert entgegen, das ihr einer der Männer reichte, drückte es zitternd an die Kehle, hielt es schließlich gegen die Brust, zögerte aber. Da, ein Stoß – der Tribun hatte ihr sein Schwert mitten ins Herz gestoßen.

Claudius lag betrunken beim abendlichen Mahl, als ein Bote das kaiserliche Triclinium betrat und dem Prinzeps meldete: »Messalina ist tot!«

Der Kaiser starrte vor sich hin, fragte nicht nach der Todesursache, schwieg. Endlich tat er den Mund auf und sagte: »Reicht mir einen neuen Becher!«

Der Tod Messalinas rief kaum Trauer hervor. Schließlich hatte sie genug Menschenleben auf dem Gewissen: Gaius Appius Junius Silanus, Julia Livilla, Julia, die Tochter des Drusus, Catonius Justus, Marcus Vinicius, Valerius Asiaticus, Gnäus Pompeius Magnus und Polybius, den Berater des Kaisers.

Nero war elf, als seine Mutter erneut auf Brautschau ging

Die größte Erleichterung über Messalinas Tod dürfte Agrippina empfunden haben; denn nicht nur ihr, sondern vor allem ihrem Sohn hatte sie nach dem Leben getrachtet.

Dieser Domitius zählte jetzt schon elf Jahre, ein ansehnlicher Junge, rothaarig wie sein Vater und etwas blaß, aber wohlgestaltet und von einnehmendem Wesen. Domitius war nicht nur drei Jahre älter als Messalinas Sohn Britannicus, er war bei den Römern auch beliebter als dieser. Als die beiden Jungen im Jahre 47 bei einem Reiterspiel anläßlich der Achthundertjahrfeier der Stadt Rom gemeinsam auftraten, da umrauschte Lucius Domitius lauter Beifall, während Britannicus nur anerkennend applaudiert wurde. Kaiser Claudius, der im Circus Maximus anwesend war, mag sich seine Gedanken gemacht haben.

Claudius duldete stillschweigend einen Antrag des Senats, alle Standbilder Messalinas aus der Öffentlichkeit zu entfernen und ihren Namen, wo immer er auftauchte, auszulöschen. Er war nun der begehrteste Witwer des römischen Weltreiches: nicht mehr ganz jung, so daß man in einiger Zeit mit seinem Tod rechnen konnte, steinreich, was ein unermeßliches Erbe versprach, und gutmütig, so daß ihn jede Frau mit etwas Geschick nach ihren Bedürfnissen lenken konnte. Kein Wunder also, wenn zahlreiche

Schönen – oder besser: Klugen – des Reiches sich um die Gunst des Prinzeps bemühten, jede mit einer sorgsam gepflegten Lobby. Ohne Freunde am kaiserlichen Hof war es praktisch unmöglich, an Claudius heranzukommen; andererseits hatte der wankelmütige Kaiser für seine Berater stets ein offenes Ohr.

Es war auch nicht weiter verwunderlich, daß sich die Berater des Claudius über Messalinas mögliche Nachfolgerin heillos zerstritten. Narcissus, der Einflußreichste unter ihnen – er hatte aufgrund seines schnellen Handelns in der Messalina-Affäre die Abzeichen der Quästur erhalten –, favorisierte die schöne Aelia Paetina aus dem traditionsreichen Hause der Tuberonen, mit der Claudius schon einmal verheiratet war. Callistus trat für Lollia Paulina ein, die Tochter des Konsuls Marcus Lollius. Und Pallas sprach sich für Neros Mutter Agrippina aus, die Tochter des großen Germanicus.

Wie nicht anders zu erwarten, zeigte Claudius sich unschlüssig, welcher Frau er seine Gunst schenken sollte, tendierte bald zu dieser, bald zu jener. Obwohl Agrippina noch mit dem Gerichtsredner Crispus Passienus verheiratet war, den sie nach ihrer Rückkehr aus der Verbannung geehelicht hatte, war sie entschlossen, ihre Rivalinnen auszustechen. Dieses war jedenfalls der einfachste Weg für ihren Sohn, Kaiser zu werden. Eines Tages war ihr Mann tot, Genaues wußte man nicht; die Leute erzählten, er sei ermordet worden.

Agrippina besuchte seitdem ihren Onkel Claudius beinahe täglich. Sie kleidete sich aufreizend und versuchte, den Kaiser zu verführen. Es erübrigt sich zu sagen, daß ihr dies auch gelang. Agrippina war dreiunddreißig, Claudius achtundfünfzig Jahre alt.

Aber auch die anderen Mitbewerberinnen waren nicht untätig. Sie verwiesen auf ihren Adel, Reichtum und nicht zuletzt auf ihre weiblichen Reize. Das Liebeswerben um den senilen Kaiser dauerte nun schon Monate, und alle Beteiligten sehnten eine Entscheidung herbei. Hatte bisher jeder einzelne Berater des Kaisers in trautem Einzelgespräch versucht, Claudius für seine Kandidatin einzunehmen, so bat der Prinzeps die drei zerstrittenen Lobbyisten nun gemeinsam zu einer entscheidenden Besprechung.

Narcissus, der Privatsekretär des Kaisers, versuchte bei Claudius alte Erinnerungen an seine zweite Ehe mit Paetina wachzurufen.

Diese habe zwar mit Scheidung geendet, sei aber im Vergleich zu der Verbindung mit Messalina gut gewesen. Beide hätten eine gemeinsame Tochter Antonia, und Paetina werde sich nicht in die öffentlichen Angelegenheiten einmischen und Britannicus und Octavia wie ihre eigenen Kinder behandeln.

Callistus war da anderer Ansicht: Er meinte, Paetina werde, gerade weil sie schon einmal mit Claudius verheiratet war, den Prinzeps nicht mit der gewünschten Demut behandeln. Von Lollia sei dies zu erwarten. Lollia, Exgemahlin des Caligula, habe keine Kinder, Eifersüchteleien seien deshalb von vornherein ausgeschlossen, und ihren Stiefkindern werde sie stets eine gute Mutter sein.

Pallas begann seine Rede als letzter: »Agrippina hat den beiden anderen vor allem voraus, daß sie einen Enkel des großen Germanicus mit in die Ehe bringt. Dieser, ein des Kaiserhauses wahrhaft würdiger Sproß, vereinigt die Nachkommen der julischen und der claudischen Familie. Daher, erhabener Cäsar, lasse nicht zu, daß diese Frau von erwiesener Fruchtbarkeit und immer noch blühender Jugend die Hoheit des Cäsarengeschlechts in ein anderes Haus einbringt!«

Hätte Agrippina den Kaiser mit ihren Verführungskünsten nicht ohnehin schon längst für sich gewonnen, so wäre das Argument des Pallas in der Tat am zugkräftigsten gewesen. Agrippinas Sohn Domitius stand aufgrund seiner Abstammung an zweiter Stelle der Thronfolge nach Britannicus. Insofern mußte ihn Claudius als ernsthaften Konkurrenten für seinen eigenen Sohn betrachten. Was lag näher, als ihn zusammen mit seiner Mutter in die Familie aufzunehmen, damit er zumindest unter Beobachtung stand. Denn Claudius war zu dieser Zeit immer noch fest entschlossen, seinen epileptischen Sohn Britannicus – einen Ururururgroßneffen des Epileptikers Cäsar, einen Urenkel des Alkoholikers Marcus Antonius – zu seinem Nachfolger und damit zum Kaiser zu machen.

Das Ergebnis des seltsamen Heiratsmarktes ist bekannt: Pallas ging mit seiner Favoritin Agrippina als Sieger hervor. Verschwiegen hatte er allerdings in seiner Laudatio, daß er selbst mit ihr ein Verhältnis hatte.

Die einzige Schwierigkeit für die angestrebte Verbindung bereitete die Tatsache, daß Claudius und Agrippina als Onkel und Nichte blutsverwandt waren und auf legalem Weg keine Ehe eingehen konnten. Zwar wußte jedermann in Rom, daß Agrippina nicht nur bei, sondern auch *mit* ihrem Onkel Claudius schlief, aber gegen eine Legalisierung des Verhältnisses gab es rechtliche Bedenken. Trotzdem plante Claudius, ein offizielles Hochzeitsfest auszurichten. Um ihrem Ziel näherzukommen, brauchte Agrippina aber auch noch die Heiratsurkunde.

Dazu bediente sie sich des Lucius Vitellius, eines Mannes, der, wie Tacitus anmerkt, »unter der Maske eines Censors die Verlogenheit eines Sklaven verbarg«. Vitellius, der Vater des späteren Kaisers Vitellius und ehemalige Statthalter von Syrien, bekleidete zusammen mit Claudius das Zensorenamt und genoß beim Kaiser hohes Ansehen.

Eines Tages betrat Vitellius die Curie und bat die Senatoren ums Wort, die Sache, die er vorzubringen habe, sei von höchstem Staatsinteresse. Mit Verwunderung erfuhren die Senatoren, daß den Prinzeps die Verantwortung für den ganzen Erdkreis belastete.

»Der Cäsar«, rief Vitellius aus, »bedarf der Hilfe, um sich, von häuslichen Sorgen befreit, ganz der Allgemeinheit widmen zu können. Welche Erleichterung ist außerdem einem Cäsarenherzen angemessener, als sich eine Gattin zu nehmen, eine Gefährtin in Glück und Gefahr, eine, der er seine geheimsten Gedanken und seine kleinen Kinder anvertrauen kann. Schließlich hat Claudius sich nie Ausschweifungen oder Vergnügungen hingegeben, sondern von früher Jugend an den Gesetzen Folge geleistet.«

Im römischen Senat waren rührselige Reden auch dann nie ohne Wirkung geblieben, wenn sie an der Wirklichkeit vorbeigingen, und so stimmten die Senatoren dem Vitellius zu. Der aber fuhr fort: »Weil ihr alle zusammen die Wiedervermählung des Kaisers befürwortet, muß man ihm eine Frau erwählen, die sich durch Adel, Fruchtbarkeit und Sittenreinheit auszeichnet. Zweifellos genießt Agrippina durch ihre erlauchte Herkunft den Vorzug. Sie hat Beweise ihrer Fruchtbarkeit gegeben, und ihr lauterer Lebenswan-

Das Forum des Augustus.

del stimmt damit überein. Ganz vortrefflich aber ist es, daß hier durch göttliche Fügung eine Witwe mit einem Kaiser verbunden wird, der sich stets nur mit seinen eigenen Frauen begnügt hat. Ihr habt doch von euren Eltern gehört oder noch mit eigenen Augen gesehen, wie Ehefrauen entführt wurden, um den Lüsten der Cäsaren zu dienen. So etwas liegt der Mäßigung des gegenwärtigen Kaisers fern. Fürwahr, mögen wir nun ein Exempel statuieren, wie ein Kaiser eine Gemahlin vom Senat erhält. Zugegeben, für uns ist eine Ehe mit der Tochter des Bruders oder der Schwester neu, bei anderen Völkern ist das selbstverständlich und durch kein Gesetz verboten. Auch Ehen zwischen Geschwisterkindern waren lange nicht üblich, haben sich jedoch im Lauf der Zeit eingebürgert. Die Sitte paßt sich eben dem jeweiligen Bedürfnis an, und auch dieser Fall wird bald allgemeiner Brauch werden.«

Die Senatoren dürften zwar einigermaßen verwundert gewesen sein, als sie von den bisher unbekannten Tugenden der Agrippina erfuhren, gaben sich nach dieser Rede dann aber doch überzeugt und meinten, Claudius müsse Agrippina auf jeden Fall heiraten. Vor der Curie scharten sich inzwischen die Menschen zusammen. Sie riefen, es sei des Volkes Wille, daß sich Claudius mit Agrippina vermähle.

Wie geplant, erschien daraufhin Claudius auf dem Forum und nahm die Glückwünsche der Römer entgegen. Sodann ging er in die Curie, um die offizielle Zustimmung des Senats einzuholen, wonach nun Ehen zwischen Onkel und Nichte legalisiert waren.

Zu Beginn des Jahres 49 heirateten Claudius und Agrippina. Tacitus bemerkt ironisch: »Umgewandelt war von nun an die Stadt Rom, und alles gehorchte ihr in dieser Stadt.« Neros Mutter habe »ein straffes, gleichsam männliches Regiment« geführt. In der Öffentlichkeit habe sie sich ernst, häufig hochmütig benommen. Maßlos sei ihre Geldgier gewesen, sie habe sie jedoch damit gerechtfertigt, die Mittel für das Reich beschaffen zu müssen. Was verwundert, ist der Hinweis des Tacitus auf ihre Sittenstrenge, wo doch jedermann von Agrippinas Lebenswandel wußte. Er schränkte dies freilich ein und meinte, wenn es ihrer Herrschsucht diente, habe sie durchaus ihre Erziehung vergessen.

Im vierunddreißigsten Lebensjahr hatte Agrippina also erreicht, was sie in den schrecklichen Jahren unter Tiberius und Caligula nie zu hoffen gewagt hätte: Sie war Gemahlin eines Prinzeps, mehr noch, sie war Kaiserin, ihr willensschwacher Gatte ermöglichte es ihr, selbst zu herrschen.

Ihrem Ziel, Domitius die Kaiserwürde zu verschaffen, war sie jetzt so nahe wie nie zuvor. Besonnen, aber rücksichtslos verfolgte sie diesen ihren Lebenstraum, mit dem sie sich für erlittenes Unrecht rächte: Triumph des Willens über ein aussichtslos erscheinendes Schicksal. Daß dies zahlreichen Menschen das Leben kosten und sie sich selbst dabei zugrunde richten würde, kümmerte Agrippina nicht: »Mag er mich töten, wenn er nur Kaiser wird ...«

Das erste Opfer war Silanus, der Exverlobte von Claudius' Tochter Octavia. Er beging am Tage der Hochzeit von Claudius und Agrippina Selbstmord. Nun konnte Agrippina versuchen, ihren eigenen Sohn mit der Kaisertochter zu verloben. Dazu gewann sie den designierten Konsul Mammius Pollio, der im Senat meinte, man solle Claudius auffordern, Octavia und Domitius zu verloben. Die beiden paßten altersmäßig gut zusammen und dies werde »den Weg zu noch größeren Hoffnungen freimachen«. Also fand die Verlobung auf Wunsch des römischen Senates statt; Claudius konnte kaum nein sagen.

Neros Lehrmeister Seneca

Als nächstes bewirkte Agrippina die Aufhebung der Verbannung des Seneca, der von Claudius auf Betreiben Messalinas nach Korsika abgeschoben worden war. Ihn hatte Agrippina als Lehrmeister für ihren Sohn vorgesehen.

Lucius Annaeus Seneca wird zu den bedeutendsten römischen Prosaschriftstellern gezählt. Von seinen Werken ist ein großer Teil erhalten, über ihn selbst jedoch ist relativ wenig bekannt, und das wenige müssen wir mühsam aus seinem Nachlaß rekonstruieren.

Wer im Archäologischen Museum von Neapel die Büste Senecas betrachtet, eines der schönsten Bildnisse des Altertums, mag von Zweifeln geplagt werden ob der Verschiedenheit von Physiognomie und Lebenshaltung. Und in der Tat ist die Zuschreibung des Porträts unsicher. Andererseits sehen Dichter und Philosophen nur in seltenen Fällen auch wie solche aus: Nicht jeder von ihnen wirkt edel und vergeistigt.

Der uns da entgegentritt, zottelhaarig, mit strähnigem Kinn- und Backenbart, die Nasenwurzel zwischen den Augen tief eingegraben, der Mund schmal und angespannt, dessen lauernder Blick am Betrachter vorbeigeht, entspricht nicht unserer vorgefaßten Meinung. So würde man sich einen Gladiator vorstellen, nie aber einen Schriftsteller und Moralphilosophen, der zeitweise als Vegetarier lebte, an Schwindsucht litt und sich immer wieder schonen mußte, weil er so schwach war. Caligula, der mit keinem Mitleid hatte außer mit sich selbst, strich Seneca – er war damals Quästor – sogar von der Liste der Todeskandidaten, weil er meinte, er lebe ohnehin nicht mehr lange.

Seneca war kein gebürtiger Römer. Er kam ein oder wenige Jahre vor der Zeitenwende im spanischen Cordoba zur Welt, wo sein Vater ein gefragter Rhetor war. Vater und Sohn mochten sich nicht besonders; seine Mutter Helvia dagegen liebte der Junge innig. Ihr ist es wohl auch zu verdanken, daß Lucius nach der Übersiedlung der Familie in die römische Hauptstadt zu Sotion und Attalus in die Schule gehen durfte. Sotion machte den jungen Seneca mit den Theorien der Seelenwanderung bekannt, Attalus brachte ihm die stoische Philosophie nahe. Der Vater hielt von alldem gar nichts. Die Mutter schickte den kränkelnden Jüngling zu einer Tante nach Ägypten, wo man damals die Schwindsucht zu kurieren pflegte. Aber trotz bester Fürsorge – der Onkel war kaiserlicher Prokurator von Ägypten – fand Lucius auch im trockenen Wüstenklima des Nillandes keine Heilung.

Nach Rom zurückgekehrt, ergriff der junge Seneca die Beamtenlaufbahn, wurde Quästor und war fürs erste versorgt. Politisch geriet er bald in Schwierigkeiten, die ihm, wäre er eben nicht so krank gewesen, schon unter Caligula den Kopf gekostet hätten.

Da er ein brillanter Redner war, der vor allem die jungen Leute zu faszinieren wußte, weil er sich mit aktuellen Tagesproblemen beschäftigte, war er ein gefährlicher Mann. Das fiel zuerst Messalina auf. Es gehe nicht an, meinte sie, daß Seneca mit Julia Livilla, einer Schwester des verstorbenen Caligula, ein ehebrecherisches Verhältnis unterhalte. Sie forderte und erreichte die Verbannung Senecas auf die Verbrecherinsel Korsika.

Acht Jahre verbrachte Seneca auf der verhaßten Insel. Seiner Mutter schickte er eine später berühmt gewordene Trostbotschaft *Ad Helviam matrem* – »Meiner Mutter Helvia«, Messalina versuchte er mit schriftlichen Schmeicheleien umzustimmen – erfolglos, wie sich zeigte. Er trug sich mit Selbstmordabsichten, und da seine Gesundheit ohnehin stark angeschlagen war und er schon auf die Fünfzig zuging, rechnete kaum jemand in Rom mit der Rückkehr des Verbannten. Doch das Schicksal wollte es anders: Nicht er, Seneca, segnete das Zeitliche, sondern Messalina, seine Erzfeindin.

Agrippina hatte das harte Los der Verbannung zehn Jahre zuvor am eigenen Leib erfahren; sie wußte, wie hilflos ein Verbannter dem Schicksal ausgeliefert ist. Aber es war nicht Mitleid, das Agrippina dazu bewog, Seneca zurückrufen zu lassen, sondern die Faszination, die von den Schriften dieses Mannes ausging, die bei den Römern wahre Begeisterung auslösten, weil Seneca es verstand, den Leuten aufs Maul zu schauen und ihre Probleme mit nahezu demagogischen Fähigkeiten zu erörtern. Dieser Mann paßte genau in Agrippinas Konzept, er sollte ihren Sohn so erziehen, daß er seinem späteren Amt gewachsen war.

Keinesfalls war es der Inhalt von Senecas Schriften, der Agrippinas Anerkennung gefunden hatte, sondern das Ergebnis, die Begeisterung, die sie beim Volk entfachten. Daß er selbst seine Prinzipien gar nicht so ernst nahm und sich nicht an die von ihm aufgestellten Leitsätze und Lebensregeln hielt, war Agrippina ziemlich gleichgültig, ja es bestärkte sie eher in der Ansicht, daß Seneca für ihre Zwecke genau der richtige Mann war.

Die Künste des Philosophen

Der spätere Modeschriftsteller und -philosoph der damaligen Zeit hatte als Vierzigjähriger noch vor seiner Verbannung die Römer mit seiner »Trostbotschaft für Marcia« zu Tränen gerührt und sie gleichzeitig von der Kraft seiner Worte überzeugt. Marcia war die Tochter des Geschichtsschreibers Cremutius Cordus, sie hatte ihren Sohn Metilius verloren. Unaufgefordert und offensichtlich deshalb, weil die dreijährige Trauer der Marcia bei der Bevölkerung Roms sehr beachtet worden war, sandte Seneca der trauernden Mutter eine sechsundzwanzig Kapitel umfassende Schrift, die mit den Worten beginnt: »Wüßte ich nicht, Marcia, daß Dir die Schwäche einer Frau genausowenig eigen ist wie die anderen Fehler und daß man in deinem Charakter etwas wie ein Mutterbild aller Zeit sehen muß, so wagte ich es nicht, etwas gegen deinen Schmerz zu unternehmen, dem ja selbst Männer sich gerne hingeben . . .« Doch habe es viele berühmte Männer gegeben, denen ein ähnliches Schicksal zuteil wurde, als ihr Lieblingssohn gestorben sei. Schließlich habe Marcia noch andere Kinder und Enkel, denen sie ihre ganze Zuneigung widmen könne, dies müßten andere entbehren. Letzten Endes habe der frühe Tod ihrem Sohn vielleicht zahllose Qualen erspart, ihre Trauer sei also unbegründet. Das leuchtete ein – so schlicht war es.

Aus der Verbannung in Korsika schickte Seneca das Traktat *De ira* – »Über den Zorn«–, das vor allem pädagogischen Charakter hat. In der Abhandlung *De otio* – »Von der Muße« – reflektiert er über das beschauliche Leben eines Philosophen, der, nach außen hin, nichts Produktives zu leisten scheint. In der Schrift *De brevitate vitae* – »Von der Kürze des Lebens« – stellt Seneca die These auf, nur die Stunden, die der Mensch dem Studium der Weisheit widme, seien das wahre Leben. Schließlich sei es die Weisheit, die dem Menschen das Tor zur Unsterblichkeit öffne.

Ein Mann, der so populär war wie Seneca, hatte natürlich nicht nur Freunde; doch da er viel schrieb, konnte er sich in jeder neuen Trost- oder Moralschrift mit seinen Kritikern auseinandersetzen. Er behaupte auch gar nicht von sich, ein Weiser zu sein, meinte der Listige einmal, und entzog sich damit dem Maßstab seiner eigenen Moralgesetze. Manchen war auch die Unterwürfigkeit, mit der er aus der Verbannung Messalina und dem Kaiser zu gefallen gesucht hatte, unangenehm aufgefallen. Nach dem Tod des Claudius verspottete er mit beißendem Witz die Himmel- und Höllenfahrt des nun vergöttlichten Kaisers, verfaßte aber gleichzeitig den phrasenreichen Nachruf, den sein Schüler Nero unter Tränen vortrug.

Auch die Bedürfnislosigkeit, die Seneca predigte, erschien vielen nicht sehr glaubwürdig, schließlich war er nach seiner Verbannung ein reicher und versorgter Mann geworden mit Haus- und Grundbesitz und anderem Vermögen. Stoisch konterte der Philosoph, ein Weiser könne ruhig reich sein, denn er allein sei in der Lage, seinen Reichtum richtig zu gebrauchen.

Trotz mancher Fragwürdigkeiten im persönlichen Verhalten gab Seneca denen, die seine Schriften lasen, eine echte Lebenshilfe, da er in vielfältiger Form zu Fragen der Gegenwart und des Alltags Stellung nahm. Die Römer liebten, ja verehrten ihn, hatte er doch für jedes Problem eine Lösung, für jedes Leid ein Rezept parat.

Darüber hinaus war er aber auch ein Mann, der in der Philosophie aufging und Zeiterscheinungen anprangerte, die sonst vom Volk durchaus goutiert wurden.

In seinem Traktat *De clementia* – »Über die Milde« – meinte er, die Qualen der Sklaven und die Hinrichtungen in Rom spotteten jeder Beschreibung, es sei unmenschlich, wie man mit Sklaven umgehe, sie in leicht brennbare Gewänder einnähe und zur Freude der Zuschauer anzünde. Sklaven seien auch Menschen – in einer Zeit, in der man noch zwischen Sklaven und Menschen unterschied, eine provokante These. In seinen »Moralischen Briefen« an seinen Freund Lucilius *(Epistolae morales ad Lucilium)* – sie gelten zusammen mit den »Naturwissenschaftlichen Untersuchungen« *(Naturales quaestiones)* als sein Hauptwerk – nimmt diese Frage breiten Raum ein. Und es gehörte schon Mut dazu, die Gladiatorenkämpfe, den Lieblingszeitvertreib der Römer, als Schandtat anzuprangern.

Eine Vaterfigur für Nero

Gerade in letzter Hinsicht fielen Senecas Lehren bei seinem Schüler Nero auf fruchtbaren Boden. Aber auch sonst stand der junge Thronanwärter sehr stark unter dem Einfluß seines Erziehers.

Seneca hatte für die schulische Ausbildung seines Zöglings zwei Lehrer engagiert, Chairemon aus Alexandria und Alexander von Aegae, einen Mazedonier. Ersterer war Museumsdirektor in Alexandria und stoischer Philosoph. Letzterer hatte sich als Lehrer und Philosoph in der aristotelischen Philosophie einen Namen gemacht. Auf diese Weise erlangten Zenon und Aristoteles also mittelbaren Einfluß auf den Sohn Agrippinas. Griechische Philosophie, Kunst und Lebensart oder das, was Nero darunter verstand, sollten sein kurzes Leben in der Tat beeinflussen.

Der Prinz war zwölf Jahre alt, als Seneca sich seiner annahm; der Lehrer mindestens fünfzig. Nero akzeptierte Seneca widerspruchslos als Bezugsperson und Vaterfigur. Schließlich war sein leiblicher Vater Gnäus Domitius Ahenobarbus beinahe zehn Jahre tot.

Das enge Verhältnis der beiden änderte sich auch nicht, als Kaiser Claudius kurz darauf den jungen Nero adoptierte. Claudius blieb mit seiner Tattrigkeit, seiner Versponnenheit, die auf einen Dreizehnjährigen komisch wirken mußte, stets der »Onkel« Claudius. Gewiß erkannte der äußerst intelligente Junge, daß Claudius seiner Mutter Agrippina damit nur einen Gefallen tun wollte, einen beinahe schon erzwungenen »Gefallen«, daß aber – wie sich bald herausstellen sollte – keineswegs Zuneigung oder gar Liebe das Motiv für den juristisch verhängnisvollen Schritt gewesen war. Vielleicht hat Seneca seinen Zögling in dieser Hinsicht negativ beeinflußt. Man kann sich jedenfalls kaum vorstellen, daß ein Mann von seiner Intelligenz Agrippinas Pläne nicht von Anfang an durchschaut hat.

Die Angst und Ungewißheit, in der Agrippina lange Jahre gelebt hatte, verbreitete sie nun selbst.

Niemand, der dieser willensstarken Frau in die Quere kam, war seines Lebens sicher. Für Calpurnia, eine über jeden Zweifel erhabene Dame der Gesellschaft, wurde es zum Verhängnis, daß Claudius im Gespräch ihre Schönheit rühmte, mehr nicht. Darauf schickte sie Agrippina in die Verbannung. Lollia, ihre einstige Nebenbuhlerin, erlitt das gleiche Schicksal. Da sie eine wohlhabende und einflußreiche Frau war, mußte sie offiziell angeklagt und verurteilt werden. Sie habe Umgang mit Chaldäern, also orientalischen Priestern der Magie und Wahrsagekunst, gepflegt, lautete die Anklage. Außerdem habe sie das Orakel von Klaros über die Vermählung des Kaisers befragt. Das Urteil stand von vornherein fest: Verbannung. Lollias Vermögen wurde bis auf fünf Millionen Sesterzen eingezogen. Wohin die übrigen Millionen flossen, kann man nur ahnen. Agrippina ersparte ihrer Nebenbuhlerin das schwere Los der Verbannung. Sie sandte ihr einen Tribunen, der sie zum Selbstmord zwang.

Agrippinas Einfluß und Macht wuchsen von Tag zu Tag. Unter dem eisernen Willen seiner Ehefrau verlor Claudius den letzten Rest Eigeninitiative, so daß Agrippina praktisch allein regierte. Der einzige, dem die Kaiserin noch Gehör schenkte, war Pallas, mit dem sie nach wie vor ihr Bett teilte. Es scheint, als habe Claudius davon nichts gewußt; denn auch er akzeptierte Pallas als Berater.

Claudius adoptiert Nero: Das war sein Todesurteil

Nach einjähriger Ehe – Domitius befand sich bereits im dreizehnten Lebensjahr – beseitigte Agrippina das letzte Hindernis, das ihrem Sohn auf dem Weg zum Kaiserthron im Wege stand. De jure war Domitius noch immer der Stiefsohn des Claudius und stand dem leiblichen Sohn Britannicus in der Thronfolge nach. Aus persönlichen Gesprächen mit dem Kaiser hatte Agrippina den Eindruck gewonnen, daß Claudius nicht geneigt war, ihren Sohn zu adoptieren. Sie selbst ließ daraufhin die Sache auf sich beruhen. Nun übernahm Pallas die Initiative.

In Abwesenheit Agrippinas versuchte er den Prinzeps zu überzeugen, daß es nur zum Wohl des Staates sei, wenn er dem kränkelnden Knaben Britannicus einen kräftigen Jüngling zur Seite stelle.

»Bedenke Cäsar«, meinte Pallas, »auch beim verewigten Augustus haben die Stiefsöhne in hohem Ansehen gestanden, obwohl er eigene Enkelsöhne hatte. Und Tiberius adoptierte den Germanicus, obwohl auch er einen leiblichen Sohn hatte. Deshalb solltest du, Cäsar, den jungen Domitius zu dir nehmen, er könnte einen Teil deiner Sorgen übernehmen.«

Die eindringlichen Worte seines Beraters blieben bei Claudius nicht ohne Wirkung. Inwieweit Agrippina dabei noch nachgeholfen hat, ist nicht überliefert. Doch wenig später erschien Claudius vor dem Senat und hielt eine Rede ähnlich der des Pallas. Die Senatoren befürworteten das Vorhaben des Prinzeps, sie sagten ihm sogar Dank für seine Großmütigkeit und brachten ihrerseits ein Gesetz ein, wonach Domitius in die Familie der Claudier aufgenommen wurde. Am 25. Februar 50 erfolgte die offizielle Adoption. Lucius Domitius Ahenobarbus erhielt den Namen Nero.

Hand in Hand mit dieser Adoption erfolgte die Erhöhung Agrippinas. Ihr wurde der Beinamen Augusta verliehen, in Anlehnung an den Namen des großen Kaisers Augustus war Agrippina damit *Kaiserin.* Praktisch bedeutete das freilich nur eine Legalisierung schon bestehender Verhältnisse.

Sie fand nun an der Macht, die sie bisher vor allem um ihres Sohnes willen angestrebt hatte, noch größeren Gefallen. Sie setzte

Octavia, die erste Ehefrau Neros.

sich selbst ein Denkmal, indem sie in der Hauptstadt der Ubier, dem heutigen Köln, wo sie vor fünfunddreißig Jahren zur Welt gekommen war, eine römische Veteranensiedlung gründete und sie mit dem *Jus Italicum* ausstattete. Das bisherige Oppidum Ubiorum trug fortan den Namen Colonia Agrippinensis und gelangte zu solcher Bedeutung, daß Vitellius, einer der Nachfolger Neros, in der Stadt am Rhein zum Kaiser ausgerufen wurde und Trajan hier im Jahr 98 die Regierung als Kaiser übernahm.

Von nun an ließ Agrippina keine Gelegenheit aus, um ihr öffentliches Ansehen zu steigern und dem Volk zu demonstrieren, wer der eigentliche Herrscher über das römische Weltreich sei. Sie preschte mit ihrem Pferdewagen auf den geheiligten Boden des Capitols. Dies war seit Menschengedenken nur den Priestern und dem Kaiser erlaubt. Sie wollte damit auch öffentlich zeigen, daß sie selbst der Kaiser war, und niemand wagte, ihr diesen Anspruch streitig zu machen.

Mit großem Geschick verstand sie es gleichzeitig, die von ihr vorgezeichnete Karriere des Sohnes zu beschleunigen. 51, im selben Jahr, in dem der spätere Kaiser Domitian geboren wurde, erhielt er die *Toga virilis,* die Männertoga, ein Jahr später, mit sechzehn, erfolgte die Ernennung zum Stadtpräfekten von Rom, und im Jahr 53 heiratete Nero seine dreizehnjährige Stiefschwester Octavia – auf Wunsch seiner Mutter.

Damit waren alle Weichen gestellt. Nero konnte gar nicht mehr anders, er mußte Kaiser werden.

III.
Frauen waren sein Verhängnis

Daß sie einmal so enden würde,
hatte Agrippina schon viele Jahre vorher geglaubt,
aber sie hatte es nicht beachtet.

Tacitus

»Wer ist diese Frau?« raunte Nero seinem Begleiter zu. Seneca zuckte mit den Schultern, versprach, sich zu erkundigen und sogleich dem Prinzeps Bescheid zu geben.

Es war eine bildschöne Frau, der die beiden ganz unvermittelt im Palast begegnet waren, dunkeläugig, mit schwarzen Haaren, gewiß eine Ausländerin.

Nero wartete ungeduldig. Noch nie hatte er eine so schöne Frau gesehen. Seneca kehrte zurück und erzählte ihm, die Schöne, der sie eben in Neros eigenem Palast begegnet waren, gehöre zum Hauspersonal seiner Frau, sie heiße Akte, sei in Griechenland geboren, stamme aber von syrischen Eltern ab, habe den Status einer Freigelassenen und nebenbei verdiene sie sich ein bißchen Geld mit der Liebe.

Der jugendliche Kaiser erbat häufig derartige Auskünfte und erhielt ebenso detaillierte Antworten. Sein Interesse beschränkte sich jedoch keineswegs nur auf das weibliche Geschlecht. Auch schöne junge Knaben hatten es ihm angetan. Die Frauen mußten älter sein als er, verheiratet und von mütterlichem Typ oder ordinäre Huren, von denen eine Agrippina ziemlich ähnlich sah. Wenn ihn seine Sinnlichkeit überwältigte, reagierte er hemmungslos, was dann einer Vergewaltigung nahekam. Er scheute sich nicht einmal, eine Priesterin der Göttin Vesta zu verführen. Sie hieß Rubria. Ein tragischer Fall insofern, als die Vestalinnen dreißigjährige Keuschheit geloben mußten und bei Verstößen gegen ihr

Gelübde lebendig begraben wurden. In der Umgebung des Kaisers hegte man deshalb ständig die Befürchtung, Nero könne sich – so Tacitus – »zur Schändung vornehmer Frauen hinreißen lassen«.

Die schöne Syrerin schien jedoch nicht nur das sexuelle Interesse des Kaisers erregt zu haben. Behutsam plante er heimliche Zusammenkünfte und weihte nur seine engsten Freunde in sein Geheimnis ein: Er habe sich verliebt. Annaeus Serenus war dem verliebten Kaiser behilflich. Damit Agrippina nichts von dem Verhältnis erfuhr, täuschte er selbst ein Verhältnis mit Akte vor, lud die Schöne in sein Haus und stellte dies dann dem Prinzeps zur Verfügung. Die Kaiserinmutter war nämlich gegen jede feste Beziehung, die nichts einbrachte.

Die tödliche Mutterliebe der Agrippina

Gewiß, Octavia, die vierzehnjährige Ehefrau Neros, war keine Schönheit, aber dies war nicht der Grund, warum er die Ehe mit ihr nie vollzog. Nero war infolge seiner Erziehung sexuell gehemmt und fehlgeleitet. Die kritischen Jahre der Pubertät unter der Aufsicht eines Ballettänzers und eines Friseurs mit homoerotischen Neigungen hatten sich prägend auf sein späteres Rollenverhalten ausgewirkt. Und eine Vierzehnjährige besaß kaum die erforderliche Erfahrung, um die konfuse Sexualität des jugendlichen Kaisers in normale Bahnen zu lenken.

Unter diesem Aspekt erscheint auch das blutschänderische Verhalten Agrippinas weit weniger verwerflich. Die antiken Historiker Tacitus und Sueton widersprechen einander in der Frage, von wem die Initiative ausging. Sueton, der an Nero kaum ein gutes Haar läßt, meint von Nero, Tacitus, der Objektivere, macht Agrippina dafür verantwortlich. Tatsache ist, daß Nero von seiner Mutter in die Geheimnisse der körperlichen Liebe eingeweiht wurde. Wahrscheinlich wollte sie nicht zuletzt mit der ihr eigenen Raffinesse der Veranlagung Neros zur Homosexualität entgegenwirken.

Nero war seiner Mutter in jeder Beziehung hörig, und diese Hörigkeit war es schließlich auch, die den Lebenskonflikt Neros vorzeichnete. Agrippina, die an der Macht Gefallen gefunden hatte, sich an ihr berauschte, vergaß oder wollte nicht wahrhaben, daß aus dem umhegten Muttersöhnchen ein selbständig denkender und fühlender Mann geworden war. Und je mehr die Mutter versuchte, ihn enger an sich zu binden, desto größer wurde der innere Widerstand, desto mehr Haß erzeugte sie in ihm. Schließlich gab es keine andere Möglichkeit, einer von beiden mußte sterben.

Wir wissen nicht genau, wann Nero zum erstenmal den Plan faßte, seine Mutter zu ermorden. Aber es dürfte lange gedauert haben, bis er sein Vorhaben in die Tat umsetzte. Da er seine Mutter fürchtete und wußte, daß ihm ein Fehlschlag seinen eigenen Kopf kosten würde, ging er mit großer Umsicht ans Werk. Außerdem wollte er seine Beliebtheit beim Volk nicht durch einen Muttermord aufs Spiel setzen.

Demütig wie ein Kind ließ er sich von seiner Mutter herumkommandieren, saß bei Gelagen zu ihren Füßen und ging auch zu Fuß neben der Sänfte, in der man Agrippina bei feierlichen Prozessionen durch die Stadt trug. Er, dem von allen Seiten Schmeicheleien zuteil wurden, fand bei seiner Mutter nur Tadel und Vorhaltungen. In Agrippinas Augen war der Kaiser noch ein unmündiges Kind.

Weil es nicht üblich war, daß der Kaiser in Begleitung seiner Mutter vor dem Senat erschien, bat diese die Senatoren in den Palast, damit sie dort ihre Sitzungen abhielten. In einem Audienzsaal ließ sie hinter den Stuhlreihen eine Wand durchbrechen und mit Stoff bespannen. Dahinter verfolgte Agrippina, unsichtbar für die Anwesenden, jede Sitzung.

Eines Tages traf eine Delegation aus Armenien ein, um dem Kaiser vom Einfall der Parther in ihr Land zu berichten und um Hilfe zu bitten. Während Nero noch zögerte, stand Agrippina plötzlich in der Tür. Sie hatte durch die offene Wand alles mitangehört. Seneca, der zur Rechten des Kaisers saß, ahnte, was die Kaiserinmutter vorhatte: Sie wollte ganz offensichtlich den Vorsitz der Senatssitzung übernehmen. Seneca reagierte blitzschnell, er flüsterte Nero etwas ins Ohr. Der erhob sich, eilte seiner eintretenden Mutter mit offenen Armen entgegen, umarmte und küßte sie und geleitete sie liebevoll, aber bestimmt zur Tür zurück. Die Senatoren lächelten verständnisvoll. »So wurde«, bemerkt Tacitus,

»unter dem Anschein kindlicher Ehrfurcht die Erniedrigung des Senats verhindert.«

Der Parther-Einfall in Armenien stellte die erste politische Bewährungsprobe des jungen Kaisers dar. Die klatschsüchtigen Römer diskutierten darüber, ob der siebzehnjährige Kaiser einer solchen Herausforderung gewachsen sein würde, und man stritt sich darüber, wie sich Seneca, Burrus und Agrippina verhalten würden.

Der Mutter-Sohn-Konflikt war programmiert

Derweil vergnügte sich Nero noch immer heimlich mit der schönen Akte, machte ihr kostbare Geschenke: teuren Schmuck, arbeitsame Sklaven und ein paar Villen auf dem Land. In seiner Leidenschaft versprach er der Syrerin, sich von Octavia scheiden zu lassen und sie zu heiraten. Ob Nero seine Mutter von diesen Plänen in Kenntnis setzte oder ob Agrippina anderweitig davon erfuhr, wird von keinem Geschichtsschreiber erwähnt. Tacitus berichtet, sie habe einen Tobsuchtsanfall bekommen, ihm eine Eifersuchtsszene gemacht und geschrien, eine hergelaufene Freigelassene sei ihre Nebenbuhlerin, eine ehemalige Sklavin ihre künftige Schwiegertochter.

Über derlei Vorwürfe kam es zum offenen Bruch zwischen Mutter und Sohn, Nero sprach kein Wort mehr mit Agrippina und vertraute sich nun ganz Seneca an. Der fand Akte attraktiv und liebenswert und war der Ansicht, daß sie, im Gegensatz zu Agrippina, keinem Menschen etwas zuleide tat. Im Gegenteil, seit der Liebschaft mit der schönen Syrerin war Nero ruhig, ausgeglichen und begann, sein anerzogenes sexuelles Fehlverhalten zu bewältigen.

Agrippina sah ein, daß ihr Sohn mit Vorwürfen und Anschuldigungen nicht umzustimmen war. Nun heuchelte sie Reue und gestand, ihre Strenge sei unberechtigt gewesen. Zum Zeichen ihres guten Willens stellte sie ihrem Sohn ihr gesamtes Vermögen bedingungslos zur Verfügung, das beinahe ebenso groß wie das des Kaisers war.

Doch kaum hatte Nero das unerwartete Erbe angetreten, da ließ Agrippina erkennen, daß sie noch lange nicht resignierte. Eines Abends, als sie zu Tische lagen und der Wein bereits seine Wirkung getan hatte, ließ Agrippina ihre Tunika von den Schultern gleiten und strich sich stöhnend über ihre vollen Brüste, dann faßte sie eine Hand Neros und führte sie lustvoll zwischen ihre gespreizten Schenkel, bis der junge Kaiser den Reizen seiner Mutter erlag und beide sich in den ausgefallensten Stellungen der Liebe hingaben. Und immer wieder bestürmte Agrippina ihren Sohn, ihr doch zu sagen, was diese Akte an sich habe, das sie ihm nicht bieten könne. Nero schwieg.

Agrippina war achtunddreißig Jahre alt, als Frau hatte sie noch keine Niederlage erlitten. Daß ausgerechnet der Sohn ihr die erste bereitete, verletzte die stolze Frau zutiefst, und Nero spürte das. Er wußte, daß sie von nun an Feinde waren.

Zunächst versuchten beide, sich das Leben schwerzumachen. Im Jahr 55 enthob Nero Pallas, den Günstling und Liebhaber seiner Mutter, aller Ämter und jagte ihn aus dem Palast, wo er sich bereits wohnlich eingerichtet hatte. Unter dem Gespött des Kaisers zog Pallas mit großem Gefolge aus. Wohl nicht ohne Grund hatte er zuvor von Nero das Versprechen erbeten, ihn für keine seiner Amtshandlungen nachträglich zur Verantwortung zu ziehen und alle seine Abrechnungen als richtig anzuerkennen.

Agrippina war empört. Pallas war ihr erfahrenster Berater gewesen. Aber sie wußte auch, wie sie Nero am härtesten treffen konnte.

»Britannicus ist nun herangewachsen«, erklärte sie ihrem Sohn in aller Öffentlichkeit, »er ist der wahre und würdige Erbe jener väterlichen Herrschaft, die jetzt nur der dazwischengeschobene Adoptivsohn ausübt. Und du beleidigst obendrein deine Mutter! Ich habe nichts dagegen, wenn nun alles Unheil des unglücklichen Hauses ans Licht kommt, auch meine eigene Ehe und meine eigene Giftmischerei. Daß der Stiefsohn überhaupt noch am Leben ist, dafür haben die Götter gesorgt und ich selbst. Mit ihm werde ich nun ins Prätorianerlager gehen. Man soll ruhig des Germanicus' Tochter anhören, und als Gegenpartei meinetwegen deinen verkrüppelten Burrus und den landesverwiesenen Seneca, die jetzt, der eine mit seinem Armstumpf, der andere mit seiner Schulmeister-

Agrippina, die Mutter Neros.

zunge, die Herrschaft über die ganze Welt in Anspruch nehmen . . .« Dabei erhob Agrippina drohend beide Arme gegen ihren Sohn und klagte, beim vergöttlichten Claudius, daß sie so viele Verbrechen vergeblich begangen habe.

Nero konnte diese Drohungen nicht tatenlos anhören. Der fünfzehnte Geburtstag des Britannicus stand bevor. Sein Schicksal hatte ihm inzwischen beim Volk viele Freunde geschaffen. Es war gar nicht so lange her, da hatte er bei den Saturnalien in Gesellschaft des Kaisers ein Lied vorgetragen, das seine Enterbung und die Verdrängung vom Thron zum Inhalt hatte. Mitleid und Sympathie für Britannicus waren die Folge. Britannicus konnte Nero gefährlich werden, seine Berater drängten ihn endlich zu handeln.

Nero wollte den leiblichen Sohn des Claudius in die Verbannung schicken. Die Berater hielten das jedoch für zu unsicher. Pollio Julius, Hauptmann einer Prätorianerkohorte, hatte die berüchtigte Giftmischerin Locusta in seinem Gewahrsam. Locusta braute Geheimnisvolles, gab es an die mit Geld und Versprechungen bestochenen Erzieher des Britannicus weiter, die schütteten es ihm in das Essen. Nero wußte von alldem nichts, er hatte nur seine Zustimmung gegeben, Britannicus zu beseitigen.

Das erste Attentat schlug fehl

Aber statt der Vollzugsmeldung erreichte den Kaiser die Nachricht, der Stiefbruder habe sich nach dem Giftanschlag übergeben und leide seither an Verdauungsstörungen. Voller Angst, daß der Anschlag bekanntwerden könne, ließ Nero Locusta auf den Palatin bringen, schrie sie an, sie habe Britannicus kein Gift, sondern ein Heilmittel gegeben und verabreichte der ratlosen Zauberin eigenhändig ein paar Ohrfeigen. Sueton erzählt, er habe sie regelrecht verprügelt.

»Ich mußte eine geringere Dosis anwenden«, verteidigte sich Locusta, »damit die Untat besser zu verheimlichen ist!«

»Ja, natürlich«, erwiderte Nero in höchster Erregung, »ich muß mich ja vor dem julischen Gesetz fürchten!« Die *Lex Julia* richtete sich unter anderem gegen Giftmischerei.

Nero zerrte daraufhin Locusta in sein Schlafzimmer, schloß die Türen und zwang sie, vor seinen Augen verschiedene Ingredienzien, die sie stets in einem Täschchen bei sich trug, zu einem sicheren Gifttrank zu mischen. Dann rief er nach seinen Sklaven: »Bringt mir einen Ziegenbock!«

In der Annahme, der Imperator empfinde perverse Gelüste, schafften die Diener ein stattliches Tier herbei. Nero flößte ihm das Gebräu ein. Es dauerte fünf Stunden, bis der Bock verendete. Locusta mußte ihr Gift verstärken.

»Ein Schwein!« rief Nero. »Bringt mir eine Sau!« Die Diener nahmen erstaunt den toten Ziegenbock mit und zerrten eine Zuchtsau herbei. Kaum hatte das Schwein den Rüssel in das Elixier gesteckt, sackte es tot zusammen. Nero ließ es abtransportieren.

Zum abendlichen Mahle ließ Nero eine Phiole mit dem lebensgefährlichen Gebräu in den Speisesaal bringen. Da er ahnte, daß Britannicus nichts essen würde, hatte er das Gift in ein Getränk schütten lassen. Beim ersten Schluck stürzte der Stiefbruder zu Boden.

»Das ist nur einer seiner epileptischen Anfälle«, beruhigte der Kaiser die Umstehenden, in Wirklichkeit war Britannicus bereits tot.

Agrippina, die beim Mahle anwesend war, erstarrte vor Schreck. Sie hatte wohl als erste den Anschlag durchschaut. Zwar demonstrierte sie betont Gleichgültigkeit und kam der Aufforderung Neros, man solle doch wieder fröhlich sein, sofort nach, aber in ihrem Innersten machte sich Angst breit: Dieser ihr Sohn, der ihr bis zu seinem siebzehnten Lebensjahr bedingungslos gefolgt hatte, der zu keiner Eigeninitiative fähig war, dieser Sohn hatte einen gefährlichen Rivalen beseitigt – ohne ihr Wissen, ihr Zutun und ohne ihre Hilfe.

In der Tat, Nero war seiner Mutter entglitten, und sie wußte, was das bedeutete: Sie, Agrippina, würde das nächste Opfer sein; denn nur *sie* konnte Nero den Thron streitig machen.

Der Mord an seinem Stiefbruder ließ Nero nicht zur Ruhe kommen. Verzweifelt suchte er die Gesellschaft von Freunden, gewann neue hinzu, indem er ihnen Landhäuser und Stadtpaläste zum Geschenk machte. Agrippina versuchte ihrerseits ihre Hausmacht zu vergrößern, empfing Tribunen und Centurionen und ließ dem römischen Adel alle erdenklichen Ehrenbezeigungen zukommen. Sogar Octavia, für Agrippina jahrelang nichts weiter als Mittel zum Zweck, bekam auf einmal die Zuneigung der Schwiegermutter zu spüren.

Die Aktivitäten seiner Mutter steigerten den Haß Neros nur noch mehr. Zwar führte Agrippina im kaiserlichen Palast auf dem Palatin schon lange ihre eigene Hofhaltung, doch tägliche Begegnungen ließen sich nicht vermeiden. Deshalb wies ihr der Kaiser das Stadtpalais ihrer Großmutter Antonia zu, und damit sie dies nicht zu einem zweiten Kaiserpalast umfunktionieren konnte, strich er ihre römische Ehrengarde und die germanische Leibwache, die ihr als Tochter des Germanicus zustanden, von der Gehaltsliste. Damit war Agrippina praktisch zur Bürgersfrau degradiert.

Der psychologische Terror, mit dem Nero nun gegen seine Mutter vorging, war teuflisch. Es scheint, als habe der junge Kaiser Gefallen gefunden an all den Quälereien. Verbrachte Agrippina ihre Tage in Rom, so hetzte ihr Nero bestochene Ankläger auf den Hals, deren Anschuldigungen sich erst nach nervenaufreibenden Prozessen als haltlos erwiesen. Floh die Kaiserinmutter zur Erholung aufs Land nach Antium, übernahmen gedungene Terrorkommandos die Fortsetzung des verwerflichen Spiels, schreckten sie nachts aus dem Schlaf, provozierten sie mit Schmähungen und stießen Angst erweckende Drohungen aus.

Agrippina trug sich mit Selbstmordgedanken. Dabei wurde ihr freilich ihre eigene unruhige Vergangenheit zum Verhängnis. Jahrelang hatte Agrippina aus Angst vor einem Giftanschlag Gegengifte geschluckt – ein beliebter Brauch innerhalb des römischen Kaiserhauses. Nun war sie immun. Dreimal versuchte sie sich mit Gift das Leben zu nehmen, dreimal vergeblich.

Agrippina war inzwischen so verunsichert und von solchem Mißtrauen gegenüber jedermann erfüllt, daß sie den Freund nicht mehr vom Feind zu unterscheiden wußte. Männern, selbst denen, die ihr einmal zu Füßen lagen, traute sie überhaupt nicht mehr, nur noch Frauen fanden ihr Gehör. Aber auch bei ihnen vermochte

Agrippina nicht mehr zu unterscheiden, wer ihr Gutes, wer ihr Böses wollte.

Die späte Rache der Rivalin

Da tauchte jene Julia Silana auf, die einst Messalina aus ihrer Ehe mit Gaius Silanus verdrängt hatte. Sie und Agrippina waren einmal sehr vertraut miteinander, ging ihnen doch beiden der Ruf ungewöhnlicher Schönheit und Zügellosigkeit voraus. Im Buhlen um einen gemeinsamen Verehrer war es dann zum offenen Konflikt gekommen, bei dem Julia unterlag. Jetzt schien die Zeit gekommen, sich zu rächen.

Julia Silana überredete Iturius und Calvisius, zwei von ihren Verehrern, als Ankläger gegen Agrippina aufzutreten. Im alten Rom gab es keinen Staatsanwalt. Um ein Gerichtsverfahren in Gang zu bringen, genügte irgendein Ankläger, der einige Zeugen benannte. Mit der Aussicht auf künftiges Entgegenkommen erzählten die beiden Liebhaber der schönen Julia dem Freigelassenen Atimetus, Agrippina habe Rubellius Plautus, mütterlicherseits ein Nachfahre des Augustus, zum Sturz Neros aufgefordert. Sogar die Ehe habe sie ihm für diesen Fall versprochen. Atimetus erzählte es Paris weiter, einem Schauspieler, von dem bekannt war, daß er mit Nero nicht nur auf der Bühne Umgang pflegte.

Der Mime Paris hatte freien Zugang zum Palast. Es war nach Mitternacht, als er den Speisesaal, das *Triclinium,* betrat. Nero lallte betrunken auf seiner Liege und erwartete von seinem Freund irgendwelche Späßchen. Doch der machte ein ernstes Gesicht. Nero versuchte sich zu konzentrieren. Als er Paris eindringlich nach dem Grund seiner düsteren Stimmung befragte, erzählte ihm dieser, was man ihm hinterbracht hatte. Die Meldung wirkte ernüchternd. Nero überlegte nicht lange, er sagte: »Meine Mutter muß sterben, und Rubellius Plautus dazu. Und zwar sofort.«

Der Kaiser befahl auch, den Gardepräfekten Burrus abzusetzen. Aber Seneca riet davon ab und ließ Burrus herbeizitieren. Der behauptete, das Gerücht sei erfunden, der Kaiser müsse Agrippina deshalb die Möglichkeit zur Verteidigung geben. Sollte sich ihre Schuld bestätigen, werde er sie eigenhändig töten. Die Möglichkeit ließ den Kaiser zaudern, Nero vertagte die Angelegenheit bis zum nächsten Morgen.

Kurz nach Tagesanbruch weckten Burrus und Seneca in Begleitung einiger Freigelassener Agrippina aus dem Schlaf und konfrontierten sie mit der Anschuldigung der Julia Silana. Wütend und nicht ohne Zynismus verteidigte sich Agrippina: »Ich wundere mich nicht, daß einer Silana, die nie ein Kind geboren hat, die Gefühle einer Mutter unbekannt sind; eine Mutter wechselt ja ihre Kinder nicht wie ein liederliches Weib seine Liebhaber. Und wenn Iturius und Calvisius nach Vergeudung ihres gesamten Vermögens ihre letzte Leistung, nämlich als Ankläger aufzutreten, einem alten Weib verkauften, so brauche weder ich die Schande des Kindesmordes auf mich zu nehmen noch der Kaiser die Reue über den Muttermord. Ich wäre meiner Feindin Domitia jedenfalls sehr dankbar, wenn sie mit mir in der Liebe zu Nero wetteifern wollte. Sie vergrößerte damals die Fischteiche ihrer Besitzungen in Baiae, als ich Neros Adoption, die Übertragung der prokonsularischen Gewalt, seine Ernennung zum Konsul und alles übrige durchsetzte, was ihm den Weg zum Kaiserthron ebnete. Jetzt aber inszeniert sie durch ihren Liebhaber Atimetus und den Schauspieler Paris ein Bühnenstück. Soll doch einer auftreten, der beweisen kann, daß ich die städtischen Kohorten aufgewiegelt, die Treue der Provinzen ins Wanken gebracht und Sklaven oder Freigelassene des Kaisers zu Verbrechen bestochen habe. Könnte *ich* denn am Leben bleiben, wenn Britannicus zur Herrschaft gelangt wäre? Und wenn Plautus oder irgendein anderer an die Regierung käme und über mich richten würde, würde es mir dann etwa an Anklägern fehlen, die mir nicht Worte aus liebevoller Empfindlichkeit, vorsichtige Worte, vorwürfen, sondern wirkliche Verbrechen, Verbrechen, von denen mich nur mein eigener Sohn freisprechen kann?«

Agrippinas Rede rührte Seneca und Burrus, und die Männer versuchten, die aufgeregte Kaiserinmutter zu besänftigen. Die aber forderte eine Unterredung mit dem Cäsar und die Bestrafung der Denunzianten. Da sich die gegen Agrippina erhobenen Anschuldigungen rasch herumgesprochen hatten, konnte Nero nicht umhin, dieser Forderung zu entsprechen. Julia Silana wurde aus Rom verbannt, ebenso Calvisius und Iturius, Atimetus wurde enthauptet. Plautus kam ungeschoren davon, genau wie Paris, der, wie Tacitus sarkastisch bemerkt, »für die Ausschweifungen des Kaisers zu unentbehrlich war«.

Roms Cäsaren liebten nicht nur Frauen

Trotz intensiver Liebesbeziehungen zu Frauen, vor allem zu der schönen Akte, blieb Nero zeit seines Lebens bisexuell. Allerdings war Homosexualität im alten Rom keinesfalls anrüchig oder pervers, sie galt im Gegenteil als schick. Die Römer hatten sie in Griechenland kennengelernt, das ihnen auch in dieser Beziehung Vorbild war.

Keiner von Neros Vorgängern war frei von homo- beziehungsweise bisexuellen Neigungen. Das galt für Cäsar und Augustus wie für Tiberius, Caligula und Claudius. Augustus und Tiberius huldigten sogar der Knabenliebe, der Päderastie. Die jüngsten ihrer Lustknaben waren zwölf Jahre alt. Man konnte sie an ihrem wiegenden Gang und den stets offen zur Schau gestellten Oberschenkeln erkennen, die von den Päderasten mit Vorliebe betätschelt wurden. Der Versuch, diese Phänomene mit Hilfe der Philosophie zu legitimieren, ist in unserer Zeit kaum noch verständlich. Die »griechische Vereinigung«, wie der Analkoitus euphemistisch genannt wurde, entbehrt in unseren Augen jeder philosophischen Weihe.

Schauspieler waren bevorzugte Lustobjekte der römischen Kaiser. Caligula favorisierte zunächst Apelles, einen Tragödiendarsteller, später den Pantomimen Mnester, einen Liebhaber Messalinas. Auch Neros Auserwählter, ursprünglich ein Sklave von Neros Tante Domitia, war Pantomime. Die Schauspielkunst hatte Paris soviel eingebracht, daß er sich seine Freilassung erkaufen konnte. Später, in der Gunst des Kaisers, forderte Paris die Lösegeldsumme von zehntausend Sesterzen mit der Begründung zurück, er sei nie Sklave gewesen. Auf Neros Veranlassung erging ein entsprechendes

Gerichtsurteil. Es wirbelte viel Staub auf, weil jedermann wußte, daß sich Paris seine Abstammung im Bett des Cäsars erkauft hatte. Elf Jahre später ließ Nero seinen Bettgenossen hinrichten, warum, darauf werden wir noch zurückkommen.

Nur Frauen von besonderer Raffinesse gelang es, das Interesse Neros zu gewinnen, Frauen vom Format der Liebesdienerin Akte, die es offenbar verstand, Nero zu fesseln, ohne ihm alles zu geben. Nur so ist zu verstehen, daß Nero der Schönen jahrelang ergeben war und zum Leidwesen seiner Berater sogar Anstrengungen unternahm, seine Ehefrau Octavia zu verstoßen und die Freigelassene zu heiraten. Dazu sollte die Ahnengalerie der schönen Syrerin gefälscht werden; schließlich konnte sich der römische Kaiser nur mit einer Dame edler Abkunft vermählen. Doch zu dieser Heirat kam es nie.

Statt dessen präsentierte Akte dem Nero eines Tages einen ihrer Liebhaber, einen Mann namens Marcus Salvius Otho. Er war, wie Plutarch berichtet, durch Üppigkeit und Genußsucht von Kind auf wie kein Zweiter in Rom verdorben. Und damit erregte er natürlich das Interesse Neros.

Otho wurde, so Tacitus, Neros »intimster Freund«. Luxus und Verschwendungssucht des um fünf Jahre älteren Mannes imponierten dem achtzehnjährigen Kaiser ungemein und prägten sein späteres Leben. Nero, von Natur aus sparsam, ja knausrig, wurde von Otho wegen dieser Eigenschaft gerne verspottet. Den Kaiser amüsierte das, jedenfalls zunächst.

Er betrachtete es schon als ungeheuren Luxus, wenn er sich mit kostbarem Myrrhenöl parfümierte. Auch Otho bekam einmal einen Spritzer ab. Daraufhin bat dieser den Kaiser anderntags zu sich, führte ihn in seinen Empfangsraum, an dessen Wänden Röhrenschlangen aus Gold und Silber angebracht waren. Auf einen Wink des Gastgebers spritzten aus diesen Röhren Fontänen von Myrrhenöl auf den Prinzeps und seine Begleitung. Nero lachte bis ihm die Tränen kamen, und durch den Palast zogen noch wochenlang Duftschwaden von Myrrhe.

Bei dieser Duftorgie hatte der Kaiser auf Othos Frau Poppaea Sabina ein Auge geworfen. Tacitus urteilt: »Diese Frau besaß alles, nur keine Ehrbarkeit.« Also eine Frau nach Neros Geschmack. Sie war nicht nur ungewöhnlich schön, sie war auch rotblond wie er und – wie zu erwarten – älter. Ihre samtweiche, weiße Haut faszinierte alle Männer. Poppaea genoß ihre Wirkung und pflegte sich, indem sie in Eselsmilch badete und ihren vielbegehrten Körper mit speziellen Salben, den *pinguia Poppaiana*, balsamierte.

Poppaea Sabina war eine Frau mit Vergangenheit. Schon ihrer Mutter gleichen Namens war der Ruf vorausgegangen, die schönste Frau der Welt zu sein, und sie selbst stand ihr in keiner Weise nach. In jungen Jahren hatte Poppaea den Adeligen Rufrius Crispinus geheiratet, aber sie führte eine sehr freie Ehe, tugendhaft nach außen, in Wirklichkeit aber lasziv. Wenn sie das Haus verließ, was nicht häufig geschah, ging sie halb verschleiert; zum einen wohl, um die vornehme Blässe ihrer Haut zu erhalten, gewiß aber auch, um den Römern nicht zuviel von sich zu zeigen. Das schürte die Begierde.

Otho hatte Poppaeas Scheidung inszeniert, indem er sie verführte und den Fehltritt öffentlich und nicht ohne Stolz bekanntgab. Poppaeas Söhnchen Rufius Crispinus blieb bei der Mutter. Otho pries die Vorzüge seiner ihm eben angetrauten Ehefrau geradezu auffällig vor dem Kaiser. Schon die antiken Historiker rätselten, ob er dies in seiner ersten Verliebtheit tat, ob er Nero seine Frau mehr oder weniger offen anbot, um dadurch seinen eigenen Einfluß beim Kaiser zu erhöhen, oder ob er damit nur einer Anregung Poppaeas folgte. »Ich gehe jetzt zu Poppaea«, sagte Otho oft, wenn er sich von der kaiserlichen Tafel erhob, und zählte, bevor er den Raum verließ, noch alle ihre anatomischen wie auch die zweifellos vorhandenen geistigen Vorzüge auf.

Schließlich lud der Kaiser zu seinen Gelagen auch die Frau seines Intimfreundes ein, und Poppaea leistete den Einladungen Folge, obwohl eine anständige Frau damals so etwas nicht tat. Poppaea schmeichelte Nero, machte ihm allerlei Komplimente und suggerierte ihm Zuneigung und Leidenschaft; aber sobald der Prinzeps versuchte, sich dem schönen verführerischen Weib zu nähern, wies sie ihn brüsk zurück. Nero machte ihr Anträge über Anträge – vergeblich.

»Bleibe bei mir«, bettelte Nero, »nur eine einzige Nacht!«

Poppaea zierte sich: »Cäsar, ich bin doch verheiratet. Ich kann meine Ehe nicht aufgeben. Ich bin an Otho gefesselt durch seine Lebenskunst und niemand kommt ihm darin gleich.«

Das ärgerte den Kaiser, und nichts anderes wollte Poppaea. »Otho ist ein Mann von Geschmack«, fuhr sie fort, »und er liebt alles Prächtige. Bei ihm finde ich alles, was mir das höchste Glück bereitet. Du, Cäsar, liegst doch ohnehin in den Banden deiner Buhlerin und Magd Akte und hast aus dieser Sklavenehe nichts anderes angenommen als ordinäre und schmutzige Angewohnheiten!«

Das also war der Grund für Poppaeas Zurückhaltung: Es kränkte sie, mit einer Freigelassenen konkurrieren zu müssen. Poppaea mokierte sich auch über die Sexualgewohnheiten des Kaisers. Das war ungewöhnlich mutig, da es jeder anderen Kopf und Kragen gekostet hätte. Poppaea reizte hoch; sie hatte ein festes Ziel vor Augen, ein Ziel, das zu erreichen schier aussichtslos erscheinen mußte. Schließlich war der Kaiser noch immer mit Octavia verheiratet, und außerdem gab es immer noch die Kaiserinmutter Agrippina, wenn ihr Einfluß auch deutlich geringer geworden war.

Agrippinas Tage sind gezählt

Doch Agrippina gab nicht auf, noch immer versuchte sie, ihren Sohn, vor allem, wenn er betrunken war, zu verführen, enthüllte vor ihm ihre wogenden Brüste, die Nero dann küssen mußte. Poppaea wußte davon, und sie verspottete den Kaiser oft, nannte ihn sogar ein unmündiges Kind.

»Du bist«, meinte sie einmal, »ja gar nicht Herr auf diesem Kaiserthron, du hast keinen freien Willen. Warum schiebst du unsere Vermählung hinaus? Vielleicht, weil ich nicht schön genug bin und meine Ahnen zu wenig ruhmreich? Oder mißfällt dir meine Fruchtbarkeit? Oder meine Aufrichtigkeit? Du fürchtest wohl, daß ich dir als Gattin die Kränkungen der Senatoren und den Zorn des Volkes über deine stolze und habsüchtige Mutter hinterbringe. Wenn Agrippina nur eine Schwiegertochter ertragen kann, die ihren Sohn haßt, dann gib mich doch meinem Gatten Otho zurück.

Ich werde dann mit ihm irgendwohin in die Welt gehen, wo ich die Schmach des Imperators nur zu hören bekomme, wo ich aber nicht als Gefährtin sein bedrohtes Leben mitansehen muß.«

Diese Worte blieben nicht ohne Wirkung auf den Kaiser. Agrippinas Tod war für ihn eine beschlossene Sache. Nur so konnte er Poppaea für sich gewinnen. Nero distanzierte sich mehr und mehr von seiner Mutter und überlegte, wie er sich dieser Frau entledigen könne. Mit Gift, das wußte er, war sie nicht umzubringen; gedungene Mörder würden seinen Auftrag zwar gewiß ausführen, ihn früher oder später aber auch als Muttermörder entlarven. Blieb nur eine einzige Möglichkeit: ein vorgetäuschter Unfall.

Der aufgestaute Haß gegen seine Mutter, die sexuelle Begierde nach der Geliebten und die Angst, als Muttermörder entlarvt zu werden, ließen groteske Pläne entstehen. Während Agrippina auf dem Land weilte, ließ Nero im Schlafzimmer ihres Stadtpalais eine tödliche Falle einbauen. Der Plan war teuflisch. Kunsthandwerker bauten die schwere Holzdecke des Raumes aus, verankerten sie an einer komplizierten Aufhängevorrichtung, die von außerhalb des Hauses ausgelöst werden konnte. Nach ihrer Rückkehr nach Rom sollte Agrippina von der herabstürzenden Schlafzimmerdecke erschlagen werden. Doch die Arbeiten gestalteten sich so kompliziert und erforderten so hohen Aufwand an Handwerkern und Material, daß der Plan bekannt wurde und abgebrochen werden mußte.

Anicetus, Befehlshaber der Flotte von Misenum und Vertrauter Neros seit seinen Kindertagen, klügelte daraufhin einen so aufwendigen und teuren Plan aus, wie ihn nur ein Kaiser realisieren lassen konnte. In einer Werft bei Misenum an der campanischen Küste – heute erinnert das Dorf Miseno daran – legte Anicetus ein Prunkschiff auf Kiel. Es wurde so konstruiert, daß es auf einen Hebeldruck in der Mitte auseinanderbrach. Das Vorderteil war unsinkbar, das Heck hingegen, mit einem prächtigen Sofa auf Deck, war nicht schwimmfähig.

»Nichts bietet dem Zufall soviel Raum wie das Meer«, meinte Anicetus lakonisch und fügte hinzu: »Wenn Agrippina durch einen Schiffbruch ums Leben gekommen ist, wer wird dann so verrückt sein, das einem Verbrechen zuzuschreiben, wo es doch Wind und

Wogen verschuldet haben? Und danach wirst du, Cäsar, der Verblichenen ja doch einen Tempel, Altäre und andere Dinge weihen, um damit deine Sohnesliebe zu demonstrieren.«

Der Schiffsbau wurde mit Neros Zustimmung unter strengen Sicherheitsmaßnahmen eilig vorangetrieben. Zum Fest der Minerva, so hatte der Kaiser befohlen, solle das Schiff vom Stapel laufen. Dieses Fest der Göttin der Künstler und Taschenspieler wollte der Prinzeps fünf Tage lang, vom 19. bis 23. März 59, feiern. Seine Mutter, die hier ein Landhaus hatte, lud er zu Theater, Gesang und Tanz ein. Sie konnte die Einladung nicht ausschlagen.

Zwar hatte auch Agrippina von dem Gerücht erfahren, daß Nero ihr nach dem Leben trachte, aber sie schenkte dem Gerede wenig Glauben; denn ihr Sohn hatte erst vor kurzem in einer Rede öffentlich erklärt, man müsse den Zorn der Eltern ertragen können und sich selbst zu mäßigen wissen. Dies hatte die Kaiserinmutter vor allem auf das gespannte Verhältnis zu ihrem Sohn bezogen, und sie selbst war zur Versöhnung bereit.

Das Attentat von Baiä

Agrippina kam zu Schiff und bestieg im Hafen eine Sänfte. Winkend und mit freundlichem Gesicht eilte ihr Nero entgegen, reichte ihr die Hand und umarmte sie. Plaudernd schlenderten beide zu der zwischen dem Vorgebirge von Misenum und dem Golf von Baiä gelegenen Villa, wo die Dienerschaft des Kaisers ein üppiges Mahl vorbereitet hatte. Die Dämmerung brach herein, das Meer war ruhig.

In der Villa wurden Fackeln an die Wände gesteckt, Sklavinnen reichten Wein, Musik erschallte aus einem Nebenraum, im Speisezimmer bogen sich die Tische unter der Last von Gebratenem, Gebackenem und duftenden exotischen Früchten. Nero wies seiner Mutter den Ehrenplatz vor sich an. Vertraut, als hätte es nie Spannungen gegeben, parlierten der Kaiser und Agrippina, sie schenkten sich innige Blicke und umarmten sich mit unverkennbarer Herzlichkeit.

Inzwischen wurde im Hafen das geplante Unternehmen vorbereitet. Taucher machten den Schnellsegler, mit dem Agrippina gekommen war, seeuntüchtig. Dann zogen sie eine alte Schaluppe davor, alles sollte so aussehen, als habe das Frachtboot den Segler gerammt.

Ein sternenklarer Himmel wölbte sich über dem Golf von Baiä, als Nero seine Mutter spät nach Mitternacht zum Hafen geleitete. Lärm und Geschrei kündigten an, daß etwas passiert sein mußte. »Das Schiff der Kaiserinmutter! Eine Havarie!«

Agrippina dachte sofort an einen Anschlag; aber der Kaiser beruhigte sie und bot ihr sein eigenes Prunkschiff an. Agrippina nahm den Vorschlag an, sie war verunsichert und wollte möglichst schnell nach Hause in ihre Villa nach Bauli. Sie ahnte nicht, welch verhängnisvollen Weg sie gewählt hatte.

Auf dem Sofa im Heck des Schiffes nahm die Mutter des Kaisers unter einem schweren Baldachin Platz. Zu ihren Füßen ließ sich Acerronia nieder, ihre Hausdame; Crepereius, ihr Vertrauter, stand hinter ihr in der Nähe des Steuerruders. Die drei hätten eigentlich merken müssen, daß sich der größte Teil der Mannschaft im Vorderteil des Schiffes drängte. Da stürzte mit lautem Krachen der Baldachin über dem Prunksofa zusammen. Er war mit Bleiplatten beschwert und begrub Agrippina und ihre beiden Begleiter unter sich. Crepereius war auf der Stelle tot; doch über die Kaiserinmutter und Acerronia hielten, wie es schien, die Götter ihre schützende Hand. Die hohe Lehne des Sofas fing das Dach auf und hielt sogar dem Gewicht der Bleiplatten stand.

Dies war die erste Fehleinschätzung des vermeintlich so perfekt eingefädelten Verbrechens. Als ebenso falsch erwies sich, daß nicht die gesamte Mannschaft eingeweiht war. Man hatte aus Sicherheitsgründen nur die Anführer und die zuverlässigsten Leute mit dem Vorhaben vertraut gemacht. Deshalb brach unter der Besatzung eine Panik aus. Uneingeweihte standen den Eingeweihten im Wege und verhinderten ein Auseinanderbrechen des Schiffes.

Zu den Eingeweihten zählte die Rudermannschaft. Als die Männer sahen, daß das Heck nicht sinken würde, versuchten sie das Schiff zum Kentern zu bringen – unter heftigem Widerstand derer, die nicht wußten, worum es eigentlich ging. Dabei stürzte Agrippinas Begleiterin Acerronia ins Meer. Sie schrie vergebens laut um Hilfe, aber erst als sie in ihrer Todesangst rief: »Helft mir, ich bin Agrippina, die Mutter des Kaisers!« wurden die Ruderer auf die im Wasser Treibende aufmerksam, schlugen mit Rudern und Stangen auf die Verzweifelte ein, bis sie bewußtlos wurde und ertrank.

Jetzt ahnte Agrippina, die immer noch unter dem eingestürzten Baldachin gefangen lag, was hier gespielt wurde. Sie versuchte, sich zu befreien und schwimmend das Ufer zu erreichen. Ein Fischerboot nahm die Leichtverletzte auf halbem Wege auf und brachte sie zu ihrem Landhaus nach Bauli. Hier wurde ihr der sorgsam geplante Mordanschlag des Sohnes erst richtig bewußt. Todesangst überfiel sie, doch in dieser Situation schien es ihr das Beste, die Unwissende zu spielen.

Daher schickte sie ihren Freigelassenen Agerinus nach Baiä und sandte Nero folgende Botschaft: Durch die Gnade der Götter und ihm zum Glück sei sie einem schweren Unfall entronnen. Wenn Nero auch durch die Todesgefahr, in der seine Mutter schwebte, erschreckt sei, so bitte sie doch, von einem Krankenbesuch Abstand zu nehmen. Sie brauche augenblicklich viel Ruhe, sonst nichts.

Der letzte Akt des Dramas

Nero tobte, als er vom Scheitern des Mordanschlages erfuhr. Sein Zorn schlug jedoch sehr bald in Angst um. Er kannte seine Mutter und wußte, daß sie nun ihrerseits nichts unversucht lassen würde, um ihn zu beseitigen. »Gleich wird sie dasein«, fürchtete der Kaiser, »sie wird sofort Rache nehmen. Sie wird ihre Sklaven bewaffnen oder die Soldaten aufhetzen oder sich an den Senat und das Volk wenden und mir den Schiffbruch, ihre Verletzung und den Tod ihrer Vertrauten vorwerfen. Was soll ich tun?«

Die Frage war an Burrus und Seneca gerichtet. Ob die beiden in das Komplott eingeweiht waren, ist nach Tacitus ungewiß. Jedenfalls blieben beide lange Zeit stumm. Dann sah Seneca den Burrus an und fragte: »Kann man nicht den Soldaten befehlen, Agrippina umzubringen?«

Burrus winkte ab: »Die Prätorianer haben dem gesamten Haus der Cäsaren einen Treueid geleistet und in Erinnerung an Germanicus werden sie dessen Tochter gewiß kein Leid zufügen. Ich meine, Anicetus soll das zu Ende führen, was er versprochen hat.«

Anicetus erklärte sich sofort einverstanden, forderte aber das Kommando über das Unternehmen. Nero willigte ein, da erschien der Kurier seiner Mutter.

Noch während dieser die Botschaft Agrippinas vortrug, ließ Nero neben ihm einen Dolch zu Boden fallen.

»Legt ihn in Ketten!« schrie der Kaiser. »Meine Mutter hat ihn geschickt, um mich umzubringen.« Und damit begann der letzte Akt des Dramas.

Die Nachricht von der Schiffskatastrophe hatte sich noch während der Nacht an der campanischen Küste verbreitet. Im Fackelschein scharten sich die Menschen zusammen, sie kletterten auf die Dämme, manche ruderten aufs Meer hinaus und suchten das havarierte Schiff, viele klagten und beteten, weil ein Gerücht das andere jagte. Vor Agrippinas Landhaus versammelten sich besorgte Nachbarn, die an die wunderbare Rettung nicht glauben wollten.

Der Morgen graute, da sprengte ein schwer bewaffnetes Reiterkommando heran, an der Spitze Anicetus. Agrippina erwachte, als die Soldaten die Haustür einzuschlagen begannen. Ein paar Sklaven, die sie daran hindern wollten, wurden festgenommen und abgeführt. Im Schlafzimmer der Kaiserinmutter wachte eine Zofe. Als das Geschrei immer lauter wurde, lief sie davon.

»Auch du verläßt mich?« rief ihr Agrippina nach; da stand plötzlich Anicetus vor ihr, hinter ihm tauchte Herculeius auf, ein Schiffshauptmann, und schließlich Obaritus, der Flottencenturio.

Agrippina kannte die drei finsteren Gestalten, und sie wußte, was ihr Erscheinen zu bedeuten hatte. Doch sie verlor auch jetzt nicht ihren Stolz und ihre Selbstbeherrschung. Scheinbar gelassen wandte sie sich an Anicetus:

»Wenn du gekommen bist, um mich zu besuchen, so melde deinem Herrn, daß ich mich erholt habe. Solltest du jedoch vorhaben, mich umzubringen, so glaube ich nicht, daß dies von meinem Sohn ausgeht. Befohlen kann der Muttermord nicht sein.«

Die drei ignorierten ihre Worte, sie stießen Agrippina auf das

Bett. Herculeius schlug der wehrlosen Frau einen Knüppel auf den Kopf. Ein roter Faden Blut quoll aus ihrem Mund, aber sie war bei Bewußtsein. Da zog der Centurio sein Schwert.

»In den Leib stoße!« kreischte Agrippina, raffte ihr durchsichtiges Nachtgewand hoch und spreizte die Schenkel. Obaritus stieß zu.

»Mag er mich töten, wenn er nur Kaiser wird!« hatte Agrippina einmal gesagt, und es scheint, als habe sie nun, nachdem sie alles erreicht hatte, im Sterben noch eine gewisse Lust empfunden.

Als die Vollzugsmeldung eintraf, eilte Nero noch in der Nacht nach Bauli. Er wollte seine Mutter noch einmal sehen. Aufwühlende Gefühle müssen den jungen Kaiser überwältigt haben, als er die blutverschmierte halbnackte Leiche seiner Mutter auf dem Bett liegen sah. Nero trat hinzu und betastete den Körper Agrippinas. »Seht die Schönheit ihrer Brüste!« sagte er zu seinen Begleitern. Die starrten sich entsetzt an und wandten sich schließlich ab, während Nero andere Körperteile seiner Mutter kritisierte.

»Ich habe Durst«, rief der Kaiser unvermittelt. Man reichte ihm eine Trinkschale, Nero schlürfte, den Blick auf die Leiche der Mutter gerichtet, den Trank, gab die Schale zurück und begab sich scheinbar teilnahmslos in einen Nebenraum. Dort starrte er schweigend vor sich hin, sprang von Zeit zu Zeit auf, ängstlich um sich blickend, setzte sich wieder. Er wirkte völlig verstört. Wohin er auch blickte, überall sah er den Schatten seiner Mutter, Furien mit Peitschen und brennenden Fackeln tauchten auf. Bilder, die er sein Leben lang nicht mehr loswerden sollte.

Ein Cäsar ohne Mutter

Centurionen und Tribunen rüttelten den Kaiser im Morgengrauen wach, sie faßten ihn bei den Händen und beglückwünschten ihn überschwenglich, daß er dem schändlichen Anschlag der Mutter zuvorgekommen sei. Im Laufe des Tages trafen aus den umliegenden Landstädten Gesandtschaften ein, die dem Kaiser ihre Freude über den Verlauf der Dinge zum Ausdruck brachten. Und allmählich begann der verstörte Prinzeps den Sachverhalt zu glauben, den er selbst inszeniert hatte und der ihm nun von anderen vorgespielt wurde. Trauer überkam ihn, er empfand Schmerz über die Rettung seines eigenen Lebens, und er beweinte den Tod seiner Mutter.

Die Leiche Agrippinas war noch in der Nacht auf einem Speisesofa verbrannt worden. Mnester, einer ihrer Freigelassenen, stürzte sich angesichts des lodernden Feuers in sein Schwert. Die Urne mit der Asche der Kaiserinmutter wurde ohne Grabhügel und ohne Umfriedung bestattet. Erst später, nach Neros Tod, errichteten ihre ehemaligen Diener unweit der Straße nach Misenum nahe der Villa des Gaius Julius Cäsar einen kleinen Grabhügel.

Mit wachsendem zeitlichem Abstand erschien Nero der Tod seiner Mutter jedoch immer ungeheuerlicher und verwerflicher. Er glaubte, vom Grab Agrippinas Klagelaute und Tubaklänge zu hören. Schließlich hielt er es in der Gegend nicht mehr aus und floh in die Griechenstadt Neapel. Von dort sandte er ein Schreiben an den Senat von Rom und versuchte, sich zu rechtfertigen: Agerinus, einer der vertrautesten Freigelassenen Agrippinas, sei bei einem Mordanschlag gegen ihn mit dem Dolch in der Hand gestellt worden, und seine Mutter, welche den Anschlag inszeniert habe, hätte sich darauf aus Schuldbewußtsein umgebracht. Nero beschuldigte Agrippina staatsgefährdender Umtriebe und kam zu dem Schluß, ihr Tod sei ein wahres Glück für den Staat.

Der Senat akzeptierte diese Version, ordnete Dankgebete in allen Tempeln der Stadt an und faßte den Beschluß, Agrippinas Geburtstag fortan zu den Unglückstagen des Kalenders zu zählen. Zweifel hegte der Prinzeps jedoch, ob auch das Volk auf seiner Seite stand. Obwohl ihm die Höflinge täglich versicherten, seine Beliebtheit sei durch den Tod Agrippinas noch größer geworden, wagte Nero zunächst nicht, in die Hauptstadt zurückzukehren. Ruhelos zog er von einer campanischen Stadt zur anderen, blieb einige Tage und verschwand heimlich, wie er gekommen war.

Mit großzügigen Gesten versuchte er, die Gunst der Römer zurückzugewinnen. So amnestierte er zwei Damen der Gesellschaft, Julia und Calpurnia, und die Exprätoren Valerius Capito und Licinius Gabolus, die auf Agrippinas Betreiben in die Verbannung geschickt worden waren. Auch Iturius und Calvisius, die er selbst verbannt hatte, wurden begnadigt. Lollia Paulinas Asche ließ Nero nach Rom bringen und in einem Grabmal beisetzen. Dies alles blieb nicht ohne Wirkung.

Ein Vorauskommando hatte alles für die Rückkehr des Kaisers nach Rom vorbereitet, und Tacitus berichtet, daß die Römer ihren Prinzeps sogar mit mehr Begeisterung empfingen, als man erwartet hatte. Hunderttausende zogen Nero entgegen, der gesamte Senat im festlichen Ornat, Frauen und Kinder nach Geschlecht und Alter aufgestellt. Tribünen waren errichtet, von denen die Alten winkten und jubelten, dazwischen Musik und Chöre, ein Triumph für den furchtsamen Imperator.

Verängstigt stand Nero auf seinem dreispännigen Wagen, er nahm mit scheuen Handbewegungen die Ovationen seines Volkes entgegen; doch mit zunehmendem Jubel wuchs sein Selbstvertrauen, die Überzeugung, daß das Volk ihn liebte.

Auf den wenigen Kilometern von den Mauern der Stadt zum Capitol, unter dem Jubel der Massen, wurde Nero ein anderer, ja, erst jetzt wurde er eigentlich das, wozu ihn seine Mutter Agrippina vor fünf Jahren gedrängt hatte: Kaiser des römischen Weltreiches.

Tacitus schreibt: »Stolz aufgerichtet, als Sieger über eine versklavte Welt, fuhr er dann auf das Capitol hinauf, verrichtete ein Dankgebet – und stürzte sich in Ausschweifungen, die er zwar früher auch nicht gemieden, aber aus Scheu vor der Mutter – mochte sie sein, wie sie wollte – gemäßigt hatte.«

Scheidung auf neronisch

Die Entscheidung, seine Mutter ermorden zu lassen, war zweifellos durch die Taktik der Poppaea Sabina vorangetrieben worden. Doch die Kokotte forderte noch mehr, bevor sie sich ihm hingab: Nero war noch immer mit Octavia verheiratet. Sie führte ein von der Öffentlichkeit abgeschiedenes Leben. Ein Komplott schien die einzige Möglichkeit, die unglückliche Gemahlin von der Seite des Kaisers zu drängen. Und weil es ihr nicht schnell genug gehen konnte, nahm Poppaea die Planung selbst in die Hand.

Für eine beträchtliche Summe Goldes bestach sie den Flötenspieler Euoaerus aus Alexandria, einen Sklaven der Octavia. Dieser bezahlte Zeuge behauptete, mit Octavia ein Verhältnis zu haben. Es kam zum Scheidungsprozeß; aber das Verfahren endete unbefriedigend. Einige Dienerinnen der Kaiserin beschworen sogar unter der Folter, daß ihre Herrin nie Beziehungen zu einem anderen Mann gehabt habe. Ein Zeuge sagte, ihre Scham sei reiner als Neros Mund.

Die Anwälte des Kaisers mußten daher auf einen anderen Anklagepunkt ausweichen. Zwar war der ebenso erlogen wie der erste, aber er erwies sich – zumindest juristisch – als stichhaltig. Jetzt forderten die Anwälte die Ehescheidung wegen Unfruchtbarkeit. Nero und Octavia waren beinahe neun Jahre verheiratet, und noch immer hatte sich kein Nachwuchs eingestellt. Da das Kaiserpaar die Ehe nie vollzogen hatte, war das auch kaum verwunderlich.

Dem Prinzeps war offensichtlich bei dieser Scheidung nicht wohl in seiner Haut, denn er überhäufte seine zweiundzwanzigjährige Exfrau mit wahrhaft fürstlichen Abfindungen, Landgütern, Besitzungen und einem Stadtpalais. Endlich war der Weg frei für Poppaea Sabina.

Nero und seine Berater hatten jedoch die öffentliche Meinung unterschätzt. Allenthalben fanden Mißfallenskundgebungen statt, Menschentrauben hingen vor den Fenstern von Octavias Stadthaus und brachten ihr Ovationen dar, so daß sich der Prinzeps gezwungen sah, Octavia unter militärischer Bewachung auf eines ihrer Landgüter in der Campagna abzuschieben. Doch die Sympathiekundgebungen für die verstoßene Kaiserin rissen nicht ab, im Gegenteil. In einer Art Massenhysterie verbreitete sich das Gerücht, der Kaiser habe seine Schandtat bereut und Octavia zurückgerufen.

Jubelnde Menschen zogen durch die Straßen Roms, schwenkten Bilder der Octavia über den Köpfen, stellten auf dem Forum Statuen auf, schmückten sie mit Blumen und rissen Darstellungen der Poppaea um. Auf dem Capitol erschallten Dankgebete für die Errettung der Kaiserin, eilends formierte sich ein Festzug hinüber zum Palatin.

Zur Salzsäule erstarrt, stand hinter den Fenstern der großen

Poppaea, die zweite Ehefrau Neros.

Loggia Poppaea Sabina. Angstvoll blickte sie auf das lärmende Brodeln der Massen. Rom hatte sich schon immer dadurch ausgezeichnet, daß höchster Triumph und vernichtende Niederlage eng beieinander lagen.

Poppaea stürzte zu Nero, die stolze Frau warf sich ihm zu Füßen und rief in tiefer Verzweiflung: »Ich will nicht um meine Ehe kämpfen müssen, obwohl sie mir lieber wäre als das Leben. Aber mein Leben ist durch Octavias Klienten- und Dienerscharen in höchster Gefahr. Diese haben den Namen des Volkes als Deckmantel genommen und in Friedenszeiten Dinge gewagt, die kaum in Kriegszeiten vorkommen. Diese Waffen hat man gegen den Kaiser selbst ergriffen, und es hat bisher nur ein Anführer gefehlt, aber der wird sich in der allgemeinen Verwirrung leicht finden. Octavia braucht nur Campanien zu verlassen und nach Rom zu kommen, schon auf einen Wink aus der Ferne kommt es zu Unruhen.«

»Was habe ich denn getan?« fuhr Poppaea fort zu klagen, »womit habe *ich* irgend jemanden beleidigt? Etwa damit, daß ich dem Kaiserhaus ebenbürtige Kinder schenken werde? Ist es denn dem römischen Volk lieber, daß der Nachwuchs eines ägyptischen Flötenspielers zur Kaiserhoheit gelangt?«

Schwankend zwischen Angst und Zorn, faßte Nero den Entschluß, Octavia zu beseitigen. Zwölf Tage nach seiner Scheidung heiratete er Poppaea, deren gestürzte Standbilder daraufhin wieder aufgerichtet werden mußten. Der Kaiser ließ Anicetus kommen, der den Muttermord ausgeführt hatte, und beauftragte ihn mit der Liquidierung seiner Exfrau Octavia. Anicetus müsse diesmal gar nicht zum Schwert greifen, es genüge, wenn er öffentlich bekenne, mit Octavia ein Verhältnis gehabt zu haben. Er, Nero, müsse seinen Freund dann zwar nach Sardinien verbannen; dort werde es ihm jedoch an nichts fehlen und er könne tun und lassen, was er wolle.

Was blieb Anicetus anderes übrig, als dem Ansinnen des Kaisers Folge zu leisten. Er führte seinen Auftrag zur vollsten Zufriedenheit aus, lebte auf Sardinien ein sorgenfreies Leben und starb dort eines natürlichen Todes.

Octavia aber wurde nun erneut vor Gericht gestellt. Inhalt der Anklage: Sie habe Anicetus verführt, um die Flotte für sich zu gewinnen, außerdem habe sie eine Abtreibung vorgenommen. Das

Urteil: Verbannung auf die Insel Pandateria. »Keine andere Verbannte«, schreibt Tacitus, »hat jemals die Blicke der Zuschauer mit größerem Mitleid erfüllt.«

Wenige Tage nach Octavias Ankunft auf Pandateria, landete ein Mordkommando auf der Insel. Als Octavia begriff, daß es um ihr Leben ging, fiel sie vor den Häschern auf die Knie, sie rief ihre berühmten Vorfahren an, flehte um Gnade: »Ich bin doch nichts weiter mehr als die Schwester des Kaisers!«

Doch Poppaea hatte den Häschern einen grausamen Auftrag erteilt. Octavia wurde gefesselt, dann öffneten ihr Soldaten die Adern an Arm- und Fußgelenken. Starr vor Schreck verfolgte die Gequälte ihre eigene Hinrichtung. Als das Blut nicht rasch genug fließen wollte, zerrte man die Sterbende in einen Baderaum. Heiße Dämpfe brachten das Blut zum Quellen. Octavia starb in tiefer Bewußtlosigkeit. Danach griff einer der Schergen zum Schwert und trennte der Toten den Kopf ab. Mit dem Kopf Octavias im Reisegepäck kehrte das Mordkommando nach Rom zurück, freudig begrüßt von Poppaea, die das Haupt ihrer Vorgängerin in Augenschein nahm.

Das süße Leben eines Kaisers

Je mehr der Prinzeps sich in Greueltaten verstrickte, desto seltsamer wurde sein persönliches Verhalten, und bald ähnelte er einem gehetzten Tier, das im Kampf ums Überleben jedwedes Wesen reißt, das ihm begegnet. Man sollte annehmen, die lüsterne Poppaea hätte alle sexuellen Bedürfnisse des jungen Kaisers befriedigt; doch das Gegenteil schien der Fall zu sein.

Man konnte den Kaiser des Nachts als Sklave verkleidet an der Mulvischen Brücke antreffen, jenem Sammelplatz für nächtliche Liebesabenteuer, wo die teuersten Prostituierten Roms samt Gefolge ihre verlockenden Angebote machten und ebensolche entgegenzunehmen bereit waren. Dann wieder zog Nero bis in die frühen Morgenstunden mit Schlägertrupps durch die Straßen und pöbelte Passanten an. Aus den dabei provozierten Schlägereien ging er nicht immer als Sieger hervor, grün und blau geschlagen mußte der Kaiser bisweilen seine Staatsgeschäfte aufschieben, weil es unmöglich war, sich so in der Öffentlichkeit zu zeigen. Als die Blessuren überhand nahmen, ließ sich der Prinzeps davon überzeugen, daß es besser sei, sich bei seinen nächtlichen Streifzügen mit einer Gladiatorenschar zu umgeben. Unglücklich der, der den Kaiser bei einer dieser Raufereien erkannte, wie der Senator Julius Montanus, ihm wurde mit Nachdruck anheimgestellt, Selbstmord zu begehen.

Die Schwangerschaft seiner Frau Poppaea schien das Gefühlsleben des Imperators dann wieder in normale Bahnen zu lenken. Die Aussicht, Vater zu werden, stürzte Nero in einen wahren Freudenrausch. Obwohl er von Natur aus nicht sehr gläubig war, legte er für eine gesunde Niederkunft vor den Göttern Gelübde ab. Und als Poppaea schließlich Anfang 63 eine Tochter zur Welt brachte, kannte er im Überschwang väterlicher Gefühle keine Grenzen mehr.

Nero hatte Poppaea nach Antium bringen lassen; sein Kind sollte denselben Geburtsort haben wie der Vater. Zur Gratulation kamen alle fünfhundert Senatoren nach Antium. Nach dem Vorbild der Julier, die alljährlich in Bovillae ein Fest zu Ehren ihrer Ahnen feierten, gab Nero die Planung für ein Fest der Claudier in Athen in Auftrag, natürlich sollten es Circusspiele sein. Außerdem stiftete er einen Tempel der Fruchtbarkeit und goldene Statuen der Glücksgöttinnen, die im Tempel des capitolinischen Jupiter aufgestellt werden sollten. Es kam nicht dazu, denn die kleine Augusta – so wurde das Kind genannt – starb noch nicht einmal vier Monate alt.

Maßlos wie in seiner Freude, verhielt sich Nero auch in seinem Schmerz. Der Kaiser weinte hemmungslos, er verfluchte sich, seine Frau und die Götter, und er ging – wie Sueton berichtet – »allmählich von heimlichen Bubenstreichen ganz offen zu schlimmen Schandtaten über und gab sich keinerlei Mühe mehr, diese zu verheimlichen«.

Nero aß nicht mehr, er fraß, oft von Mittag bis nach Mitternacht, zwischendurch nahm er, je nach Jahreszeit, warme oder eisgekühlte Bäder und ließ sich dabei mit Vorliebe von Liebesdienerinnen und Flötenspielerinnen verwöhnen. Wenn er zu Schiff tiberabwärts nach Ostia fuhr, luden am Ufer eigens für ihn aufgestellte Pavillons ein, wo ihn stadtbekannte Damen erwarteten.

Die sexuellen Ausschweifungen konnten nicht ausgefallen und pervers genug sein. Wie alle seine Vorgänger auf dem Kaiserthron unterhielt Nero mehrere Lustknaben. Verheiratete Frauen, denen er zufällig begegnete und die sein Gefallen erregten, mußten ihm zu Willen sein.

Sein Liebesspiel bei den Gelagen auf dem Palatin wird von Sueton ausführlich beschrieben: War er erst einmal betrunken, so suchte er sich die Gäste heraus, die ihm am besten gefielen. Männer wie Frauen mußten sich entkleiden und wurden nackt an Säulen und Pfähle gefesselt. Nero hatte inzwischen ein Löwen- oder Tigerfell angelegt und sich in einen Raubtierkäfig begeben. Aus ihm stürzte er plötzlich wie ein wildes Tier heraus, vergnügte sich mit den Penissen seiner männlichen Gäste und tat den Damen mit der Zunge Gutes. Lustgestöhn empfand er dabei als besonders angenehm, und er selbst ahmte, wenn er sich von einem seiner Freigelassenen Hand anlegen ließ, das Schreien und Wehklagen vergewaltigter Frauen nach.

Im Jahre 65, Nero war achtundzwanzig Jahre alt, wurde Poppaea zum zweitenmal schwanger, und noch einmal stellte sich beim Kaiser jener Überschwang der Freude ein, der die Geburt der Tochter Augusta begleitet hatte. War der Tod des damals kaum vier Monate alten Kindes ein psychischer Schock für ihn, so traf ihn jetzt ein Schicksalsschlag, der ihn völlig aus der Bahn warf.

Der Kaiser kam spät von einem Trinkgelage nach Hause, und die schwangere Poppaea machte ihrem Gemahl Vorwürfe. Nero, trunken vom Wein, versetzte seiner Frau im Zorn einen Fußtritt. Dabei wurde das Kind im Mutterleib getötet. Zur damaligen Zeit bedeutete dies auch den sicheren Tod der Mutter.

Manche Historiker haben Poppaeas Ableben auf einen Giftmord zurückgeführt, aber selbst Tacitus glaubte an einen Unfall und meint: »Er wünschte sich doch Kinder und liebte seine Gattin!«

Daß Nero seine Frau Poppaea auch nach dreijähriger Ehe noch über alle Maßen geliebt hat, dafür gibt es zwei Hinweise. Entgegen römischem Brauch ließ der Kaiser den Leichnam seiner Gemahlin einbalsamieren und im Grabmal der Julier beisetzen. Bei der öffentlichen Totenfeier hielt er selbst die Trauerrede, und er weinte, als er von ihrer Schönheit sprach und sie die »Mutter eines göttlichen Kindes« nannte.

Ersatz für Poppaea: ein Mann

Trotz seiner Trauer über den selbstverschuldeten Verlust Poppaeas suchte Nero nach Ersatz für die geliebte Frau. Keine Frau mit rotblondem Haar, fahlweißer Haut und prallen Körperformen war vor dem Prinzeps sicher. Aber das einzige Wesen, das in seinen Augen dem aufreizenden Äußeren der Poppaea nahekam, war ausgerechnet ein Mann. Er hieß Sporus und war ein stadtbekannter Homosexueller.

Nero ließ ihn mit seinem Einverständnis entmannen und eine Geschlechtsumwandlung vornehmen. Bekleidet wurde er mit dem Ornat der Kaiserinnen, und es verwunderte auch nicht, daß man ihn in einer Sänfte durch die Stadt trug. Ein prachtvoller Zug mit Ehrenjungfrauen geleitete den Geliebten zum kaiserlichen Palast auf dem Palatin, wo Nero ihm den roten Brautschleier umlegte und – wie Sueton berichtet – »mit ihm feierlich die Hochzeitszeremonien vollzog«. Angeblich lebten die beiden wie Mann und Frau und tauschten in aller Öffentlichkeit zärtliche Küsse aus.

Nun waren die Römer von Tiberius, Caligula und Claudius manches gewöhnt, aber daß ausgerechnet Nero, auf den sie große Hoffnungen gesetzt hatten, die gleichen Perversitäten zu praktizieren begann, enttäuschte manchen, und ein witziges Bonmot machte bald die Runde: Es wäre ein Segen für die Menschheit gewesen, wenn Neros Vater Domitius auch eine solche Frau gehabt hätte.

Sporus genoß das Liebeswerben des Kaisers sichtlich, verfiel jedoch in tiefe Depressionen, als Neros Zuneigung nach weniger als einem Jahr nachließ. Dennoch blieb er dem Prinzeps bis zu dessen Tod treu, danach gab er sich dem Prätorianerpräfekten Nymphidius Sabinus und dem Kaiser Otho hin. Dessen Nachfolger Vitellius zwang ihn schließlich, sich im Theater als Frau öffentlich zur Schau zu stellen. Sporus beging daraufhin Selbstmord.

Mit neunundzwanzig Jahren, ein Jahr nach dem Tod der Poppaea Sabina, wandelte Nero erneut auf Freiersfüßen. Diesmal war es eine Frau, die sein Interesse erregte: Statilia Messalina.

Sie war eine Tochter des Exkonsuls Statilius Taurus, hatte bereits vier Ehen hinter sich, die letzte mit Neros jetzigem Intimfeind Vestinus. Die beiden früheren Freunde konnten sich nicht ausstehen, waren sie doch vom Charakter das genaue Gegenteil. Vestinus bespöttelte Nero öffentlich als Schwächling, während Nero für die überschäumende Tatkraft des Konsuls Vestinus nur Verachtung übrig hatte. Als dieser dem Kaiser schließlich noch die Frau wegschnappte, auf die Nero seit langem ein Auge geworfen hatte, war das Maß voll.

Nero beschuldigte Vestinus verschwörerischer Umtriebe, nicht ohne Grund übrigens, doch ein konkretes Verbrechen konnte ihm nicht zur Last gelegt werden. Vestinus lebte in einer Luxusvilla oberhalb des Forums und umgab sich mit einer Schutztruppe junger Sklaven. Eines Abends, Vestinus gab gerade ein großes Gelage, erschien der Tribun Gerellanus zusammen mit einem Arzt und einer Kohorte Soldaten und bat, den Konsul sprechen zu dürfen.

Die Soldaten drängten Vestinus in sein Schlafzimmer, fesselten ihn, der Arzt öffnete dem Wehrlosen mit einem Messer die Pulsadern. Der Rest des Mordkommandos hielt die Gäste in Schach, die um ihr Leben flehten. Dann wurde der verblutende Konsul in das Badezimmer geschleift und in heißes Wasser gesetzt. Es dauerte nicht lange und das Wasser färbte sich rötlichbraun, Vestinus starb.

Zu Beginn des Jahres 66 ehelichte Nero die Witwe des Konsuls. Messalina begleitete den Kaiser ein halbes Jahr später auf seiner Griechenlandreise, was auf starke Zuneigung von seiten des Prinzeps schließen läßt. Im übrigen ist jedoch über das Verhältnis der beiden nichts bekannt. Messalina überlebte Nero, später wollte Kaiser Otho sie heiraten.

Um zu erfahren, was an Neros Exzessen dem allgemeinen Zug der Zeit im antiken Rom entsprach oder auf seine eigene Entwicklung zurückzuführen ist, müssen wir uns mit der Rolle und der Position der Frau in jener Zeit beschäftigen.

So unterschiedlich wie die Bevölkerungsstruktur Roms war auch die Rolle der Frau im ersten nachchristlichen Jahrhundert. Sie umfaßte die gesamte Bandbreite von der Dulderin, der Hüterin des Feuers, bis hin zur Megäre und Hetäre. Der Unterschied lag vor allem in Stand und Bildung.

Das Ideal der Durchschnittsfrau spiegeln die zahlreichen Grabinschriften wider, die auf uns überkommen sind. Einige Beispiele mögen dies verdeutlichen.

»Amymone, Frau des Marcius, liegt hier«, steht auf einem großen Sarkophag geschrieben, »sie war gut und schön, eine fleißige Spinnerin, wirtschaftlich, häuslich, züchtig, keusch und fromm.«

Und eine andere besagt: »Als erste erhob sie sich vom Lager, als letzte begab sie sich zur Ruhe, nachdem sie alles im Haus in Ordnung gebracht hatte. Nie legte sie ohne dringenden Anlaß die Wollarbeit aus der Hand.«

»Wozu«, fragt der Gatte einer gewissen Turia auf dem Grabstein, »sollte ich die häuslichen Tugenden der Keuschheit, Unterwürfigkeit, Freundlichkeit, Nachgiebigkeit, des Fleißes bei der Wollarbeit, der Frömmigkeit ohne Aberglauben, der Vermeidung des Auffallenden und Übertriebenen in Schmuck und Kleidung – wozu sollte ich das alles erwähnen. Wozu von deiner Liebe zu den Deinen, der Anhänglichkeit an die Verwandten reden, da du meine Mutter ebenso wie deine Eltern geehrt und für jene nicht minder als für deine eigenen Angehörigen gesorgt, überhaupt Unzähliges mit allen Frauen gemein gehabt hast, die auf Frauenehre halten?«

Und eine letzte Grabinschrift: »Sie war der Schutzgeist meines Hauses, meine Hoffnung, mein einziges Leben. Was ich wünschte, wünschte auch sie, sie mied, was ich mied. Keiner ihrer innersten Gedanken war mir je verborgen. Auch fehlte es ihr nicht an Fleiß bei der Wollarbeit, sie war sparsam, doch freigebig aus Liebe zu ihrem Mann. Speise und Trank mundeten ihr nicht ohne mich. Trefflich war ihr Rat, klug ihr Sinn, edel ihr Ruf.«

Die ideale Frau war breithüftig und schmalbusig. Um dies zu erreichen, wurden den Mädchen schon in jungen Jahren die Brüste mit Binden eingeschnürt. Kleinkinder wurden in der Regel nicht von der eigenen Mutter, sondern von einer Amme gestillt und großgezogen. Sie spielten mit Puppen aus Elfenbein und Terrakotta, Muscheln und bunten Steinen, später lernten die Mädchen spinnen und weben. Augustus zum Beispiel trug nur Kleider, die von seiner Frau oder den Töchtern selbst gewebt waren. Sticken hingegen war aus unerfindlichen Gründen Männersache, eine stickende Frau galt als sehr emanzipiert.

Mit sechs oder sieben Jahren begann die Schulzeit, höhere Töchter wurden zu Hause unterrichtet. Das Hauptfach war Lesen, römische Dichter natürlich, wobei die Liebesgeschichten von Ovid, Horaz und Terenz das größte Interesse fanden. Und nicht selten führte der Privatunterricht im Hause zu einem Liebesverhältnis zwischen Lehrer und Schülerin. Anmut lernten die Mädchen durch Musik und Tanz. Und gar manche tanzte und spielte besser als – wie Sallust es einmal ausdrückte – es für eine rechtschaffene Frau erforderlich war. Dieses erlernte Zurschaustellen weiblicher Reize war natürlich den frühchristlichen Autoren ein besonderer Dorn im Auge. Hieronymus meinte daher, eine Christin müsse für die Orgel taub sein und sollte von Flöte, Lyra und Kithara nichts wissen wollen.

Mit zwölf Jahren war eine Römerin heiratsfähig, und die Eltern legten großen Wert darauf, der Tochter zu einer guten Partie zu verhelfen. Unter Umständen konnte ein Mädchen sogar schon vor dem zwölften Lebensjahr verheiratet werden, für gewöhnlich lag das Heiratsalter zwischen zwölf und sechzehn Jahren. Wer mit achtzehn noch nicht unter der Haube war, galt in Rom als sitzengeblieben.

Die von Augustus erlassene *Lex Julia* hatte unter anderem das Ziel, den Bevölkerungsschwund zu stoppen, und bedachte Frauen, die mit zwanzig noch nicht Mutter waren, mit Strafen.

Der jüngere Plinius geriet über die Tochter des Konsuls Gaius Minicius Fundanus ins Schwärmen: »Noch war sie nicht volle dreizehn Jahre alt, und schon hatte sie die Klugheit des Alters und die Würde einer Frau, und doch vereinte sich mädchenhafte Anmut mit jungfräulicher Züchtigkeit. Wie hing sie am Hals ihres Vaters! Wie liebevoll und sittsam zugleich umarmte sie uns väterliche

Freunde. Wie liebte sie ihre Erzieherinnen, Pädagogen und Lehrer, jeden nach seinem Status! Wie fleißig, mit welchem Verständnis trieb sie ihre Studien! Wie selten und vernünftig spielte sie! Mit welcher Fassung, Geduld und Kraft ertrug sie ihre letzte Krankheit!« Das Mädchen starb im Alter von zwölf Jahren, elf Monaten und sieben Tagen.

Das Heiratsalter des Mannes lag weit höher. Ehemänner, jünger als achtzehn Jahre, gab es kaum. Das Gesetz, das Kinderlosigkeit bestrafte, kam bei Männern erst mit fünfundzwanzig Jahren zur Anwendung. Wenn Nero also mit zwölf Jahren verlobt wurde und mit sechzehn die Claudius-Tochter Octavia heiraten mußte, dann ist das eine Ausnahme und beweist nur den Ehrgeiz seiner Mutter. Verlobungen im Kindesalter waren hingegen üblich. Eltern oder professionelle Hochzeitswerber achteten vornehmlich darauf, daß Geld zu Geld und Familientradition zu Familientradition kam. Die Betroffenen selbst hatten zwar ein Einspruchsrecht, aber daß ein Mann einer Frau einen Heiratsantrag machte, war im antiken Rom undenkbar.

Die Hochzeit war ein Familienfest, das sich seither gar nicht so sehr verändert hat. Schon damals war es Brauch, die Braut über die Hausschwelle zu tragen. Ganz anders jedoch war der Status der Frau innerhalb der Ehe. Das Vermögen der Frau, das beim Zustandekommen einer Verbindung eine beachtliche Rolle spielte, wurde nicht etwa dem Besitz des Mannes zugeschlagen, vielmehr wurde die Ehe auf der Basis der Gütertrennung geschlossen. Der Mann konnte also über den Besitz seiner Frau nicht frei verfügen und bestimmen.

War dieses Vermögen beträchtlich, so brachte die Frau einen Hausverwalter, manchmal auch einen Prokurator mit in die Ehe. Dieser Prokurator war nicht selten Geschäftsführer, Ratgeber, Freund und Geliebter in einer Person. Martial, der Gesellschaftspoet und Zeitgenosse Neros, fragte einen allzu nachsichtigen Ehemann einmal: »Wer ist der krausgelockte, kleine Mann, der deiner Frau nicht von der Seite geht, der unaufhörlich in ihr Ohr zu zischeln hat und ihren Sessel mit dem rechten Arm umfaßt hält? Er besorgt die Angelegenheiten deiner Frau? Das ist dann freilich ein zuverlässiger und strenger Mann, dem man den Prokurator schon am Gesicht ansieht. An Schärfe wird ihn selbst Aufidius Chius (ein als Ehebrecher bekannter Jurist) nicht übertreffen. Er besorgt die Angelegenheit deiner Frau? Du Tor, deine eigenen Angelegenheiten besorgt er!«

Scheinehen und Scheidungen waren an der Tagesordnung

Nichts sei für einen Mann schwerer zu ertragen, meinte Martial, als eine Mitgift von einer Million. Damit wollte der Dichter sagen, daß reiche Frauen in einer Ehe die Oberhand behielten und ein weniger begüterter Ehemann nicht viel zu sagen hatte. Hinter der Fassade strenger Ehegesetze ergaben sich oft groteske Situationen: Scheinehen, die weniger begüterte Männer eingingen, damit reiche Frauen der Ehelosigkeit entgingen, oder wilde Ehen, vornehmlich zwischen Partnern unterschiedlichen Standes, denen die Ehegesetze eine Heirat untersagten.

Im Gegensatz zu den Athenerinnen, für die das Leben der Frau an der Schwelle des Hauses endete, spielte die Römerin auch im gesellschaftlichen und öffentlichen Leben eine Rolle. Sie begleitete ihren Mann zu Gastmählern und ins Theater, und sie unterlag in der Öffentlichkeit kaum irgendwelchen Zwängen. Die Emanzipation der Frau, vermeintlich eine Erfindung unserer Tage, wurde im alten Rom längst mit allen Vor- und Nachteilen vorexerziert.

Die Ehescheidungen hatten in der Zeit Neros ein vorher nie gekanntes Ausmaß erreicht. Manche Frauen, meint Seneca, zählten die Jahre nicht nach den Konsuln – der damals offiziellen Zeitrechnung –, sondern nach ihren Männern. Und der Satirendichter Juvenal, ein Zeitgenosse des Tacitus, bemerkte mit der ihm eigenen Ironie, manche Frauen ließen sich schon wieder scheiden, bevor die grünen Zweige, welche die Haustür der Neuvermähltem schmückten, verwelkt seien.

Frauen nahmen sich die gleichen Rechte heraus, die den Männern seit Jahrhunderten erlaubt waren. Was einen Dichter wie Propertius zur Klage veranlaßte, eher könne man die Meeresfluten trocknen und die Sterne vom Himmel holen als die Frauen am Sündigen hindern. Oder wie Ovid sich ausdrückte: In Rom gäbe es alles, nur keine Frauentugend. Keusch seien nur Frauen, um die niemand geworben habe. Seneca wurde noch deutlicher: Die Keuschheit einer Frau sei nur ein Beweis für ihre Häßlichkeit! Ein Verhältnis mit nur *einem* Liebhaber nennen sie Ehe, und eine Frau, die das nicht wisse, sei einfältig und altmodisch.

Bisweilen sind die Anspielungen römischer Dichter von erstaunlicher Aktualität: »Es war seit langem ausgemacht, daß du tun solltest, was dir beliebt, und ich ebenfalls nach meinem Gefallen lebe!« Dieser Satz einer in den Armen eines anderen überraschten Frau stammt nicht aus einem Gegenwartsroman, sondern von dem 67 n. Chr. geborenen Juvenal.

Theater und Circus spielten nicht nur wegen der dargebotenen Attraktionen eine wesentliche Rolle im Leben der Römerin, sie boten vor allem die Möglichkeit, sich zu zeigen und neue Bekanntschaften zu schließen. Das wurde reichlich wahrgenommen. Die herausgeputzten Damen der Gesellschaft erschienen mit Zofe, Aufpasserin und zwei Sklaven, die sie in einem Tragesessel zum Ort des Geschehens brachten. Auf der Tribüne wurden die Tragestangen herausgezogen, und die Herrin hatte einen vorzüglichen Sitzplatz, umschwärmt von Kavalieren, die ihr kühle Luft zufächelten, Kissen zurechtrückten und Erfrischungen reichten. Hier auf den Rängen fand eine regelrechte Modenschau statt. Über manches Kleid, vor allem wenn es kühne Ein- und Durchblicke gewährte, sprach man wochenlang. Ein Mantel, aus Goldfäden gewebt, den Neros Mutter Agrippina beim Schaukampf auf dem Fucinersee trug, scheint die Römer so erregt zu haben, daß ihn drei antike Historiker in ihren Werken erwähnen.

Mehr scheinen als sein, lautete schon damals die Devise. Eine Römerin, die sich nicht für jede Vorstellung eine neue Garderobe leisten konnte, ging zum Theaterservice, wo sie von der Robe bis zum Tragsessel und der Zofe alles mieten konnte – ganz diskret, versteht sich. Saßen im Theater Männer und Frauen getrennt, die Damen nahmen die oberen Ränge ein, so war das Publikum im Circus gemischt.

Schauspieler, Rennfahrer und Gladiatoren waren erklärte Favoriten der Römerinnen. Um die Gunst eines Publikumsstars zu erlangen, ließen sie sich die ungewöhnlichsten Dinge einfallen. So betätigte sich eine verheiratete Römerin bei dem Schauspieler Stephanio mit kurzgeschorenem Haar und in Knabenkleidung als Diener. Dem Mann gefiel das sehr, weniger dem Kaiser Augustus. Der ließ Stephanio im Theater öffentlich auspeitschen und verbannte ihn aus der Stadt.

Damen aus höchsten Kreisen, denen das offene Liebeswerben schlecht zu Gesicht stand, ließen sich die Minne eines Schönlings auch etwas kosten. Messalina, die dritte Frau des Kaisers Claudius, mietete den gefeierten Schauspieler Mnester für eine Nacht. Vielleicht wollte sie nur wissen, was die schöne Poppaea an diesem Jungen fand.

Emanzipation, nicht nur ein Schlagwort unserer Zeit

Die Frau im alten Rom war also keineswegs ein Heimchen am Herd oder einseitiges Lustobjekt einer ausschweifenden Männergesellschaft, im Gegenteil. Die Römerin ging selbst auf Männerfang, genauer: Sie ließ sich tragen. Eine Frau, die auf sich hielt, trat nicht auf das grobe Pflaster römischer Straßen, sie wurde in einer Sänfte getragen, meist von muskulösen ausländischen Sklaven. Diese galten als Statussymbol wie heute ein Luxuswagen.

Unter Cäsar war das Sich-in-Sänften-tragen-Lassen wie das Tragen von Purpurgewändern und Perlenschmuck nur Frauen und Müttern über vierzig erlaubt. Später genossen dieses Privileg nur Senatorenfrauen, aber, berichtet Cassius Dio, diese Verordnungen wurden laufend übertreten. Denn für eine Frau war es ein prickelnder Reiz, »sich im Tragsessel auszustellen und sich den von allen Seiten auf sie gerichteten Blicken der ohne Unterschied zugelassenen Beschauer preiszugeben«, kritisierte Seneca. Der Anstand forderte zwar geschlossene Vorhänge, doch infolge der weiblichen Koketterie waren diese meist zurückgeschlagen, vor allem wenn Dekolletés und noch mehr gesehen werden sollten.

Emanzipation der Frau, sie wurde im kaiserlichen Rom vorexerziert: Frauen, die die Männer unter den Tisch tranken, Frauen, die als Gladiatoren kämpften, Frauen, die – wie Juvenal berichtet – prozeßsüchtig waren. Aber diese Entwicklung brachte doch auch sehr viel Positives mit sich. Die Römerin nahm Anteil am politischen Geschehen, sie interessierte sich für das Leben in den Provinzen und in fernen Ländern und genoß, soweit ihr Status das erlaubte, eine Ausbildung, die der eines Mannes nicht nachstand. So kam es, daß Frauen an der Seite großer Männer durchaus in die Politik eingriffen. Wir haben das am Beispiel von Neros Mutter Agrippina beobachtet, und jede von Neros Ehefrauen, außer der kindlichen Octavia, verstand es, den Kaiser auf ihre Weise zu lenken.

Dieser Wille zur Macht war gewiß nicht die Norm, aber symptomatisch für jene Zeit. Die vornehme Römerin parlierte mit Vorliebe griechisch oder schmückte ihre Reden zumindest mit griechischen Fremdwörtern oder Aphorismen. Sie hatte ein enges Verhältnis zur Literatur, las Gedichte und Prosa und lernte sie auswendig. Die Frau des jüngeren Plinius soll alle seine Bücher auswendig gekonnt haben, seine Gedichte sang sie zur Kithara, wobei – wie Plinius meinte – die Liebe ihr einziger Lehrmeister gewesen sei. Agrippina schrieb ihre eigene Biographie, aus der Tacitus fleißig zitiert, und Neros dritte Ehefrau Statilia Messalina ließ sich nach dem Tod ihres Mannes in der Redekunst unterweisen. Es gab im ersten nachchristlichen Jahrhundert eine ganze Reihe von Dichterinnen, deren Namen uns wohl bekannt sind, deren Werke aber verlorengingen oder zu Recht vergessen wurden.

Während der Hang zur Poesie kaum ernst genommen wurde, provozierten wissenschaftliche und philosophische Ambitionen der Frau die römische Männerwelt. Nur wenige Männer wie Plutarch befürworteten eine wissenschaftliche Bildung der Frau, allerdings hegte Plutarch den Hintergedanken, daß ein hehrer Geist nicht gleichzeitig eitel, abergläubisch und töricht sein könne und eine Frau mit mathematischem Verständnis gewiß nicht tanzen werde. Römerinnen, deren geistige Fähigkeiten mit ihren finanziellen Möglichkeiten nicht Schritt hielten, engagierten sich gerne einen Hausphilosophen, der schöne Gedanken produzieren und auf das Hündchen achten mußte.

Trotz aufklärerischer Tendenzen feierten die obskuren Wissenschaften wahre Triumphe. Vor allem die Frau war in hohem Grade abergläubisch und abhängig von den Weissagungen der Astrologie und Haruspizie. Neben Sterndeutern und Eingeweidebeschauern trieben Kupplerinnen ihr Unwesen, die im Nebenberuf als Giftmischerinnen und Zauberinnen einem einträglichen Geschäft nachgingen.

Die schon erwähnte Locusta, deren Quacksalbereien sich höchste Kreise, ja sogar der Kaiser bedienten, war ebenso begehrt wie gehaßt. Sie umgab sich mit dem Nimbus einer Zauberin, die alles Irdische von sich wies – vom Wucherhonorar für eine erfolgreiche Vergiftung einmal abgesehen. Aus fernen Ländern, die von den Römern kolonisiert worden waren, kamen im Gefolge der siegreich heimkehrenden Truppen Hexen und Heilige nach Rom, die sich auf allerlei Künste verstanden. Geheimnisvolle Mixturen von Liebestränken standen dabei besonders hoch im Kurs.

Ebenso beliebt, weil exotisch, waren bei der Römerin die aus dem Orient stammenden Kulte. Ihre zum Teil kasteienden und asketischen Gebräuche erweckten das Gefühl der Reinigung von dem zügellosen, sinnlich-verruchten Alltag. Je strenger die religiösen Forderungen waren, desto größer war der Zulauf, den ein fremder Prophet zu verzeichnen hatte. Juvenal berichtet, Bettelpriester der Großen Mutter hätten zahlreiche Frauen davon überzeugt, Kleider zu spenden, in die vorher alle ihre Kümmernisse gefahren seien. Andere tauchten zur Winterszeit in das Treibeis des Tibers und rutschten halbnackt auf den Knien einher. Und es gab sogar Frauen, die nach Ägypten reisten, um dort Nilwasser zu schöpfen – nur weil Isis ihnen im Traum den Befehl gegeben hatte.

Die ägyptische Göttin Isis hatte schon im zweiten Jahrhundert v. Chr. ihre Anhänger in Rom, obwohl der Senat den Kult mit allen Mitteln zu unterdrücken suchte und unter Caligula sogar über ein Verbot diskutiert wurde. Statt der Isis-Anhänger mußten jedoch viertausend Freigelassene, »die vom jüdischen Aberglauben angesteckt waren«, nach Sardinien in die Verbannung gehen. »Im selben Jahr«, überliefert Tacitus, »versuchte man, durch strenge Senatsbeschlüsse dem ausschweifenden Leben der Frauen zu steuern. Allen Frauen, deren Großvater, Vater oder Ehemann von Adel gewesen war, wurde verboten, sich für Geld preiszugeben . . .«

Sogar Mädchen und Frauen aus höchsten Kreisen gingen dem ältesten Gewerbe der Welt nach. Diese Modeerscheinung der Kaiserzeit wuchs sich allmählich zu einem Problem aus. Ursprünglich verkauften sich nur Sklavinnen, Freigelassene oder Fremde, ihre Zahl war hoch genug; später, als die Prostitution auch vor Palästen und Tempeln nicht haltmachte, fand sich kaum noch ein öffentlicher Ankläger; die Zahl der Fälle war zu groß. Um einer dennoch möglichen Strafverfolgung zu entgehen, meldeten hochwohlgeborene Damen der Gesellschaft beim Ädil, der zuständigen Behörde, ihr Gewerbe an. Tiberius hatte angeordnet, daß gegen Ehefrauen, die einen unkeuschen Lebenswandel führten und gegen die kein öffentlicher Ankläger auftrat, die Verwandten einen Familienrat einberufen und »nach Sitte der republikanischen Zeit einschreiten sollten«.

Unter dem Vorzeichen religiöser Kulte wurde die sakrale Prostitution gepflegt. Offiziell galt sie als opfernde Hingabe an die Gottheit, was zunächst insofern zutraf, als die Einnahmen für den gewerbsmäßigen Beischlaf hinter Tempelmauern dem Tempelschatz einverleibt wurden – vorausgesetzt, der Beischläfer war kein Priester, diese wurden kostenlos »bedient«. Was sich in den Tempeln Roms abspielte, mag für manchen schockierend wirken, dabei ist allerdings zu bedenken, daß Prostitution an sich in der Antike absolut moralfrei beurteilt wurde – solange jene, die sich verkauften, den niederen Ständen angehörten.

Erst das Christentum mit seiner asketischen Abwertung der Sexualität verdammte den gewerbsmäßigen Beischlaf als unmoralisch und sündhaft. Allerdings gab es auch schon zur Kaiserzeit Kulte, die in Verruf standen, vor allem der Isis-Kult. Priesterinnen und Priester benutzten ihn als Vorwand für einträgliche Kuppelei und suchten damit sogar noch das Finanzamt zu betrügen. Denn seit Caligula hatte jedes leichte Mädchen pro Tag das Honorar für einen Beischlaf als Steuer abzuführen. Das war Gesetz.

Ein Zusatzartikel unterstellte auch ehemalige Buhlerinnen und Kupplerinnen der Einkommensteuer. Caligula wollte sogar den ehelichen Beischlaf besteuert wissen. Mangels Kontrollmöglichkei-

Ein älterer Satyr stellt einer Mänade nach.

ten kam das Gesetz jedoch nicht zur Ausführung. Caligula richtete in einigen Räumen seines Palastes eine Edelabsteige ein, in der vornehme verheiratete Frauen Liebesdienste taten. Sogenannte Nomenklatoren, eine Art lebende Adreßbücher, jedenfalls Männer, die zumindest alle wichtigen Leute mit Namen kannten, gingen auf die Märkte und in die Basiliken und machten im Auftrag des Kaisers Mundpropaganda für die pikante Institution. War ein Freier knapp bei Kasse, so wurde ihm der Liebeslohn vorgestreckt – gegen Wucherzins, versteht sich. Sein Name wurde öffentlich ausgehängt; aber nicht aus Entrüstung, wie man vielleicht meinen könnte, sondern mit dem Hinweis auf die freiwillige finanzielle Unterstützung des Kaisers. Der Andrang war groß.

Ein Schäferstündchen mit einer Liebesdienerin blauen Geblüts galt als ungeheuer frivol, weil es sich für eine Dame des Adels eben nicht schickte. Um in den Genuß einer solchen Attraktion zu kommen, gaben die Römer hohe Summen aus. Bis zu zwei Aureoli legten sie auf den Tisch, ein Vermögen, wenn man bedenkt, daß es auch für ein As ging. Doch das nur im Lupanar, dem öffentlichen Bordell.

Unter Tiberius im Jahre 19 n. Chr. verfolgte ein Edelmann namens Decius Mundus die adelige Dame Paulina mit großer Leidenschaft. Die Angebetete war jedoch ein Ausbund an Zucht und Keuschheit, und Decius konnte sie nur mit einer List bezwingen, einer List, die zeigt, wie sehr die Römerinnen den orientalischen Kulten bereits verfallen waren. Die Dame hing dem Isis-Kult an, und dessen Priester ließen sie eines Tages wissen, der Gott Anubis wünsche sich nichts sehnlicher als ein nächtliches Rendezvouz mit ihr im Tempel. Was Paulina nicht wußte: Decius hatte die Priester mit fünftausend Denaren bestochen, und der Mann, der mit ihr in der folgenden Nacht schlief, war nicht Anubis, sondern der verkleidete Decius.

Der Schwindel kam übrigens auf. Tiberius schickte Decius Mundus in die Verbannung, die ausländischen Priester ließ er kreuzigen, den Tempel einreißen und das Götterbild der Isis in den Tiber werfen.

Man sieht, nicht nur am kaiserlichen Hof war das Leben ausschweifend und verrufen. Es war eine Zeit, die aus den Fugen geraten war, und diese Zeit verlangte nach einem ungewöhnlichen Kaiser.

IV.
Brot und Spiele

Neros Verlangen, auch auf öffentlichen Bühnen aufzutreten,
wurde von Tag zu Tag dringlicher.
Denn bis jetzt hatte er nur in seinem Palast
oder Park an den Juvenalien gesungen . . .

Tacitus

Hunderttausende belagerten seit Tagen das neronische Amphitheater auf dem Marsfeld. Der Prinzeps hatte das fünfhundertneunzig Meter lange und beinahe hundert Meter breite Bauwerk mit seiner monumentalen Holzgalerie, die hunderttausend Zuschauern Platz bot, in weniger als einem Jahr errichten lassen. Zunächst war der auf dem Gebiet des heutigen Vatikan gelegene Prachtbau als privates Szenarium für Nero konzipiert worden, doch mit zunehmenden Erfolgen des Kaisers als Wagenlenker und Künstler gab er auch öffentliche Kostproben seines Könnens. Ein Kaiser als Rennfahrer, als Sänger zur Kithara, das war neu und fand beim Volks reges Interesse.

Jeder Fünfte, also immerhin zweihundertfünfzigtausend Menschen, lebten im Rom des ersten nachchristlichen Jahrhunderts von der Wohlfahrt, sie waren arbeitslos und erhielten verbilligte oder sogar kostenlose Getreiderationen. Doch dieses Heer von Arbeitslosen wußte nicht, wie es seine Zeit totschlagen sollte. Das machte sich auch in der Kriminalstatistik bemerkbar. Die Langeweile wurde zum politischen Problem.

Panem et circenses, Brot und Spiele, in diesem geflügelten Wort Juvenals spiegeln sich die Wünsche der breiten Massen wider. Längst hatten die Schauspiele ihren religiösen Charakter verloren, seit der Kaiserzeit dienten sie vor allem dazu, den Kaiser bei den Römern beliebt zu machen. Und die anfängliche Großzügigkeit der Cäsaren wurde schon bald als ein Recht des Volkes angesehen: Der Prinzeps hatte die Pflicht, sein Volk zu unterhalten, je exotischer, je wilder, je lustvoller, desto besser für den Kaiser!

Neuestes und beliebtestes Spektakel der römischen Unterhaltungskunst waren pantomimische Tänze. Vor allem Griechen aus Kleinasien galten als die größten Künstler auf diesem Gebiet, und Nero war von ihrer Kunst so begeistert, daß er, wenn ihm eine Vorstellung besonders gefiel, jedem einzelnen Pantomimen nach der Aufführung das römische Bürgerrecht verlieh. Um die verwöhnten Römer zu unterhalten, mußten die Veranstalter immer aufregendere, immer raffiniertere Ideen entwickeln.

Sodomie auf offener Bühne

Die Pantomime um den legendären kretischen König Minos und seine lüsterne Gemahlin Pasiphae war wochenlang Tagesgespräch unter den Müßiggängern Roms. Man hatte schon vieles in den Amphitheatern gesehen, aber nicht solch Erregendes. Viele stellten sich mehrere Tage und Nächte an, um einen Platz zu ergattern – der Eintritt war kostenlos, und Zeit hatten sie ja.

Wie alle Theaterinszenierungen im alten Rom war auch dieses Schauspiel sehr realistisch. Die Kreterkönigin Pasiphae hatte sich bekanntlich in einen Stier verliebt, der – naturgemäß – von ihr überhaupt nichts wissen wollte. Deshalb ließ sie sich von dem Kunsthandwerker Daidalos aus Holz und Kuhhaut eine bewegliche künstliche Kuh konstruieren, schlüpfte hinein und räkelte dem Stier ihr rosiges Hinterteil entgegen. Nun verrenkten sich hunderttausend Zuschauer die Hälse, begierig, kein Detail zu versäumen, wenn bei jeder Theatervorstellung ein leibhaftiger Stier die Darstellerin in der Kuhhaut besprang und sein Werk verrichtete. Mit Anfeuerungsrufen versuchten die Zuschauer das brünstige Tier noch mehr zu erregen, und die Zuschauer tobten, wenn die Darstellerin der Pasiphae benommen aus ihrer künstlichen Kuhhülle taumelte. Nero verfolgte das Geschehen von der Kaiserloge aus, aß, trank, empfing Besuche, schließlich dauerte das Spektakel einen ganzen Tag.

Der zweite Höhepunkt der Veranstaltung war die Darstellung der Ikarussage: Daidalos wurde vom König Minos zusammen mit seinem Sohn Ikarus auf Kreta festgehalten. Um die Insel verlassen zu können, konstruierten die beiden Flügel aus Wachs, Fäden und Federn.

Wie das Liebesspiel mit dem Stier, wurde auch der Flugversuch von Daidalos und Ikarus realistisch inszeniert. Von einem in der Mitte der Arena aufgebauten Gerüst sprangen die beiden Darsteller mit riesigen Federflügeln in die Tiefe. Als Daidalos im Sand landete, jubelte das Publikum. Dann sprang Ikarus. Doch anstatt nach einem sanften Bogen im Sand der Arena niederzugehen, schoß der Darsteller geradewegs auf die Kaiserloge zu, ein Schrei, Nero duckte sich, klatschend schlug der Körper auf dem weißen Marmorboden auf, ein Blutstrahl traf den Kaiser ins Gesicht. Aber nicht lähmendes Entsetzen machte sich breit, sondern das Volk brüllte, johlte, sprang auf die Sitze, ließ den Cäsar hochleben, das war ein Schauspiel nach seinem Geschmack.

Während Nero die Arena verstört durch einen separaten Eingang verließ, tobte das Volk auf den Galerien weiter. Eigentlich war die Vorstellung zu Ende, doch jetzt traten Herolde mit Wagen auf. Ihre Fahrzeuge waren vollbeladen mit Geschenken, Käfigen mit exotischen Vögeln, Delikatessen aus den römischen Provinzen, Schmuckkästchen samt Inhalt und kostbaren Kleidern. All das warfen sie während der Fahrt unters Volk, vieles wurde zerrissen, zerfetzt und zertrampelt.

Am meisten schlugen sich die Zuschauer, wenn kleine Schriftrollen geflogen kamen. Sie enthielten Gutscheine für einen Sklaven oder für ein Schiff. Und manch armer Müßiggänger verließ die Arena als wohlhabender Mann, weil er einen Gutschein für ein Grundstück oder gar einen Wohnblock erhascht hatte.

Mit Beginn der Kaiserzeit hatten diese Schauspiele eine ganz neue, über den Unterhaltungswert hinausgehende Bedeutung erlangt. Die großen Inszenierungen, bei denen der Kaiser und seine Berater anwesend waren, boten eine hervorragende Gelegenheit, Stimmungen und Spannungen unter den Massen zu erkennen. Da dem Volk in der Arena Narrenfreiheit zugebilligt wurde, hatte es die Möglichkeit, bedeutende Persönlichkeiten bei der offiziellen Begrüßung mit Ovationen oder Mißfallenskundgebungen zu empfangen. Andererseits sagte schon die Sitzordnung, ein verheißungsvoller Blick oder aber auch das Nichtbeachten eines Gastes mehr als manches Bulletin des Hofes über die wechselnde Gunst des Kaisers aus.

Nero entging dem anfangs, indem er das Fenster seiner Loge mit Vorhängen versehen ließ und nur durch die Ritzen spähte. Die Römer wußten nie, ob der Kaiser anwesend war oder nicht. Erst später, als er wußte, daß das Volk ihn und seine Spiele liebte, verfolgte er alle Spektakel vom offenen Balkon und blinzelte mit Vorliebe durch einen geschliffenen Smaragd – wohl weniger, weil er, wie vielfach angenommen wurde, kurzsichtig war, als vielmehr deshalb, weil das Prisma jede Szenerie noch skurriler erscheinen ließ.

Die politische und gesellschaftliche Bedeutung des Theaters

Der Prinzeps war in seiner Loge durchaus der herrschenden Volksmeinung ausgesetzt. Die Zuschauer nahmen Einfluß auf die Programmauswahl, das Engagement von Spitzenkräften, die Freilassung eines meist dem Sklavenstand angehörenden Schauspielers und setzten mitunter sogar die Begnadigung eines zum Tode verurteilten Verbrechers durch, der sich in der Arena als tapfer erwiesen hatte. Der Geschichtsschreiber Sueton behauptet, die Abneigung des Kaisers Tiberius gegen Schauspieler rührte daher, daß er einmal nach einer Vorstellung den Komödienschauspieler Actius auf Drängen des Publikums freilassen mußte.

Im Theater wurden Forderungen unterschiedlichster Art erhoben. Von Augustus wurde in der Arena bei den Triumphalspielen 9 n. Chr. die Aufhebung der neu erlassenen, allzu strengen Ehegesetze gefordert. Tiberius mußte eine wertvolle griechische Statue, die er in seinem Palast hatte verschwinden lassen, nach einem Theaterskandal wieder herausgeben. Caligula wurde in der Arena um Senkung der Steuern angegangen. Als er die lautesten Schreier verhaften und töten ließ, fiel er noch am selben Tag einem Mordkomplott zum Opfer. Es gab keinen günstigeren Platz für politische Demonstrationen als das Theater. Selbst Cäsar wußte ein Lied davon zu singen, nachdem man ihn im Jahre 59 v. Chr. bei Gladiatorenspielen und im Theater mit Schweigen beziehungsweise mit Zischen empfangen hatte.

In erster Linie waren die Schauspiele jedoch ein gesellschaftliches Ereignis. Die Etikette verlangte festliche Kleidung, die Toga; Beamte hatten in Amtstracht zu erscheinen, Ädilen wachten an den Eingängen über die Einhaltung der Kleiderordnung. Die Frage nach dem obligatorischen Schuhwerk wurde von jedem Kaiser unterschiedlich gehandhabt. Bei Augustus durfte man barfuß kommen, unter Tiberius war das verboten. Caligula erlaubte wieder nackte Füße und gestattete den Senatoren sogar das Tragen von Sonnenhüten. Das blieb auch so unter Nero.

Tage, an denen man Spiele veranstaltete, waren Feiertage. Und da die Massen immer mehr Spiele forderten, nahm die Zahl der Feiertage rapide zu. Unter Augustus waren es noch fünfundsechzig im Jahr, Tiberius ließ an achtundachtzig Tagen feiern, unter Nero waren es weit über hundert, und diese Zahl steigerte sich in den folgenden Jahrhunderten bis auf hundertsechsundsiebzig. Nero bewegte sich also keineswegs außerhalb der Norm. Und obwohl er zwei neue Arten von Spielen erfand, konnte er seinen Nachfolgern Titus und Trajan nicht das Wasser reichen. Titus weihte 80 n. Chr. das Flavische Amphitheater mit einem hunderttägigen Fest ein, Trajan feierte den zweiten dacischen Triumph im Jahr 107 sogar hundertdreiundzwanzig Tage.

Neben den regulären Feiertagen und Spielen, wie den Römischen Spielen, die vom 4. bis 19. September sechzehn Tage dauerten, oder denen des Apollo vom 6. bis 13. Juli, sah sich jeder Kaiser, oft aus fragwürdigem Anlaß, gezwungen, neue Spiele einzuführen. Nero stiftete im Jahr 59 die Juvenalien, die Spiele der Jugend; angeblich zur Feier des Tages, an dem er zum erstenmal seinen Bart geschoren hatte. Bei diesen Spielen kamen lateinische und griechische Theaterstücke zur Aufführung, daneben traten Pantomimen und Sänger auf, und um das Ganze drapierten sich Schankbuden, und, wie Tacitus bemerkt, Lustzelte. »Seitdem«, schreibt der antike Historiker, »nahmen Lasterhaftigkeit und Schamlosigkeit überhand.«

Diese Spiele, die Nero im Alter von zweiundzwanzig Jahren

stiftete, sind bezeichnend für seinen Charakter. Er war keineswegs ein blutrünstiger Voyeur; Dichtung und Schauspielkunst erregten sein Interesse weit mehr. Das Fest fand in einem Hain statt, der von Augustus um einen Teich für Seegefechte angelegt worden war. Zu allen Veranstaltungen hatte jedermann Zutritt; Bedürftige bekamen sogar einen Geldbetrag, mit dem sie sich die angebotenen verführerischen Dinge leisten konnten.

Nero verfolgte mit den Juvenalien zielstrebig eine Idee: Indem er neben Berufsschauspielern aus dem Sklavenstand auch verarmte Adelige gegen ein großzügiges Honorar in den verschiedensten Künsten auftreten ließ, beseitigte er die Vorurteile, die seiner eigenen künstlerischen Neigung entgegenstanden. Tacitus, dem dies mißfiel, kritisiert dann auch: »Nicht Adel, nicht Alter oder frühere Ehrenämter waren für irgendwen ein Hindernis, die Kunst eines griechischen oder römischen Schauspielers auszuüben, und das sogar in ganz unmännlichen Gesten und Weisen. Ja, selbst vornehme Frauen ließen sich auf entehrende Dinge ein.« Das war natürlich zunächst ein Skandal, weil Tanz, Pantomime und Schauspiel noch immer als etwas Entwürdigendes galten und daher von Sklaven ausgeübt wurden. Nachdem jedoch sogar ehrwürdige Senatoren die Bretter betreten hatten, bestand für den Kaiser kaum noch ein Grund, nicht selbst öffentlich aufzutreten.

Der Kaiser tritt auf

Vom ersten Auftreten des Kaisers berichtet Tacitus: »Zuletzt betrat Nero selbst die Bühne, schlug mit großer Sorgfalt die Kithara an und ließ sich von mehreren Gesangsmeistern den Einsatz angeben. Hinzugezogen war eine Prätorianerkohorte, Centurionen und Tribunen, darunter auch Burrus, der ein kummervolles Gesicht machte, dann aber lobende Worte fand. Zu diesem Auftritt wurden erstmals römische Adelige, sogenannte Augustianer angeworben, die sich durch Jugend und Körperkraft auszeichneten. Einige waren von Natur aus frech, andere hegten Hoffnung, Machteinfluß zu gewinnen. Diese Augustianer ließen Tag und Nacht Beifallklatschen erschallen, und sie lobten des Kaisers Schönheit und Stimme bis in den Himmel. Und dafür lebten sie, wie um eines wirklichen Verdienstes willen, in Ruhm und Ehre.«

Tacitus fährt fort: »Um aber nicht nur als Schauspieler bekannt zu werden, versuchte sich Nero auch als Dichter und versammelte alle um sich, die einiges Talent zum Versemachen besaßen, aber noch kein auffallendes. Diese setzten sich mit ihm zusammen, schmiedeten die mitgebrachten oder eben erst gefundenen Verse zurecht und ergänzten seine eigenen Verse, die er irgendwie hervorgebracht hatte. Dafür ist die Form seiner Gedichte der beste Beweis, denen es an Schwung, Begabung und Einheitlichkeit fehlt.«

Mit dieser Kritik widerspricht Tacitus anderen Historikern, die Nero durchaus dichterisches Talent bescheinigen. Er, der wenig von der künstlerischen Begabung des Kaisers hält, meint, es habe nicht an Leuten gefehlt, die sich dazu drängten, bei den Veranstaltungen des Kaisers eine ernste Miene zur Schau zu tragen.

Die Aufführungen des die Griechen bewundernden Kaisers fanden, solange sie neu waren, großen Zuspruch beim Publikum. Deshalb inszenierte Nero ein Jahr nach den Juvenalien ein weiteres, bisher unbekanntes Spektakel, die *Neronia*, mehrtägige, unter dem Vorsitz von Konsularen gefeierte Wettkämpfe in Gesang, Musik, Dichtkunst und Redekunst; schöngeistige, typisch griechische Unterhaltungen also, die der derberen Natur der Römer eigentlich fremd waren.

Mit seinen *laudes Neronis*, einem Preisgesang auf den Prinzeps, errang ein Neffe des Seneca den ersten Preis. Er hieß Lucanus, war zwanzig Jahre alt und eines der größten Talente römischer Dichtkunst seit Vergil. Seine Produktivität war schon in jungen Jahren erstaunlich. Seine Begabung erregte Aufsehen. Nero nahm Lucanus unter seine Freunde auf und verschaffte ihm hohe Ämter, die ihm altersmäßig noch gar nicht zustanden. Sein Hauptwerk über den römischen Bürgerkrieg, genannt *Pharsalia*, blieb trotz zehn Bänden Umfang unvollendet, weil er sich während der fünfjährigen Arbeit mit Nero entzweite.

Schuld an dem Bruch trug der Kaiser. Er hatte lange Zeit mit dem Freund im Gedichteschreiben gewetteifert, mußte jedoch schließlich das größere Talent seines Freundes anerkennen. Aber Nero konnte es nicht ertragen, daß die öffentlich vorgetragenen Gedichte des Lucanus bejubelt wurden. Er untersagte deshalb seinem Freund, fortan die Dichtkunst auszuüben. Der ihm seitdem feindlich gesinnte Lucanus beteiligte sich an einer Verschwörung und wurde am 30. April 65 zum Selbstmord gezwungen.

Die *Neronia* sollten alle fünf Jahre stattfinden; aber sie erlebten nur eine einzige Wiederholung im Jahre 65. Die Berichte über dieses Ereignis widersprechen sich. Während Sueton behauptet, der Kaiser sei von aller Welt bestürmt worden, seine Stimme hören zu lassen, behauptet Tacitus, der Senat habe Nero den Siegespreis im Gesang im voraus angeboten, um die Schande eines öffentlichen Auftritts abzuwenden. Das lehnte der Kaiser entrüstet ab, weil er den Preis in einem fairen Wettkampf erringen wollte. Also ließ er sich wie alle anderen Bewerber in die Meldeliste eintragen und warf ein Los in die Urne, das die Reihenfolge des Auftretens bestimmte.

Das manipulierte Publikum

Neros Auftritt war inzwischen durchaus professionell. Zwei Gardepräfekten, von denen einer die Kithara trug, zwei Militärtribunen, dahinter eine ganze Schar Freunde geleiteten ihn auf die Bühne. Der Konsul Cluvius Rufus trat an die Rampe, hob die Arme und bat die Menge um Ruhe. Er kündigte an, der Prinzeps singe die »Niobe«, eine Vertonung der herzzerreißenden Geschichte um die Tochter des kleinasiatischen Königs Tantalos. Beifall auf den Rängen. Nero begann seinen Vortrag.

»Er mußte«, schreibt Tacitus, »sich allen Regeln der Kithara-Sänger fügen: Er durfte sich also nicht setzen, wenn er müde war, durfte sich den Schweiß nur mit dem Gewand abwischen, das er trug, und er mußte jedes Niesen und Räuspern unterlassen.« Das war schon deshalb eine Leistung, weil das erste Stück, das der Kaiser sang, von morgens bis in den späten Nachmittag dauerte.

Neros Freunde wußten, welche Bedeutung der Prinzeps seinen Auftritten beimaß; deshalb war alles bis ins Kleinste durchorganisiert. Zwischen den Sitzreihen standen Soldaten der Leibwache, die den Einsatz zum Beifall gaben und das Volk auch zu lauterem Klatschen aufforderten, »denn«, so Tacitus, »es sollte kein Augenblick mit ungleichmäßigem Beifallslärm oder gleichgültigem Schweigen vergehen«. Im Publikum waren Aufpasser verteilt, die Heiterkeit und Verdrossenheit der Zuschauer begutachteten und Namen notierten. Will man Tacitus glauben, so wurden Leute niedrigen Standes ohne Prozeß zum Tode verurteilt, wenn sie überhaupt nicht oder an der falschen Stelle gelacht hatten. Und der spätere Kaiser Vespasian soll im Theater von Phoebus, einem Freigelassenen, zur Rechenschaft gezogen worden sein, weil er bei einem Vortrag Neros schlichtweg eingeschlafen war. Nur die Fürsprache einflußreicher Männer bewahrte Vespasian vor dem Tod.

Es war kein Wunder, daß sich im Publikum zunehmend Ermüdungserscheinungen bemerkbar machten. Denn war der Kaiser erst einmal von sich selbst begeistert, fand er kein Ende. Dann sang er auch einmal einen ganzen Tag und eine Nacht durch, während das Publikum andächtig auf seinen Sitzen zu verharren hatte. Einige, vor allem die Älteren, waren nach einigen Stunden zu müde zum Beifallklatschen, und auf manchem Zuschauersitz soll mitunter ein Toter gesessen haben, weil es nicht erlaubt war, die Vorstellung durch den Abtransport zu stören. Bisweilen verließen aber auch mehr Menschen das Theater als es betreten hatten, weil Frauen während der Vorstellung Kinder zur Welt brachten.

Nero, im festen Glauben, die Massen seien fasziniert von seinen Vorträgen, reihte eine Vorstellung an die andere. Er trat in Kostüm und Maske auf, spielte Männer- und Frauenrollen, Götter und Helden, Göttinnen und Heroinnen, wobei die Masken der weiblichen Rollen die Gesichtszüge seiner jeweiligen Geliebten trugen. Nero spielte »Die Niederkunft der Canace«, jene Sage von der Tochter des Windgottes Aiolos, die ein Kind vom eigenen Bruder gebar, oder die »Sage vom Muttermörder Orest«, die für Nero nicht ohne Pikanterie war, oder den »Geblendeten Ödipus«, der seine Mutter heiratete, vor allem auch den »Rasenden Herakles«, der bei den Römern als beliebtester griechischer Heros galt. Aber da Nero nicht immer singen konnte, gab es nicht nur die von seinen Bütteln kontrollierten Veranstaltungen.

Und die Römer waren süchtig nach Bühne, Circus und Arena. Wehe dem Prinzeps, der nicht willens oder in der Lage war, dieses Bedürfnis der Massen zu befriedigen! Gaukler, Athleten, Sänger, Artisten und Gladiatoren, sie gehörten zum Stadtbild Roms wie seine Aquädukte. Da wurden die Nächte zum Tag gemacht, Öl qualmte in riesigen Pfannen, und an den Wänden der Arenen prasselten buntschimmernde Fackeln.

Circus, Circus

Neben dem Gesang gehörte Neros besondere Liebe dem Circus. Schon seit frühester Kindheit war er ein Pferdenarr. Rennen im Circus bildeten seinen Hauptgesprächsstoff, und noch in den ersten Regierungsjahren soll der junge Kaiser, wenn keiner zusah, mit kleinen Viergespannen aus Elfenbein auf dem Tisch Pferderennen gespielt haben. Auch wenn er sich gerade in einem seiner Landhäuser aufhielt, kam er sogar zu kleinen, unbedeutenden Pferderennen in die Stadt und verteilte die Siegespalmen.

Er selbst versuchte sich zunächst ohne Publikum in den Gärten auf dem Palatin als Wagenlenker. Später präsentierte er sich der Öffentlichkeit in der größten Arena der Stadt, dem Circus Maximus, einem gewaltigen Hippodrom am Fuße des Palatin, dessen Entstehungszeit unbekannt ist. Unter Cäsar wurde es neu aufgebaut, Augustus ließ es vollenden. Fünfhundertfünfzig Meter maß die eigentliche Arena in der Länge, sechshundertfünfzig Meter das gesamte Bauwerk, die Breite betrug hundertfünfzig Meter. Hundertachtzigtausend bis hundertneunzigtausend Zuschauer fanden auf den in drei Stockwerken gestaffelten Tribünen Platz, durch einen drei Meter breiten Graben von der Arena getrennt. Aus Stein war nur die unterste Galerie, den zweiten und dritten Rang bildeten Holzkonstruktionen, die dem Gewicht der Massen oft nicht standhielten. Bei einem Einsturz der Ränge zur Zeit des Antoninus Pius kamen eintausendhundertzwölf Menschen ums Leben.

Nero ließ den breiten Graben, der zunächst wohl als Schutz vor wilden Tieren gedacht war, zuschütten und auf der untersten Bahn

Sitzreihen für Ehrengäste, Senatoren und Adelige erstellen. Auch er selbst hatte hier seine Ehrenloge. Eine lange Mauer in der Mitte der Anlage, die sogenannte Spina, teilte die Rennbahn in zwei Hälften. Augustus hatte hier einen ägyptischen Obelisken aufgestellt, der sich heute auf der Piazza del Popolo befindet. An der vorderen Schmalseite bewehrten Türme den Zugang, dahinter folgten Aufenthaltsräume und unterirdische Stallungen. Die Gewölbe, von denen das ganze Hippodrom umsäumt war, boten Hunderten von kleinen Läden und Verkaufsständen Platz und sorgten, auch wenn gerade keine Veranstaltung stattfand, ständig für Geschäftigkeit. Hier traf man Wahrsager, aber auch leichte Mädchen, die zum Klang von Cymbeln und Kastagnetten erregende Tänze vorführten.

Die Römer teilten Neros Begeisterung für Wagenrennen. Meist lenkten Sklaven die Zwei- und Vierspänner in der Arena. Offiziell verrichteten sie diese lebensgefährlichen Tätigkeiten für einen Palmenzweig oder einen Siegerkranz. Aber man wußte nur zu gut, daß mancher Wagenlenker für seine Freilassung durch den Sand preschte, für hohe Geldpreise oder prachtvolle Kleider. Die besten unter ihnen wurden wie Stars verehrt, einer, so wird berichtet, verdiente fünfzehn Beutel Gold in einer Stunde, ein anderer hatte ein Monatseinkommen wie hundert Rechtsanwälte.

Hinter den Helden standen regelrechte Parteien mit eigenen Farben: die Roten, die Grünen, die Weißen. Sie kauften den Beifall der Zuschauer und setzten ihren Siegern Ehrendenkmäler. Inschriften künden von Rennfahrern wie Orescens, einem Nordafrikaner, der schon mit dreizehn Jahren ein Viergespann lenkte, 680 Rennen bestritt und dabei insgesamt 1 558 346 Sesterzen einfuhr. Der Superstar des Gewerbes, Gaius Apuleius Diocles, brachte es ein knappes Jahrhundert nach Nero auf 4257 Einsätze, von denen er 1462 siegreich beendete. Als er sich im Alter von 42 Jahren vom Rennsport zurückzog, hatte er 35 863 120 Sesterzen verdient.

Neros Vorliebe für Wagenrennen ging wohl auf seine Kindheit zurück. Sein Vater Ahenobarbus hatte sich, noch ehe er als Feldherr in Germanien Ruhm erwarb, in Rom als Wagenlenker hervorgetan. Dies war für einen Mann so hohen Standes ungewöhnlich und wirkte beispielgebend. Caligula trat zwar nicht selbst als Wagenlen-

Wagenrennen im Circus Maximus.

ker auf, war jedoch ein glühender Anhänger der Grünen, deren erfolgreichsten Fahrer Eutychus er nach einem Siegesgelage mit einem Geschenk von zwei Millionen Sesterzen bedachte. Und Vitellius, ein Mann, von dem wir noch hören werden, soll Neros Gunst vor allem dadurch gewonnen haben, daß er mit Vorliebe Pferde striegelte.

Um so mehr verwundert ein frühes Edikt Neros, das einen alten Brauch der Wagenlenker verbot: Bisweilen rottete sich eine Horde Fahrer zusammen und zog schreiend und plündernd durch die

Stadt. Niemand wagte es, gegen die Idole der Massen vorzugehen. Dieses wüste Treiben beendete Nero, ob aus Sinn für Ordnung, oder weil er dem von ihm geschätzten Berufsstand ein besseres Ansehen zu verschaffen trachtete, ist schwer zu sagen. Jedenfalls fand einer, der etwas von Pferden und Rennen verstand, beim Kaiser stets ein offenes Ohr.

Tigellinus, einer der besten Freunde des Prinzeps, war zwar von niederer Herkunft und unter Caligula wegen seiner Beziehung zu Caligulas Schwester Julia Livilla verbannt worden, aber nach seiner

Rückkehr hatte er in Süditalien eine Pferdezucht aufgebaut und belieferte Nero mit edlen Tieren. Der Kaiser machte ihn aus Dankbarkeit dafür zum *Präfektus vigilum*, später sogar zum Prätorianerkommandanten, als solcher übte der sehr viel ältere Mann immer mehr Einfluß auf den Kaiser aus.

Pferde, Siege und Parteien

Größter Beliebtheit erfreuten sich die Pferde der Hirpini, einem samnitischen Bergvolk, vielleicht auch noch Pferde aus Sizilien. Sie wurden vom dritten Lebensjahr an trainiert und durften mit fünf ihre ersten Rennen fahren. Meist waren es Hengste, Stuten werden auf Denkmälern siegreicher Wagenlenker selten genannt. Von den besten Pferden kannte jedes Kind Namen, Alter, Stammbaum und Anzahl der Siege. Und manche Anekdoten machten in der ganzen damaligen Welt die Runde. So soll bei den Säkularspielen des Kaisers Claudius ein Wagenlenker der Weißen unmittelbar nach dem Start gestürzt sein. Doch das führerlose Gespann übernahm sofort die Spitze, taktierte geschickt und ließ keinen von den Rennfahrern vorbei, bis es hinter der Ziellinie wie selbstverständlich stehen blieb.

Das beste Pferd in einer Quadriga lief immer links außen. Die Rennen liefen nämlich rechts herum, und die Entscheidung fiel meist an den Wendemarken, wo es auf die Schnelligkeit des Außenpferdes ankam. Vielfach wurde in den Starterlisten nur der Name dieses einen Pferdes genannt, die auf den Innenbahnen laufenden Tiere waren austauschbar.

Solche Pferde waren viele Millionen Sesterzen wert, viel teurer als der teuerste Schauspieler, Sänger oder Gladiator, den man kaufen konnte. Im Stall von Caligulas Pferd Incitatus – »Heißsporn« – schimmerten Marmor und eine Futterkrippe aus Elfenbein, zugedeckt wurde es mit purpurnen Decken, und das Zaumzeug zierten echte Steine. Stand ein Rennen bevor, wachten Soldaten in der Umgebung der Ställe, damit niemand ein Geräusch verursachte. Sueton behauptet sogar, Caligula habe vorgehabt, sein Pferd Incitatus zum Konsul zu machen. Unter diesem Aspekt kann man Neros Vorliebe für den Pferdesport als vergleichsweise normal bezeichnen.

Er verstand es, das Rennwesen, das bereits unkontrollierbare Formen angenommen hatte, wieder in geordnete Bahnen zu lenken. Nero verurteilte den Sieg um jeden Preis und förderte den echten sportlichen Wettkampf. Rennfahrern, die ihren Zenit überschritten hatten, setzte er, damit sie jüngeren Platz machten, Gnadengehälter aus. Bereits zu seinem Regierungsantritt im Jahre 54 reformierte der Kaiser die Honorarforderungen der einzelnen Renngemeinschaften.

Damals war es nämlich zu einem Skandal gekommen. Zwei Parteien wollten ihre Gespanne nur in mehreren Rennen antreten lassen, weil sie einen einzigen Start für zu wenig lukrativ erachteten. Der Prätor Aulus Fabricius schickte daraufhin als Veranstalter der Spiele zwei Hundegespanne in die Arena. Nero sprach in diesem Fall ein Machtwort, setzte das Honorar fest, und die Veranstaltung fand wie geplant statt.

Um die Gunst der Massen stritten sich vier Renngemeinschaften, jede mit einer anderen Kennfarbe. Sie unterhielten eigene Gestüte, Stallungen und natürlich Rennfahrer, die Agitatores, deren Quartiere lagen am Fuße des Capitols. Darüber hinaus boten sie Handwerkern, Ärzten, Fahrlehrern, Verwaltungsangestellten und Direktoren Brot und Arbeit.

Weiß und Rot waren die ältesten Renngemeinschaften. Grün und Blau die besseren – jedenfalls zu Neros Zeiten. Später fusionierten die Weißen mit den Grünen, die Roten mit den Blauen. Nero stand immer auf der Seite der Grünen, er begünstigte sie, wo immer er konnte, trug als Rennfahrer die grünen Farben und ließ seinen Circus statt mit gelbem mit kupfergrünem Sand bestreuen.

Wagenrennen boten eine beabsichtigte Ablenkung von der Politik. Neros Lehrmeister Seneca dürfte seinem Schützling diese Tatsache nicht verschwiegen haben; denn solange die Massen den Einfall fremder Heere weniger fürchteten als den Mißerfolg eines Wagenlenkers, konnte der Thron des Kaisers kaum wanken. Juvenal meinte einmal, wenn die Grünen im Circus verlieren, dann ist Rom so bestürzt und niedergeschlagen wie nach der Niederlage von Cannä. Und die Parteinahme eines Kaisers – Caligula und Nero für die Grünen, Vitellius und Caracalla für die Blauen – schürte die Emotionen noch mehr. In Krisenzeiten, wenn die römischen Kaiser, von ihrer Umwelt oder erblichen Veranlagung zum Wahnsinn getrieben, wie unberechenbare Despoten agierten, boten die Wagenrennen unverfänglichen und unpolitischen Gesprächsstoff.

Zur Zeit Neros lebte Rom jedenfalls in einer Hippomanie. Der Circus wurde für die Römer zum Versammlungsort, Tempel und Ziel zahlreicher Wünsche. Hier trafen Vornehme und Sklaven, alt und jung aufeinander, bildeten Gruppen; bejahrte Männer pochten auf ihre vieljährige Erfahrung und schworen bei ihren Runzeln und grauen Haaren, das Reich könne nicht fortbestehen, wenn das nicht eintreffe, was sie voraussagten.

Tagelang war die Stadt in Aufregung. Allerorten schlossen die Menschen Wetten ab, Wahrsager hatten Hochkonjunktur, Zauberer wurden beschworen, bestochen und gekauft. Auf Bleitafeln, die sie an Gräbern niederlegten, wurden Dämonen beschworen, Wagenlenker zu verletzen, Pferde zu lähmen, Wagen zu zerbrechen. Neben den Gräbern an der Via Appia fand man viele solcher Tafeln.

Der Aufmarsch zum Rennen

Über Rom lag noch die Nacht, wenn die Massen zum Hippodrom strömten. Caligula wurde einmal gegen Mitternacht von frühzeitigen Besuchern der Rennbahn aus dem Schlaf geschreckt und hetzte seine Leibwache auf sie. Es entstand eine Panik, vierzig adelige Frauen und Männer und eine nicht gezählte Menge aus der sozialen Unterschicht sollen dabei ums Leben gekommen sein.

Drängeln war unvermeidlich, denn selbst der Circus Maximus konnte die Menschenmassen nicht aufnehmen, die so ein Spektakel sehen wollten; aber nur Adelige und Senatoren hatten reservierte Plätze. Wer weniger edel, dafür aber reich war, kam mit zwei Sklaven in den Circus, die ihm mit Puffen und Faustschlägen den Weg bahnten.

Wenn die Kühle der Nacht der Wärme des Morgens wich, begannen die Spiele mit einer feierlichen Prozession, die sich vom Capitol herunter über das Forum bewegte, nach rechts abbog, das Ladenviertel des Tuskerquartiers durchquerte, über das sumpfige Celabrum zum Ochsenmarkt weiter bis zum Haupteingang des Circus. Je nachdem wer der Veranstalter war, der Kaiser oder die Stadt Rom, fuhr der Prinzeps voran oder ein Konsul im Streitwagen in der Gewandung eines Triumphators mit goldbestickter Purpurtoga über der Tunika, in der Hand das Elfenbeinzepter mit dem Reichsadler. Hinter ihm stand ein Sklave auf dem Wagen und hielt einen mit Edelsteinen besetzten Kranz aus goldenen Eichenblättern über das Haupt des Veranstalters.

Danach kamen die Musiker, in der Hauptsache Flöten- und Tubenbläser, ihnen schlossen sich Männer mit Bahren und Thronsesseln an, auf denen die Götterbilder standen, Erinnerung an den ursprünglichen religiösen Charakter dieser Veranstaltung. In Begleitung von Priestern und Tempeldienern folgten Maultiere, Pferde, ja sogar Elefanten mit den Attributen der Götter.

Das Zeremoniell, das vor jeder Vorstellung abgewickelt werden mußte, war bis ins Detail festgelegt. Wurde auch nur die unbedeutendste Vorschrift mißachtet, mußten die Spiele neu begonnen werden. Manch einer, dem die Spiele viel zu kurz erschienen, verstieß deshalb gegen das Zeremoniell, und erreichte dadurch die gewünschte Wiederholung. Erst Kaiser Claudius schob diesem Unwesen einen Riegel vor.

Das Publikum in der Arena erhob sich von den Sitzen, wenn der Zug eintraf. Beifallrufe, Jubel, Händeklatschen, Anrufe an die Götter: Verliebte huldigten der Venus, Soldaten dem Mars, die Bauern der Ceres. Die Standbilder der kaiserlichen Familie wurden mit Hochrufen bedacht, zuweilen aber auch ausgebuht. Der Aufmarsch wollte kein Ende nehmen, was den nüchternen Seneca einmal zu der Bemerkung veranlaßte, der Einzug gleiche einer langweiligen Vorrede.

Dann endlich war es soweit. Vier Gespanne mit jeweils vier Pferden drängten sich hinter einem Seil am Haupteingang des Stadions. Die Tiere tänzelten unruhig, schnaubten und scharrten im Sand. Das Lärmen wich einem andachtsvollen Raunen, jedermann wartete auf das Startzeichen: ein weißes Tuch, das vom Veranstalter von einem der Türme in den Sand der Arena geworfen wurde. Jetzt schnellte das Absperrseil in die Höhe, die Quadrigen preschten los, eine Staubwolke aufwirbelnd, die den Zuschauern in den unteren Rängen die Sicht nahm. Siebenmal mußten sie die Arena umrunden, das entsprach einer Wegstrecke von rund acht Kilometern. Sieben Delphine in der Mitte der Spina symbolisierten die zurückgelegten Runden, nach jedem Umlauf wurde einer von seinem Sockel geschoben.

Ein Rennen durfte nicht länger als fünfzehn Minuten dauern. Die Römer empfanden dies natürlich als viel zu kurz. Deshalb gab es bei jeder Veranstaltung mehrere Rennen. In der frühen Kaiserzeit zehn oder zwölf, unter Caligula erstmals zwanzig oder vierundzwanzig, und seit Nero zogen sich die Rennen von früh bis abends hin.

In der Regel wurden die zweirädrigen Wagen mit dem niedrigen Kanzelaufbau von vier Pferden gezogen, Dreigespanne waren selten, Zweigespanne nur für Anfänger. Die besten Wagenlenker fuhren mit Sechs-, Sieben- und Achtspännern. Nero versuchte sich einmal auf einem Zehnergespann, stürzte aber.

Damit sie sich nicht in den Zügeln verwickelten, waren die Schweife der beiden außen gehenden Rösser aufgebunden oder gestutzt. Die Wagenlenker selbst trugen eine kurze, ärmellose Tunika in den Farben ihrer Partei, auf dem Kopf einen Lederhelm, in der Hand die Peitsche. Ein Messer im Gürtel diente dazu, die am Gürtel befestigten Zügel im Augenblick der Gefahr zu kappen.

Gefahrenmomente waren in erster Linie die Wendemarken an den langen Enden der Arena. Hier versuchte jeder Fahrer auf die kürzere Innenbahn zu gelangen, verhängnisvolle Karambolagen waren die Folge, Wagen zerbrachen, Pferde stürzten zu Tode, Lenker wurden mitgeschleift. Und je wüster das Spektakel, desto mehr gerieten die Zuschauermassen aus der Fassung, schrien, trampelten, warfen Tücher und Kopfbedeckungen in die Rennbahn, umarmten sich vor Freude oder weinten in ihrem Zorn. Aber den Römern genügte auch dieser Nervenkitzel noch nicht.

Die Römer wollten Blut sehen

Um sich beim Volk beliebt zu machen, ließ Nero auf dem rechten Tiberufer in den Gärten der Agrippina – heute etwa in der Längsachse von St. Peter und den Bernini-Kolonnaden – seinen eigenen Circus errichten. Der Grund für diesen Neubau, der kleiner war als der Circus Maximus, dürfte wohl darin zu suchen sein, daß jene Riesenarena nur für Wagenrennen geeignet war. Der Circus des Nero hingegen sollte auch für Gladiatorenspiele zur Verfügung stehen, dem allerbeliebtesten Zeitvertreib im alten Rom.

Seine Architektur ist nicht mehr genau rekonstruierbar, denn nur die Fundamente bestanden aus Stein, der Aufbau war in Holz gefertigt. Aber selbst die Grundmauern sind nicht mehr vorhanden, da sie Baumaterial für die verschiedenen Versionen der Peterskirche lieferten. Der Obelisk, der sich auf der Spina der Nero-Arena erhob, behielt bis 1586 seinen alten Platz, der heute hinter dem Glockenturm der linken Fassade des Petersdomes zu suchen ist. Domenico Fontana ließ den Obelisk dann auf Wunsch von Papst Sixtus V. an seinem jetzigen Standort auf dem Petersplatz aufstellen.

Seit den Tagen der Republik wurden Verbrecher oft nicht mit dem Tode bestraft, sondern zum Kampf mit wilden Tieren oder Gladiatoren verurteilt. Überlebten sie, wurde ihnen die Freiheit geschenkt, starben sie eines grausamen Todes, galt dies als gerechte Strafe. In keinem Fall fielen sie dem Staatssäckel zur Last.

Neros Vorgänger Claudius und Caligula hatten sich mit solchen Kämpfen beliebt gemacht, Caligula ließ, unberechenbar wie er war, einen Zuschauer, der in einem vornehmen Purpurmantel zum Gladiatorenspiel erschienen war und alle Blicke auf sich zog, in die Arena werfen und gegen schwer bewaffnete Gladiatoren kämpfen, wobei er einen jämmerlichen Tod fand.

Nicht besser ging es Aesius Proculus, dem Sohn eines Offiziers, einem stadtbekannten Schönling. Er wurde während einer Veranstaltung von der Zuschauertribüne gestoßen, mußte erst gegen einen thrakischen Fechter, dann gegen einen griechischen Schwerbewaffneten antreten und wurde, nachdem er wider Erwarten beide besiegt hatte, gefesselt und von einem Dritten erwürgt. Das Volk johlte, es liebte derlei Überraschungen, das Blut der Gladiatoren hatte die Massen abgestumpft.

Von Claudius wird berichtet, er habe nicht selten das gesetzliche Strafmaß überschritten und sogar Betrüger den wilden Tieren vorgeworfen. Neunzehntausend Verurteilte gaben die Szenerie für einen Schiffskampf auf dem Fucinersee ab, den Claudius anläßlich der Einweihung eines Kanals inszenierte. Die Bedauernswerten hatten vor einer riesigen Menschenkulisse um ihr Leben zu kämpfen.

Nero war kein Freund von Grausamkeit. Der Mann, der lieber Lieder sang und Gedichte vortrug, versuchte die Sensationsgier seiner Untertanen anfangs mit Novitäten zu befriedigen. In einem Bassin mit Meerwasser, in dem seltene Meerestiere herumschwammen, ließ er eine Seeschlacht imitieren. Eine Sensation war auch der Schwertkampf von vierhundert Senatoren und sechshundert römischen Adeligen. Sensation deshalb, weil bisher nur Sklaven und Verbrecher als Gladiatoren aufgetreten waren. Aber schon bald forderte das Volk wieder Blut, es wollte nicht nur Schaukämpfe sehen.

Die Menschen in dieser Stadt, deren Agonie längst begonnen hatte, liebten es, dem Sterben anderer zuzusehen. Also lieferte ihnen Nero die gewünschten Gladiatorenkämpfe. Aber, so schreibt Sueton, »bei diesem Kampf ließ er nicht zu, daß auch nur einer getötet wurde, selbst von den verurteilten Verbrechern nicht«. Auch die Gladiatorenkämpfe blieben also zunächst Schaukämpfe.

Was war das für ein Kaiser, der die Gladiatoren schonte? Die Unzufriedenheit über den Schöngeist wurde unüberhörbar. Mit Mühe gelang es seinen Beratern, den Prinzeps davon zu überzeugen, daß er dem Volk geben mußte, was es forderte: Blut. Neros intellektuelle Späße hatten die Römer überrascht, fasziniert hatten sie niemanden. Die Art, wie sich Kaiser Tiberius, der jede Art von Spielen ablehnte, dem Volk entfremdet hatte, war noch nicht vergessen. Was blieb Nero anderes übrig, als sich den Massen zu beugen?

Er errichtete nahe dem heutigen Kolosseum eine Gladiatorenschule, ein Internat, in dem Schwerverbrecher, Sklaven, aber auch freiwillige Freigeborene in verschiedenen Kampfdisziplinen ausgebildet wurden. Zur Grundausbildung gehörte der Kampf mit dem Schwert. Die sogenannten *Retiarii* führten ein Netz und einen Dreizack als Waffen, die *Laquearii* kämpften nur mit dem Lasso und einem Stock, die *Dimachaeri* waren mit einem Kurzschwert in jeder Hand ausgerüstet, um ihr Leben zu verteidigen.

Das Gladiatorenunwesen hatte schon im ersten Jahrhundert v. Chr. solche Ausmaße erreicht, daß ein Senatsbeschluß die Höchstzahl der Einzelkämpfer festlegte, die ein Römer besitzen durfte. Der Anlaß dafür waren die Vorbereitungen Cäsars, der im Jahre 65 v. Chr. als Ädil aufwendige Spiele veranstalten wollte und dazu Unmengen von Gladiatoren anheuerte. Das machte seine Gegner mißtrauisch. Es traten dann aber immer noch sechshundertvierzig Kämpfer gegeneinander an. Und unter Augustus, der wegen seiner Außenpolitik gern als Friedenskaiser apostrophiert wird, mußten sich nicht weniger als zehntausend Mann zur Freude der Massen gegenseitig den Schädel einschlagen, Gliedmaßen abhakken oder die Schwerter in den Leib rammen. Als das römische Weltreich sich immer weiter ausdehnte und immer exotischere Landstriche erschloß, wurden auch immer fremdartigere Menschen als Gefangene nach Rom geschleppt. Dort durften sie sich vor einem johlenden Publikum gegenseitig umbringen: Rothaarige aus Britannien und Gallien, Blonde vom Rhein, Braune aus Mauretanien, Schwarze aus dem Innern Afrikas, Hellhäutige aus den Steppen um das Schwarze Meer. Unter Nero kämpften vermutlich zum erstenmal Frauen gegeneinander, neben Gefangenen auch adelige Römerinnen. Um das Publikum bei Laune zu halten, mußte der Kaiser immer unsinnigere, widernatürlichere Kampfspiele ersinnen. Da traten bewaffnete Zwerge gegen nackte Frauen an, Negerinnen gegen Neger, Menschen gegen Tiere.

Wie bei den Wagenlenkern gab es auch unter den Gladiatoren Lieblinge der Massen. Da sie um ihr Leben kämpften und nach einer besonders bejubelten Leistung mitunter sogar die Freiheit geschenkt bekamen, machten sie Menschen und Tiere mit letzter Erbitterung nieder. Das Publikum entschied über Leben und Tod eines Gladiators. Der nach oben gestreckte Daumen bedeutete Leben und Freiheit, der nach unten gerichtete Daumen den Tod.

»Ave, Caesar, morituri te salutant!« Mit diesem Ruf betraten die Gladiatoren die Arena: »Heil dir, Cäsar, die dem Tode Geweihten entbieten dir ihren Gruß!« Beifall, Schmährufe, erste Begegnung der Kontrahenten, meist von Musik untermalt, Scheingefechte zum Klang der Musik, Lanzenschleudern. Da – ein Trompetensignal, das Spiel wurde blutiger Ernst. Belauern, Abwarten, unter den Anfeuerungen des Publikums nicht die Nerven verlieren, Anschleichen, Ausweichen, Vorschnellen, Zustoßen, Getroffenwerden.

»Töte, peitsche, brenne!« tobte das Publikum.

»Warum fällt der so furchtsam in das Schwert?«

»Warum führt er den Todesstoß so wenig beherzt?«

»Warum stirbt jener so verdrossen?«

So gellte es von den Rängen. Der getroffene Gegner blieb regungslos liegen. Eine blutige Wunde klaffte in seinem Bauch. Der Sand färbte sich dunkel. Das Publikum klatschte.

An der Seite der Arena wurde eine Tür aufgestoßen. Ein Sklave kam mit einem glühenden Eisen hereingerannt, drückte es auf den leblosen Körper. Versengtes Fleisch zischte, doch der tote Körper zeigte keine Regung. So wurde geprüft, ob ein Gladiator den Tod nicht nur heuchelte. Als Dämonen maskierte Leichenträger schleppten das Opfer in eine der Leichenkammern im Unterbau der Arena. Dort schlug man ihm, wenn der Körper dann doch noch einmal zuckte, den Kopf ab.

Der Sieger erhielt einen Palmzweig, war es nicht sein erster Sieg und hatte er bereits eine feste Anhängerschaft, wurden ihm Geschenke zugeworfen, Goldstücke, Geld. Tausend Siege eines Gladiators waren keine Seltenheit.

Vor allem Frauen fühlten sich von der Kraft dieser Männer angezogen, und es mangelte nicht an eindeutigen Angeboten. Einen Gladiator verführt zu haben, war der Stolz jeder verheirateten Römerin. Die meisten träumten nur davon.

In einem Haus in Pompeji fanden Archäologen vor hundert Jahren Wandkritzeleien, die allesamt auf Gladiatoren Bezug nahmen. Der Thraker Celadus wurde »Sehnsucht und Stolz der Frauen und Mädchen« genannt, und der Retiarier Crescens erhielt die Apostrophierung »Arzt der kleinen Mädelchen«. Neros Prätorianerpräfekt Nymphidius Sabinus war ein Sohn des Gladiators Martianus, in den sich seine Mutter, eine Freigelassene, verliebt hatte, und von manchem römischen Kaiser wird behauptet, er habe einen Gladiator zum Vater gehabt.

Zweitausend Gladiatoren gab es zur Zeit Neros allein in Rom, daneben unterhielt aber jede Landstadt eine Gladiatorenkaserne, die im Innern einem Gefängnis glich, mit Einzelzellen, kaum vier Meter im Quadrat. Den Gladiatoren, meist Kriegsgefangenen oder Verbrechern, wurde die Waffe nur zum Kampf ausgehändigt, danach mußten sie sie abliefern. Sie wurden mit grausamer Härte behandelt. Nur die Verpflegung war reichlich, weil man kräftige Kämpfer heranzüchten wollte. Die Nahrung bestand in der Hauptsache aus Gerstenspeisen und Bohnenbrei; Massagen und Einreibungen sollten den Muskelwuchs forcieren.

Orgien der Verzweiflung

Tagtäglich den Tod vor Augen, war das Schicksal eines Gladiators entwürdigend und deprimierend. Seine einzige Chance lag im Töten des Kameraden, und dieser sah das ebenso. Hinter den Mauern der Gladiatorenschulen spielten sich unmenschliche Dramen ab; doch nur selten drangen solche Vorfälle an die Außenwelt. Seneca erzählt von einem Gladiator, der auf der Fahrt zur Arena seinen Kopf in die Radspeichen steckte, so daß ihm das Genick gebrochen wurde. Und Tacitus weiß von einem verzweifelten Ausbruchsversuch der Gladiatoren in Praeneste zu berichten, der im Jahre 64 stattfand.

Die Römer mit ihrem pervertierten Sinn für Nervenkitzel nützten jede Gelegenheit, sich am Leid anderer zu weiden. Die »freien Mahlzeiten« galten als Geheimtip für Eingeweihte. Am Tag vor dem Auftritt in der Arena wurde für die Todeskandidaten ein großes Essen veranstaltet. Dabei wurden den Gladiatoren unter strenger Bewachung Speisen vorgesetzt, die sie oft jahrelang nicht gesehen hatten. Der Wein floß in Strömen, Frauen gingen von Hand zu Hand, Orgien der Verzweiflung. Wer Lust hatte, konnte an dem wüsten Schauspiel teilhaben, bis der Morgen graute, die Türen zur Arena aufgestoßen wurden und der Ruf erschallte: *»Ave, Caesar, morituri te salutant!«*

Eine besondere Abart der Gladiatorenkämpfe waren die Tierhetzen. Nach der Überlieferung veranstaltete der Sieger über Ätolien, Marcus Fulvius Nobilior, 186 v. Chr. das erste derartige Schauspiel in Rom. Gladiatorenkämpfe kannten die Römer zu dieser Zeit schon fast ein ganzes Jahrhundert.

Das Spektakel, welches in kürzester Zeit zu einer regelrechten Sucht ausartete, hatte einen recht harmlosen Ursprung: Die Eroberer brachten von ihren Beutezügen aus fernen Ländern unbekannte, exotische Tiere mit nach Hause, um ihre eigene Leistung zu demonstrieren. Löwen, Panther, Bären und Krokodile wurden zunächst in Käfigen zur Schau gestellt, bald darauf in die Circusspiele integriert, wobei Gladiatoren gegen die Bestien antreten mußten.

Um die Mitte des letzten vorchristlichen Jahrhunderts fanden in Rom drei Tierhetzen statt, von denen man noch zu Neros Zeiten sprach. Bei den Festen des Scaurus im Jahre 58 v. Chr. tauchten in Rom zum erstenmal Krokodile und Nilpferde auf, drei Jahre später ließ Pompejus zur Einweihung seines nach ihm benannten Theaters gegen Luchs und Rhinozeros kämpfen, und im Jahr 47, als Gaius Julius Cäsar seine Triumphe mit einem fünftägigen Fest feierte, bestaunten die Römer die ersten Giraffen.

Die exotischen Tiere, die im alten Rom während eines einzigen großen Circusspiels ihr Leben lassen mußten, würden heute sämtliche zoologische Gärten Europas füllen. Augustus, der sich selbst als besonderen Freund von Tierhetzen bezeichnete, ließ bei insgesamt sechsundzwanzig Circusspielen dreitausendfünfhundert seltene afrikanische Wildtiere niedermetzeln. Doch haben Cäsar und Pompejus bei den von ihnen gestifteten Veranstaltungen diese Zahl noch bei weitem übertroffen. Unter Neros Regierung fanden nur wenige Tierhetzen statt. Karthager, Libyer und Ägypter machten den Römern die weitgehende Ausrottung ihrer Wildtiere nicht einmal zum Vorwurf, da sie ihre Felder nun weitgehend gefahrlos bestellen konnten.

Während des Trainings erfanden die Gladiatoren schon bald besondere Tricks im Umgang mit den wilden Tieren. Und damit war eine neue Gattung von Veranstaltungen geschaffen: die Tierdressur. So ließ sich Marc Anton mit der Schauspielerin Cytheris in einem Wagen bewundern, der von Löwen gezogen wurde. Affen führten Stücke auf. Stiere bewegten sich auf den Hinterfüßen. Elefanten gingen vor dem Kaiser in die Knie, und Nero machte sich einen Spaß daraus, bei einer seiner Circusvorstellungen einen Elefanten mit einem bekannten römischen Adeligen auf dem Kopf über zwei Seile balancieren zu lassen.

Das fand Beifall, solange es neu war, aber schon bald darauf wurde der alte Ruf laut: »Blut wollen wir sehen, Blut!«

Dem Kaiser blieb gar nichts anderes übrig, als sich dem Wunsch des Volkes zu beugen. Er gab rechtmäßig verurteilte Verbrecher zur öffentlichen Hinrichtung frei. In Neros Gärten auf dem Marsfeld wurden Menschen an Pfähle gebunden und den wilden Tieren ausgeliefert. Andere steckte man in die *Tunica molesta,* ein leicht brennbares Gewand, und zündete sie an. Eine Chance hatten noch diejenigen, die – unbewaffnet – gegen wilde Tiere oder Gladiatoren kämpfen mußten. Je grausamer die Prozedur, desto erregender. Celsus und Galenus berichten, daß Ärzte besonderes Interesse für solche Veranstaltungen aufbrachten – boten sie doch die Möglichkeit, an den Leichen die Anatomie des menschlichen Körpers zu studieren.

Kein Zweifel: Nicht Nero war grausam, sondern das Volk. Wollte er sein Amt behalten, mußte er sich dem Diktat der Massen beugen. Und dieses Diktat hieß Blut.

V. Nero als Politiker

*Das Reich zu vergrößern und weiter auszudehnen
lag völlig außerhalb seiner Wünsche und Vorstellungen,
ja, er spielte sogar mit dem Gedanken,
die Truppen aus Britannien abzuziehen.
Nur die Scheu, dem Ruhme seines Stiefvaters Abbruch zu tun,
hielt ihn davor zurück.*

Sueton

Nero liebte das Spiel, aber er haßte den Krieg. Den ernsten Kampf mit der Waffe in der Hand fand er eines freien Mannes unwürdig, deshalb führte er auch keinen einzigen Feldzug an. In Germanien, wo die Römer vor fünfzig Jahren drei vollständige Legionen verloren hatten, langweilten sich die Besatzungstruppen derart, daß ihre Anführer Paulinus Pompejus und Lucius Vetus die Soldaten aus Furcht vor dem Lagerkoller beschäftigen mußten.

Pompejus vollendete mit seinen Soldaten den Limes am Rhein, den der römische Feldherr Drusus noch vor der Zeitenwende begonnen hatte. Vetus traf Anstalten, die Mosel mit der Saône durch einen Kanal zu verbinden. Über die Rhône wäre dann das Mittelmeer von der Nordsee zu erreichen gewesen. Darüber kam es zum Konflikt. Nicht etwa mit fremden Truppen, sondern mit den eigenen: Aelius Gracilius, der Oberbefehlshaber der belgischen Besatzungstruppen, warnte davor, sich bei den Feinden beliebt zu machen, dem Kaiser sei das sicher nicht recht. Also blieb es bei der Planung. Der Grund für die ablehnende Haltung des Gracilius war schlichtes Karrierestreben: Der andere hätte mit dem Projekt vielleicht Ruhm erwerben können.

Die allgemeine Untätigkeit der römischen Legionäre ließ bei den Germanen das Gerücht aufkommen, die Soldaten aus Rom dürften gar nicht kämpfen, ihr Kaiser habe es ihnen verboten. Dies verleitete zwei kleine germanische Stammesfürsten namens Malorix und Verritus zu einem der komischsten Abenteuer in den Annalen der römischen Geschichte.

Den beiden war ihre friesische Heimat zu eng und unwirtlich geworden, sie schlugen ihrem Volk deshalb vor, das römische Territorium am rechten Niederrhein zwischen Vecht und Yssel zu besiedeln. Angst vor den Römern bräuchten sie nicht zu haben, diese Weichlinge dürften ohnehin gegen niemanden das Schwert erheben.

Die römischen Soldaten nahmen die kleine Invasion des Malorix und Verritus zuerst gar nicht wahr. Erst als sie Dörfer entdeckten, die kurz zuvor noch nicht vorhanden gewesen waren, und Äcker, wo vorher nur Brachland zu sehen war, meldeten sie dies ihrem Kommandanten Dubius Avitus. Der verwies drohend auf die römische Heeresmacht, an deren Einsatz er freilich wohl selbst nicht so recht glaubte, denn er riet den Germanenhäuptlingen, nach Rom zu reisen. Vielleicht gestattete der Kaiser, daß sie in ihren neuen Wohngebieten bleiben durften.

Zwei Germanen ziehen gen Rom

Malorix und Verritus reisten in Begleitung einer römischen Eskorte in die Hauptstadt des Imperiums, wo sie mit allen Ehren wie ausländische Staatsgäste empfangen und mit den Sehenswürdigkeiten der Stadt vertraut gemacht wurden. Im Theater des Pompejus gab es ein Schauspiel zu bewundern. Und weil die beiden Besucher aus dem Norden wegen der Sprachschwierigkeiten nichts von dem verstanden, was da gespielt wurde, verlagerten sie ihr Interesse auf das Publikum, fragten, wer all die vornehm gekleideten Menschen seien, wo die Adeligen, wo die Senatoren säßen. Dazwischen befanden sich auch Männer in bunter fremdländischer Tracht.

»Und was sind das für Leute?« wollte Malorix wissen.

Ausländische Gesandte, bekam er zur Antwort, Leute die sich durch Tapferkeit und als Freunde Roms hervorgetan hätten, dafür dürften sie auch auf den Senatorensesseln Platz nehmen.

Da sprang Malorix mitten in der Vorstellung auf und rief: »Kein

Volk auf der Welt kann uns Germanen an Tapferkeit und Treue übertreffen!«

Im Theater wurde es still. Alle Augen waren auf den Germanen gerichtet.

Der aber packte seinen Freund Verritus am Ärmel und zog ihn die Steinstufen hinab zu den Senatorensitzen, wo sich beide niederließen. Erst jetzt begriffen die Römer, worum es ging. Beifall brauste auf, und Malorix und Verritus winkten freundlich ins Publikum.

Der Vorfall war Stadtgespräch und kam auch dem Kaiser zu Ohren. Als die beiden Germanen aus Friesland tags darauf zur Audienz erschienen, begrüßte sie Nero mit großer Herzlichkeit und verlieh ihnen das römische Bürgerrecht. Ihre Bitte, auf römischem Territorium siedeln zu dürfen, lehnte er jedoch ab. Das war im Jahr 58.

Die Friesen waren kaum vertrieben, da gab es neuen Ärger zwischen Vecht und Yssel. Der fruchtbare schwarze Boden, die saftigen grünen Weiden lockten einen weiteren Germanenstamm an, die Ampsivarier. Sie kamen von der unteren Ems und waren von den Chauken verdrängt worden. Diesmal stellte sich ihnen Dubius Avitus mit seinen Truppen entgegen. Doch es kam nicht zur Schlacht, sondern zu einem denkwürdigen Wortwechsel.

Er heiße Boiocalus, sagte der Anführer der Ampsivarier zu dem römischen Feldherrn, habe unter Tiberius und Germanicus gedient und wolle seine fünfzigjährige Treue gegenüber den Römern dadurch krönen, daß er seinen Stamm der römischen Herrschaft unterwerfe. »Wie klein«, fuhr der Alte fort, »ist doch das brachliegende Land, auf das die Krieger einmal ihre Schaf- und Rinderherden treiben wollen! Wie der Himmel den Göttern, so gehört die Erde dem Menschengeschlecht, und wo sie leersteht, ist sie Allgemeingut.«

Dann blickte Boiocalus zur Sonne auf, nannte alle übrigen Gestirne beim Namen und rief mit lauter Stimme: »Wollt Ihr auf ein leeres Land herabschauen? Laßt lieber das Meer darüber hinwegströmen, um die Landräuber zu bestrafen!«

Avitus, der Römer war gerührt, dann fand er aber seine Fassung wieder: »Man muß sich nun einmal den Befehlen der Stärkeren fügen«, sagte er. »Den Göttern, die ihr anruft, hat es gefallen, daß die Römer die Entscheidung darüber haben, was sie geben und was sie nehmen wollen, und daß sie keinen anderen Richter darüber dulden als sich selber.« Und leise fügte Dubius Avitus hinzu, Boiocalus selbst werde zum Lohn für seine Treue ein Stück Land erhalten.

Das aber wies der Alte entschieden zurück, er wolle keinen Verräterlohn. Voll Zorn sagte er: »Land zum Leben könnt ihr uns nehmen, Land zum Sterben aber nicht!« Dann drehte er sich um und gab seinen Männern voll Verbitterung das Zeichen zum Rückzug. Wenig später verbündeten sich die Ampsivarier mit den Bructetern und Teucterern.

Dubius Avitus ahnte nichts Gutes. Seit der verhängnisvollen Schlacht im Teutoburger Wald, bei der die Römer drei Legionen verloren hatten, waren die Germanen ob ihrer Tapferkeit gefürchtet. Avitus rief deshalb den Oberkommandierenden der oberrheinischen Besatzungstruppen Curtilius Mancia zu Hilfe, bat ihn dringend, den Rhein zu überschreiten und den Ampsivariern in den Rücken zu fallen.

Dieses Hilfeersuchen ist bezeichnend für die Unsicherheit der römischen Besatzungstruppen und ihre Kampfmoral. Von kleineren Scharmützeln abgesehen hatten die römischen Soldaten in Germanien seit Jahren keine Schlacht geschlagen, und hätte nicht der eiskalte Nordwind manchmal ungemütlich durch den Chiton geblasen, wäre der Heeresdienst am Rhein durchaus erträglich gewesen. Avitus fiel in das Gebiet der Teucterer und Bructeter ein, und es gelang ihm, die Stammesfürsten mit Drohungen so einzuschüchtern, daß sie sich von den Ampsivariern lossagten. Deren Schicksal war damit besiegelt. Erst zogen sie sich zu den Chatten zurück, dann wanderten sie zu den Cheruskern weiter und nach langen Irrwegen, bei denen sie, wie Tacitus schreibt, »bald als Gäste, bald als Bettler, bald als Feinde aufgenommen wurden«, gingen sie in der Fremde zugrunde.

Im Sommer des Jahres 58 kam es aber doch noch zur Schlacht, allerdings ohne Beteiligung der Römer. Sie konnten die Auseinandersetzung zweier germanischer Stämme – die, so Tacitus, »die Neigung haben, alles mit Waffen auszutragen« – nur aus der Ferne beobachten. Chatten und Hermunduren waren die beiden Kontrahenten, es ging um den Flußlauf der Werra und die Salzgewinnung in dieser Gegend.

Die Chatten waren eine den Cheruskern benachbarte Völkerschaft im Gebiet zwischen Fulda und Eder. Die Hermunduren siedelten seit dem 1. Jahrhundert v. Chr. beiderseits der Elbe, waren also Nachbarn der Chatten. Sie gewannen die Schlacht. Dabei wurden Dörfer, Landgüter und Felder niedergebrannt. Die Flammen drangen auch über den Mauerring einer neugegründeten Siedlung. Weder Regengüsse noch intensive Löschversuche konnten das Großfeuer stoppen. Die Bauern versuchten, die Flammen mit Ruten und Stöcken niederzuschlagen, und als auch die zu brennen begannen, zogen sie ihre Kleider aus und versuchten, das Feuer nackt in ohnmächtiger Wut zu ersticken.

Corbulo, der größte Feldherr seiner Zeit

Während Dubius Avitus kaum Gelegenheit hatte, sich als Feldherr auszuzeichnen, erntete ein anderer Stratege des Kaisers Nero Lorbeeren. Sein Name: Gnäus Domitius Corbulo. Dieser Corbulo war ein Halbbruder der Cäsonia, der letzten Gattin von Caligula. Er galt als bedeutendster Feldherr seiner Zeit, hart, kompromißlos, ein Eiferer. Nero ließ ihm weitestgehende Entscheidungsfreiheit, denn seine Erfolge waren auch die des Kaisers.

Corbulo hatte er es zu verdanken, daß in Germanien Ruhe herrschte. Noch unter Claudius war er zum Legaten von Niedergermanien ernannt worden, und auf dem Weg dorthin hatte ihn die Nachricht erreicht, Gannascus, ein römischer Deserteur, sei mit den Chauken in sein Hoheitsgebiet eingefallen. Corbulo schlug ihn zurück und verlangte von den Besatzungstruppen Rechenschaft darüber, wie dieser Einfall überhaupt möglich war. Aber er bekam nur Ausflüchte zu hören; sie bestätigten seine Auffassung, daß sich die Truppe in einem desolaten Zustand befand.

Der Feldherr griff hart durch: Plündern, beliebtester Zeitvertreib der Römer in Germanien, wurde verboten. An- und Übergriffe auf heimische Stämme durften nur auf Befehl stattfinden. Schanzarbeiten – seit Jahren völlig in Vergessenheit – mußten wiederaufgenommen werden. Der Wachdienst, von den Soldaten meist als Sauf- und Würfelrunde angesehen, war in Waffenrüstung zu versehen. Tacitus berichtet, der strenge Feldherr habe einen Posten, der ohne Schwert, und einen anderen, der nur mit einem Dolch bewaffnet Wache schob, mit dem Tode bestraft.

Die Härte Corbulos war bei den Germanen wie bei den eigenen Soldaten gefürchtet. Wäre es nach ihm gegangen, dann hätte er die Nordgrenze des Reiches noch weiter vorgeschoben. Er überquerte den Rhein und war schon damit beschäftigt, ein neues Lager aufzuschlagen, da gebot ihm der Kaiser Einhalt. Corbulo gehorchte, sprach aber den provozierenden Satz: »Wie glücklich waren doch einst die Feldherrn Roms!« Damit die römischen Soldaten nicht weiter verweichlichten, ließ er sie einen dreiundzwanzig Meilen langen Kanal zwischen Rhein und Maas graben.

Während Nero im Norden keinerlei Ambitionen hatte, das römische Weltreich auszuweiten, war er durchaus daran interessiert, die gesamte Schwarzmeerküste, Armenien und die Krim zu römischen Provinzen zu machen – vielleicht weil schon Cäsar das beabsichtigt hatte. Am liebsten, so ließ der Kaiser jedoch wissen, wäre es ihm, wenn das möglichst unblutig vonstatten ginge.

Allerdings hatte sich gerade dieses Gebiet schon beim Regierungsantritt Neros im Jahre 54 zu einem Krisenherd entwickelt, und die Römer blickten erwartungsvoll auf den siebzehnjährigen Kaiser, wie er dieser Gefahr begegnen würde. Burrus und Seneca rieten Nero, sich des erfahrenen Feldherrn Gnäus Domitius Corbulo zu bedienen, der in Germanien so erfolgreich gewesen sei. Nero befolgte diesen Rat, ohne zu ahnen, von welcher Tragweite seine Entscheidung sein würde. Corbulo, der nichts anderes im Kopf hatte als militärischen Ehrgeiz, sicherte dem jungen Kaiser, der nichts mehr haßte als militärische Aktionen, im außenpolitischen Bereich die Herrschaft.

Neros erste außenpolitische Schachzüge erwiesen sich – wer auch immer sie angeregt haben mag – als taktisch klug und wurden von den Römern bewundert: Gegen Ende des Jahres entstanden Gerüchte, die Parther hätten Armenien an sich gerissen. Die zentrale Persönlichkeit des Konfliktes war der Partherkönig Vologaises. Dieser fiel in Armenien ein, das bis in die Zeit Neros abwechselnd den verschiedenen Nachbarstaaten und Provinzen Kappadokien, Galatien und Pontus zugeschlagen oder als mehr oder weniger autonomes Reich konstituiert war, und setzte seinen Bruder Tiridates als König ein. Für den jungen Nero war das Herausforderung und Bewährungsprobe zugleich, schließlich stand Armenien unter römischer Oberhoheit. Nero ließ deshalb in den Nachbarprovinzen Jungmannschaften ausheben, die Legionen des Ostens ergänzen und sie unter der Führung Corbulos näher an die Grenze zu Armenien heranrücken. Die Könige Herodes Agrippa und Antiochus wurden aufgefordert, ihre Truppen in Alarmbereitschaft zu versetzen. Aristobulus von Kleinarmenien und Sohaemus von Sophene erhielten die Königswürde. Das förderte ihren Nationalstolz und stärkte ihre Kampfbereitschaft.

Der Armenienkonflikt

Seit Jahren lag der in Armenien regierende König Mithradates im Streit mit dem Stamm der Hiberer unter Pharasmanes. Der alte Pharasmanes hatte einen Sohn namens Radamistus, der ebenfalls regieren wollte. Sein Vater war damit auch einverstanden, solange es nicht sein eigenes Reich war, das er im Auge hatte. Deshalb, meinte er, solle er König von Armenien werden, schließlich sei er es gewesen, der dieses Land an Mithradates gegeben habe. Aber, schränkte er ein, diesen könne man nur mit List verdrängen. Radamistus zog also mit den Truppen seines Vaters gegen Mithradates, belagerte ihn in einem Kastell und lockte ihn unter dem Vorwand, einen Friedensvertrag schließen zu wollen, aus der sicheren Befestigung.

Man traf sich in einem Hain. Es hatte den Anschein, als wollten die beiden den Friedensschluß mit einem Opfer für die Götter besiegeln. Radamistus fiel Mithradates in die Arme, heuchelte, er habe nichts zu befürchten, und zeigte ihm eine Schnur. Mithradates begriff, sie war, wie unter Königen üblich, dazu gedacht, ihre

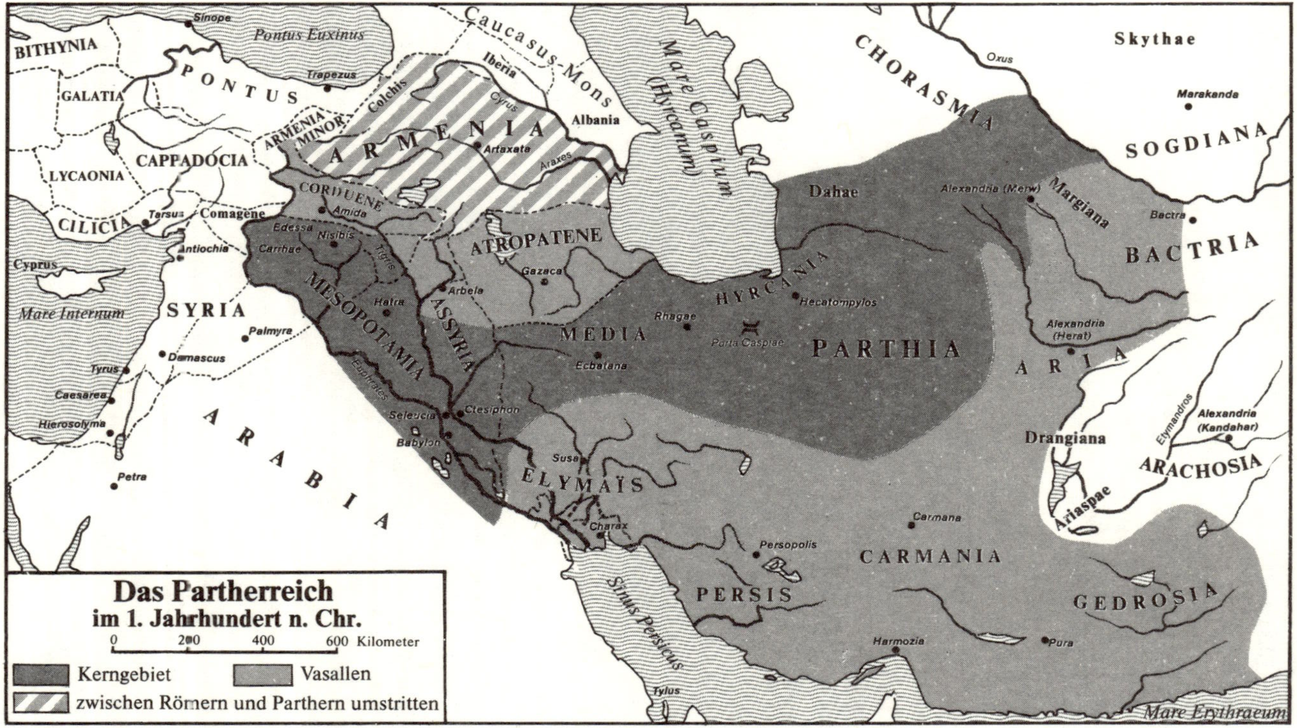

Das Partherreich im 1. Jahrhundert n. Chr.

beiden Daumen zusammenzubinden. Nach einem Messerschnitt sollte aus jedem Finger Blut hervorquellen, das sie sich gegenseitig ablecken würden. Auf diese Weise sollte die Verbindung mit Blut besiegelt werden.

Radamistus ließ die Schnur fallen und bückte sich, als wolle er sie aufheben; da aber packte er den Gegner an den Knien und warf ihn zu Boden. Das war das Zeichen für seine Helfershelfer. Sie stürzten sich mit Ketten bewaffnet auf den wehrlosen König und fesselten ihn an den Füßen. Zusammen mit seiner Frau erlitt Mithradates einen grauenvollen Tod. Radamistus warf beide auf einen Wagen und ließ so lange Decken über ihnen ausbreiten, bis beide qualvoll erstickten.

Doch die Freude des Radamistus über sein neues Reich währte nur kurz, weil Vologaises ihn wieder vertrieb. Widrige Umstände, ein strenger Winter, unzureichende Vorräte und eine nicht näher bezeichnete Seuche zwangen die Parther jedoch zum vorübergehenden Rückzug. Kaum waren sie weg, erschien Radamistus erneut. Er erlegte dem armenischen Volk so harte Repressalien auf, daß sich die Bewohner des Reiches erhoben und die Burg besetzten. Radamistus floh mit seiner schwangeren Frau Zenobia auf einem schnellen Pferd. Die Aufregung und die Erschütterungen während der Flucht ließen bei Zenobia die Wehen einsetzen.

»Gib mir einen ehrenvollen Tod«, flehte sie, »damit ich der schmählichen Gefangenschaft entgehe!«

Radamistus umarmte seine Frau und sprach ihr Mut zu. Doch die Frau bat weiter, sie doch zu töten. Da zog Radamistus seinen persischen Säbel und stieß ihn der geliebten Frau in den Leib. Um sie der Schändung durch den Feind zu entziehen, warf er Zenobia in den Araxesfluß.

Radamistus schlug sich zu den Hiberern durch. Zenobia wurde von Hirten aus dem Fluß gefischt. Sie atmete noch. Hirten pflegten sie gesund und brachten sie, nachdem sie ihre Geschichte gehört hatten, in die armenische Hauptstadt Artaxata, wo inzwischen Tiridates König war. Er soll Zenobia, laut Tacitus, freundlich aufgenommen und wie eine Königin behandelt haben. Radamistus wurde später von seinem Vater getötet.

Tiridates war ein Parther, ein Parther in Armenien aber war eine Provokation für Rom. Die Senatoren zeigten sich deshalb erleichtert, als Nero den Feldherrn Corbulo zur Lösung des Problems einsetzte. Mit dem erfahrenen Strategen an der Spitze stand der Ausgang des Unternehmens außer Frage.

Die Truppenverteilung sah folgendermaßen aus: Eine Hälfte der Bundestruppen des Ostens blieb mit zwei Legionen in Syrien unter dem Legaten Qadratus Ummidius zurück. Corbulo erhielt die andere Hälfte und zusätzlich die Kohorten und berittene Truppen, die in Kappadokien im Winterquartier lagen. Die verbündeten Könige hatten Order, Corbulo und Quadratus bei Bedarf zur Verfügung zu stehen.

Was taktisch klug erscheinen mochte, führte zu psychologischen Schwierigkeiten; denn die sich zwischen Corbulo und Quadratus entwickelnde Rivalität beeinträchtigte die Erfolgsaussichten des Unternehmens. Corbulo, dem der Ruf des Unbesiegbaren vorausging, war groß, stattlich, sehr beredt und überall beliebt. Dies alles konnte Quadratus Ummidius nicht von sich behaupten. Er zog Corbulo bis Kilikien entgegen, um dem Kollegen zu Hause in Syrien keinen allzu freundlichen Empfang bereiten zu müssen.

Das Ränkespiel der beiden kam auch Nero zu Ohren. Mit Sorge beobachteten der Kaiser und seine Berater, wie die beiden Feldherrn versuchten, einander den Rang abzulaufen. Zwar sandten sie eine gemeinsame Botschaft an den Partherkönig Vologaises, er möge lieber den Frieden wählen als den Krieg, doch als der Angesprochene darauf einging und zum Zeichen des guten Willens Geiseln übergab, stritten sich die beiden römischen Generäle, wer nun für diese verantwortlich sei.

Der Fall wurde schließlich zur Groteske: Die Geiseln durften selbst entscheiden, wem sie sich anvertrauen wollten, Quadratus oder Corbulo. Sie entschieden sich für Corbulo. Darauf gerieten die beiden Strategen erneut in Streit. Quadratus argumentierte, Vologaises habe sich erst durch seine Politik zur Stellung von Geiseln bereit erklärt, also gehörten sie ihm. Corbulo entgegnete, erst als er den Befehl über die Truppen übernommen habe, hätten sich die Hoffnungen der Parther in Befürchtungen verwandelt, dies sei der wahre Grund, warum Vologaises Geiseln gestellt habe, also gehörten sie ihm.

Nero ging auf den Streit der beiden nur indirekt ein, er schickte einen Gesandten mit der Botschaft nach Armenien, der Prinzeps habe veranlaßt, die kaiserlichen Fasces aufgrund der von Quadratus *und* Corbulo errungenen Erfolge mit Lorbeer zu schmücken – eine hohe Ehre für beide.

Allmählich setzte sich jedoch die größere Erfahrung des Feldherrn Gnäus Domitius Corbulo gegenüber dem Statthalter von Syrien durch. Corbulo widmete sich nun vor allem der Reorganisation der Truppen. Deren Disziplin machte ihm mehr zu schaffen als die Angst vor dem Feind. Vor allem die Legionen des Quadratus befanden sich in einem beklagenswerten Zustand. Zu lange hatte es im Osten keinen Krieg gegeben. Da gab es römische Veteranen, die hatten noch nie Posten gestanden, besaßen weder Helm noch Panzer und bestaunten Wall und Graben als wundersame Erfindungen. Corbulo entließ sie, machte Aushebungen in Galatien und Kappadokien und brachte eine ganze Legion aus Germanien heran.

Zum Unglück war der einsetzende Winter einer der härtesten seit Menschengedenken. Um die Zelte aufstellen zu können, in denen das römische Heer kampierte, mußte der Boden aufgehackt werden. Wachmannschaften fand man am Morgen erfroren, Soldaten erfroren sich Hände und Füße. Bis nach Rom gelangte die Schauergeschichte von einem Soldaten, dessen Hände an einem Holzbündel festfroren und abbrachen, als man sie davon lösen wollte. Auch von der Härte Corbulos hörte man, der Deserteure standrechtlich hinrichten ließ. Er selbst ging mit gutem Beispiel voran, lief nur leichtbekleidet und ohne Kopfbedeckung durch die vor Kälte klirrende Steppe. Endlich kam der Frühling.

Tiridates, Armeniens König von seines Bruders Vologaises Gnaden, saß in der Burg der Hauptstadt Artaxata und wurde zunehmend nervöser. Er schickte Unterhändler zu Corbulo mit der Frage, warum er überhaupt aus Armenien vertrieben werden solle, wo er doch Geiseln gestellt habe und Wert auf Freundschaft mit den Römern lege. Corbulos Antwort war knapp: Er solle sich mit seinen Bitten an Nero wenden.

Eine entsprechende Botschaft traf in Rom nie ein. Und so forderte Corbulo den Tiridates zu einer Unterredung auf. Der willigte ein und kündigte an, er werde am gewünschten Ort zur vereinbarten Zeit mit tausend Reitern eintreffen, Corbulo könne so viele Leute mitbringen, wie er wolle – allerdings ohne Helm und Panzer. Das machte den Römer stutzig.

Wollte der Parther den Römern eine Falle stellen?

Das großzügige Angebot, mit so vielen Soldaten anzurücken, wie er nur wolle, aber ungepanzert, konnte nur eine List sein. Was nützte eine zahlenmäßige Übermacht, wenn plötzlich eine bis an die Zähne bewaffnete Reitertruppe heranpreschte. Die ungeschützten Römer wären ihrem Angriff hilflos erlegen.

Corbulo tat, als bemerke er die List des Parthers nicht und ging zum Schein auf die Forderung ein. In Wirklichkeit aber gruppierte er um seine sechste Legion die bundesgenössischen Kohorten sowie die Hilfstruppen der verbündeten Könige. Bei Nacht und Nebel ließ er dreitausend Mann der dritten Legion aufmarschieren und integrierte sie ohne zusätzliche Legionsadler in die sechste. Tiridates sollte die wahre Anzahl der römischen Truppen nicht erkennen.

Am späten Nachmittag des vereinbarten Tages erschien der Parther, umgeben von einer tausendköpfigen Reiterschar, in der sanft hügeligen Landschaft. Aber irgend etwas schien ihn zu irritieren. Jedenfalls blieben die Parther in einer Entfernung von einigen hundert Metern stehen und rührten sich nicht von der Stelle. Bis zum Einbruch der Dämmerung standen sich Corbulo und Tiridates auf Sichtweite gegenüber; keiner wagte, auf den anderen zuzugehen. Schließlich gab Corbulo das Zeichen zum Rückzug, da wandte sich auch Tiridates um und verschwand mit seinen Reitern.

Corbulo nahm diese etwas unheimliche Szene zum Anlaß, auf eine Entscheidung zu drängen. Er wandte sich an seine Soldaten: »Jagt diesen schwankenden Feind, der sich weder zum Frieden noch zur Schlacht entscheiden kann, sondern seine Treulosigkeit und Feigheit durch die Flucht bewiesen hat, aus seinem Land! Holt euch dabei ebensoviel Ruhm wie Beute!«

Zahlreiche Kastelle, die über ganz Armenien verstreut lagen, bildeten für die Römer ein taktisches Problem. Sie waren nur schwer zu erstürmen, vor allem die Königsburg in der Hauptstadt Artaxata und das Kastell von Volandum galten als uneinnehmbar. Corbulo setzte den Legaten Cornelius Flaccus und den Lagerpräfekten Insteius Capito auf die kleineren Befestigungsanlagen an, er selbst nahm sich das Kastell Volandum vor. Dazu teilte er sein Heer in vier Gruppen. Mit der ersten bildete er ein Schilddach. Wie unter dem Panzer einer Schildkröte rückten die Römer an den ersten Wall heran und erstürmten die Mauern mit Leitern. Gleichzeitig schleuderte die zweite Abteilung von hinten Lanzen und brennende Wurfgeschoße in das Kastell. Das gleiche taten die beiden anderen Abteilungen von der gegenüberliegenden Seite der Anlage.

Die römischen Provinzsoldaten, die noch nie in derartigen Angriffen eingesetzt waren, steigerten sich in einen wahren Kampfrausch. Nach wenigen Stunden waren die Mauern erstürmt, die Tore gesprengt, die Schanzen erobert. Alle erwachsenen Männer, die den Römern in die Hände fielen, wurden getötet. Frauen und Kinder trieben sie zusammen und verkauften sie in die Sklaverei. Die Beute war beachtlich, bei den Römern gab es keinen einzigen Verlust zu beklagen.

Der Legat und der Präfekt waren ebenfalls erfolgreich. An einem einzigen Tag fielen drei armenische Kastelle. Nun stand der Angriff auf Artaxata bevor.

Tiridates hatte seine Burg verlassen, weil er fürchtete, die Römer würden ihn so lange belagern, bis alle Vorräte aufgebraucht seien. Er trat deshalb die Flucht nach vorn an und marschierte den römischen Truppenverbänden entgegen.

Doch welch eine geballte Militärmacht kam da gezogen! In der Mitte die zehnte Legion, auf dem rechten Flügel die dritte, links die sechste, zwischen den Reihen der Troß. Hinterher sprengten tausend Reiter, die Flanken deckten Bogenschützen. Tiridates versuchte diese massive Formation zu verwirren, preschte mit seinen Reitern bald von der einen, bald von der anderen Seite heran, hielt sich aber stets außerhalb der Schußweite; doch das römische Heer ließ sich nicht beunruhigen. Tiridates verschwand in der Dunkelheit. Römische Späher verfolgten ihn und brachten die

Kunde, der König sei nicht in die Hauptstadt zurückgekehrt, er befinde sich auf der Flucht.

Am nächsten Morgen zog Corbulo gen Artaxata. Er war auf eine Belagerung vorbereitet; doch es kam anders. Freiwillig öffneten die Bewohner der Hauptstadt die Tore und ergaben sich den Römern. Diese Geste schonte zwar ihr Leben, aber nicht ihre Hauptstadt. Artaxata wurde angezündet, die Ruinen dem Erdboden gleichgemacht.

Nero kämpfte nicht, er feierte lieber seine Siege

Nero war indessen mit dem Riesenbau seines Amphitheaters auf dem Marsfeld beschäftigt und versuchte, sich mit allerlei Freizügigkeiten bei den Römern beliebt zu machen. Der Krieg um Armenien kümmerte ihn wenig, Krieg war nicht sein Handwerk, dafür hatte er Gnäus Domitius Corbulo. Nero zog aus den Steuereinnahmen aus den Provinzen vierzig Millionen Sesterzen ab und brachte sie in den Staatsschatz ein, um sich, wie Tacitus bemerkt, »den Kredit des Volkes zu erhalten«. Gleichzeitig erhielt jeder römische Bürger eine einmalige Zuweisung von vierhundert Sesterzen. Mit bescheidenen Ansprüchen konnte man davon ein Jahr leben. Außerdem erließ der Prinzeps eine vierprozentige Sklavenverkaufssteuer. Den Staatsbeamten und Prokuratoren in den Provinzen wurde es untersagt, auf Kosten der Bürger Gladiatorenkämpfe, Tierhetzen und sonstige Spiele zu veranstalten.

Als die Nachricht von der Vertreibung des Tiridates in Rom eintraf, brach Jubel aus. »Heil dir, Nero, Imperator!« schallte es durch die Hauptstadt. Von Corbulo sprach niemand. Nero hingegen erhielt die Imperatorenakklamation, es war bereits seine vierte, er war gerade einundzwanzig Jahre alt.

Der Titel Imperator bezeichnete ursprünglich nur den militärischen Oberkommandierenden. Später wurde Imperator zum Ehrentitel, nachdem ein siegreicher Feldherr von seinen Soldaten als solcher begrüßt und der Senat diesen Titel bestätigt hatte. Das war die Imperatorenakklamation.

Bedeutende Militärs wie Sulla, Pompejus und Cäsar führten den Imperatorentitel gleichsam als Bestandteil ihres Namens, um ihre militärischen Fähigkeiten zu demonstrieren. Augustus legte seinen Vornamen Gaius ab und ersetzte ihn durch Imperator. Die Nachfolger des Augustus führten den Imperatorentitel zunächst nicht mehr in ihrem Namen. Wenn sie es doch taten, dann nur nach einer anerkannten Imperatorenakklamation. Auch Nero verhielt sich anfangs nicht anders. Erst nach mehreren Akklamationen übernahm auch er den Imperatorentitel, wie nach ihm auch Otho und Vespasian.

Der Senat von Rom feierte den Sieg über die Parther, für den Nero – außer der Ernennung der Generäle – nicht die geringste Leistung erbracht hatte, mit wochenlangen Dankfesten. Der Tag des Sieges von Artaxata und jener, an dem dieser nach Rom gemeldet und vom Senat zur Kenntnis genommen worden war, sollten fortan Feiertage sein, außerdem wurden Triumphbogen und Standbilder errichtet.

Letzte Zweifel an seiner Popularität wollte Nero beseitigen, als er daran ging, alle Zölle abzuschaffen. Dies teilte den Senat in zwei Lager: Die einen priesen den Edelmut des Kaisers, die anderen, vor allem die älteren, gaben zu bedenken, der Staat könne bei einer Verminderung seiner Einkünfte ins Wanken geraten. Und wenn erst einmal die Zölle abgeschafft seien, lasse die Forderung nach Abschaffung der Steuern gewiß nicht mehr lange auf sich warten.

Nero akzeptierte diese Einwände, er schaffte die Zölle nicht ab, verbot jedoch die ungesetzlichen Aufschläge, die Zoll- und Steuerpächter in die eigene Tasche wirtschafteten. Darüber hinaus verfügte er in einem Edikt eine Steuerreform, die vorsah, alle bisher geheimgehaltenen Ausführungsbestimmungen über die verschiedenen Steuerarten öffentlich bekannt zu machen. Nicht erhobene Forderungen der Finanzbehörden verjährten nun nach einem Jahr. Einwände gegen Steuerfestsetzungen mußten in Rom vom Prätor, in den Provinzen von Proprätor oder Prokonsul behandelt werden. Soldaten wurden von der Steuer befreit, wenn sie keinem Nebenerwerb nachgingen. Auch Frachtschiffe sollten hinfort nicht besteuert werden.

All das brachte dem Kaiser sehr viel Sympathie ein. An der

Ostgrenze des Reiches bemühte sich indes sein Feldherr Corbulo, die erzielten Erfolge über die Parther weiter auszubauen. Dazu mußte vor allem die Stadt Tigranokerta erobert werden.

Der ungewöhnlich strenge Winter war inzwischen einem extrem heißen Sommer gewichen. Mangelnde Wasservorräte machten die täglichen Gewaltmärsche zu einer unmenschlichen Strapaze. Auf dem Weg nach Tigranokerta verloren die Römer mehr Soldaten als bei allen vorangegangenen Kämpfen. Corbulo ging jedoch immer wieder mit eigenem Beispiel voran und ermunterte seine Soldaten, nicht aufzugeben. Allerdings wäre er beinahe das Opfer eines Mordanschlages geworden. Wachposten griffen vor seinem Zelt einen bewaffneten Mann auf. Unter der Folter gestand er, Rädelsführer einer Verschwörung zu sein. Er nannte die Namen seiner Mitverschwörer und wurde zusammen mit ihnen hingerichtet.

Die Römer schonten Gegner, wenn sie sich freiwillig ergaben, Flüchtende verfolgten sie jedoch, und jene, die sich mit ihrer Habe in Höhlen verbargen, räucherten sie aus. Von der Kriegskunst und Härte des römischen Feldherrn eingeschüchtert, schickten die Bewohner von Tigranokerta dem Corbulo eine Gesandtschaft mit der Nachricht entgegen, die Stadttore stünden ihm offen, die Bevölkerung erwarte seine Befehle. Dabei überreichten sie ihm eine goldene Krone. Der Römer fühlte sich geschmeichelt und ließ die Stadt unbehelligt.

Corbulo konnte nur deshalb ohne ernsthaften Widerstand in Armenien agieren, weil sich die Parther im Kriegszustand mit den Hyrkaniern befanden, einem Volk, das in dem fruchtbaren südöstlichen Winkel des Kaspischen Meeres siedelte. An einem Zweifrontenkrieg waren die Parther nicht interessiert. Das hinderte Tiridates freilich nicht, an den Grenzen Armeniens bald hier, bald dort ein Scharmützel zu liefern.

Im Jahr 60 entsandte Nero einen neuen König nach Armenien. Er hieß Tigranes und war ein Urenkel Herodes des Großen. Man hatte ihn vor vielen Jahren als Geisel nach Rom gebracht, und unter Nero hatte er eine servile Unterwürfigkeit an den Tag gelegt. Tigranes kam mit einer Truppe von tausend Legionssoldaten, drei bundesgenössischen Kohorten und zwei Reitergeschwadern. Da Nero wußte, daß Tigranes kaum ein starker Herrscher sein würde, trennte er einige Randgebiete Armeniens vom Mutterland und schlug sie den angrenzenden Königreichen von Pharasmanes, Polemon, Aristobulus und Antiochus zu. Ein kleines Reich regiert sich leichter. Corbulo ging scheinbar leer aus, er zog nach Syrien, denn Quadratus war inzwischen gestorben und das Amt des dortigen Legaten verwaist.

Die wilden Britannier im Norden

Das Desinteresse des Kaisers an der Kriegführung förderte nicht gerade die Moral der Truppe. Es gab kaum einen Soldaten außerhalb Roms, der den Imperator schon einmal zu Gesicht bekommen hatte. Sehen konnte man Nero ohnhin nur in Rom. Siege wurden dem Kaiser in aller Ausführlichkeit gemeldet, Niederlagen nur in stark abgemilderter Form berichtet.

So hat Nero sicher nie erfahren, daß beim Aufstand der Britannier unter dem Konsulat des Cäsennius Pätus und des Petronius Turpilianus im Jahr 61 siebzigtausend Römer und Bundesgenossen ums Leben gekommen waren. Der Sieg des Statthalters von Britannien, Suetonius Paullinus, über die Aufständischen dürfte andererseits, als die Kunde davon Rom erreichte, um einiges großartiger ausgefallen sein. Schon Tacitus ist skeptisch gegenüber den genannten Zahlen von achtzigtausend gefallenen Britanniern bei nur vierhundert eigenen Toten. Was war geschehen?

Nach der »Befriedung« von *Gallia transalpina* hatten die Römer auch Britannien in ihre Eroberungspläne einbezogen. Cäsar war der Erste, der die Britannier römischer Zucht und Ordnung zu unterwerfen versuchte. Augustus und Caligula kamen über Kriegspläne nicht hinaus. Die Truppen des Claudius schafften dann zum zweitenmal den Sprung über den Kanal. Sein Feldherr Aulus Plautius eroberte mit vier Legionen das Gebiet der Belgae in Südengland und machte es zur römischen Provinz Britannia.

Der Ruhm des Corbulo war inzwischen bis an die Nordwestgrenze des Reiches gedrungen, und es gab nicht wenige Militärs in Britannien, die darauf aus waren, ähnliche Meriten zu erlangen.

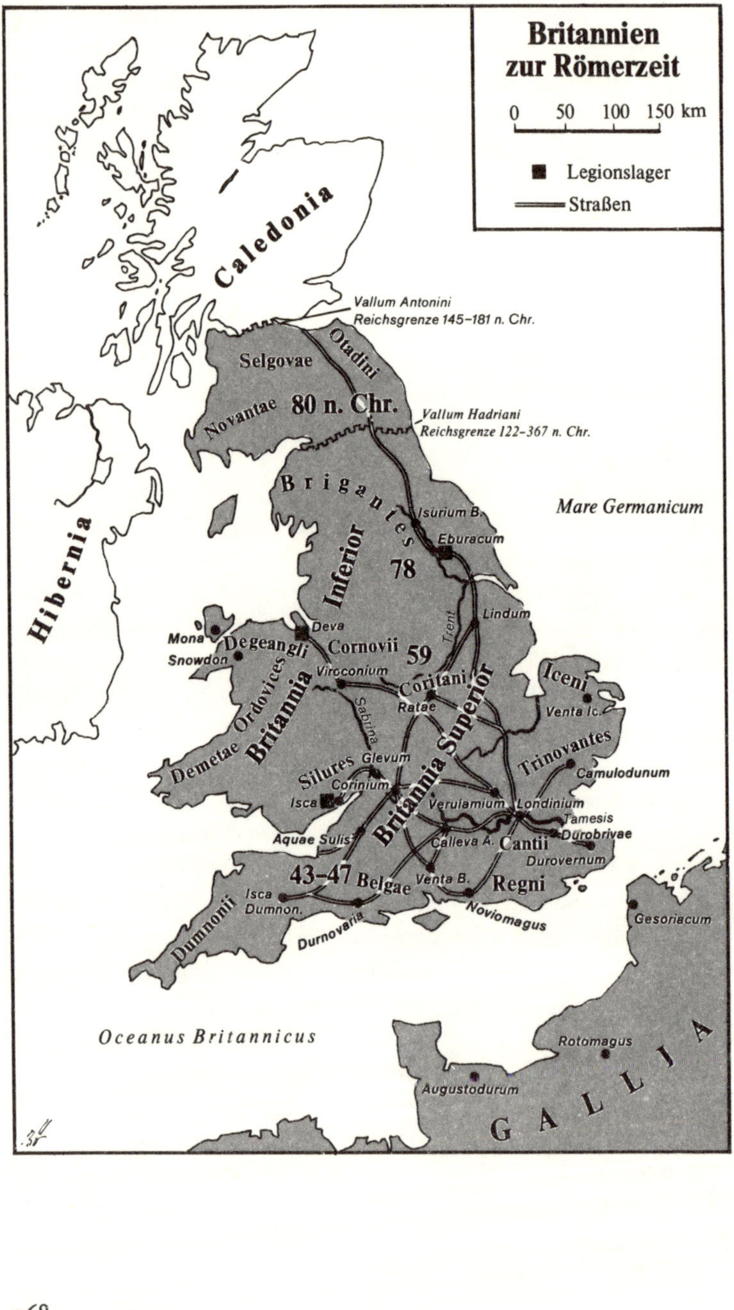
Britannien
zur Römerzeit
0 50 100 150 km
Legionslager
Straßen
Caledonia
Vallum Antonini
Reichsgrenze 145–181 n. Chr.
Otadini
Selgovae
Novantae
80 n. Chr.
Vallum Hadriani
Reichsgrenze 122–367 n. Chr.
Hibernia
Brigantes
Isurium B.
Eburacum
Mare Germanicum
Inferior
78
Trent
Lindum
Deva
Mona
Degeangli
Cornovii
59
Snowdon
Viroconium
Ordovices
Britannia
Coritani
Ratae
Iceni
Venta Ic.
Sabrina
Superior
Demetae
Silures
Glevum
Corinium
Trinovantes
Camulodunum
Isca
Verulamium
Londinium
Tamesis
Britannia
Durobrivae
Aquae Sulis
Calleva A.
Cantii
Durovernum
43–47
Belgae
Venta B.
Regni
Isca
Dumnon.
Dumnonii
Durnovaria
Noviomagus
Gesoriacum
Oceanus Britannicus
Rotomagus
Augustodurum
GALLIA

Zweifellos war der Oberbefehlshaber der Truppen in Britannien, Suetonius Paullinus, ein fähiger Feldherr, doch sein Streben richtete sich wohl mehr auf militärische Einzelerfolge zur Mehrung seines persönlichen Ansehens, als auf das Wohl des römischen Weltreiches. Anstatt die Reichsgrenze zu den rebellischen Britannierstämmen zu sichern, lagen ihm spektakuläre Eroberungen am Herzen. So beabsichtigte er die Einnahme der dichtbesiedelten Insel Mona, der Isle of Man. Paullinus mußte dafür eigens Schiffe mit flachem Kiel bauen lassen, um in den seichten Gewässern landen zu können. Über eine Furt brachte er seine Reiterei auf die Insel, stellenweise war das Meer jedoch so tief, daß die Soldaten neben ihren Pferden schwimmen mußten.

Auf der Insel Mona erwartete die Römer ein ungewöhnliches Spektakel. Hinter der Schlachtreihe, welche die Eroberer an der Küste erwartete, rannten Frauen in schwarzen Gewändern mit aufgelösten Haaren und Fackeln in der Hand umher und stießen schrille Schreie aus. Zwischen den Soldaten hockten Druiden, heimische Zauberpriester. Sie hielten die Hände zum Himmel und stießen furchtbare Verwünschungen aus. Gebannt blickten die Römer auf die feindlichen Krieger, unfähig ihre Waffen zum Kampf zu erheben.

Die Römer hatten erschreckende Gerüchte über die Bewohner der Insel gehört: Sie würden das Blut der Kriegsgefangenen ihren Göttern opfern und die Zukunft aus den Eingeweiden getöteter Menschen deuten.

Paullinus feuerte seine Soldaten an: »Laßt ihr euch von einer Schar Weiber und Verrückter zum Zittern bringen?«

Diese Rede hatte Erfolg. Die Römer schlugen los, machten nieder, was immer sich ihnen in den Weg stellte, schleiften die Kultstätten und brannten die heiligen Haine nieder. Doch der Siegestaumel der Römer wurde jäh unterbrochen: Ein Bote vom Festland brachte die Nachricht, die gesamte Provinz Britannien befinde sich im Aufstand.

Neros größte Niederlage, das Werk einer Frau

Hinter der Rebellion stand eine ungewöhnliche Frau. Sie hieß Boudicca und war die Witwe des Icener-Königs Prasutagus. Die Icener, ein autonomer Keltenstamm, siedelten im Gebiet des heutigen ostenglischen Suffolk und Norfolk und galten ursprünglich als römerfreundlich. König Prasutagus, ein Mann von unermeßlichem Reichtum, hatte vor seinem Tod Kaiser Nero neben seinen beiden Töchtern als Erben eingesetzt. Seine Hoffnung, damit sein Land und seine Familie vor römischen Übergriffen zu bewahren, erfüllte sich jedoch nicht. Nach seinem Tod verwüsteten römische Besatzungstruppen das Land, zerstörten seinen Palast, mißhandelten seine Frau und schändeten seine Töchter. Die Verwandten des Königs wurden wie Sklaven behandelt, die vornehmsten Diener ihrer Habe beraubt.

Nun schien die Gelegenheit günstig. Suetonius Paullinus befand sich auf der Insel Mona, in Britannien lag nur ein unbedeutendes Besatzungsheer. Aber obwohl Überläufer vor dem bevorstehenden Aufstand gewarnt hatten, kümmerten sich die Römer nicht darum. Sie hielten es nicht einmal für notwendig, ihr Lager in Camulodunum, dem heutigen Colchester, an der Straße von Venta Icenorum nach Londinium mit Wall und Graben zu sichern. »Man war«, schreibt Tacitus, »mehr auf die Annehmlichkeiten als auf die Sicherheit des Platzes bedacht.«

Königin Boudicca scharte die besten Krieger ihres Stammes um sich, gewann auch die Trinobanten und andere britische Völkerschaften und zog mit ihren Kriegern zunächst gegen die Stadt Camulodunum.

Die nach dem Gott der keltischen Remer, Mars Camulus, benannte Stadt hatte eine wechselvolle Geschichte hinter sich. Nach dem Abzug von Cäsars Truppen machten die Belgier die Stadt zum Hauptort der vereinigten belgischen Stämme des südöstlichen Britannien. Unter Claudius wurde Camulodunum teilweise zerstört, und 51 n. Chr. hatte der Legat Ostorius Scapula hier eine Veteranenkolonie gegründet. Diese Veteranen müssen wie Vandalen gehaust haben, sie trieben die Einwohner aus ihren Häusern und behandelten sie wie Sklaven. Damals war dem vergöttlichten

Claudius hier ein Tempel errichtet worden, den die Bevölkerung als ein Symbol der Tyrannei betrachtete.

Ausgerechnet in diesem Tempel verschanzten sich die römischen Besatzungstruppen vor den heranstürmenden Aufständischen. Zum offenen Kampf waren sie entweder nicht bereit oder überhaupt nicht fähig. Auch nicht, als der römische Prokurator Catus Decianus zweihundert Mann zur Verstärkung schickte. Das Häuflein kam ohne Waffen und konnte sich nur zu den anderen Soldaten im Tempel des Claudius retten.

Die Stadt nahmen die Aufständischen im Handstreich, sie plünderten alle römischen Häuser und steckten sie in Brand. Zwei Tage belagerten sie den Tempel, dann wurde das verhaßte Bauwerk gestürmt und alle Soldaten niedergemacht. Welche Rolle die mutige Boudicca im einzelnen dabei spielte, ist nicht überliefert. Wir wissen also nicht, ob sie an der Spitze der Aufständischen stand oder ob ihr nur die Planung oblag. Tatsache ist, daß die größte militärische Niederlage, die den Truppen Neros je beigebracht wurde, von einer Frau initiiert war.

Die Furcht der Römer vor dem von Boudicca angeführten Aufstand war so groß, daß der Prokurator Catus Decianus zu Schiff nach Gallien floh. Auch der Legat Petilius Cerealis konnte mit seiner neunten Legion, die sich den Aufständischen entgegenwarf, die Angriffskraft der Britannier nicht stoppen. Das Heer wurde zerschlagen, das gesamte Fußvolk niedergemetzelt. Nur Petilius Cerealis konnte mit seiner Reiterei entkommen.

Nachdem Suetonius Paullinus diese Schreckensnachrichten erfahren hatte, kehrte er von Mona zurück und marschierte geradewegs auf Londinium zu. London war damals noch keine große Stadt, aber ein bedeutender Knotenpunkt von Handelsstraßen. Hier hielten sich auch viele römische Kaufleute auf, seit 43 n. Chr. gab es bereits eine kleine römische Siedlung.

Paullinus traf keine Anstalten, den Ort zu verteidigen, obwohl die Einwohner ihn angeblich klagend und weinend bestürmten. Er suchte für die Entscheidungsschlacht eine Ebene, weil er nur so vor einem Hinterhalt sicher war und seine Schlachtordnung voll zur Geltung bringen konnte. Etwa zehntausend Soldaten standen dem römischen Feldherrn zur Verfügung. Es waren Angehörige der vierzehnten Legion, Veteranen der zwanzigsten und bundesgenössische Truppen aus der Nachbarschaft.

Paullinus hatte erkannt, daß die Siege der britannischen Stämme im ersten leidenschaftlichen Ansturm errungen worden waren und er versuchen mußte, den Aufständischen mit einer taktischen Schlachtordnung beizukommen. Während die Britannier in wilden Haufen von allen Seiten heransprengten, von ihren Frauen auf Wagen begleitet, konzentrierte Paullinus seine Legionäre in der Mitte der Schlachtreihe, flankiert von den leichten Kohorten und der Reiterei an den Flügeln, jederzeit bereit, einen feindlichen Angreifer von außen einzukreisen.

Indes fuhr die tapfere Boudicca mit ihren beiden Töchtern auf einem Wagen von Stamm zu Stamm und ermunterte die Kampfgenossen.

»Es ist«, rief sie den Soldaten zu, »bei den Britanniern nichts Neues, von Frauen in die Schlacht geführt zu werden; aber heute kämpfe ich, von hoher Abstammung, nicht um mein Reich und meine Schätze, sondern ich räche wie eine Frau aus dem Volk meine verlorene Freiheit, meinen mißhandelten Leib und meine geschändeten Töchter. Die Römer«, fuhr sie fort, »treiben ihre Lüste so weit, daß sie keinen, nicht einmal das ehrwürdige Alter oder die Jungfräulichkeit ungeschändet lassen. Doch die Götter haben gerechte Rache geübt. Die Legion, die den Kampf wagte, ist vernichtet, die anderen verstecken sich im Lager oder sinnen auf Flucht. Sie halten nicht einmal das tosende Kampfgeschrei so vieler Tausender aus, geschweige denn meinen Angriff und meinen Arm. Wenn die Römer unsere Zahl der Bewaffneten und den Grund dieses Krieges bedenken würden, dann kann es in diesem Kampf nur Sieg oder Tod geben. Jedenfalls ist das mein, eines Weibes, Vorsatz.«

»Man sieht da drüben mehr Weiber als Krieger!«

Nur wenige Kilometer entfernt sparte der römische Feldherr Paullinus Suetonius ebenfalls nicht mit Worten.

»Achtet nicht auf das Kampfgeschrei und die leeren Drohungen der Barbaren«, begann er seine Rede. »Man sieht da drüben ja mehr Weiber als Krieger. Diese ganz und gar unkriegerische, unbewaffnete Menge, die schon so oft von uns geschlagen wurde, wird sofort die Flucht ergreifen, sobald sie die Schwerter und die Tapferkeit unserer sieggewohnten Truppen erkannt hat. Auch wenn zahlreiche Legionen auf dem Platz sind, sind es doch immer nur wenige Kämpfende, die eine Schlacht entscheiden. Und eurer Ruhm wird um so größer sein, wenn ihr als kleine Schar den Ruf eines ganzen Heeres gewinnt!«

Dann gab Paullinus die Taktik bekannt: Zunächst mußten die Legionäre aus der dichtgedrängten Schlachtordnung heraus ihre Speere schleudern, mit Schildbuckeln und Schwertern sollten sie dann die nicht getroffenen Feinde niederstoßen und, wenn möglich, töten, aber noch keinesfalls an Beute denken. »Nach dem errungenen Sieg«, versprach Paullinus, »wird alles nur euch zufallen!«

Danach schlugen die römischen Legionäre begeistert mit den Schwertern auf ihre Schilde und stellten sich in Schlachtreihen auf. Paullinus Suetonius gab das Zeichen zum Angriff.

In einem Keil stieß die mittlere Formation gegen die Feinde vor, schleuderte die Speere und ging mit dem Schwert zum Nahkampf über. Das alles ging in völliger Ordnung so schnell vor sich, daß die Britannier, noch ehe sie richtig zu kämpfen begonnen hatten, geschlagen waren. Brutal machten die Römer alles nieder, was sich ihnen in den Weg stellte, Soldaten, Frauen, Kinder, Zugtiere. Die Britannier versuchten zu fliehen, wurden aber häufig von den Wagen behindert, auf denen ihre Frauen die Schlacht beobachten wollten.

Aus Germanien hatte Nero inzwischen zweitausend Legionssoldaten, acht Kohorten Hilfsvölker und tausend Reiter nach Britannien beordert. Paullinus frischte mit den Legionären die neunte Legion auf und verlegte die Kohorten und Reitergeschwader ins Winterlager. Britannien war wieder unter römischer Herrschaft. Aus Angst vor der Rache der Sieger setzte Boudicca ihrem Leben mit Gift ein Ende.

Erfolg schafft Neider. Der Lagerpräfekt der zweiten Legion,

Poenius Postumus, konnte die Erfolge, welche die vierzehnte und zwanzigste Legion errungen hatten, nicht ertragen, er stürzte sich in sein eigenes Schwert. Der Prokurator Catus Decianus wurde von Julius Classicianus abgelöst, einem Feind des Paullinus Suetonius. Kaum in Amt und Würden meldete er dem Kaiser, in Britannien herrsche keineswegs Friede, es komme ständig zu Zusammenstößen, ein Ende des Konfliktes sei so lange nicht abzusehen, wie Paullinus Suetonius die römischen Truppen befehlige.

Nero verfolgte das Verhalten der Rivalen mit Sorge und schickte einen seiner Günstlinge, um den Streit zu schlichten. Er hieß Polyclitus, war ein Freigelassener und wegen seines großen Einflußes beim Kaiser gefürchtet. Zwar nahmen ihn die beiden Kontrahenten durchaus ernst, aber die Britannier belächelten ihn und die römischen Machthaber, weil ein Feldherr und ein Heer, das einen so großen Sieg errungen hatte, jetzt einem ehemaligen Sklaven gehorchte.

Da Polyclitus die offene Feindschaft der beiden nicht schlichten konnte, löste Nero Paullinus Suetonius ab. Er sollte später, unter Kaiser Otho, noch einmal von sich reden machen.

Ein Homosexuellendrama und seine Folgen

Inzwischen hatte Nero in Rom mit ersten innenpolitischen Schwierigkeiten zu kämpfen. Nach der Ermordung des Stadtpräfekten Pedanius Secundus im Jahr 61 kam es zu einem Volksaufstand. Der Zorn der Massen richtete sich gegen das archaische Gesetz, wonach bei der Ermordung eines Herrn durch einen Sklaven die gesamte Sklavenschaft des Hauses hingerichtet werden mußte. Dieser Fall stand hier an: Pedanius Secundus war von einem Sklaven erdolcht worden, weil jener denselben Knaben liebte wie er. Die Tat erschien durchaus verwerflich, aber daß deshalb alle vierhundert Sklaven des Stadtpräfekten, die mit dem Homosexuellen in keinerlei Verbindung standen, sterben sollten, das erregte die Gemüter der Römer zutiefst.

Der Fall kam vor den Senat; dort war die Stimmung zunächst

geteilt. Der Rechtsgelehrte Gaius Cassius hielt ein leidenschaftliches Plädoyer für die Hinrichtung:

»Senatoren!« begann er seine Rede. »Ich war oftmals in dieser Versammlung zugegen, wenn Anträge auf Abänderung der Verordnungen und Gesetze unserer Vorfahren gestellt wurden. Und ich habe mich nicht dagegen gewandt, obwohl ich nicht daran zweifelte, daß ehemals für alle Angelegenheiten besser und zweckmäßiger gesorgt worden ist und deshalb jede Veränderung nur eine Verschlechterung sein kann. Doch wollte ich nicht den Anschein erwekken, als wünschte ich, durch allzu große Vorliebe für die alte Sitte meinem Rechtsstudium einen vornehmeren Anstrich zu geben. Zugleich glaubte ich, mein Ansehen nicht durch zu häufige Gegenreden untergraben zu dürfen. Es sollte ungeschwächt sein, bis der Senat einmal einen wirklichen Ratgeber nötig hätte. Heute, wo ein ehemaliger Konsul in seinem eigenen Haus von einem hinterlistigen Sklaven ermordet worden ist, ist dieser Fall eingetreten.

Keiner hat den Mörder zurückgehalten oder verraten, obwohl doch der Senatsbeschluß nicht abgeschafft ist, der die gesamte Sklavenschaft dafür mit dem Tode bedroht! Nun gut, beschließt die Straflosigkeit der Sklaven. Aber wen wird dann seine Stellung noch schützen können, wenn sie nicht einmal dem Stadtpräfekten genützt hat? Wen werden seine vielen Sklaven sichern, wenn den Pedanius Secundus nicht einmal seine vierhundert Sklaven schützen konnten? Wem wird eine Dienerschaft in Zukunft Hilfe bringen, die nicht einmal aus Furcht vor Todesstrafe Gefahren von uns abwendet? Oder hat etwa der Mörder, wie uns einige ohne Erröten weismachen wollen, für erlittenes Unrecht Rache genommen . . .? So sprechen wir es doch lieber offen aus, daß der Mord an dem Herrn nach unserer Meinung zu recht geschehen ist!«

Die Senatoren hörten betroffen zu. Natürlich war die Mehrheit ebenso wie Gaius Cassius konservativer Gesinnung. Der aber fuhr in seinem Plädoyer für die Kollektivstrafe fort: Es sei ganz unmöglich, daß der Sklave keine Mitwisser gehabt habe. Wie hätte er durch die Wachen gelangen, wie das Schlafzimmer öffnen, das Licht hineintragen und den Mord vollbringen können? Ein solches Gesindel mit fremder oder überhaupt keiner Religion, zusammengewürfelt aus aller Herren Länder, könne doch nur durch Furcht in

Schranken gehalten werden. Daß bei der Massenhinrichtung auch ein paar Unschuldige dran glauben müßten, stehe außer Frage. Das sei wie bei einem geschlagenen Heer, von dem jeder Zehnte zu Tode gepeitscht wird, da treffe selbst die wenigen Tapferen das harte Los. »Aber«, beendete Cassius seine Rede, »der Schaden, den der einzelne erleidet, wird durch den Nutzen für die Gesamtheit aufgewogen.«

Ein Plädoyer für die Sklaven fand nicht statt. Zwar wurden Stimmen laut, die die hohe Zahl zu bedenken gaben, andere meinten, es seien auch Frauen und Kinder darunter. Dennoch blieb es bei dem alten Gesetz: Alle vierhundert Sklaven des Pedanius Secundus sollten sterben.

Die auf den nächsten Tag festgesetzte Hinrichtung konnte jedoch nicht stattfinden. Tausende von Sklaven, Freigelassenen und Römern aus der sozialen Unterschicht belagerten das Gefängnis, von dem die vierhundert zur Hinrichtungsstätte gebracht werden sollten. Sie waren mit Steinen bewaffnet und drohten, die Soldaten zu steinigen und das Gefängnis anzuzünden, wenn auch nur einem Sklaven ein Haar gekrümmt würde. Der Vorfall wuchs sich zum Volksaufstand aus.

Zum erstenmal in seiner sechsjährigen Regierung hatte Nero das Volk gegen sich. Die Massen, die er bisher mit Brot und Spielen beeindruckt hatte, deren Zuneigung ihm so wichtig war, diese Massen stellten sich zum erstenmal gegen ihn.

Es war ein Schock für den Kaiser, Angst überfiel ihn. Gab er den Massen nach, brachte er das gehobene römische Bürgertum und den Adel gegen sich auf, blieb er hart, machte er sich die Massen zum Feind. Vermutlich auf den Ratschlag von Seneca und Burrus entschied Nero sich für die letztgenannte Lösung. In einem Edikt tadelte er die Bürgerschaft wegen ihres Verhaltens und ließ die Straße mit Soldaten abriegeln, über welche die vierhundert Sklaven zur Hinrichtungsstätte geführt wurden. Alle vierhundert wurden gekreuzigt. Fortan lebte Nero in Furcht vor seinem Volk.

Kritik machte ihn sichtlich nervös. Erstmals seit längerer Zeit kam unter dem Konsulat des Marcus Marius und des Lucius Afinius im Jahre 62 das Gesetz gegen Majestätsverbrechen wieder zur Anwendung. Der Prätor Antistius hatte bei einer Abendgesell-

Lucius Domitius Ahenobarbus Nero Claudius Cäsar Augustus Germanicus war Kaiser des römischen Weltreiches vom 13. Oktober 54 bis 9. Juni 68.

Das Forum Romanum, zur Zeit Neros Stadt- und Verwaltungszentrum des Staates. Im Hintergrund das Capitol mit der Rückseite des Palazzo dei Conservatori. An seiner Stelle stand einst – zum Forum hin ausgerichtet – der Tempel des Jupiter Capitolinus. Rechts, das Gebäude mit den drei Fen-

stern, ist die Curie, eine Stätte weltgeschichtlicher Entscheidungen. Hier präsentierte Nero sich den Senatoren als neuer Kaiser. Die drei korinthischen Säulen im Vordergrund gehörten zum Tempel des Castor und Pollux.

Neros Mutter Agrippina gab ihrer Geburtsstadt Köln nach der Umwandlung in eine Kolonie den Namen Colonia Claudia Ara Agrippinensis. Dieses jugendliche Bildnis der schönen Agrippina steht in der Münchener Glyptothek.

Das erste nachchristliche Jahrhundert war eine Zeit des Luxus und der überfeinerten Kultur. Hier eine pompejanische Wandmalerei mit Scheinarchitektur, wie sie Nero besonders schätzte.

Drei Kaiser – eine Frau: Tiberius *(oben links)* war mit Neros Großmutter verheiratet. Caligula *(oben rechts)* war ein Bruder seiner Mutter. Claudius *(unten links)* war Neros Großonkel, bevor er Agrippina heiratete und sein Stiefvater wurde. *Rechts unten:* Claudius' dritte Frau Messalina, eine Frau von ungeheurer Frivolität.

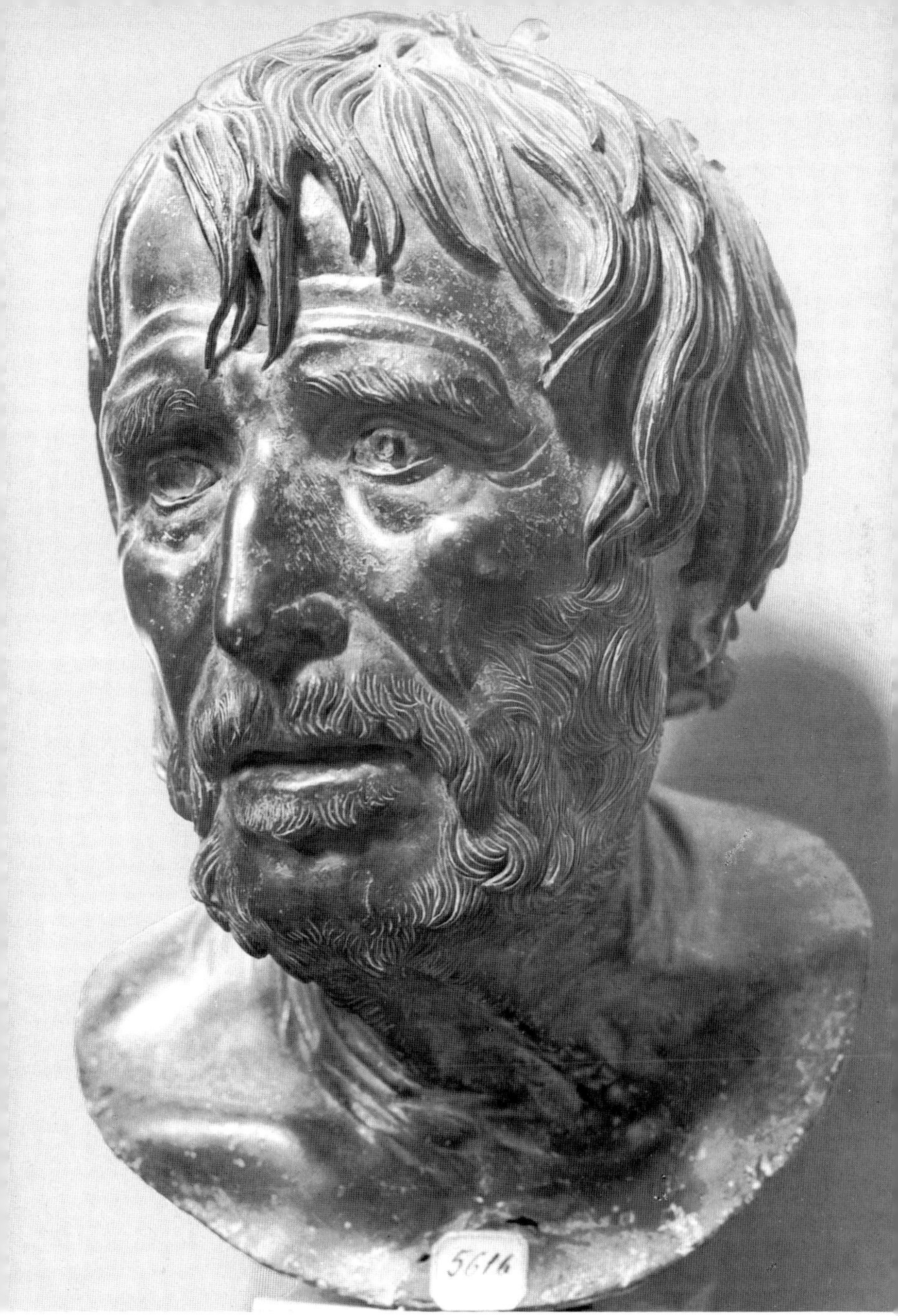

Bronzebüste Senecas im Nationalmuseum von Neapel. Neros Mutter engagierte den aus der spanischen Provinz stammenden Philosophen und Schriftsteller als Lehrmeister ihres Sohnes. Als Neros Berater regierte er einige Jahre das römische Weltreich und schuf sich ein Millionenvermögen.

Wandgemälde nach dem Geschmack des Kaisers Nero. *Oben:* Eine Braut wird von Göttinnen für die Hochzeit vorbereitet. Das Gemälde aus der frühen Kaiserzeit gelangte in den Besitz einer Fürstenfamilie und heißt seither »Die aldobrandinische Hochzeit«. *Unten:* Eine Dionysos-Darstellung aus der Villa dei Misteri in Pompeji.

Brot und Spiele waren das Wichtigste im Leben des Durchschnittsrömers. Gladiatorenkämpfe dienten der Unterhaltung. Diese beiden Mosaiken aus der Galleria Borghese zeigen den Kampf gegen wilde Tiere und den Kampf Mann gegen Mann mit Dolch, Schwert und Dreizack. Dem Sieger winkte die Freiheit oder eine hohe Belohnung.

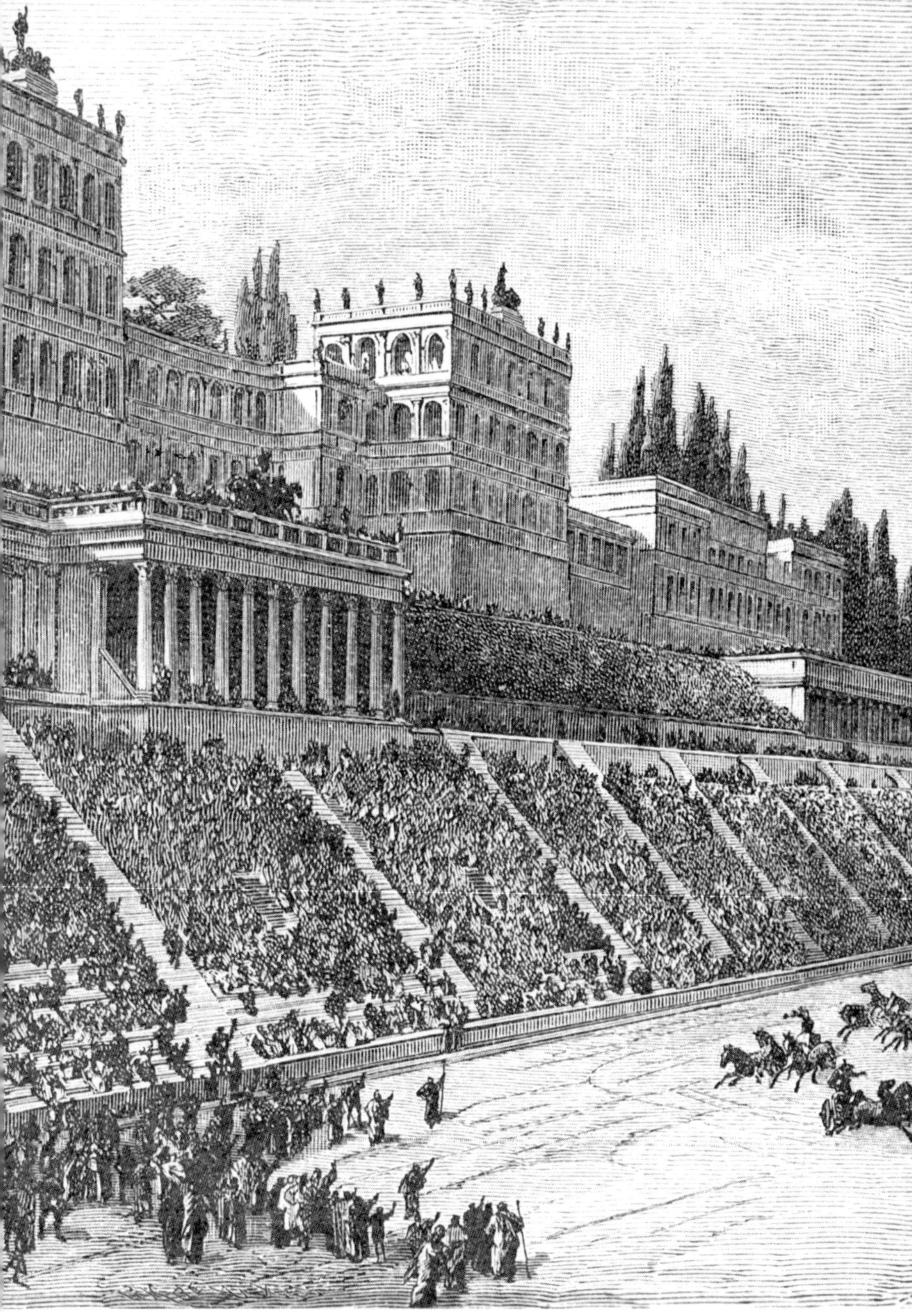

Wagenrennen im Circus Maximus. Die Rekonstruktion aus dem 19. Jahrhundert vermittelt einen Eindruck von den Massenveranstaltungen, die in dieser Arena stattfanden. Die größte und älteste Anlage ihrer Art lag am

Fuße des Palatin, überragt vom Kaiserpalast. Von seiner Terrasse konnte der Kaiser alle Rennen verfolgen. Unter den Tribünen der Arena brach der Stadtbrand aus, der beinahe ganz Rom in Schutt und Asche legte.

Oben: Die Ruine des Kaiserpalastes oberhalb des Circus Maximus. *Unten:* Eine Rekonstruktion der Circus-Anlage, die Nero auf dem Territorium des heutigen Vatikanstaates errichtete. Der Obelisk in der Mitte der Arena wurde versetzt und steht heute in der Mitte des Petersplatzes.

Der sogenannte Vesta-Tempel auf dem Forum Boarium, dem Rindermarkt, geht auf einen Entwurf griechischer Architekten zurück. Seine Erhaltung verdanken wir der Tatsache, daß er von den Christen als Kirche umfunktioniert wurde. Dabei wurde er auch mit einem Dach versehen.

Fresken aus der *Domus Aurea.* Nach der Brandkatastrophe des Jahres 64 errichtete Nero einen monumentalen Kaiserpalast, das Goldene Haus. Wo die Wände nicht mit Goldplatten verkleidet waren, vermittelten heitere Fresken mit mythologischen Szenen eine lebensfrohe Atmosphäre.

Nero liebte Rundungen auch in der Architektur. Diese Außenwand der *Domus Aurea* wurde von Archäologen unter den Fundamenten der Trajansthermen ausgegraben. Kaiser Trajan hatte mit seiner großflächigen Badeanstalt den Kaiserpalast Neros überbaut.

Die Laokoongruppe, eines der berühmtesten griechischen Kunstwerke, wurde 1506 in den Ruinen des Neronischen Kaiserpalastes wiederentdeckt. Nero, der für griechische Skulpturen schwärmte, ließ Tausende von Kunstwerken nach Rom schaffen. Der größte Teil seiner Sammlung fiel dem Stadtbrand zum Opfer.

Die Katakombe S. Sebastiano ist die älteste in Rom. Sie entstand in nachneronischer Zeit. Zu Lebzeiten Neros war die Christengemeinde in Rom noch so klein, daß sie keiner großangelegten Begräbnisstätte bedurfte. Das älteste in der Katakombe gelegene römische Grabhaus entstand im Jahre 75.

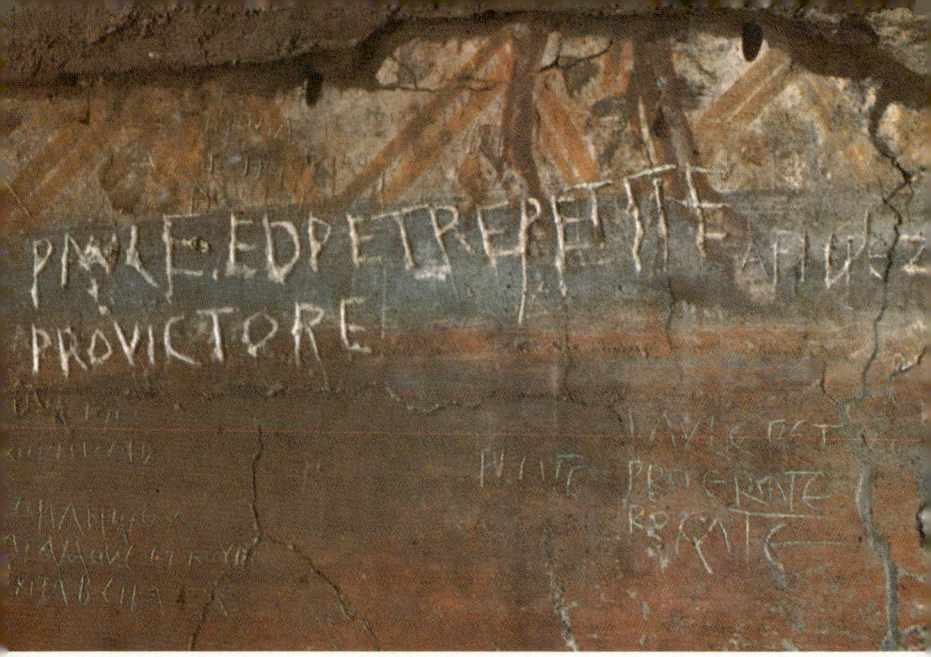

Zahlreiche Zeugnisse in der S.-Sebastiano-Katakombe weisen auf die Apostel Petrus und Paulus hin, die unter Nero den Tod fanden. *Oben:* Eine Inschrift »Paulus und Petrus, bittet für Victor!« *Unten:* Eine frühchristliche Darstellung der beiden Apostelfürsten.

Der Obelisk auf dem Petersplatz wurde 37 nach Rom gebracht. Nero ließ ihn in der Mitte seiner Circusanlage aufstellen. Papst Sixtus V. veranlaßte 1586 die Aufstellung am heutigen Ort. Dabei zerbrach der ursprünglich beinahe doppelt so hohe Steinkoloß.

Der Kanal von Korinth, ein Lieblingsprojekt Neros, wurde vom Kaiser zwar begonnen, die Bauarbeiten wurden jedoch nach seinem Tod aufgrund technischer Schwierigkeiten eingestellt. Korinth war Hauptstadt der römischen Provinz Achaia. Paulus gründete hier eine Christengemeinde.

Galba, Neros Nachfolger, wurde von spanischen und gallischen Truppen zum Kaiser proklamiert. Er regierte jedoch nicht viel länger als ein halbes Jahr. Weil er der Leibgarde versprochene Geschenke versagte, wurde er von den Prätorianern umgebracht.

Macht und Größe demonstrierte die römische Architektur. Diese Rekonstruktion zeigt das Forum Romanum vom Capitol gesehen, so wie es zur Zeit Neros ausgesehen haben mag. Im Hintergrund der Kaiserpalast auf

dem Palatin nach der baulichen Überarbeitung durch Caligula. Links der Tempel des Julius Cäsar, daneben der runde Vesta-Tempel, rechts der Tempel der Dioskuren und eine Ecke der Basilica Julia.

Otho *(oben links)*, ein ehemaliger Freund Neros, wurde schuldig am Tod des Galba. Er regierte jedoch nur von Januar bis April 69. Vitellius *(unten links)* übernahm die Macht, nachdem ihn die Rheinlegionen zum Kaiser ausgerufen hatten, bis Dezember 69. Ihm folgte Vespasian *(oben rechts)*, der dann beinahe zehn Jahre regierte.

schaft Schmähgedichte auf den Kaiser vorgetragen. Er wurde angeklagt und zum Tode verurteilt, aufgrund eines Senatsbeschlußes jedoch nur in die Verbannung geschickt. Nero zeigte sich darüber indigniert.

Der Kaiser verliert seinen engsten Berater

Seine Situation verschlimmerte sich im selben Jahr noch durch den unerwarteten Tod des Prätorianerpräfekten Afranius Burrus. Zusammen mit Seneca hatte er in den ersten fünf Jahren der Regierung Neros praktisch die Amtsgeschäfte geführt und war bei den Römern beliebt gewesen.

Die Umstände, unter denen Burrus starb, sind nicht ganz klar. Tacitus schreibt, er sei an einem Geschwür im Hals erstickt, bemerkt aber gleichzeitig, man habe auf Befehl des Kaisers unter dem Vorwand, ihn heilen zu wollen, die Kehle des Patienten mit einer giftigen Arznei bestrichen. Jener Version schenkt auch Sueton Glauben. Möglicherweise ist dies aber nur das Ergebnis späterer Legendenbildung. Tatsache ist, daß Burrus in den letzten Jahren dem Kaiser möglichst aus dem Weg gegangen war. Er hatte beim Mordkomplott gegen die Kaiserinmutter Zurückhaltung gezeigt und sich geweigert, gegen Agrippina vorzugehen, weil er dem *ganzen* Kaiserhaus den Teueid geleistet habe. Der Verstoßung von Neros erster Gemahlin Octavia hatte er sich ganz offen widersetzt, Spannungen mit dem Kaiser waren die Folge. Der konnte sich seitdem nur noch auf Seneca stützen.

Wie verunsichert Nero war, zeigt die Regelung der Nachfolge. Der Kaiser sah aus unerfindlichen Gründen gleich zwei Nachfolger für das Amt des Prätorianerpräfekten vor: Faenius Rufus, bisher Verwalter der Kornspeicher und des Getreidewesens, war beim Volk wegen seiner Uneigennützigkeit sehr beliebt; Ofonius Tigellinus stand dagegen vor allem bei Nero in hoher Gunst, weil er an allen Orgien des Kaisers teilnahm. Er genoß ohne Zweifel auch seine Freundschaft, ein Berater vom Format eines Burrus war er jedoch nicht.

Mit dessen Tod schwand aber auch der Einfluß Senecas. Der Kaiser, inzwischen fünfundzwanzig Jahre alt, war scheinbar endgültig erwachsen geworden. Er legte kaum noch Wert auf seine Ratgeber. Die Römer bemerkten sehr schnell, daß Senecas Stern sank. Viele lehnten ihn inzwischen ab, weil er als Günstling des Kaisers sein Vermögen um zweihundert Millionen Sesterzen vermehrt hatte. Er versuche, munkelte man in Rom, mit seinen Gärten und Landhäusern allmählich sogar Nero zu überbieten. Intriganten hinterbrachten dem Kaiser, Seneca nehme seinen Herrn nicht ganz ernst, mache sich über seinen Gesang lustig und zweifle an seinen Qualitäten als Wagenlenker bei den öffentlichen Rennen.

Als Seneca wegen dieser Anschuldigungen vor Gericht zitiert wurde, bat er den Prinzeps um eine Unterredung. Nero empfing seinen ehemaligen Lehrmeister und Berater mit ernster Miene. Der begann ohne Umschweife:

»Cäsar, es ist jetzt das vierzehnte Jahr, seit ich deiner hoffnungsvollen Jugend zur Seite gestellt wurde, das achte, seit du Kaiser bist. Im Laufe dieser Zeit hast du so viele Ehrungen und Reichtümer auf mich gehäuft, daß nichts zu meinem Glück fehlt als das rechte Maß und Ziel. Ich will an große Vorbilder erinnern, nicht meines, sondern deines Standes. Dein Urgroßvater Augustus gestattete dem Agrippa, sich nach Mytilene zurückzuziehen, dem Gaius Maecenas, in Rom so ungestört zu leben, als ob er in der Fremde wäre. Und doch war jener ein Kriegskamerad des Augustus, dieser hatte mehr als ein mühevolles Amt bekleidet, beiden waren zwar ansehnliche, aber doch nur ihren hohen Verdiensten eben entsprechende Belohnungen zuteil geworden. Was konnte *ich* dir für deine Freigebigkeit anderes bieten als meine Studien, die, wie ich mich ausdrücken möchte, im Schatten aufgewachsen und nur dadurch zur Berühmtheit gelangt sind, weil ich vielleicht den ersten Grund zu deiner Bildung legen durfte, was für mich schon ein hoher Lohn ist! Du aber hast mich mit so überschwenglicher Gunst und so unübersehbaren Gütern beschenkt, daß ich mich gar oft selber fragte: Ich, im Ritterstand und in der Provinz geboren, werde zu den Großen des Staates gezählt? Ich, der Emporkömmling, stehe neben den Hochadeligen, die eine lange Reihe ruhmvoller Ahnen aufzuweisen haben? Wo bleibt da die berühmte Bescheidenheit und

Genügsamkeit? Ist sie es denn, die solche Gärten anlegt, die sich in diesen prachtvollen Villen nahe der Stadt ergeht, die in so endlosen Kornfeldern, in so weit verbreiteten Zinsgeschäften schwelgt? Mir fällt nur eine einzige Entschuldigung dafür ein, daß ich deine Geschenke nicht ablehnen durfte.«

Senecas Rede war, jedenfalls wie sie Tacitus überliefert, äußerst geschickt formuliert. Indem er mit seinen Argumenten die Flucht nach vorn antrat und sich selbst beschuldigte, nahm er seinem Gesprächspartner von vornherein jede Möglichkeit zur Kritik, ja er provozierte den Kaiser sogar, ihn, Seneca, zu verteidigen, ihm noch mehr Geschenke aufzudrängen. Das wird im folgenden deutlich; denn Seneca fuhr fort:

»Nun ist für uns beide das Maß voll. Für dich, wieviel ein Kaiser einem Freund schenken darf. Für mich, wieviel der Freund von seinem Herrscher annehmen darf. Was darüber hinausgeht, wird nur den Neid vermehren, der allerdings wie alle menschlichen Gebrechen nicht an deine Größe heranreicht. Auf mir aber lastet er. Mir also muß geholfen werden. Wie ich im Feld oder auf der Reise ermattet um eine Stütze bitten würde, so bitte ich, ein lebensmüder Greis, der auch den geringsten Anstrengungen nicht mehr gewachsen ist, um deinen Beistand. Ich kann meine Reichtümer nicht mehr tragen. Lasse meine Güter durch deine Prokuratoren verwalten, schlage sie zu deinem Vermögen! Ich will mich nicht selbst in Armut stürzen, ich will nur das abtun, von dessen Glanz ich geblendet werde. Viel lieber würde ich all die Zeit, die mir die Verwaltung von Gärten und Villen raubt, für mich selbst verwenden.

Du stehst in voller Manneskraft und hast so viele Jahre Erfahrungen als Staatsoberhaupt gesammelt. Also kann ein bejahrter Freund wie ich sich ganz der Ruhe überlassen. Auch das wird ja deinem Ruhm zugute kommen, daß du Männer so hoch erhoben hast, die auch ein bescheideneres Los zu ertragen wissen.«

Die Antwort fiel so aus wie zu erwarten war: »Daß ich«, begann der Kaiser, »deiner wohlüberlegten Rede aus dem Stegreif entgegnen kann, ist das erste, was ich als Geschenk von dir besitze. Du hast mich ja nicht nur vorher bekannte, sondern auch plötzlich gestellte Aufgaben zu lösen gelehrt. Mein Urgroßvater Augustus hat dem Agrippa und Maecenas gestattet, sich von ihren Anstrengungen zu erholen. Dabei war er aber selbst schon in einem Alter, wo sein Ansehen jede beliebige Wohltat rechtfertigte. Trotzdem hat er keinem die von ihm verliehenen Belohnungen wieder abgenommen. Freilich, sie hatten sich in Krieg und Gefahren verdient gemacht; denn in ihnen bewegte sich die Jugend des Augustus. Auch mir würde dein Schwert und dein Arm nicht gefehlt haben, hätte ich mit Waffen zu tun. Aber du hast, da es die gegenwärtigen Verhältnisse so fordern, durch Überlegung, Rat und Lehre zuerst den Knaben und dann den Jüngling gefördert. Und darum werden deine Verdienste um mich, solange ich lebe, unvergessen bleiben. Was du von mir hast, Gärten, Landhäuser und Renten, ist von Zufall abhängig. Und mögen diese Gaben auch sehr reich erscheinen, sehr viele, die sich keineswegs mit dir messen können, haben mehr erhalten. Ich schäme mich, Freigelassene zu nennen, die man in größerem Reichtum erblickt. Ich gebe daher zu bedenken, daß du, der du mir von allen teuer bist, noch nicht alle an Reichtümern übertriffst.«

Tacitus meint, Nero habe »seinen Haß hinter falschen Schmeicheleien versteckt«, er habe sich also in seiner Erwiderung verstellt. Immerhin sagt Nero im folgenden Teil seiner Rede ziemlich offen, daß es für ihn rufschädigend wäre, seine Geschenke zurückzunehmen.

»Du bist«, fuhr der Kaiser an Seneca gewandt fort, »noch rüstig und in einem der Tätigkeit und ihrem Lohn durchaus gewachsenen Alter, während ich in den Anfängen meiner Regierung stehe. Es müßte denn sein, daß du dich geringer einschätzt als den Vitellius, der dreimal Konsul war, oder mich für weniger dankbar hältst als den Claudius und das, was Volusius durch langjährige Sparsamkeit eingebracht hat, meine Freigebigkeit bei dir nicht zu erreichen vermag. Du bist es doch, der mich zurückruft, wenn ich irgendwie in der Unsicherheit meiner Jugend vom Weg abkomme, du wappnest meine Kraft durch deine Einsicht und lenkst sie in strengere Bahnen. Nicht deine Mäßigung, wenn du mir dein Vermögen zurückgibst, nicht dein stilles Leben, wenn du deinen Kaiser verläßt, wird in aller Munde sein, sondern meine angebliche Habsucht und die Furcht vor meiner Grausamkeit. Und wenn deine Enthaltsamkeit noch so sehr gepriesen würde, so kann es doch für einen Weisen nicht ehrenvoll sein, sich durch eine Tat berühmt zu machen, durch die man seinen Freund in üblen Ruf bringt.«

Nero umarmte Seneca und küßte ihn. Der bedankte sich beim Prinzeps für die Unterredung und ging. Fortan, so wird von Tacitus berichtet, habe Seneca seinen Lebensstil geändert, er habe nicht mehr so viele Besucher empfangen, sei im Gegensatz zu bisher ohne großes Gefolge ausgegangen und habe sich nur noch selten in der Stadt blicken lassen. Er begründete sein verändertes Verhalten mit seiner angegriffenen Gesundheit und philosophischen Studien. Von 62 bis 65 lebte er geruhsam auf seinen Gütern in Campanien. Politisch spielte er keine Rolle mehr. Nur einmal noch wird sein Name im Zusammenhang mit einer undurchsichtigen Affäre genannt. Doch davon später.

Nachdem er seine ältesten Vertrauten und Berater verloren hatte, schenkte Nero dem Tigellinus blindes Vertrauen. Er war ebenso schön wie gefürchtet. Seinem attraktiven Äußeren war schon Neros Mutter Agrippina erlegen. Pikanterweise hatte ihn einst sein jetztiger Copräfekt Faenius Rufus als Liebhaber der Kaiserinmutter abgelöst; das war wohl der Grund, warum Tigellinus den Faenius Rufus des Hochverrats anklagte – allerdings ohne Erfolg. Tigellinus nützte das neu gewonnene Vertrauen des Kaisers rücksichtslos für seine persönlichen Machtbestrebungen. Und wer immer ihm dabei im Wege stand, war seines Lebens nicht mehr sicher.

Nero nahm alle Informationen, die ihm Tigellinus gezielt zuspielte, ungeprüft zur Kenntnis. Politik fand nie sein Interesse, jetzt aber, da er in Liebeshändel mit Poppaea Sabina verstrickt war, konnte Tigellinus beinahe ungehindert schalten und walten.

Dabei gerieten Rubellius Plautus und Sulla Felix in seine Schußlinie. Beide, meinte Tigellinus, könnten dem Kaiser gefährlich werden. Nicht in Rom selbst, aber in der Ferne, Rubellius in Kleinasien, Sulla in Gallien. Gallien sei beim Klang des vertrauten Diktatornamens Sulla in Bewegung geraten, und die Völker Asiens seien durch den erlauchten Namen von Rubellius' Großvater Drusus nicht weniger erregt.

Nero senkte den Daumen nach unten. Sechs Tage später machte sich ein Mordkommando auf den Weg nach Marseille. Sulla wurde bei Tisch ermordet, seinen Kopf brachten die Mörder nach Rom.

Gleichzeitig steuerte eine Sondereinheit von sechzig Soldaten Kleinasien an. Nero hatte Rubellius Plautus im Jahr 60 gebeten, sich auf die von seinem Vorfahren in Kleinasien ererbten Güter zurückzuziehen. Damals ging das Gerücht um, der erst dreiundzwanzig Jahre alte Kaiser sei abgesetzt und Plautus solle sein Nachfolger werden. Dieser stammte mütterlicherseits aus dem julischen Kaiserhaus, so daß das Gerücht durchaus Realität hätte werden können. Der Aufforderung Neros, die einer Verbannung gleichkam, war von Plautus Folge geleistet worden. Er hatte seine Gattin Antistia, seine Kinder und ein paar Freunde mit sich genommen.

Zurückgeblieben war sein Schwiegervater Lucius Antistius. Als er von dem Mordkomplott erfuhr, schickte er einen Freigelassenen nach Kleinasien, der Plautus warnen sollte. Doch der, ein Anhänger der stoischen Philosophie, schlug alle Warnungen in den Wind und sah seinem Ende gelassen entgegen. Plautus wurde erdolcht, als er gerade Leibesübungen machte. Die Soldaten schlugen ihm den Kopf ab und brachten ihn ebenfalls nach Rom.

Daß es sich bei diesen beiden Fällen – zumindest aus der Sicht Neros – nicht um Willkürakte handelte, wird daraus deutlich, daß der Kaiser dem Senat eine schriftliche Vollzugsmeldung zukommen ließ. Er habe in Sorge um das Wohl des Staates gehandelt, denn beide seien von aufrührerischem Geist gewesen. Der Senat beschloß daraufhin die postume Ausschließung von Plautus und Sulla aus dem Senat. Dies war eine Ungeheuerlichkeit. Denn damit war die ganze Familie, die Verwandtschaft, ja die ganze Sippe geächtet.

Wie sehr das Geld die alte Welt regierte

Schon zu Neros Zeiten regierte Geld die Welt. Formal unterschied man zwar nur zwischen *Honestiores*, den Angehörigen der Oberschicht, und den *Humiliores* aus der sozialen Unterschicht, aber natürlich war die Klassenzugehörigkeit in erster Linie eine Frage des persönlichen Vermögens. Um in den Senatorenstand erhoben zu werden, mußte ein römischer Bürger ein Privatvermögen von zweihundertfünfzigtausend Denaren nachweisen. Hatte er soviel und war er in jenen Stand aufgenommen, dann kam das einer Garantie für die Vermehrung eben dieses seines Vermögens gleich: Nur Angehörige seines Standes konten die einträglichen Verwaltungsstellen einnehmen, nur ihnen standen Ehrentribünen im Circus und Theater zu. Gewisse Gesetze fanden auf sie keine Anwendung: Sie durften über die Plebs zu Gericht sitzen; stand jedoch einer von ihnen vor den Schranken des Gerichts, dann durfte nur einer aus ihren Reihen den Spruch fällen. Das einzige, was ihnen verwehrt war, war die Heirat mit einer Freigelassenen, also einer ehemaligen Sklavin.

Zweifellos unter dem Einfluß seines Lehrers Seneca hat Nero gerade dem Sklavenunwesen manchen Stachel genommen. Er beließ es jedoch bei dem Gesetz, wonach ein Freigelassener gegen seinen ehemaligen Herrn keinen Prozeß anstrengen und nie gegen ihn als Zeuge auftreten dürfe, andererseits aber sich verpflichten mußte, den ehemaligen Dienstherrn in schlechten Zeiten zu unterstützen und bei Festlichkeiten zu beschenken.

Es war wahrlich kein Honiglecken, wenn man in Rom zu den *Humiliores*, den Niedriggeborenen, zählte. Habenichtse ohne steuerpflichtiges Vermögen wurden wegen kleinster Kleinigkeiten ausgepeitscht, ließen sie sich gar etwas zuschulden kommen, schickte man sie *ad metalla*, in die Kupfer- oder Silberbergwerke, gab sie zur Kreuzigung frei oder warf sie in der Arena den wilden Tieren zum Fraß vor.

Da hatten es die *Honestiores*, die »ehrbaren Leute«, besser. Wer fünftausend Sesterzen Vermögen nachweisen konnte, galt als ehrbar, die Gesetze wurden auf ihn milder angewandt. Was einen Habenichts den Kopf kostete, brachte einem »Ehrbaren« höchstens die Verbannung ein. Gehörte einer aber der *Ordo* an, den höheren Gesellschaftskreisen, dem Ritter- oder Senatorenstand, so unterlag er noch angenehmeren Maßstäben.

Neros Vorgänger Claudius hatte alten und kranken Sklaven die Freiheit gewährt, wenn ihr Herr dies nicht von sich aus tat. Nero ging noch ein Stück weiter und wies seine Stadtpräfekten an, Klagen von Sklaven entgegenzunehmen, wenn diese sich willkürlich und ungerecht behandelt fühlten.

Dies alles darf freilich nicht darüber hinwegtäuschen, daß das Leben eines Sklaven auch unter Nero menschenunwürdig war. Ein Herr konnte seinen Sklaven schlagen, ihn in zerlumpten Kleidern herumlaufen und hungern lassen, verkaufen, verkuppeln, ja kastrieren.

Idealverhältnisse zwischen Herr- und Dienerschaft waren nicht selten, aber keinesweg die Regel. Wurde ein Sklave freigelassen, was durch den Spruch des Prätors erfolgen konnte, so war die Stellung seiner Kinder bereits besser als die eigene.

Aber auch der Sohn eines solchen Freigelassenen – Horaz war einer – hatte durchaus noch seine Schwierigkeiten im Gesellschaftsleben, erst seine Kindeskinder standen einem Freigeborenen in nichts mehr nach, genossen die gleichen politischen Rechte und galten, bei entsprechendem Vermögen, als ehrbare Bürger. Und wie sich zeigte, kamen gerade die Nachkommen von Freigelassenen sehr rasch zu respektablem Reichtum; denn sie hatten im Gegensatz zu den freigeborenen Römern, zu arbeiten gelernt. Ende des ersten Jahrhunderts v. Chr. besaß ein Freigelassener mit Namen C. Caelius Isidorus 4116 eigene Sklaven.

Althistoriker haben errechnet, daß während der römischen Kaiserzeit mehr als 80 Prozent der Bevölkerung von Sklaven abstammten. Es wimmelte also nur so von Sklaven im Rom.

Sklaven waren ein Standessymbol. Die Reichen zeigten ihren Reichtum in Gestalt von *Serviles*, die sie in der Öffentlichkeit begleiteten. Ein Strafverteidiger konnte noch so gut sein, anerkannt war er erst, wenn er mit einer Schar Sklaven vor Gericht erschien. Von Plinius dem Jüngeren wissen wir, daß er über fünfhundert Sklaven besaß. Er ordnete testamentarisch die Freilassung von hundert treuen Knechten an. Ein spezielles Gesetz, die *Lex Fufia*

Caninia, gestattet es Besitzern von hundert bis fünfhundert Sklaven, ein Fünftel freizulassen.

Wir wissen nicht, wie viele Sklaven Nero hatte; aber ein Kaiser konnte bis zu zwanzigtausend besitzen. Diese Zahl jedenfalls nennt Athenaeus. Natürlich hielten sich nicht alle am Hof auf. Ein großer Teil war als Steuereintreiber im Ausland, als Landverwalter und Arbeiter in den Provinzen beschäftigt. Trotzdem unterhielt Nero an seinem Hof ein wahres Sklavenheer. Sein ausgeprägter Sinn für das Überdimensionale, Pompöse und Exklusive verlangte nach einer Vielzahl von Sklaven, wie sie kaum ein anderer Kaiser aufzubieten hatte. »Seinen mächtigsten Freigelassenen« – so Tacitus – »soll Nero durch Gift beseitigt haben, den Doryphorus, weil er sich der Vermählung mit Poppaea widersetzt hatte, den Pallas, weil er ihm angeblich sein unermeßliches Vermögen durch ein langes Greisenalter vorenthielt.« Genaueres erfahren wir auch bei Tacitus nicht, aber in seiner zweifellos tendenziösen Berichterstattung ergreift er hier die Gelegenheit, Nero in ein schiefes Licht zu rücken.

In Armenien gärt es wieder

Der Verlust von Burrus und Seneca hatte verheerende Folgen. Ohne seine Berater war Nero Schmeichlern, Intriganten und Defraudanten hilflos ausgeliefert. Erst jetzt wurde seine ganze Naivität erkennbar. Mit sechsundzwanzig Jahren gab Nero sich noch immer als der verspielte Jüngling, für den Kunst mehr bedeutete als Krieg, den ein praller Busen weit mehr faszinierte als perfide Politik – eine Einstellung, gegen die kaum etwas einzuwenden ist, nur läßt sich so kein Weltreich regieren.

Es war Neros entscheidender Fehler und zeugt von seinem naiven Charakter, sich nach achtjähriger erfolgreicher Regierung von seinen Beratern zu trennen. Hatte er vergessen, daß er zum Regieren nicht geboren, sondern bestimmt worden war? Von nun an war das Schicksal seiner Regierung der Gunst oder dem Verhängnis der Stunde unterworfen.

Während in Rom Gerüchte über eine Verschwörung umgingen,

sorgte Armenien für neue Aufregung im außenpolitischen Bereich. Der von Nero eingesetzte Armenierkönig Tigranes hatte seinen Machtbereich überschritten und einen Parther-Stamm vernichtet. Das konnte König Vologaises nicht hinnehmen. Zusammen mit seinem Bruder Tiridates, der zuvor König von Armenien gewesen war, trat er vor die Adelsversammlung seines Reiches. Er zeigte auf Tiridates und begann folgende Rede:

»Diesen Mann, der von demselben Vater stammt wie ich, habe ich, da er mir als dem Ältesten den Parther-Thron überlassen hat, in den Besitz Armeniens gesetzt. Das war die drittmächtigste Position im Reich; denn Pacorus hatte die Herrschaft über Medien schon vorher erhalten. So glaube ich, im Gegensatz zum herkömmlichen Bruderhaß und -zwist, die Verhältnisse unserer Familie auf gerechte Weise geordnet zu haben. Aber die Römer erheben neuen Einspruch und brechen den Frieden, den sie noch nie zu ihrem Glück gestört haben und auch jetzt zu ihrem Verderben stören. Ich will nicht leugnen, daß ich lieber durch Vertrag als durch Blut, lieber durch das Recht als durch Waffen die Eroberungen meiner Vorfahren behauptet hätte. Aber was ich durch mein Zögern versehen habe, das werde ich durch Tapferkeit wiedergutmachen. Eure Kraft und Ehre sind ja unverletzt; dazu habt ihr noch den Ruhm der Mäßigung gewonnen, der selbst von den mächtigsten Sterblichen nicht gering geachtet werden darf und auch von den Göttern hoch geschätzt wird.«

Dann nahm Vologaises ein Diadem, setzte es seinem Bruder auf das Haupt und befahl ihm, den römischen Günstling Tigranes aus Armenien zu vertreiben.

Spione überbrachten Corbulo, der inzwischen Statthalter von Syrien war, die Nachricht von diesem Vorgang. Corbulo sandte an Nero eine Botschaft: Zur Verteidigung Armeniens sei dringend ein eigener Feldherr erforderlich, wenn Vologaises in das Land einbreche, sei auch Syrien in Gefahr.

Der alte Haudegen hoffte natürlich, von Nero als Feldherr eingesetzt zu werden. Was lag näher? Armeniens Thron wäre nach einem siegreichen Krieg für Corbulo greifbar nah gewesen. Doch die Antwort aus Rom ließ auf sich warten. Aufgrund der bis nach Syrien gedrungenen Berichte, mit welcher Härte Nero gegen jeglichen Ungehorsam vorging, wagte es Corbulo nicht, von sich aus aktiv zu werden. Er schickte statt dessen dem Armenierkönig zwei Legionen unter Verulanus Severus und Vettius Bolanus zu Hilfe. Seine übrigen Legionen brachte er am Ufer des Euphrat in Stellung.

Die Parther belagerten indes Tigranokerta. Sie konnten die Stadt jedoch nicht einnehmen, weil der Ort gut befestigt und mit gutsortierten Vorratslagern versehen war. In dieser Situation sandte Corbulo seinen Centurio Casperinus zu König Vologaises. Man traf sich bei der Stadt Nisibis, siebenunddreißig Meilen von Tigranokerta entfernt.

Casperinus gab sich arrogant: Wie die Parther dazu kämen, einen mit Rom verbündeten König anzugreifen?

Vologaises stellte eine versöhnliche Haltung zur Schau. Was blieb ihm anderes übrig? Seine Sturmtruppen waren abgeschlagen, das Gros seiner Soldaten stand an der Grenze zu Syrien, die eigene Reiterei, entkräftet, litt an Futtermangel, Heuschreckenschwärme hatten alles Gras und Laub der Umgebung abgefressen. Deshalb kündigte der Partherkönig an, er wolle Gesandte nach Rom schicken, um den Konflikt auf dem Verhandlungswege beizulegen. Die Belagerung Tigranokertas wurde aufgegeben.

Corbulo verbuchte den Kompromiß als persönlichen Sieg. Doch noch ehe er den Ruhm richtig auskosten konnte, traf aus Rom der angeforderte Heerführer Cäsennius Pätus ein. Damit begann ein langwieriger Konflikt. Die vierte, fünfte und zwölfte Legion sowie die pontischen, galatischen und kappadokischen Bundestruppen übernahm Pätus. Die dritte, sechste und zehnte Legion und die ehemaligen syrischen Hilfstruppen blieben bei Corbulo. Je nach Bedarf sollten sich beide unterstützen und ergänzen; zunächst jedoch taten sie das genaue Gegenteil. Corbulo machte deutlich, daß er nicht bereit war, einen Nebenbuhler zu akzeptieren. Pätus hingegen begann am Ruhm Corbulos zu kratzen, dieser habe weder Siege noch Beute errungen, aber er, Pätus, er werde den Besiegten das römische Recht und die Steuerpflicht auferlegen. Er sollte sehr bald kleinlaut werden.

Nach erfolglosen Verhandlungen einer parthischen Gesandtschaft in Rom drängte Vologaises zur Entscheidung auf dem Schlachtfeld. Pätus zog mit zwei Legionen über den Taurus, eroberte einige Kastelle, durchquerte strategisch bedeutungslose Ebenen und mußte, als alle Vorräte aufgebraucht waren, den Rückzug antreten; denn der Winter war nahe. An Nero sandte Pätus die Botschaft, der Krieg sei so gut wie beendet. Nur leider entsprach das nicht den Tatsachen.

Die Römer hatten sich eben in ihrem Winterquartier wohnlich eingerichtet, als die Nachricht kam, Vologaises sei mit einem gewaltigen Heer in Anmarsch. Pätus schickte einen Centurio mit einer Handvoll Soldaten aus, um die Stärke des Feindes zu erkunden. Von ihnen kam keiner zurück. Darauf ließ der Römer seinen ursprünglichen Plan, den Parthern entgegenzuziehen, wieder fallen. Statt dessen verteilte er Fußtruppen und Reiterei auf verschiedene Gebiete – mit dem Erfolg, daß der größte Teil von den Parthern aufgerieben wurde. Erst in letzter Sekunde wandte er sich an Corbulo um Hilfe, er solle schleunigst kommen und Feldzeichen, Adler und das unglückliche Heer retten. Aber Corbulo ließ sich Zeit.

Vologaises belagerte das Winterlager des Pätus, in dem die Römer froren. Der Kommandant konnte seine Soldaten nur mühsam zu militärischen Aktionen aus den Zelten locken. Ohne Corbulo wollten sie nicht kämpfen. In seiner Bedrängnis verfaßte Pätus ein Schreiben an Vologaises, in dem er ihn zu beeindrucken versuchte: Friede sei für beide Teile das Beste. Vologaises dürfe nicht nur die Gegenwart ins Auge fassen. Er sei mit seiner gesamten Streitmacht gegen zwei armselige römische Legionen angetreten, den Römern stünden jedoch alle Legionen der Welt zur Verfügung.

Vologaises reagierte undurchsichtig: Er müsse sich erst mit seinen Brüdern Pacorus und Tiridates beraten. Doch der Römer, mit den Nerven am Ende, bat um eine Unterredung mit dem Partherkönig. Der schickte nur seinen Reiterführer Vasaces. Mit ihm vereinbarte der angeschlagene römische Feldherr den folgenden unehrenhaften Kompromiß: Die Parther würden die Belagerung aufgeben, dafür zögen sich die Römer aus Armenien zurück. Alle Vorräte müßten den Parthern übergeben werden, und vor ihrem Abzug sollten die Römer für den Feind noch eine Brücke bauen.

Die Annahme dieser erniedrigenden Bedingungen zeigt, in welch verzweifelter Lage sich Pätus und seine beiden Legionen befanden. Doch es kam noch schlimmer: Die Parther rückten gegen das Römerlager vor, bevor es von den Truppen geräumt war. Sie nahmen den Legionären die Waffen weg, sogar Kleidungsstücke mußten sie hergeben. Vologaises kam auf einem Elefanten reitend über die von den Römern erbaute Brücke. Pätus und seine Soldaten flohen Hals über Kopf in Richtung syrische Grenze. Dort am Euphrat empfing sie Corbulo. Aber was war das für ein armseliger Haufen! Schluchzende, weinende römische Soldaten taumelten ihm entgegen, die meisten ohne Waffen, viele halbnackt und fast verhungert.

Corbulo sparte nicht mit Vorwürfen: »Alle meine Anstrengungen waren vergeblich. Der Krieg hätte auch mit der Flucht der Parther enden können.«

»Wir haben in allem noch freie Hand«, antwortete Pätus. »Wir brauchen nur die Legionsadler umzuwenden und vereint Armenien anzugreifen. Das Land ist durch Vologaises' Abzug wehrlos.«

Doch Corbulo entgegnete: »Dazu habe ich vom Kaiser keinen Auftrag. Mich hat nur die Gefahr, in der sich die Legionen befanden, veranlaßt, die Provinz Syrien zu verlassen. Da ich über die Absichten der Parther im unklaren bin, werde ich nach Syrien zurückkehren. Ich hoffe nur, daß unsere durch die weiten Märsche erschöpften Fußtruppen die frische und durch das ebene Gelände begünstigte Reiterei einholen, sie ist schon vorausgeeilt.«

Alle weiteren Verhandlungen über Armenien fanden zwischen Vologaises und Corbulo statt. Sie endeten praktisch mit einer Neutralisierung des Landes. Bis jedoch die Kunde in Rom ankam, war aus der schmählichen Niederlage ein strahlender Sieg geworden. Mitten auf dem Capitol wurde aus Anlaß des Sieges über die Parther ein Triumphbogen errichtet. Spruchbänder und Ehrensäulen kündeten von römischer Tapferkeit im fernen Armenien. Nero feierte einen weiteren militärischen Erfolg, das Volk jubelte.

Neros letzter Trumpf war Corbulo

Als der Frühling kam, traf in Rom eine Gesandtschaft der Parther ein und überbrachte Nero ein Schreiben des Königs Vologaises. »Ich will«, hieß es da, »auf die früher und oft genug erhobenen Ansprüche auf Armenien jetzt nicht näher eingehen, da ja die Götter – und sie sind Schiedsrichter sogar der mächtigsten Völker – dieses Land den Parthern nicht ohne Demütigungen für die Römer zugesprochen haben. Wie du weißt, habe ich Tigranes unlängst belagert und Pätus mit seinen Legionen unversehrt abziehen lassen, obwohl ich sie vernichten konnte. So habe ich meine Macht hinreichend bewiesen, ebenso meine Milde. Mein Bruder Tiridates würde sich nicht weigern, zum Empfang des Diadems nach Rom zu kommen, wenn ihn sein hohes Priesteramt nicht daran hinderte. Er will sich aber zu den Fahnen und Bildnissen des Kaisers begeben, um in Gegenwart der Legionen die Königswürde zu übernehmen . . .«

Nero wußte nicht, wie ihm geschah. »Wie«, fragte der Kaiser den Hauptmann der parthischen Gesandtschaft, »wie stehen denn die Dinge in Armenien?«

»Alle Römer haben das Land verlassen«, antwortete dieser.

Nero zitierte daraufhin Pätus, der den Winter mit seinen Legionen in Kappadokien verbracht hatte, nach Rom. Sein Schicksal schien besiegelt, sein Leben keinen Pfifferling mehr wert. Aber es kam anders. Als Pätus seinem Kaiser in Erwartung des Todesurteils gegenübertrat, sagte dieser nur: »Ich will dir sofort verzeihen, damit du bei deinem ängstlichen Gemüt nicht durch eine längere Ungewißheit krank wirst!« Damit war Pätus entlassen.

Die militärische Niederlage in Armenien – Tigranes war vertrieben worden – hat Nero offensichtlich nicht sehr bewegt. Unter dem Druck der öffentlichen Meinung, die einen Krieg mit ungewissem Ausgang einem unehrenhaften Frieden vorzog, ernannte Nero Corbulo zum Oberbefehlshaber der neuen militärischen Operation in Armenien, Gallus Cestius übernahm dafür das Amt des syrischen Statthalters. Alle Nachbarprovinzen wurden angewiesen, Corbulos Feldzug zu unterstützen. Bei Melitene, wo Corbulo den Euphrat überqueren wollte, sammelte der römische Feldherr sein

Heer: die dritte, fünfte, sechste und fünfzehnte Legion, Veteranenabteilungen aus Illyrien und Ägypten, die Kohorten und Hilfstruppen der verbündeten Könige.

Gesandtschaften von Vologaises und Tiridates schickte Corbulo mit beschwichtigenden Worten zurück: Noch sei ein Kampf nicht unvermeidlich. Die Römer hätten viele, die Parther einige Erfolge erzielt; das sei für beide eine Warnung. Während der römische Kaiser Nero, von diesem einen Krieg abgesehen, auf ein friedvolles Reich blicke, herrsche im Innern des Partherreiches Zwietracht.

Die Botschaft stieß bei Vologaises nicht auf taube Ohren. Corbulos Ruf als Feldherr galt selbst bei den Parthern als untadelig, und so bat der König zunächst um einen Waffenstillstand. Gleichzeitig ersuchte Tiridates um eine Unterredung. Man traf sich nahe der Stadt, wo Pätus die schmähliche Niederlage erlitten hatte, in Begleitung von jeweils zwei Adlaten und zwanzig Reitern. Corbulo reichte Tiridates freundlich die Hand und sagte, er freue sich, daß er seine gefährlichen Pläne aufgegeben habe.

Tiridates dankte. Dann sprach er: »Obgleich die Lage der Parther nicht ungünstig ist, möchte ich mich nach Rom begeben und eurem Kaiser Nero zu neuem Ruhm verhelfen, indem ich, einer aus dem Geschlecht der Arsakiden, als demütig Bittender komme.«

Besseres konnte den Römern überhaupt nicht passieren. Tiridates war bereit, sich der römischen Oberhoheit zu unterwerfen, vorausgesetzt, er würde König von Armenien. Das bedeutete: Friede in Armenien, aber auch Friede mit den Parthern. Corbulo ging sofort auf den Vorschlag ein, machte aber zur Bedingung, Tiridates solle seine Königsinsignien abgeben, er werde sie aus der Hand Neros zurückerhalten. Wenige Tage später kam es in Rhandeia zu einer feierlichen Versöhnungszeremonie.

Um eine Art Freilichtbühne herum, auf der ein leerer Thronsessel mit dem Bild Neros stand, gruppierten sich die festlich geschmückten Heere der einst feindlichen Kontrahenten: die römischen Legionen mit ihren blinkenden Adlerzeichen und Götterbildern, ohne die sie nie in die Schlacht zogen, die parthische Reiterei, nach Geschwadern geordnet, und mit Federn und Lederriemen dekoriert.

Opferpriester beider Parteien ergriffen die mitgeführten Schafe, erstachen sie mit gekonntem Griff und legten die ausblutenden Tiere auf das lodernde Opferfeuer. Dabei murmelten sie, jeder in seiner Sprache, beschwörende Gebete, damit nun endlich der Friede zwischen Römern und Parthern erhalten bleibe. Schließlich trat Tiridates auf die Bühne, nahm sein Königsdiadem vom Kopf und legte es am Fuße des Nero-Bildnisses nieder. Rauher Beifall der beiden Truppenverbände begleitete die Szene.

Das Ganze endete mit einem Festessen. Für die Truppen gab es Sonderrationen. Corbulo und Tiridates zelebrierten ein römisches Gastmahl, und der Römer bot dabei allen Pomp auf, dessen er mitten im Feld fähig war. Tiridates bewunderte die Kultur, die von den Römern selbst beim Essen an den Tag gelegt wurde, und die militärische Zucht, mit der auch Kleinigkeiten erledigt wurden. Noch nie hatte er erlebt, daß eine Tafel durch Trompetenstöße eröffnet und aufgehoben wurde, auch das Meldungmachen jeder neuen Nachtwache war dem Parther fremd.

Schon am nächsten Tag begann Tiridates mit den Vorbereitungen für seine Reise nach Rom. Er übergab Corbulo ein Schreiben an Nero, in dem er seine Ankunft avisierte. Gleichsam als Pfand ließ er seine Tochter bei dem römischen Feldherrn zurück. Er bat nur um noch etwas Geduld, weil er sich vor Antritt der großen Reise von seiner Mutter und den Brüdern verabschieden müsse. Zu Hause forderte ihn Vologaises auf, sich nicht demütigen zu lassen, ihm müßten in Rom die gleichen Ehren zuteil werden wie einem Konsul. Um die Wichtigkeit des Unternehmens zu unterstreichen, gab Vologaises dem Bruder seine eigenen Söhne mit. Auch die Söhne des Tiridates begleiteten den Zug von dreitausend Reitern. Der gesamte Hofstaat, einschließlich der berühmten Magier des orientalischen Herrschers, gab dem Zug ein festliches Gepräge. Er nahm den Landweg über Syrien, Kleinasien und Illyrien nach Rom, wo er auf den gut ausgebauten Straßen unbehindert vorankam.

Alle Wege führten nach Rom

Ein Weltreich wie das römische benötigte zur Aufrechterhaltung seiner Macht ein solides Netz von Verkehrsverbindungen. Krieg und Frieden, Wohlstand und Elend standen sehr oft in direkter Verbindung mit der verkehrstechnischen Verbindung eines Landstrichs zum übrigen Reich. Die Wüsten am Euphrat, die Pässe der Alpen, die Ödländer Nordafrikas, alle waren sie von römischen Straßen durchzogen, Lebensadern zum Herzen des Reiches. Fünf Hauptstraßen führten von Rom in alle Welt:

Die Via Appia, 307 v. Ch. von Appius Claudius nach Süden bis Capua vorangetrieben, galt als die Königin der Straßen. An keiner Stelle war sie schmäler als 4,25 Meter, mit glatt behauenen Basaltsteinen gepflastert, zum Preis von hunderttausend Sesterzen pro römische Meile. Zur Kaiserzeit erstreckte sich die Via Appia weiter bis zur südlichen Stiefelspitze Italiens. Nach einstündiger Überfahrt konnte der Reisende Sizilien erreichen, Palermo, von dort weiter nach Marsala gelangen, von wo er nach vierstündiger Überfahrt in Karthago ankam. Zu Pferd oder im zweirädrigen Wagen ging die Reise weiter nach Westen bis Tanger, von wo zu Schiff in vier Stunden das spanische Bolonia erreicht werden konnte. Gen Osten konnte man nach Alexandria gelangen, nach Antiochia reisen und, den Nil entlang, an die Grenze Äthiopiens.

Von Capua aus gelangte der Reisende aber auch nach Brindisi, nach vierundzwanzig Stunden Seefahrt war er in Nordgriechenland und nach 1130 Kilometern in Byzanz, wo sich die Reiserouten trennten, östlich führte der Weg zum Euphrat, südlich nach Syrien und Palästina.

Der Norden war noch besser erschlossen. Zur nördlichen Adriaküste führte die Via Flaminia. Auf ihr kam Tiridates gezogen. Ihren Namen verdankte sie irrtümlich dem Konsul Gaius Flaminius, der jedoch nicht ihr Erbauer war. Fortgesetzt wurde die Flaminia von der Via Aemilia. Der Konsul Marcus Aemilius Lepidus baute sie im Jahre 187 v. Chr. von Ariminum nach Placentia, achtzig Jahre später legte Marcus Aemilius Scaurus eine weitere Via Aemilia an, die Fortsetzung der Via Aurelia von Vada Volaterrana über Genua nach Dertona. Die Via Aurelia führte von Rom die tyrrhenische

Antike Straßen in Italien

Küste entlang nach Norden bis nach Pisa. Wer sie wann gebaut hat, ist bis heute ungeklärt, vielleicht der Censor Aurelius Cotta, möglicherweise aber auch der Konsul Aurelius Orestes.

Weitere bekannte Straßen waren die Via Caecilia von der latinisch-sabinischen Grenze bei Nomentum über die spätere Via Salaria bis Asculum, die Via Cassia von Rom nach Forum Cassi und weiter bis Fines Clusinorum, die Via Minucia über Herdoniae, Canusium, Egnatia und Brundisium, die Via Curia zwischen Reate und Interamna und die Via Salaria. Die Salaria existierte schon zur Königszeit, auf ihr transportierten die Sabiner das Salz vom Meer. Im Leben Kaiser Neros spielt die Via Salaria eine tragische Rolle. Barfuß und nur mit einer Tunika bekleidet, floh Nero auf dieser Straße zum Landgut seines Freigelassenen Phaon am vierten Meilenstein, wo er sein Ende fand.

Die Meilensteine gaben die exakte Entfernung von Rom an. Gemessen wurde nicht in Kilometern, sondern in milia passuum, in jeweils tausend Schritten. Soldaten marschierten täglich zwanzig solcher Meilen, Reisende schafften vierundzwanzig bis zweiunddreißig, es gab aber auch Spitzenleistungen bis achtzig Meilen pro Tag.

Der Parther Tiridates kam täglich zwanzig Meilen voran. Schließlich befand er sich nicht auf einem Kriegszug, sein Zug glich eher einer völkerkundlichen Schaustellung. Wo immer Tiridates mit seinen Leuten eintraf, erntete er Beifall und Bewunderung – vor allem die Magier in dem Zug, die bereitwillig ihre Künste demonstrierten, hinterließen einen nachhaltigen Eindruck. Bibelwissenschaftler und Historiker vermuten, daß dieser Zug der parthischen Magier die spätere biblische Überlieferung vom Zug der Drei Könige aus dem Morgenland beeinflußt hat.

Tiridates ante portas

Nero haßte den Krieg, aber als Voraussetzung für Friedensfeiern mochte er ihn ganz gern. Diese Voraussetzung war endlich im Jahre 66 erfüllt. Der antike Historiker Sueton schreibt, man könne den

Einzug des Königs Tiridates in Rom mit Recht zu den Schauspielen zählen, die Nero veranstaltet habe.

Dieses Schauspiel begann mit ein paar Tagen Verspätung; denn als sich der lange angekündigte Zug aus dem Morgenland der Stadt von Nordosten her näherte, herrschte dichter Nebel. Nero ließ den Zug stoppen und bat die Parther, vor Rom zu kampieren, bis das Wetter günstiger sei. Dann endlich spielte auch das Wetter mit, das Schauspiel konnte beginnen.

Rom glich einer Operettenbühne. Alle öffentlichen Gebäude waren mit Prätorianerkohorten in Festuniform umstellt. Nero wollte dem ehemaligen Erzfeind seine Macht demonstrieren. Hunderttausende von Römern säumten die Straßen zum Forum, auf denen Tiridates seinen Weg nahm. Sie jubelten, klatschten, ließen Nero hochleben. Der Kaiser saß indes im farbenprächtigen Gewand eines Triumphators auf einem Thron neben der Rostra, der Rednerbühne auf dem Forum, und blinzelte durch einen grünen Smaragd, was die pompöse Szenerie noch unwirklicher erscheinen ließ. Mit riesigen Rauchschwaden qualmten rotlodernde Feuer und schwärzten Feldzeichen und Standarten ein, die den Kaiserthron umgaben.

Tiridates muß sich in diesem Augenblick, als er die Stufen zu Nero hinaufschritt, wie ein kleiner asiatischer Stammeshäuptling vorgekommen sein; er fiel, als er vor Nero stand, dem Kaiser zu Füßen. Der hob ihn huldvoll auf und begrüßte ihn mit einem Kuß. Entgegen den Mahnungen seines Bruders Vologaises, Stolz zu zeigen, bat Tiridates, Tausende von Meilen fern der Heimat, den römischen Kaiser um Gnade. Ein ehemaliger Prätor dolmetschte und machte die Worte des Parthers der umstehenden Menge verständlich.

Noch während Tiridates redete, nahm ihm Nero die Krone, die der Fremde auf dem Kopf trug, ab und setzte ihm jenes Diadem auf, das er in Rhandeia vor Corbulo abgelegt hatte. Beifall brauste auf: Tiridates war damit König von Armenien unter dem Protektorat des römischen Weltreiches.

Nero wußte, was er seinem Volk schuldig war: Um möglichst vielen Römern Gelegenheit zu geben, Zeugen dieser ungewöhnlichen Szene zu werden, ließ er den Bittgang des Tiridates noch

Münze des Nero. Die Rückseite zeigt den geschlossenen Janustempel.

einmal wiederholen. Dazu bat er seinen Gast in das Theater des Pompeius. Das Theater, in dem sonst Dramen aufgeführt wurden, das also akustisch die besten Voraussetzungen bot, war aus diesem Anlaß ganz mit Gold ausgelegt worden. Tiridates mußte noch einmal um Gnade bitten, Nero setzte dem Parther noch einmal das Diadem auf. Noch einmal brauste Beifall auf. Achthunderttausend Sesterzen täglich soll der Besuch des Tiridates in Rom gekostet haben.

Obwohl er nicht einen Finger gerührt hatte, wurde Nero erneut als Imperator ausgerufen. Zum Dank legte er den Göttern auf dem Capitol einen Lorbeerkranz nieder. Dann ordnete er an, daß die Tore des Janus-Tempels geschlossen würden.

Janus, der Gott des Anfangs und des Endes, hatte einen Tempel auf dem Forum, dessen Türen meist offenstanden. Nur wenn im ganzen Reich Friede herrschte, durften sie geschlossen werden – gleichsam um den Krieg darin festzuhalten. Aber da beinahe immer an irgendeiner Reichsgrenze gekämpft wurde, stand der Janus-Tempel meist offen. Nur drei römische Kaiser schafften es, die Türen dieses Tempels für einige Zeit zu verriegeln: Augustus, Vespasian und Nero.

In Tiridates hatte Nero einen politischen Freund gewonnen. Der Satrap aus dem Osten sah in dem exzentrischen weltmännischen Kaiser Nero ein Idol. Dazu mag auch beigetragen haben, daß Nero ihm bei der Abreise hundert Millionen Sesterzen schenkte. Als er nach seiner Rückkehr aus Rom die zerstörte Armenierhauptstadt wieder aufbaute, nannte er sie *Artaxata Neroneia.*

Vom eigentlichen Friedensstifter, dem Feldherrn Gnäus Domitius Corbulo, redete in Rom niemand. Nero machte ihn nach seiner erfolgreichen Mission zum Statthalter der Provinzen Kappadokien und Galatien. Seine Machtposition, die er auf diesem Posten zielstrebig ausbaute, wurde ihm schließlich zum Verhängnis. Ein Untergebener verleumdete ihn beim Kaiser. Im Jahre 67 berief er Corbulo nach Griechenland. Als er dort erfuhr, Nero habe seinen Tod beschlossen, beging Corbulo Selbstmord. Er stieß sich sein Schwert in den Leib.

Außenpolitisch stand Nero mit dem Glück im Bunde. Er gewann auch noch zwei Provinzen hinzu, ohne daß er ein Heer in die Schlacht schickte, ja sogar ohne einen Federstrich zu tun. König Polemon trat den Römern sein Königreich Pontus am Schwarzen Meer freiwillig ab, und als König Cottius, der Herrscher des südöstlich von Grenoble gelegenen Alpenstaates starb, da fiel das Land allein deshalb dem Römischen Reich zu, weil der König keinen Nachfolger hatte und weil sich auch sonst niemand dafür interessierte.

Innenpolitisch blickte Nero allerdings düsteren Zeiten entgegen.

VI.
Der Brand Roms

Darauf ereignete sich ein Unglück,
ob durch Zufall oder des Kaisers Hinterlist,
ist ungewiß – die Geschichtsschreiber haben beides berichtet.
Jedenfalls war es schwerer und entsetzlicher als alles,
was unsere Stadt durch Feuer je getroffen hat.

Tacitus

Antium, 19. Juli 64. Die Bewohner Campaniens stöhnten seit Tagen unter einer drückenden Hitzeglocke. Und auch jetzt, kurz nach Mitternacht, regte sich kein Lufthauch, der etwas Abkühlung hätte bringen können. Die Sommerresidenz des Kaisers lag in tiefem Schlaf. Da näherte sich Hufegeklapper. Die Palastwachen präsentierten ihre Lanzen. Aus der Dunkelheit preschte ein Reiter auf das Tor zu. »Feuer!« rief er schon von weitem, »Rom brennt. Der Circus Maximus und der Palatin!«

Einer der Wachposten rannte in die Residenz, gab die Nachricht einem Diener weiter, der rüttelte den Kaiser aus dem Schlaf. Nero war sofort hellwach. Die Vorstellung, daß der Circus, der Palatin, sein Palast mit den unschätzbaren Kunstwerken, seinen Theaterkostümen und Instrumenten in Flammen stand, ließ ihn keinen Augenblick zaudern, Nero ließ die Pferde satteln und sprengte in Begleitung seiner Leibwache in die Nacht. Es war Vollmond. 45 Kilometer waren es bis Rom, zu Pferd also mindestens zwei Stunden. Nach etwa einer Stunde Ritt verfärbte sich der Horizont blutrot. Der Kaiser gab seinem Pferd die Sporen.

Nicht selten ging in Rom eine ganze Häuserzeile in Flammen auf. Die Hauptstadt, in Jahrhunderten gewachsen, war hoffnungslos zersiedelt, heruntergekommen, ein unregierbarer Koloß in ständiger Agonie, baufällig, anfällig für Einstürze, Seuchen, Hunger und Brände. Rom hatte im ersten nachchristlichen Jahrhundert zwar nicht die flächenmäßig größte Ausdehnung, war aber der Einwohnerzahl nach die größte Stadt der Welt. Antiochia, der Sitz des römischen Statthalters in Syrien, und das nordägyptische Alexandria nahmen eine größere Fläche ein, doch in Rom gab es zahllose mehrstöckige Häuser, einsturz- und brandgefährdete Mietskasernen. Nur so ist es zu erklären, daß 1,25 Millionen Menschen auf verhältnismäßig engem Raum zusammenleben konnten.

Anders als in Antiochia und Alexandria fehlten in Rom die Hauptverkehrsadern, die die Stadt rechtwinklig durchkreuzten. Das verhinderten schon die sieben Hügel, auf denen die Stadt erbaut war. War das römische Straßensystem an sich schon völlig unzureichend, so wurde es durch den Andrang der Menschenmassen aus der ganzen Welt zum brodelnden Hexenkessel. Um diesem Treiben Raum zu geben, hatte man die ohnehin zu schmalen Straßen auch noch durch Arkaden an den Häuserfronten verbaut. Arkaden, unter denen sich Läden, Buden, Werkstätten, Kneipen und Stundenhotels etablierten. Bestialischer Gestank wehte aus rußgeschwärzten Garküchen, Barbiere priesen lautstark ihre Dienste an, Gassenjungen schlichen von Stand zu Stand, um mit schnellem Griff hier einen Apfel, dort ein paar Trauben verschwinden zu lassen. Billige Huren tanzten und boten sich an. Jeder versuchte jedem etwas zu verkaufen – und wenn es die eigene Frau oder Tochter war.

Die Stadt der Künste und Katastrophen

So sah das Rom der Massen aus, das Rom des Alltags. Aber dicht daneben, oft sogar dazwischen, lag das strahlende Rom, die Weltstadt mit ihren Tempeln und Palästen, Foren und Theatern. Wer sie nicht gesehen hat, sagte ein Lobredner einmal, dem fehle etwas so Wichtiges wie einem Blinden der Anblick der Sonne. Und in der Tat war der Blick, der sich dem Fremden vom Capitol auf diese Stadt bot, überwältigend. Nirgends auf der Welt strotzte soviel glänzender Marmor, blinkte soviel strahlendes Gold, drängte sich soviel monumentale Architektur auf engstem Raum.

Dieser offizielle Glanz, Ausdruck und Demonstration seiner

Größe, stand in hartem Gegensatz zu den Mietskasernen der Massen, die als mehrstöckige Häuser im Holz- oder Fachwerkbau konzipiert und mit dünnwandigen Kleinwohnungen ausgestattet waren, um möglichst hohe Erträge zu erzielen. Als Folge dieser Ausbeutung stürzten Häuser in sich zusammen, und beinahe täglich brannte ein Wohnhaus ab, was den bohemehaften Dichter Catull zu der sarkastischen Bemerkung veranlaßte, wer bettelarm und ohne Wohnung sei, habe beides nicht zu fürchten. Und der ältere Plinius, ein Zeitgenosse Neros, schrieb, die Brände seien die gerechte Strafe für den Luxus, der freilich nicht aufhöre, Kostbarkeiten zu häufen, damit möglichst viel im Feuer zugrunde ginge.

Unter Augustus im Jahr 6 n. Chr. hatten gleich mehrere große Brandkatastrophen die Stadt heimgesucht. Damals gründete der Kaiser eine siebentausend Mann starke Feuerwehr, deren Erfolge sich allerdings in Grenzen hielten. Unter Tiberius brannte im Jahr 27 das ganze Stadtviertel auf dem Cälius, neun Jahre später der ganze Aventin und der angrenzende Teil des großen Circus. Hundert Millionen Sesterzen stiftete Tiberius allein für den Wiederaufbau des Cälius-Viertels.

Es war ein Jahr der großen Katastrophen; beim Einsturz eines Amphitheaters wurden fünfzigtausend Menschen verstümmelt oder erdrückt. Der Freigelassene Atilius hatte das Theater in billiger Holzbauweise erstellt, ohne Fundament und ohne die Teile der Holzkonstruktion mit Eisenklammern zu verbinden. Der Bau war – so berichtet Tacitus – »allein aus schmutziger Gewinnsucht« errichtet worden. Atilius nutzte die Abneigung des Tiberius, Gladiatorenkämpfe zu veranstalten, zu einem Geschäft und trat selbst als Veranstalter auf. Sein Konzept schien aufzugehen, bereits die erste Veranstaltung war ausverkauft. Aber dann geschah es: Die billige Holzkonstruktion stürzte in sich zusammen.

Tacitus schreibt wörtlich: »Jene, die gleich der erste Zusammensturz in den Tod gerissen hatte, waren, soweit es bei einem solchen Geschick möglich war, weniger schlimm dran. Mehr bedauern mußte man diejenigen, die nach Verlust eines Gliedes noch weiterlebten und ihre Frauen und Kinder bei Tag leiden sahen und bei Nacht stöhnen und ächzen hörten . . . Als man mit dem Wegräumen des Schuttes begann, drängte sich alles zu den Toten hin, um sie zu umarmen und zu küssen. Nicht selten kam es zum Streit, wenn das Gesicht zu sehr entstellt war, aber Gestalt und Alter stimmten und die Suchenden irreführten.«

Als Folge der Katastrophe beschloß der Senat, die Baugenehmigung für Amphitheater von der Festigkeit des Untergrundes und einem Kapitalnachweis von mindestens vierhunderttausend Sesterzen abhängig zu machen. Atilius wurde in die Verbannung geschickt, Tiberius begab sich nach Capri und kehrte nie mehr nach Rom zurück.

Brandkatastrophen gab es auch während der Regierung des Caligula und unter Claudius. Caligula stiftete zu Beginn seiner Regentschaft eine erhebliche Summe für den Wiederaufbau zerstörter Häuser. Claudius soll sich sogar bei dem Großfeuer im Jahre 54 als Einsatzleiter bei den Löscharbeiten beteiligt haben. Damals brannte die Vorstadt auf dem Marsfeld nieder. Zum Schutz der Getreidemagazine im Hafen von Ostia verlegte Claudius eine Kohorte der römischen Feuerwehr dorthin; denn noch verhängnisvoller als die Zerstörung von Wohnraum war die Vernichtung der Kornvorräte.

Obdachlose fanden stets ein provisorisches Unterkommen, verbrannte jedoch das Getreide, gab es eine Hungersnot, denn Rom war auf Importe angewiesen.

Zu diesem Zweck unterhielten die römischen Kaiser eine eigene Getreideflotte, die den Bedarf für vier Monate aus Ägypten, für acht Monate aus der Provinz Nordafrika deckte. Versorgungsengpässe, sei es aus politischen Gründen oder aufgrund von Naturkatastrophen, wurden den Kaisern angelastet. Tiberius kritisierte im Jahr 32 Senatoren und Beamte, das Volk, das mehrere Tage ein Theater besetzt hielt und gegen die Getreideknappheit demonstrierte, nicht in seine Schranken gewiesen zu haben. Er, Tiberius, habe nämlich weit mehr Getreide importiert als der göttliche Augustus.

Eine Kornknappheit bewirkte im alten Rom jedesmal einen Inflationsschub, von dem auch alle übrigen Nahrungs- und Genußmittel betroffen wurden. Das schürte soziale Unruhen und politische Krisen. Nero hatte deshalb die Getreidevorräte in der Hauptstadt noch weiter aufgestockt. Er war dabei gut beraten; denn ein

Stadtbrand, der Untergang einer Flotte oder Unruhen in den Provinzen konnten katastrophale Folgen für den Prinzeps haben.

Nero hatte die Getreidevorräte erst vor zwei Jahren zu einer ungewöhnlichen politischen Demonstration benutzt. Um von der unsicheren Situation im Krieg gegen die Parther abzulenken, ließ er Korn, das zur Verteilung an die Bedürftigen bestimmt war, tonnenweise in den Tiber kippen – angeblich, weil es alt und verdorben war. Die Armen bekamen frisches Getreide. Dies verwunderte die Römer um so mehr, als kurz zuvor im Hafen von Ostia zweihundert Getreideschiffe durch ein Unwetter zerstört worden und hundert weitere auf dem Tiber gesunken waren. Diese Katastrophe gewaltigen Ausmaßes und Neros Demonstration des vorhandenen Überflusses schlug dennoch nicht auf den Getreidepreis durch, er blieb stabil, für politische Unruhen gab es keinen Anlaß.

Das rasende Inferno

Doch in dieser Nacht war die Lage brisant. In Rom herrschte totales Chaos. Das Feuer, das in den vorwiegend von griechischen und asiatischen Händlern bewohnten Holzbaracken neben dem Circus Maximus ausgebrochen war, hatte bereits die Arena in ihrer ganzen Länge erfaßt. Eine mehr als fünfhundert Meter lange Flammenwand fraß sich den Palatin hinauf.

»Der Brand«, beschreibt Tacitus den Hergang, »rückte nun mit Ungestüm weiter vor, stieg zuerst in die Ebene hinab, dann auf die Höhen hinauf und verheerte wieder die Niederungen. So machte er alle Rettungsversuche zunichte, weil er zu schnell fortschritt und die Stadt mit ihren engen, winkeligen Straßen und unregelmäßigen Häuserreihen – so war eben das alte Rom – der Gefahr besonders ausgesetzt war. Dazu das Wehgeschrei der verängstigten Frauen, die schwachen Greise und die kleinen Kinder, dazu die Leute, die sich selbst oder anderen helfen wollten, die Kranke wegschleppten, oder auf sie warteten, das Zögern der einen, die Eile der anderen: Dies alles war den Helfern hinderlich. Oft wurden Leute, die nach rückwärts schauten, von den Flammen von der Seite oder von vorne umzingelt. Und floh man nur bis in die nächsten Gassen, so wurden auch diese vom Feuer ergriffen. Selbst auf Straßen, von denen man glaubte, sie seien sicher, lauerte plötzlich dieselbe Gefahr. Schließlich wußte keiner mehr, wo es gefährlich, wo noch einigermaßen sicher war. Menschenmassen füllten die Straßen, andere warfen sich auf den Feldern hin. Manche hatten ihre ganze Habe verloren und nicht einmal für einen Tag zu essen. Manche kamen aus Liebe zu ihren Angehörigen um, die sie dann nicht einmal retten konnten, obwohl ihnen selbst ein Rettungsweg offen stand . . .«

Nero konnte nur noch untätig zusehen, wie sein auf der dem Circus zugewandten Südseite gelegener Palast bis auf die Grundmauern niederbrannte. Nur die *Domus Augustana*, die Privaträume des Kaisers Augustus, der Tempel des Apoll auf dem Palatin und die *Domus Liviae*, die einst von Livia und ihrem Mann Tiberius Claudius Nero bewohnt wurde, blieben weitgehend von den Flammen verschont.

Der Kaiser hastete in dem Flammeninferno auf den Palatin, rannte aufgeregt hin und her, aber schon bald wurde ihm klar, daß jeder Löschversuch sinnlos war. In der Aufregung übersah Nero, daß er – unbewacht und ohne jeden Schutz – von einem Augenpaar verfolgt wurde: Der Tribun Subrius Flavus, in dieser Nacht Kommandant der Prätorianerkohorte, umklammerte nervös den Griff seines Schwertes. Mutterseelenallein stand der Kaiser in einer abgeschiedenen Ecke seines Gartens. Subrius Flavus ließ ihn nicht aus den Augen, er kämpfte mit sich – sollte er es wagen?

Der Tribun zählte zu einer Gruppe einflußreicher Männer, die sich die Beseitigung des exzentrischen Kaisers zum Ziel gesetzt hatte. Sie hatten den Mord seit langem geplant, aber alle Vorhaben hatten sich bisher als undurchführbar erwiesen. Jetzt, ganz unverhofft, war die Chance da. Während Nero in die Flammen starrte, hätte Subrius an ihn herantreten und dem Verhaßten das Schwert in den Leib stoßen können. Aber, bemerkt Tacitus, »es hielt ihn die Sorge um sein eigenes Leben zurück, jenes Bedenken, das stets großen Taten hinderlich ist«.

Inzwischen wütete das Feuer weiter, fraß sich am Forum vorbei, erfaßte das Haus der Vestalinnen, den Vesta-Tempel, die Regia, den ehemaligen Sitz des Pontifex maximus, den Tempel des Jupiter

Stator, praktisch den ganzen südlich der Via Sacra gelegenen Teil des Forums. Von den Flammen verschont blieb offenbar das Capitol; denn in seinen »Historien« berichtet Tacitus über einen Vorfall fünf Jahre nach dem Stadtbrand. Dabei erwähnt er die um 83 v. Chr. errichteten alten Säulenhallen, die zum Ruhm der Vorfahren geschaffenen Statuen und eine »Reihe zusammenhängender Häuser«, die nach der Ermordung Cäsars, nach dem Bürgerkrieg, erbaut und den Tempel des Jupiter Capitolinus, dessen Dachbalken morsch waren.

Fünf Tage und fünf Nächte verwüstete der Großbrand Häuser, öffentliche Anlagen und ganze Stadtteile. Dann, am sechsten Tag, gelang es den Löschmannschaften eine Schneise vor dem Feuer zu schlagen. Auf breiter Front wurden Gebäude eingerissen, alles Brennbare fortgeschafft, um dem Feuer die Nahrung zu nehmen. Doch die Flammen waren kaum erloschen, da entstanden, vermutlich durch Wind und Funkenflug, in den Außenbezirken neue Brandherde, zunächst in den ämilianischen Grundstücken des Tigellinus, später wurden noch einige nicht näher bezeichnete Tempel und »dem Vergnügen gewidmete Säulenhallen« in Mitleidenschaft gezogen.

Bilanz des Infernos: Von den vierzehn Verwaltungsbezirken der Stadt blieben nur vier unversehrt, der erste *Porta Capena*, der fünfte *Esquiliae*, der sechste *Alta Semita* und der vierzehnte *Trans-Tiberim*. In sieben weiteren hielten sich die Verwüstungen in Grenzen. So in *Coelomontium*, dem zweiten Bezirk; in der *Piscina Publica*, dem zwölften Bezirk; auf dem *Aventinus*, dem dreizehnten Bezirk; dem *Templum Pacis*, dem vierten Bezirk; dem *Forum*, dem achten Bezirk; der *Via Lata*, dem siebten Bezirk; und dem *Circus Flaminius*, dem neunten Bezirk. Der Circus Flaminius, Roms zweitgrößte Arena, war unversehrt geblieben, so daß dort sechs Monate nach dem Stadtbrand wieder Spiele stattfinden konnten.

Völlig in Schutt und Asche aufgegangen waren hingegen die drei restlichen Stadtbezirke, der dritte, zehnte und elfte: *Isis und Serapis*, *Palatin* und *Circus Maximus*.

Nero öffnete, um die Obdachlosen vorläufig unterzubringen, seine eigenen Parkanlagen, das Marsfeld und die Bauten des

Agrippa. Zu letzteren gehörten das Pantheon, die Thermen, die Säulenhalle der Vipsania, die *Saepta Julia*. Letztere war eine vierundzwanzigtausend Quadratmeter große Abstimmungshalle an der Via Lata, dem heutigen Corso. Reste davon sind noch heute in der Unterkirche von S. Maria in Via Lata und in den Kellern des Palazzo Doria erhalten. Aus den Vorratshäusern in Ostia und aus den Nachbarorten ließ der Kaiser Lebensmittel herbeischaffen. Der Getreidepreis wurde, um eine Inflation im Keim zu ersticken, auf drei Sesterzen herabgesetzt.

Wir können uns nur schwer ein Bild davon machen, wie es in Rom nach der schweren Brandkatastrophe im Juli 64 aussah. Zu vage sind die Beschreibungen der antiken Historiker. Zu Zeiten Neros gab es auch noch keine Häuserzählung wie später unter Konstantin. Dieser registrierte 1 680 Privathäuser und 38 450 Reihenhäuser. Nun dürfen wir zwar annehmen, daß bis zum Beginn des vierten Jahrhunderts die Bautätigkeit in den Außenbezirken zugenommen hat, in den sechs Bezirken der Innenstadt dürfte die Zahl der Häuser aufgrund neuer Straßenplanungen, Theateranlagen und Kaiserforen jedoch eher abgenommen haben, so daß wir die konstantinische Häuserzählung auch für die Zeit Neros als Richtmaß betrachten können. In der an anderer Stelle erwähnten gefälschten Korrespondenz zwischen Seneca und dem Apostel Paulus wird die Zahl der bei dem Brand zerstörten Privatvillen mit einhundertzweiunddreißig, die der Reihenhäuser mit viertausend angegeben. Wenn der Briefwechsel auch eine Fiktion ist, so entstand er doch nicht allzu lange nach der Katastrophe, und die Absicht der Autoren dürfte es eher gewesen sein, das Maß der Vernichtung zu übertreiben. Schließlich galt Nero für alle frühchristlichen Schriftsteller als der Antichrist, der Rom anzünden ließ und anschließend die Christen für den Brand verantwortlich machte. Ein Vergleich der Zahlenangaben macht jedenfalls deutlich, daß durch den Brand etwa ein Zehntel der Stadt zerstört wurde.

Die Geschichtsschreibung machte Nero zum Brandstifter

Seit sich die Geschichtsschreibung der Brandkatastrophe unter Nero angenommen hat, bildete sich die unausrottbare Legende, Nero habe Rom angezündet. Das Interessante dabei ist, daß die Behauptungen der verschiedenen Chronisten immer bestimmter, immer unumstößlicher werden, je später sie nach dem eigentlichen Ereignis aufgestellt wurden.

Beginnen wir bei Tacitus. Ein halbes Jahrhundert nach dem Brand Roms, schrieb der Historiker: »Es ist ungewiß, ob die Katastrophe durch Zufall oder die Hinterlist des Kaisers veranlaßt wurde – die Geschichtsschreiber haben beides berichtet.« Ein bis zwei Jahrzehnte später wird bei Sueton aus der unbestätigten Vermutung von Tacitus eine Tatsache: »Nero behauptete, der Anblick der häßlichen alten Häuser und der engen gewundenen Gassen beleidige sein Auge, und ließ daraufhin die Stadt in Brand stecken.« Ein Jahrhundert später weiß es Cassius Dio dann ganz genau:

»Nero wollte einen Plan ausführen, der ihm schon immer vorgeschwebt hatte, er wollte zu seinen Lebzeiten ganz Rom und das Reich zerstören.« Seither gilt Nero als Wahnsinniger, der seine eigene Hauptstadt angezündet hat, und dabei noch zur Laute sang. Wahrheit oder Geschichtsfälschung?

Daß Nero persönlich die Brandfackel schwang und im Circus Maximus Feuer legte, wird von keinem antiken Historiker behauptet. Dazu sind Tacitus' Angaben über Neros Aufenthalt in Antium zu Beginn der Katastrophe auch zu eindeutig. Aber der Kaiser hatte angeblich Brandstifter geschickt. In der Phantasie Suetons – und das ist nicht die einzige nachweisbare Stelle, bei der der historisierende Rechtsanwalt seiner Phantasie freien Lauf läßt – ging dies so vonstatten: »Viele Männer von konsularischem Rang ertappten Neros Kammerdiener mit Pechkränzen und Fackeln auf ihren Anwesen, aber sie wagten nicht, gegen sie vorzugehen.« Etwas anders schildert es Cassius Dio: »Nero schickte unter der Hand einige Leute aus, die sich betrunken stellten oder so, als wollten sie irgendeinen schlechten Streich ausführen. Diese legten dann das

Feuer, die einen da, die anderen dort, an einer, zwei oder mehreren Stellen.«

Zur Steigerung des Schauereffektes sang Nero angeblich angesichts des flammenden Infernos. Auch da ist Tacitus vorsichtig: »Es war nämlich das Gerücht durchgedrungen«, heißt es bei ihm, »er sei gerade zur Zeit des Stadtbrandes auf seiner Hausbühne aufgetreten und habe die Zerstörung Trojas besungen, wobei er das gegenwärtige Unglück mit den Vernichtungsszenen der grauen Vorzeit verglich.« Bei Sueton genießt der Kaiser schon den Brand: »Nero schaute dem Brand vom Turm des Maecenaspalastes zu. In freudiger Begeisterung über die Schönheit des Feuerscheins, trug er in seinem üblichen Theaterkostüm eine Gesangsszene über die Eroberung Trojas vor.« Und Cassius Dio schmückt die Szene noch weiter aus: »Während alle anderen Römer in höchster Verzweiflung waren, und manche von ihnen sich vor Schmerz in die Flammen stürzten, stieg Nero auf den höchsten Punkt des Palatin, von wo er am besten den größten Teil des Brandes überblicken konnte und besang im Kostüm eines Kitharaspielers den Untergang Roms.«

Keine der angeführten Schilderungen hält einer kritischen Prüfung stand. Beginnen wir bei Cassius Dio: Nero konnte den Brand »vom höchsten Punkt des Palatin« schon deshalb nicht besingen, weil der genannte Ort in hellen Flammen stand. Der einzige Bereich, den die Flammen noch verschont ließen, war die – niedrig gelegene – Senke zum Esquilin hin, von wo aus das brennende Rom mit Sicherheit nicht zu übersehen war. Suetons Version, der den singenden Kaiser auf einem Turm des Maecenaspalastes placiert, liegt schon eher im Bereich des Möglichen. Dieser Palast auf dem Esquilin war mit dem Palatin verbunden und blieb von der Katastrophe verschont. Aber woher, die Frage sei gestattet, hatte Nero sein Theaterkostüm? Der Fundus auf dem Palatin brannte!

Tacitus erwähnt das Gerücht, Nero habe »auf seiner Hausbühne« den Brand Roms besungen. Es gab zwei solche Hausbühnen, eine in der Sommerresidenz in Antium, die zweite in seinem Palast auf dem Palatin. Letzterer stand samt Hausbühne in Flammen und in Antium kann der Kaiser kaum gesungen haben, weil er ja vom Ausmaß der Katastrophe keine Ahnung hatte und noch in der Nacht nach Rom eilte.

Wir sehen, die Lieblingsszene effektbesessener Hollywood-Regisseure basiert auf einer unhaltbaren Legende. Diese Legende vom singenden Kaiser im brennenden Rom hat vermutlich eine einfache Erklärung. Der Philhellene Nero, dem die griechische Kunst und Kultur weit näher standen als die römische, mag die brennende Hauptstadt in der Tat mit dem brennenden Troja in Homers *Ilias* verglichen haben. Und daraus wurde, wie es scheint, jene Szene, in der der Kaiser den Brand Roms besingt.

Und wie steht es um die Brandstiftung? Läßt sich die Theorie, Nero habe die Brandstiftung in Auftrag gegeben, erhärten?

Nero und die frühchristlichen Autoren

Merkwürdig ist, daß Tacitus, der dem Ereignis zeitlich am nächsten war, diese Theorie nur am Rande als Gerücht, mit dem er sich auch nicht identifiziert, erwähnt. Noch erstaunlicher ist es jedoch, wenn ausgerechnet ein frühchristlicher Autor die Brandstiftertheorie ignoriert. Ein oder zwei Jahrzehnte nach Neros Tod, auf jeden Fall vor Tacitus und Sueton, schrieb der römische Bischof Clemens einen Brief an seine Glaubensbrüder in Korinth, die sich um die Absetzung von Priestern stritten. Er kam dabei auf Petrus zu sprechen, den er wohl noch persönlich kannte, und auf die Christenverfolgung unter Domitian. Der Leser sucht jedoch vergebens nach einem Hinweis auf Neros Brandstiftung. Man kann daraus eigentlich nur schließen, daß diese Version damals überhaupt noch nicht existierte. Aber nicht nur Neros Brandstiftung bleibt bei Clemens und anderen frühchristlichen Autoren unerwähnt. Ignoriert wird auch das von Tacitus berichtete Ablenkungsmanöver Neros, der den Christen die Verantwortung für den Brand in die Schuhe geschoben habe und sie deshalb brutal verfolgen ließ.

Auch der Kirchenschriftsteller Tertullianus, der zwischen 160 und 220 n. Chr. in Karthago lebte und mit Vorliebe über die Christenverfolgungen schrieb, bezeichnete Nero nicht als Brandstifter. Zwar schreibt er in seiner Abhandlung *Ad nationes*: »Es war Nero, der zuerst die christliche Religion verdammte.« Und in seinem *Apologeticum*, vielleicht in Anspielung auf Paulus: »Nero wütete als erster mit dem kaiserlichen Schwert gegen unsere Gemeinde, die gerade in Rom ihr Haupt erhob.« Doch den gegen die Christen erhobenen Vorwurf der Brandstiftung übergeht er ebenfalls. Warum verteidigt er seine Glaubensbrüder nicht dagegen?

Der fromme Schriftsteller Lactantius, der zu Beginn des vierten Jahrhunderts in seinem Werk *De mortibus persecutorum* – »Vom Tod der Verfolger« das Ende der Christenverfolger beschreibt, erwähnt die Brandstiftertheorie ebenfalls nicht, obwohl er Nero und seine Zeit minuziös analysiert. Der Rhetorikprofessor aus Nordafrika nennt als Ursache für die Christenverfolgung unter Nero nicht etwa die Brandstiftung, sondern schreibt wörtlich: »Unter Neros Regentschaft kam der heilige Petrus nach Rom, wo er durch die Wunder, die auszuführen Gott ihm die Kraft gab, viele Seelen dem wahren Glauben zuführte. Nero erhielt davon Kenntnis und sah, daß tagtäglich zahlreiche Menschen dem alten Götterglauben entsagten, nicht nur in Rom, sondern im ganzen Reich, und daß auf den Abfall von der alten Religion der Übertritt zur neuen erfolgte. Deshalb wollte dieser verabscheuungswürdige Tyrann das himmlische Gebäude umstürzen und den christlichen Glauben vernichten. Deshalb war er der erste, der die Diener Gottes verfolgte.«

Haben diese frühchristlichen Autoren denn die Annalen des Tacitus nicht gelesen?

Dort heißt es in Buch XV, Kapitel 44 wörtlich: »Aber nicht durch humane Hilfsmaßnahmen, nicht durch Schenkungen des Kaisers oder Sühneopfer für die Götter ließ sich die Schande bannen, daß *man glaubte*, der Brand sei befohlen worden. Also schob Nero, um diesem Gerede ein Ende zu machen, die Schuld auf andere und bestrafte sie mit den ausgesuchtesten Martern. Es waren jene Leute, die das Volk wegen ihrer Schandtaten haßte und mit dem Namen Christen belegte.«

»Es ist möglich, daß die Afrikaner Tertullianus und Lactantius die »Annalen«, in denen die Brandstiftertheorie zum ersten Mal genannt wird, tatsächlich nicht kannten, wahrscheinlich ist dies jedoch nicht. Viel näher liegt die Vermutung, daß die fragliche

Textstelle in den »Annalen« des Tacitus damals noch wesentlich neutraler abgefaßt war. Geschichtsforscher haben nämlich festgestellt, daß das fünfzehnte Buch der »Annalen«, in dem der Brand Roms geschildert wird, nicht im Original überliefert ist. Es existiert nur in einer Abschrift aus dem 11. Jahrhundert. Und diese dürfte wiederum die Abschrift einer Abschrift sein.

Wir können heute davon ausgehen, daß die Brandstiftertheorie von Sueton in die Welt gesetzt wurde, einem Autor, der nicht Geschichte aufzeichnete, sondern Geschichten, und mitunter unkritisch Gerüchte und Anekdoten kolportierte, die ihm zu Ohren kamen. Die ersten frühchristlichen Autoren hätten gute Gründe gehabt, die Brandstiftung durch Nero zu erwähnen, aber offensichtlich waren selbst sie nicht von Suetons Darstellung überzeugt. Erst mit wachsendem zeitlichem Abstand kamen im vierten Jahrhundert Legenden um die Märtyrer der Urchristen auf. Und dazu brauchte man Nero als mutwilligen Brandstifter, der die Verantwortung anschließend auf die Christen abschob.

Wir kennen sogar den Namen des christlichen Historikers, von dem Nero erstmals als Urheber allen Unheils der Christen bezeichnet wird. Es ist Sulpicius Severus. Er verfaßte unter anderem ausschweifende Wunderberichte und eine Lebensbeschreibung des heiligen Martin. In seiner jüdischen Geschichte mit dem Titel *Chronica* attackiert er Nero: »Er schob die verdammenswerte Schuld an diesem Unglück auf die Christen, die trotz ihrer Unschuld schreckliche Qualen erlitten.«

Diesen Satz finden wir beinahe wörtlich bei Tacitus. Hat also Sulpicius Severus von Tacitus abgeschrieben? Wohl kaum. Denn dann gäbe es keine einleuchtende Erklärung dafür, warum alle christlichen Autoren vor ihm diese Version des Tacitus unberücksichtigt ließen. Es war genau umgekehrt: In einer Abschrift der »Annalen« des Tacitus wurde die frühchristliche Interpretation des Sulpicius Severus zumindest zum Teil eingearbeitet. Nero wurde somit »in der historischen Überlieferung« zum Brandstifter und Christenverfolger.

Der Brand und seine Folgen für den Kaiser

Bei einer nüchternen Bestandsaufnahme der Fakten erscheint die Brandstiftertheorie ohnehin widersinnig. Denn selbst wenn Nero vorgehabt hätte, seine eigene Hauptstadt anzuzünden, um sie – wie behauptet wurde – schöner wieder aufzubauen, dann hätte er sicher nicht den Ort seiner größten Triumphe, den Circus Maximus und seinen eigenen Kaiserpalast angezündet. Und wenn er tatsächlich geplant hätte, einen neuen, pompöseren Palast zu errichten, dann hätte er gewiß die römischen und vor allem aber die griechischen Kunstschätze in Sicherheit bringen lassen, bevor er den alten Palast anzündete. So aber war Nero über Nacht seiner einzigartigen Sammlung beraubt. Zwei Jahre später versuchte er bei seiner Reise durch Griechenland mit zum Teil rüden Methoden Objekte für eine neue Kunstsammlung zu erwerben. Der Einwand, Nero habe kein Interesse mehr an seinen Kunstwerken gehabt, ist damit entkräftet.

Nero war auch kein Spekulant, der sich mit Hilfe der Brandkatastrophe des Jahres 64 neue Grundstücke für aufwendige Projekte beschaffen wollte. In den ersten zehn Jahren seiner Regierung vor dem Stadtbrand hatte der Kaiser nur drei öffentliche Gebäude errichten lassen, eine Ringschule, die Nero-Thermen und den Verbindungsbau zwischen den Palastanlagen auf dem Palatin und dem Esquilin. Jetzt, nach der vernichtenden Katastrophe, blieb dem Prinzeps gar nichts anderes übrig, als sich mit vollem Einsatz dem Wiederaufbau zu widmen.

Brandversicherungen oder dergleichen gab es nicht, viele Römer hatten ihr gesamtes Vermögen verloren, sie erwarteten, daß der Kaiser die Aufgaben der öffentlichen Wohlfahrt, der Entschädigung und des Wiederaufbaus übernahm. Eigentlich war Nero der Hauptgeschädigte der Brandkatastrophe. Zwar galt der römische Kaiser aufgrund seines ererbten Vermögens und der Steuereinnahmen aus den Provinzen als der reichste Mann im Reich, aber es gab Privatleute, die kaum weniger gut betucht waren, jedoch keine öffentlichen Verpflichtungen hatten. Deshalb geriet der Kaiser durch den Wiederaufbau der Stadt an den Rand des finanziellen Ruins.

Um den Neubau der Privathäuser zu beschleunigen, hatte Nero

Das Innere eines römischen Hauses.

jedem Hausbesitzer einen seiner Stellung und seinem Vermögen angemessenen Betrag zugesichert, wenn das Gebäude innerhalb einer festgesetzten Frist wiedererrichtet würde. Die Organisation des Wiederaufbaus war vorbildlich. Mit dem abgeräumten Schutt wurden die Sümpfe von Ostia aufgefüllt und trockengelegt. Geschwader von Frachtschiffen brachten tiberaufwärts Getreide in die Stadt, auf dem Rückweg nahmen sie den Schutt mit. Um die Seuchengefahr zu mindern, wurde die Wasserabgabe einer neugegründeten Behörde unterstellt. Das Anzapfen der alten städtischen Wasserleitungen, das bislang jedermann erlaubt war, wurde fortan verboten. Dafür schuf man eine Reihe neuer Anschlußstellen.

Beim Wiederaufbau legte Nero nicht mehr den alten Stadtplan mit seinen engen und verwinkelten Gassen zugrunde, so wie man bisher nach allen Stadtbränden verfahren war. Die Planer Neros zogen nun breite Straßen in rechtem Winkel durch die Innenstadt, mit gleich hohen Häuserzeilen zwischen einundzwanzig und vierundzwanzig Metern. Aneinandergebaute Reihenhäuser durften nicht mehr erstellt werden. Jedes Gebäude mußte vier eigene Außenwände besitzen, ein Erdgeschoß aus Sabiner- oder Albanerstein und Arkaden zur Straße hin. Für diese Säulengänge, deren Gestehungskosten Nero ohne Rücksicht auf die Bedürftigkeit der Bauherrn übernahm, gab es praktische Gründe. Vor der Katastrophe waren die Gassen so eng, daß kaum ein Sonnenstrahl auf das Pflaster fiel. Die jetzt geschaffenen breiten Boulevards hätten dagegen im Sommer keinen Schutz vor der sengenden Sonne geboten. Dies sollten die Arkaden bewirken. Außerdem mußten in jedem Neubau Geräte zur Feuerbekämpfung bereitgehalten werden.

Ein Wunderwerk: das Goldene Haus

Veränderten all diese neuartigen Baumaßnahmen das Gesicht der Stadt von Grund auf, so verlieh ihr die neue Palastanlage, die Nero mit großem Aufwand errichten ließ, ein beinahe exotisches Aussehen. Tacitus nennt sie ein Wunderwerk, und zwar weniger wegen des verschwenderischen Umgangs mit Gold und Edelsteinen als wegen der abwechslungsreichen Gestaltung, bei der die Architektur von Ausblicken, Plätzen, Wiesen und Teichen aufgelockert wurde. Die Architekten Severus und Celer hatten wohl ägyptisch-orientalische Vorbilder vor Augen, die – so Tacitus – »auch das, was die Natur verweigerte, künstlich schufen und so die Reichtümer des Kaisers vergeudeten«. Und Sueton, der es wie immer etwas besser wußte, beschreibt den neuen Palast des Kaisers in Superlativen: »Nero verlängerte den Kaiserpalast, der nun vom Palatin bis zum Esquilin reichte. Vor dem Brand hatte er den Verbindungsbau *Domus Transitoria* genannt, dann, als der Palast wiederaufgebaut war, *Domus Aurea*. Um sich einen Begriff davon zu machen, welche gewaltigen Ausmaße dieser Palast hatte und wie reich geschmückt er war, dürften folgende Angaben genügen: Die Vorhalle war so hoch, daß eine Kolossalstatue Neros von dreißig Metern Höhe darin Platz hatte, den ganzen Bau umgab eine Halle mit drei Säulenreihen in einer Länge von dreihundert Metern.

Innerhalb dieser Anlagen befand sich ein künstlicher Teich. Er war wie ein Meer ringsum von Bauten umgeben, die Städte darstellen sollten. Obendrein gab es Ländereien mit Kornfeldern, Weinbergen, Wiesen und Wäldern in buntem Wechsel, mit einer Fülle von zahmem und wildem Getier aller Arten.«

Die Ausführung dieses phantastisch anmutenden Landsitzes mitten in der Weltstadt Rom erforderte im Süden, wo er bis an den Tempel des Claudius auf dem Cälius heranreichte, die Abtragung dieses Bauwerkes. Im Osten näherte er sich den Gärten des Maecenas. Im Westen überzog er den Palatin, während er sich im Norden bis zum Forum des Augustus ausdehnte. Diese mit Wasseranlagen, Gräben und Mauern abgegrenzte Palastanlage war weniger das Ergebnis verschwenderischer Prunksucht als raffiniert kaschierter Angst. Wie alle seine Vorgänger, sei es Tiberius, Claudius oder Caligula, lebte auch Nero in der ständigen Angst, ermordet zu werden. Verschanzt hinter Gräben und Mauern fühlte sich der Kaiser in dieser verspielten Bau- und Landschaftsarchitektur geborgen.

Im übrigen befand sich der künstliche Teich genau an der Stelle, wo Vespasian sechzehn Jahre später mit dem Bau des Flavischen Amphitheaters begann. Die Römer nannten es Colosseum nach jener kolossalen vergoldeten Bronzestatue, die auch nach der Beseitigung des Teiches wenige Schritte neben dem Theater noch Jahrhunderte an Nero erinnerte. Der Koloß stellte den Sonnengott dar, aber der Kopf trug eindeutig die Gesichtszüge Neros.

Das verdroß wenige Jahre später Kaiser Vespasian so sehr, daß er den Kopf in ein Porträt des Sonnengottes umarbeiten ließ. Nach weiteren hundert Jahren erfuhr der Nero-Koloß eine abermalige Korrektur: Kaiser Commodus setzte ihm eine Herkules-Physiognomie auf, doch dieser Herkules sah aus wie Commodus. Wann der Koloß den Weg alles Irdischen ging, wissen wir nicht. Im vierten Jahrhundert wird er noch als schützender Genius des römischen Imperiums genannt, vor dem die Christen den Treueid auf den Staat zu leisten hatten. Bis 1936 konnte man den gewaltigen Sockel der Monumentalstatue neben dem Kolosseum sehen. Dann fiel er der modernen Straßenplanung zum Opfer. Heute markiert ein weißes Quadrat im Asphalt die Stelle, an der der Koloß des

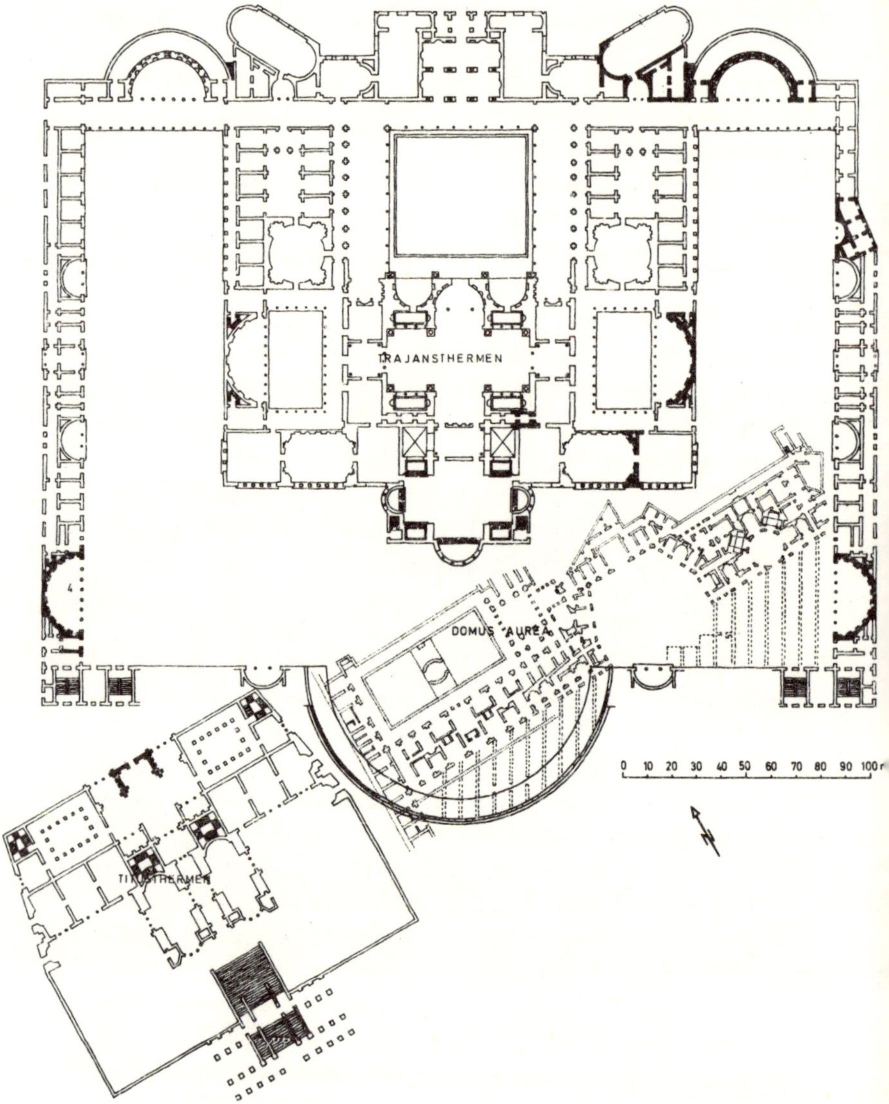

Plan der Domus Aurea, die sich heute unter den Trajansthermen befindet.

Nero einst stand, eine ehrfurchtgebietende Symbolfigur am Eingang seines Palastes.

Sueton könnte dieses »Goldene Haus« noch mit eigenen Augen gesehen haben; denn er gerät über den Palast ins Schwärmen: »Die Innenräume waren allesamt vergoldet und mit Edelsteinen und Perlmutt ausgelegt. Die Speisesäle hatten mit Elfenbeinschnitzerei verzierte Kassettendecken, deren Täfelung verschiebbar war, damit man Blüten auf die Gäste herabregnen lassen konnte. Auch besaßen sie ein Röhrenwerk, durch das man duftende Essenzen herabsprühte. Der Bankettsaal hatte die Form einer Rotunde, deren Kuppel sich wie das Weltall Tag und Nacht ständig drehte.«

Dieser Kuppelsaal gibt Althistorikern und Archäologen Rätsel auf: Drehte sich der ganze Saal auf einem mechanischen Räderwerk um seine eigene Achse? Oder rotierte nur die Kuppel, ähnlich einem Planetarium? Dies alles und der Verwendungszweck der verschiedenen wiederaufgefundenen Räume bleiben ein Geheimnis. Aber geheimnisumwittert ist der Palast des Nero schon seit den Tagen der Renaissance.

Renaissancemaler entdecken die Grottesken

Damals entdeckten römische Forscher unter den Resten der Trajans-Thermen auf dem Monte Oppio die mit Bauschutt aufgefüllten Säle des Nero-Palastes. Die *Domus Aurea*, in ihrer Ausdehnung zwei- bis dreimal so groß wie der ganze Vatikanstaat, war nie vollendet worden. Sechsundvierzig Jahre nach Neros Tod verwüstete sie ein Brand. Kaiser Trajan ließ den Hauptgebäudekomplex einebnen und errichtete darauf seine Thermen. Heute sind auch die Thermen verschwunden. Rosenhecken kennzeichnen den Grundriß der ehemaligen Badeanlage; doch darunter wurde inzwischen der neronische Palast ausgegraben, jetzt eine Stadt unter der Erde, finster und feuchtkalt, statt Parfüm wie einst, tropft Quellwasser von den Wänden.

Die römischen Renaissancemaler waren von den Resten der Palasträume fasziniert. Weniger die Architektur als vielmehr die

Wandmalereien erregten ihr Interesse: Zarte Landschaftsbilder, illusionäre Architekturmalerei und phantastisch-verspielte Ornamente mit Vögeln, Delphinen, Masken und Dämonen hielten sie mit jenem weltfremden Zauber gefangen, den auch Kaiser Nero einst bewunderte. Es waren die Schöpfungen eines Genies namens Fabullus, der sehr vornehm gewesen sein soll und angeblich nur im Festgewand malte.

Daß es sich bei den unterirdischen Galerien um die Palasträume Neros handelte, wußten die Renaissancemaler nicht, sie nannten sie Grotten und die skurrilen Malereien Grottesken. Auf dem Umweg über das Französische wurde das Wort eingedeutscht. Eine Groteske ist heute ein Rankenornament mit menschlichen, tierischen und pflanzlichen Darstellungen.

Man versteht darunter aber auch eine närrisch-seltsame Dichtung. Und das Wort grotesk bedeutet soviel wie komisch, verzerrt, überspannt.

Bei ihren Forschungen im Palast des Kaisers Nero entdeckten Michelangelo Buonarroti und seine Freunde am 14. Januar 1506 im Schutt eine Skulpturengruppe aus Marmor, die schon bald zur bekanntesten der Weltgeschichte werden sollte: die Laokoon-Gruppe. Die Bildhauer Hagesandros, Polydoros und Athenodoros von Rhodos hatten die Figuren im ersten Jahrhundert v. Chr. geschaffen. Sie stellen den trojanischen Priester Laokoon und seine beiden Söhne dar, die, weil sie ihre Landsleute vor der Übernahme des trojanischen Pferdes gewarnt hatten, von zwei Schlangen getötet werden. Den Erwerb dieser Skulpturengruppe verdanken wir der Sammelleidenschaft Neros. Sie wird vom älteren Plinius, der 79 beim Vesvausbruch ums Leben kam, erstmals erwähnt. Papst Julius II. erwarb den Laokoon zwei Monate nach der Wiederentdeckung. Seither ist die Gruppe das Zierstück der Vatikanischen Sammlungen.

Bereits drei Jahre zuvor hatte der kunstsinnige Papst ein anderes Objekt aus dem Besitz Neros im Vatikan aufstellen lassen, den sogenannten Apoll von Belvedere. Diese Marmorplastik nach einem klassischen griechischen Bronzeoriginal aus der Zeit um 330 v. Chr., das ursprünglich auf der Agora in Athen stand, stammte aus Neros Sommerresidenz in Antium. Julius II. stellte den Apoll zunächst im Innenhof des Palazetto des Belvedere auf, seither trägt er den Namen Apoll von Belvedere. Johann Joachim Winckelmann, der Vater der klassischen Archäologie, nannte ihn »das höchste Ideal der Kunst unter allen Werken des Altertums, welche der Zerstörung entgangen sind«.

Die *Domus Aurea* war ein Palast der Galerien und Nischen, in denen Hunderte kostbarer Kunstwerke aufgestellt waren. Schon Kaiser Vespasian begann mit ihrer Verlagerung in andere Gebäude, vor allem in den Friedenstempel seines eigenen Forums, noch bevor die Palastanlage überhaupt fertig war. Neros Nachfolger Otho investierte noch fünfzig Millionen Sesterzen in den Bau. Dessen Nachfolger Vitellius begriff wohl die Aussichtslosigkeit, das Projekt jemals zu vollenden, und stellte, nachdem bereits erste Reparaturarbeiten notwendig wurden, den Bau ein.

Dieser nie vollendete Palast entsprach dem Lebensgefühl Neros: eine heitere, romantische, verspielte, künstlerische Architektur, die nur mit Hilfe einer revolutionären Erfindung verwirklicht werden konnte, dem Beton. Neros Architekten Severus und Celer waren die ersten in Rom, die den Umgang mit dem neuen Baustoff beherrschten. Rundbogen und Kuppelbauten erforderten nun keine überdimensionalen Stützmauern mehr. Das machte den Bau leicht, luftig und transparent.

Wasserbassins, Kanäle und Bäche unterstrichen diesen Eindruck. Gebadet wurde, je nach Wunsch, in frischem Meerwasser oder schwefelhaltigem Quellwasser, das über fünfundzwanzig Kilometer lange Kanäle in die Palastanlage geleitet wurde. Zwei weitere Kanalprojekte vom Kap Misenum bis zum Avernersee und vom Avernersee nach Ostia, etwa zweihundertdreißig Kilometer lang, wurden in Angriff genommen, aber nicht vollendet. Tacitus sah in den Bergen am Avernersee noch »Spuren dieser sinnlosen Unternehmung«. Dafür wurden Kriminelle aus dem ganzen Reich eingesetzt. Gewaltverbrecher konnten damals ihren Kopf retten, wenn sie sich zur Zwangsarbeit meldeten.

»Nero trachtete«, schreibt Tacitus, »stets nach dem Unglaublichen.« Gewiß, er war allem Schönen, Faszinierenden, Aufwendigen zugetan. Erstmals ließ er in der *Domus Aurea* Marmor in künstlichen Farben, mit künstlichen Flecken, neuartige Glasscheiben und bemaltes Schildpatt verwenden. Er war sichtlich stolz, als er nach Fertigstellung des Hauptkomplexes einziehen konnte und meinte: »Jetzt fange ich endlich an, menschenwürdig zu wohnen.«

VII. Die Pisonische Verschwörung

Senatoren, Ritter, Soldaten, ja sogar Frauen
waren eifernde Mitglieder der Verschwörung,
teils aus Haß gegen Nero,
teils aus Neigung zu Gaius Piso.

Tacitus

Der Mord war bis ins kleinste Detail vorbereitet.

Am 19. April 65 sollte Nero, Kaiser von Rom, sterben.

Ort: Der Tempel des Sonnengottes beim Circus Maximus.

Täter: Ein Mann aus dem Senatorenstand namens Scaevinus.

Tatwaffe: Ein im Tempel der Ceres deponierter Dolch.

Die Hintermänner des Komplotts: Adelige, Senatoren und Soldaten unter Führung von Gaius Piso. Letzterer war auch als Nachfolger Neros designiert.

Dann aber kam alles ganz anders.

Seit der Ermordung seiner Mutter vor sechs Jahren lebte Nero in ständiger Angst, ihn könne das gleiche Schicksal ereilen. Mochte der Kaiser die Sympathien der breiten Masse genießen, in den gehobenen Gesellschaftskreisen hatte er viele Feinde. Nero wußte das. Deshalb hatte er seine Leibwache verstärkt. Als dann auch noch Wunderzeichen als Vorboten schrecklicher Ereignisse registriert wurden, kapselte der Kaiser sich von der Außenwelt völlig ab.

Mehrere Nächte hindurch stand ein Komet am Himmel. Das bedeutete nach dem Volksglauben den Untergang der Herrschenden. Nero fragte seinen Hofastrologen Balbillus um Rat, was zu tun sei, und bekam die Antwort, das Blut eines hervorragenden Mannes solle als Sühneopfer vergossen werden. Gleichzeitig gab es eine Anhäufung zweiköpfiger Mißgeburten in Rom. Ein Kalb wurde geboren, dessen Kopf an einem Schenkel angewachsen war. Die Deutung der Opferschauer lautete: Ein anderer strebt danach, das Haupt der Welt zu sein; aber er wird nicht stark genug sein und vorher entdeckt werden.

Während Nero in tiefer Sorge den Staatsgeschäften nachging und sich mit Stimmschulung und Theaterauftritten mühsam abzulenken suchte, spann Gaius Calpurnius Piso die Fäden des Komplotts. Piso war verwandt mit Roms höchstem Adel und ein Todfeind des Kaiserhauses, seit Caligula ihm bei seiner Hochzeit mit Livia Orestilla übel mitgespielt hatte. Der Vorfall lag zwar mehr als fünfundzwanzig Jahre zurück, aber Piso hatte die Demütigung von damals nicht vergessen. Wie schon berichtet, war Caligula seinerzeit beim Hochzeitsmahl erschienen, hatte die Reize der Livia Orestilla begutachtet und sich mit der Schönen für ein paar Tage und Nächte in seinen Palast zurückgezogen. Piso war wenig später mit seiner Frau von Caligula verbannt worden. Unter Claudius durfte er wieder nach Rom zurückkehren, seitdem haßte er jeden Kaiserrock.

Schon einmal im Jahr 62 hatte man Piso der Verschwörung gegen Nero verdächtigt. Damals war er in Verbindung mit Seneca genannt worden; doch Seneca hatte jeden Verdacht mit seiner Redekunst zurückgewiesen. Dieses Mal war das Komplott besser vorbereitet.

Die Verschwörer und ihre Motive

Der Kern der Verschwörer setzte sich aus einflußreichen Römern zusammen, und jeder hatte seinen eigenen, ganz persönlichen Grund für die Teilnahme an dem geplanten Umsturz. Da war Faenius Rufus, der zweite Präfekt der Prätorianer. Er hatte in seinem Kollegen Tigellinus, der aufgrund seiner Schamlosigkeit und Rücksichtslosigkeit bei Nero in höherem Ansehen stand, einen üblen Widersacher. Tigellinus ließ keine Gelegenheit aus, ihn beim Kaiser anzuschwärzen, er machte Nero sogar Angst, Faenius Rufus könnte an ihm Rache nehmen, schließlich habe er einmal mit seiner Mutter Agrippina ein Verhältnis gehabt.

Als die aktivsten Mitglieder des Komplotts erwiesen sich Subrius Flavus, der Tribun einer Prätorianerkohorte, und der Centurio Sulpicius Asper. Die beiden waren vor allem durch die Aussicht auf eine schnelle militärische Karriere zu Teilnehmern an der Verschwörung geworden. Anders der designierte Konsul Plautius Lateranus. Er betonte, keine persönliche Kränkung, sondern Liebe zum Vaterland habe ihn zur Mittäterschaft veranlaßt. Gekränkt und beleidigt fühlte sich hingegen Annaeus Lucanus, ein Dichter, dessen Werke Nero öffentlich vorzutragen verboten hatte. Ein ähnliches Motiv hatte der Senator Afranius Quintanus. Er stand im Ruf »widernatürlicher Unzucht« und war vom Kaiser bei einem öffentlichen Auftritt in einem Schmähgedicht verhöhnt worden. Von dem Senator Flavius Scaevinus wußte man nicht so recht, warum er teilnahm, ja sogar die Tat ausführen wollte. »Sein Geist«, heißt es bei Tacitus wohl etwas übertrieben, »war durch Schwelgerei zerrüttet, so daß er sein Leben nur noch im Halbschlaf hinschleppte.«

Die Motive der übrigen Mitglieder der Verschwörung sind unbekannt, sie hatten wahrscheinlich nichts weiter im Sinn als Umsturz. Zu ihnen zählten die Tribunen der Prätorianerkohorten Gavius Silvanus und Statius Proxumus sowie die Centurionen Maximus Scaurus und Venetus Paulus, die Adeligen Cervarius Proculus, Vulcatius Araricus, Julius Angurinus, Munatius Gratus, Marcius Festus, Antonius Natalis und Claudius Senecio. Die beiden letztgenannten dürften die zweifellos wichtigsten in dieser Aufzählung gewesen sein. Natalis war der Vertraute von Piso, Senecio zählte zu Neros engsten Vertrauten.

Diese Verschwörergemeinschaft trat unregelmäßig an geheimgehaltenen Orten zusammen und entwarf immer neue Attentatspläne, die sich jedoch allesamt – Subrius Flavus hatte zum Beispiel vorgeschlagen, Nero bei einem Auftritt auf der Bühne zu ermorden – als undurchführbar erwiesen. Da stieß eine Frau zu den Verschwörern, Epicharis mit Namen, von der eigentlich keiner so recht wußte, wer sie war und wie sie von der Verschwörung Kenntnis bekommen hatte. Diese Epicharis forderte die Männer auf, endlich zu handeln.

Sie erinnerte daran, daß ein mindestens ebenso kompliziertes

Komplott mit Hilfe der römischen Flotte eingeleitet worden sei: der versuchte Mord an Neros Mutter Agrippina. Warum sollte man nicht auch zur Beseitigung Neros die Flotte in Anspruch nehmen?

Epicharis reiste nach Misenum. Dort kannte sie den Flottenkommandanten Volusius Proculus. Proculus war seinerzeit im Jahre 59 an dem Mordkomplott gegen Agrippina beteiligt gewesen, galt jetzt aber als nicht eben kaisertreu, weil er von Nero nicht seinen Hoffnungen entsprechend befördert worden war. In einem längeren Gespräch versuchte Epicharis die Einstellung des Proculus zu erfahren. Sie begann mit einer Aufzählung der kaiserlichen Verbrechen und empörte sich dabei über dessen Schandtaten. Als ihr Proculus gestand, nicht gerade ein Freund des Prinzeps zu sein, und er beabsichtige, sich an Nero wegen seiner schäbigen Haltung nach dem Agrippina-Komplott zu rächen, sah Epicharis in ihm einen neuen Mitverschwörer. Sie berichtete dem Flottenkommandanten von dem geplanten Umsturz, vermied es jedoch vorerst, ihm die Namen der anderen Mitglieder zu nennen.

Das war ihr Glück; denn Proculus verriet, in der Hoffnung, nun endlich Neros Sympathien zu gewinnen, alles, was Epicharis ihm berichtet hatte. Sie wurde verhaftet und Proculus gegenübergestellt, sie beschuldigte ihn jedoch überzeugend der Verleumdung – Zeugen gab es keine.

Die Zeit drängte. Je länger die Planungen sich hinzogen, desto größer wurde die Gefahr der Entdeckung. Ein neuerliches Planspiel sah vor, den Kaiser in der Villa des Piso bei Baiä umzubringen. Dorthin pflegte Nero bisweilen zu kommen, um ohne Wachen und lästiges Gefolge zu baden und zu speisen. Piso lehnte diesen Mordplan jedoch ab, er wollte nicht in den Ruf kommen, daß unter Mißachtung des heiligen Gastrechtes unter seinem Dach ein Kaiser ermordet werde.

Statt dessen schlug er vor: »Es ist viel besser, wenn wir die Tat, die wir uns zum Nutzen des Staates vorgenommen haben, in Rom, in jenem verhaßten und von Raub an den Bürgern erbauten Palast oder auf der Straße vollbringen!«

Am 19. April 65 sollte Nero sterben

Endlich einigten sich die Verschwörer auf folgendes Konzept: Am 19. April, dem Tag der Circusspiele zu Ehren der Ceres, wenn Nero in der Öffentlichkeit erscheinen mußte, solle einer von ihnen, am besten Lateranus, der groß und kräftig war, dem Kaiser vor dem Circus zu Füßen fallen, als wolle er ihn um etwas bitten, und ihn dabei umwerfen. Scaevinus solle dann seinen Dolch ziehen und Nero erstechen, und schließlich müßten die Tribunen und Centurionen, die dort postiert würden, die Tat vollenden. Inzwischen wollte Piso im Ceres-Tempel warten, von wo ihn der Präfekt Faenius abholen und ins Prätorianerlager bringen würde. Für seine Begleitung war Antonia ausersehen, die älteste Tochter des Claudius. Sie sollte das Volk gewinnen. Sie hatte einen Heiratsantrag Neros ausgeschlagen, eine mutige Haltung, die ihr viele Sympathien eingebracht hatte.

Doch wie alle Verschwörungen der Geschichte, so zeigt auch die Pisonische: Die Erfolgschance ist um so geringer, je größer die Zahl der Verschwörer ist. Tacitus war schon erstaunt, daß der Umsturzplan überhaupt so lange verborgen geblieben war: »Man muß sich wundern, wie unter Menschen so verschiedener Herkunft, unterschiedlichen Standes, Alters und Geschlechts, unter Reichen wie Armen, dies alles so geheimgehalten werden konnte.«

Die Verschwörung platzte einen Tag vor dem geplanten Attentat am 18. April 65. Scaevinus, der ausersehene Attentäter, kam von einer letzten Besprechung nach Hause und tat merkwürdige Dinge: Er machte sein Testament, gab Order, einen Dolch zu schärfen und die Spitze im Feuer zu härten, seinen Lieblingssklaven schenkte er die Freiheit, die übrigen erhielten Geld. Zuletzt ließ er Verbandszeug und blutstillende Mittel herbeischaffen und gab ein opulentes Mahl in Auftrag.

Milichus, ein Freigelassener im Hause des Scaevinus, verfolgte dies alles mit Argwohn. Ihm war manches im Verhalten seines Herrn wohl schon seit langem merkwürdig erschienen. Nun deutete alles auf eine Verschwörung hin. Milichus vertraute die Entdeckung seiner Frau an, er hegte Zweifel, ob er seinen Herrn verraten sollte, ließ sich aber dann von ihr überreden und ging, als der Morgen graute, zusammen mit seiner Frau zum Kaiserpalast. Die Wachen wiesen die beiden zunächst einmal ab, brachten sie dann aber auf ihre wiederholten Beteuerungen, sie hätten wichtige Nachrichten zu überbringen, zu Epaphroditus, einem Freigelassenen Neros.

Epaphroditus erschrak zu Tode, holte den Kaiser aus dem Bett und führte ihm Milichus vor. Der legte zum Beweis seiner Aussage den scharfgeschliffenen Dolch vor und bestand darauf, seinem Herrn gegenübergestellt zu werden.

»Schafft den Scaevinus herbei«, schrie Nero. Der Prinzeps zitterte am ganzen Körper, er rannte wie ein gehetztes Tier auf und ab, bis der Beschuldigte eintraf. Milichus wiederholte seine Anschuldigungen, dann sah Nero Scaevinus an.

»Der Dolch«, begann dieser seine Verteidigung, »aus dem hier ein Verbrechen gemacht werden soll, ist ein heiliges Erbstück meiner Familie. Ich bewahre ihn für gewöhnlich in meinem Schlafzimmer auf, er wurde mir von meinem Freigelassenen gestohlen. Was mein Testament betrifft, so habe ich es schon öfter versiegelt, ohne besonders auf den Tag zu achten. Ebenso habe ich meinen Sklaven auch früher schon die Freiheit oder Geld geschenkt. Gut, diesmal war ich freigebiger, aber nur deshalb, weil ich bei meinem zusammengeschmolzenen Vermögen und dem Drängen der Gläubiger dem Testament nicht so recht traue. Meine Tafel war immer reich gedeckt, und meine Lebensweise vergnüglich, strengen Sittenrichtern mag manches mißfallen. Blutstillende Mittel bereitzuhalten habe ich überhaupt nicht befohlen. Vielmehr fügt Milichus, der das alles offenbar aus der Luft gegriffen hat, diese Beschuldigung nur deshalb hinzu, um für seine Anzeige zugleich als Zeuge aufzutreten.«

Scaevinus, der seine Aussage mit erstaunlicher Sicherheit vorbrachte, bezeichnete seinen Freigelassenen Milichus als einen ziemlich ehrlosen Menschen. Nero geriet in Zweifel, ob die Anschuldigungen des Freigelassenen gegen seinen Herrn nicht tatsächlich aus der Luft gegriffen waren. Da aber trat Milichus' Frau hinzu und sagte, sie wüßte von einer langen geheimen Unterredung, die ihr Herr mit Antonius Natalis gehabt habe, und beide seien enge Vertraute des Piso.

Das ungeahnte Ausmaß der Verschwörung

Nero ließ Natalis herbeizitieren und befragte ihn und Scaevinus getrennt nach dem Grund für die geheime Unterredung. Da sich beide in Widersprüche verwickelten, wurden sie verhaftet. Als Natalis die Folterwerkzeuge im Gefängnis sah, brach er zusammen und gestand, Mitglied einer Verschwörung gegen den Kaiser gewesen zu sein.

Frage: »Wer war der Anführer?«
Antwort: »Calpurnius Piso.«
Frage: »Wer sollte Nachfolger Neros werden?«
Antwort: »Calpurnius Piso.«

Nun kam eine Lawine ins Rollen: Scaevinus nannte, als er vom Geständnis des Natalis hörte, weitere Namen. Lucanus, Quintianus und Senecio leugneten, ließen sich aber umstimmen, als Nero ihnen Straffreiheit zusicherte, und gaben weitere Mitglieder der Verschwörung preis: Lucanus seine Mutter Acilia, Quintianus den Glitius Gallus, Senecio den Annius Pollio.

Während der Ermittlungen erinnerte sich der Prinzeps an Epicharis, die der Flottenkommandant von Misenum beschuldigt hatte, und die noch immer in Untersuchungshaft saß. Epicharis sollte nun unter der Folter weitere Verschwörer preisgeben. Die Folterknechte versuchten es mit Geißelhieben und traktierten sie mit glühenden Eisen – ergebnislos. Unfähig zu gehen, wurde Epicharis am folgenden Tag in einem Tragsessel zur Folterkammer geschleppt, doch auf dem Weg dorthin zog sie ihr Brustband hervor, band eine Schlinge und erwürgte sich an der Sessellehne.

Inzwischen war eine Abordnung junger Rekruten nach Baiä unterwegs, um Piso, den Kopf des Unternehmens, nach Rom zu bringen. Als sie im Haus des Verschwörers eintrafen, war dieser jedoch schon tot. Er hatte sich, der Aussichtslosigkeit seiner Lage bewußt, die Pulsadern aufgeschnitten.

Piso wollte Kaiser werden. Was er nicht wußte: Innerhalb der Verschwörung gab es eine zweite Verschwörung, deren Kopf der

Tribun Subrius Flavus war. Er vertrat die Ansicht, es nützt nichts, einen Kitharasänger abzusetzen und dafür einen Tragöden zu wählen, womit er auf Pisos gelegentliche Auftritte als Schauspieler anspielte. Flavus war sich mit den Centurionen einig, daß nach der Ermordung Neros auch Piso beseitigt werden sollte. Seine Nachgiebigkeit, meint Tacitus, und der Lebenswandel seiner zweiten Frau Satria Galla hätten ihn in Verruf gebracht. Statt dessen sollte ein Mann von Rang Kaiser werden: Lucius Annaeus Seneca, der ehemalige Lehrmeister Neros. Angeblich wußte Seneca auch von diesen Überlegungen.

Senecio und Quintianus gaben angesichts drohender Folterqualen immer neue Namen preis. Als Untersuchungsrichter fungierten neben Nero die Prätorianerpräfekten des Kaisers: Tigellinus und Faenius Rufus. Daß Rufus selbst einer der aktiven Verschwörer gewesen war, war bisher noch nicht bekannt geworden, zumal er sich durch besonders harte Untersuchungsmethoden außerhalb jedes Verdachts stellte. Er rettete dem Kaiser sogar das Leben, als ihm Subrius Flavus während der Verhandlung durch einen Wink zu verstehen gab, er wolle sein Schwert ziehen und den Mord jetzt ausführen, doch Rufus bedeutete ihm eindringlich, das zu unterlassen. Am nächsten Tag ereilte auch Rufus sein Schicksal. Auf eine seiner bohrenden Fragen erhielt er von dem hämisch grinsenden Scaevinus die Antwort: »Das weiß doch keiner besser als du selbst!«

Nero sah Rufus an. Verstört blickte dieser um sich. Er stammelte Unverständliches. Angstschweiß trat ihm auf die Stirn. Nun rief Proculus, Rufus habe ja selbst zum Komplott gehört. Nero war starr vor Schreck. Der Kaiser stellte keine weiteren Fragen. Faenius Rufus wurde gefesselt und abgeführt. Er starb tags darauf unter dem Schwert des Henkers.

Der Tribun Subrius Flavus leugnete zunächst seine Mitgliedschaft in der Verschwörung. »Ich bin doch«, verteidigte er sich, »ein ganz anders gearteter Mensch und würde mich als Soldat nie mit verweichlichten Zivilisten zu einer solchen Tat verbünden.« Unter der Beweislast der übrigen Zeugen brach er schließlich zusammen und legte ein Geständnis ab.

Darauf fragte Nero: »Warum hast du dich verleiten lassen, deinen Eid zu brechen?«

Subrius Flavus antwortete mutig: »Ich habe dich gehaßt! Und doch war keiner deiner Soldaten dir treuer, solange du geliebt zu werden verdientest. Zu hassen begann ich dich, seitdem du zum Mörder deiner Mutter und deiner Gattin, zum Wagenlenker, Schauspieler und Brandstifter wurdest!«

Diese Worte, die Tacitus wörtlich überliefert – er weist sogar ausdrücklich darauf hin, daß sie bisher nicht bekannt geworden seien – wurden in dieser Form wohl kaum gesprochen. Sie entsprechen weit eher dem Urteil des Tacitus über Nero, wie es in gleicher Diktion auch an anderen Stellen vorkommt.

Wie dem auch sei, das Urteil war klar: Tod durch das Schwert. Zur Exekution wurde der Tribun Veianius Niger ausersehen. Er ließ »auf dem nächsten Feld« eine Grube ausheben. Als Flavus mit seinem Henker an der Richtstätte erschien, bemängelte der Todeskandidat die Enge der Grube: »Nicht einmal dies ist nach der Dienstvorschrift!« Der Tribun ermahnte ihn, vor der Grube niederzuknien und »den Nacken herzhaft vorzustrecken«. Noch in der letzten Minute zeigte Flavus Galgenhumor. Er antwortete: »Möchtest du nur herzhaft zuschlagen!« Der Henker zitterte nämlich mehr als das Opfer. Und dann geschah das, was Flavus wohl befürchtet hatte. Der Tribun mußte in Ausübung seines grausamen Amtes zweimal zuschlagen, bis der Kopf des Delinquenten in die Grube rollte.

Bis auf einen zeigten alle Teilnehmer der Verschwörung eine würdige Haltung bei der Hinrichtung. Sie hatten mit hohem Einsatz um das Leben des Kaisers gespielt und ihr eigenes dabei verloren. Der einzige, der um sein Leben bat, war ausgerechnet der Prätorianerführer Faenius Rufus.

Senecas tragisches Ende

Der Fall Seneca fand in Verbindung mit der Pisonischen Verschwörung die größte Beachtung in der Öffentlichkeit. Einerseits verdankte Nero dem Philosophen und Dichter seine Erziehung und Bildung, vor allem auch die Lenkung der Staatsgeschäfte in den ersten fünf Jahren seiner Regierung, andererseits war Seneca offensichtlich bereit gewesen, den einstigen Schüler vom Thron zu verdrängen und seine Nachfolge anzutreten.

Nero gab sich bemüht, Seneca einen fairen Prozeß zu machen. Er ließ Zeugen auftreten, Aussagen protokollieren. Zum Kronzeugen wurde Antonius Natalis. Er sagte aus, Piso habe ihn zum kranken Seneca geschickt, damit er dessen Beschwerde ausrichte, weil er Piso nicht vorgelassen habe. Es sei doch besser, wenn sie ihre Freundschaft in vertrautem Verkehr pflegten. Darauf habe Seneca geantwortet, häufige Unterredungen nützten keinem, im übrigen beruhe sein Heil auf dem Heil Pisos.

Damit schien nachgewiesen, daß Seneca mit Piso unter einer Decke steckte. Die Ermittlungen waren bisher in Abwesenheit des Angeklagten geführt worden. Deshalb sandte Nero am nächsten Abend den Tribun seiner Garde, Gavius Silvanus, mit einer Handvoll Soldaten auf das Landgut Senecas, das vier Meilen außerhalb der Stadt lag, damit er zu den gegen ihn erhobenen Vorwürfen Stellung nähme. Seneca war gerade aus Campanien zurückgekehrt und lag mit seiner Frau Paulina und zwei Freunden bei Tisch, als Lärm in das Haus drang. Soldaten hatten die Villa umstellt. Der Bote Neros trat ein, trug die Aussage des Natalis vor und bat um eine Stellungnahme.

Seneca wirkte ruhig und gefaßt, er ging auf den Vorwurf überhaupt nicht ein und sagte: »Ja, Natalis wurde in der Tat zu mir geschickt, um sich im Namen Pisos zu beklagen, weil ich seinen Besuch abgelehnt habe. Ich ließ mich damals mit meinem Gesundheitszustand und meinem Ruhebedürfnis entschuldigen. Einen Grund, die Rettung eines Privatmannes meinem eigenen Wohle vorzuziehen, habe ich nie gehabt, und Schmeicheleien sind nicht meine Art. Das weiß niemand besser als Nero, der viel öfter meinen Freimut als meine Unterwürfigkeit kennengelernt hat.«

Gavius überbrachte dem Kaiser noch in der Nacht Senecas Stellungnahme. Nero saß mit Poppaea und Tigellinus beisammen, den einzigen Menschen, denen er noch traute in diesen schweren Stunden. Der Fall Seneca belastete ihn schwer.

»Hat er keine Anstalten gemacht, freiwillig aus dem Leben zu scheiden?« fragte Nero den Tribun.

»Nein«, antwortete Gavius, »ich konnte bei ihm keinerlei Anzeichen von Furcht, keine Niedergeschlagenheit in den Worten oder im Mienenspiel bemerken.«

Darauf Nero: »So kehre zurück und kündige Seneca den Tod an!«

Der Tribun hatte jedoch nicht den Mut und schickte einen Centurio.

Seneca nahm am nächsten Tag die Botschaft mit Gelassenheit auf. Er bat um Schreibtafeln für sein Testament. Der Centurio schlug ihm diese Bitte ab. Da wandte sich Seneca an seine Frau und seine Freunde: »Da man mich hindert, meinen Dank für eure Verdienste abzustatten, hinterlasse ich euch das einzige, was ich noch besitze, das Bild meines Lebens. Wenn ihr dieses im Gedächtnis behaltet, werdet ihr den Ruhm wahrer Tugend als Lohn für eure treue Freundschaft gewinnen.«

Als darauf den Umstehenden die Tränen in die Augen traten, sprach ihnen Seneca Trost zu, ermahnte sie aber auch zur Tapferkeit. »Wo«, meinte er, »sind eure philosophischen Grundsätze geblieben, wo eure so viele Jahre gepredigte Besonnenheit gegenüber drohenden Gefahren?« Dann umarmte Seneca seine Frau Paulina und bat sie inständig, nicht um ihn zu trauern. Sie solle vielmehr Trost in einem tugendhaften Leben suchen. Doch Paulina erwiderte, wenn er sterbe, wolle auch sie nicht weiterleben.

Dieser Entschluß traf Seneca nicht unvorbereitet. Als hätte er keine andere Reaktion erwartet, sagte er zu seiner Frau: »Du wählst den ehrenvollen Tod – auf die Tröstungen des Lebens habe ich dich hingewiesen. Ich will dich nicht daran hindern. Mag der feste Entschluß, mit dem wir aus dem Leben scheiden, bei uns beiden gleich sein, dein Ende ist auf jeden Fall ruhmvoller.«

Daraufhin begann ein grausam langsames Sterben. Seneca und Paulina schnitten sich jeder selbst mit einem Messer die Pulsadern auf. Entsetzt starrten die Freunde auf das Blut, das langsam aus den Handgelenken rann und auf den Boden tropfte. Seneca sah seine Frau Paulina ein letztes Mal lange an, dann bat er sie, in das Schlafgemach zu gehen, damit sie sich den gegenseitigen Anblick ihrer Qualen ersparten.

Das mühsame Sterben muß Stunden gedauert haben, denn

Tacitus erwähnt, daß Nero, als er erfuhr, Paulina wolle ebenfalls sterben, Soldaten in die Villa geschickt habe, um die Frau seines Lehrmeisters zu retten. Sie trafen Paulina bereits bewußtlos an, verbanden ihre Arme und stillten den Blutfluß.

Seneca hatte inzwischen seinen Freund und Leibarzt Statius Annaeus kommen lassen und um Gift gebeten; denn das Blut entwich zu langsam aus den Pulsadern. Aber auch das Gift zeigte nicht die erhoffte Wirkung. Erst im Dampfbad erstickte der völlig entkräftete Seneca vor Hitze.

Es gab keine Totenfeier. Der Leichnam wurde verbrannt. Das entsprach dem letzten Willen des Philosophen. Seine Frau Paulina konnte gerettet werden und lebte noch einige Jahre.

Der Beginn einer Säuberungswelle

In seiner Angst, die nicht mehr den Freund vom Feind zu unterscheiden wußte, wurde Nero zunehmend unberechenbar. Dem Wahnsinn nahe versteckte er sich im eigenen Palast, ließ die Stadtmauern mit Soldaten besetzen, den Hafen in Ostia und den Flußlauf des Tiber sperren. Truppenverbände, unter die sich Germanen mischten, weil sie derzeit das Vertrauen des Kaisers genossen, besetzten Plätze, Häuser, freie Landstriche und Landstädte, jeder Verdächtige wurde verhaftet, verhört und verurteilt.

»So wurde es«, schreibt Sueton, »dem Salvidienus Orfitus als Verbrechen angerechnet, daß er drei Zimmer seines Hauses am Forum als Schlafquartiere für ausländische Gesandte vermietet hatte. Dem Rechtsgelehrten Cassius Longinus, er war blind, wurde der Vorwurf gemacht, er bewahre unter den Ahnenbildern seiner Familie auch die des Cäsarmörders Cassius auf.«

Es wurden allerdings nicht nur Todesurteile verhängt, in den meisten Fällen verurteilte man die Verdächtigen zu Gefängnisstrafen. Das eine wie das andere geschah auch nicht willkürlich, sondern innerhalb eines gesetzlichen Verfahrens. Gewiß, es gab Aufforderungen zum Selbstmord, ein während der gesamten Kaiserzeit durchaus übliches Verfahren. Wie sehr sich aber antike

Historiker bisweilen von ihrer Phantasie lenken ließen, mag ein Beispiel verdeutlichen.

So behauptet Sueton, Nero habe den Senator Paetus Thrasea hinrichten lassen, weil er immer so schulmeisterlich-finster dreingeschaut habe. Zufällig aber beschäftigt sich Tacitus mit dem erzwungenen Selbstmord Thraseas ausführlicher.

Paetus Thrasea war ein erklärter Feind des Kaisers, der aus seinen Umsturzplänen kein Hehl machte. Er war jener Mann, der, als der Senat nach dem Tod der Agrippina Beschlüsse über eine Ehrung des Kaisers faßte, demonstrativ die Sitzung verließ, jener Mann, der die Juvenalien, bei denen Nero öffentlich auftrat, durch Mißachtung strafte, der schließlich das Todesurteil gegen den Prätor Antistius wegen Majestätsbeleidigung aufhob. Thrasea war von Cossutianus Capito angeklagt worden. Und diese Anklage enthielt einen ganzen Katalog von Anschuldigungen. Capito behauptete, Thrasea vermeide alljährlich zum Jahresbeginn den feierlichen Treueid. Obwohl er zum Priesterkollegium der Fünfzehnmänner gehöre, sei er nie anwesend, wenn die Gelübde geleistet würden. Er, einst ein eifriges Senatsmitglied, habe die Curie seit drei Jahren nicht mehr betreten. Diese Absonderung sei aufrührerisch. Und mit erhobener Stimme rief Capito vor Nero aus: »Wie man einst Cäsar und Cato nebeneinanderstellte, so spricht die nach Zwietracht gierige Bürgerschaft jetzt von dir, Nero und Thrasea. Thrasea hat seine Anhänger und Trabanten. Zwar nehmen sie sich noch nicht die trotzige Art seiner Senatsanträge zum Vorbild, wohl aber seine Haltung und Miene. Sie sind wie er mürrisch und finster und werfen dir Leichtfertigkeit vor. Für ihn allein bleibt dein Wohlergehen ohne Gelübde, deinen Kunstleistungen erweist er keine Ehre. Wenn er schon von des Kaisers Glück nichts wissen will, hat er denn noch nicht genug mit dessen Trauer und Schmerz?«

»Und wenn er«, fuhr Capito fort, »nicht an Poppaeas Göttlichkeit glaubt und wenn er nicht auf die Verordnungen des göttlichen Augustus und Julius schwört, so verrät das dieselbe Gesinnung. Er verachtet heiligen Brauch, er versucht, die Gesetze abzuschaffen. Die Staatszeitung des römischen Volkes liest man in den Provinzen und bei den Truppen nur deshalb besonders aufmerksam, um zu erfahren, was Thrasea alles *nicht* getan hat. Entweder müssen wir

Tempel der Fortuna Augusti in Pompeji.

FORTVNAE AVGVSTI

uns seiner Denk- und Handlungsweise anschließen, wenn sie besser ist, oder es muß allen Neuerungssüchtigen der Rädelsführer und Ratgeber entzogen werden. Das ist ja jene Sekte, die Leute wie Tubero und Favonius hervorgebracht hat, deren Namen auch in der alten Republik mißliebig waren. Um die Kaiserherrschaft zu stürzen, tragen sie jene zur Schau. Haben sie diese gestürzt, dann werden sie die Freiheit selbst angreifen. Vergebens hast du den Cassius beseitigt, wenn du nun dulden willst, daß die Nacheiferer der beiden Brutus blühen und gedeihen. Schließlich brauchst du ja nicht selbst gegen Thrasea vorzugehen, laß uns nur den Senat als Richter!

Um den Charakter eines ordentlichen Gerichtsverfahrens zu wahren, gab Nero dem Cossutianus Capito, wie bei Verbrechern des Hochverrats üblich, einen zweiten Ankläger bei. Er hieß Marcellus Eprius und war einer der schlagfertigsten Redner, die es in Rom gab. Von Natur aus schon finster dreinblickend, vermochte er mit Mimik, Blick und Stimme diesen Eindruck noch zu verstärken.

Für Thrasea stellte sich nun die Frage, wie er sich verhalten sollte. Sollte er sich vor den Senatoren verteidigen oder einfach den Ausgang des Verfahrens abwarten? Er überlegte die ganze Nacht, kam jedoch zu keiner Entscheidung. Am nächsten Tag war es zu spät.

Prätorianerkohorten besetzten strategisch wichtige Punkte der Stadt, die Marktplätze und Basiliken. Vor der Curie waren Togaträger postiert, mit Schwertern unter dem Gewand. Spannung lag in der Luft, als die Senatoren die Curie betraten. Als letzter kam, schwerbewacht, der Kaiser. Auf der Tagesordnung stand die Anklage gegen fünf des Hochverrats beschuldigte Römer: den Senator Paetus Thrasea; den Statthalter von Asien, Barca Soranus; seine zwanzigjährige Tochter Servilia; den Redner und Schwiegersohn Thraseas, Helvidius; den ehemaligen Quästor von Kreta Paconius und den Verfasser von Spottgedichten auf den Kaiser, Montanus.

Nero ließ zunächst durch seinen Quästor eine Rede verlesen, die in allgemeinen Worten das Verhalten des Senats kritisierte. Ohne einen Namen zu nennen, beklagte der Kaiser, die Senatoren vernachlässigten ihre Amtspflichten und gäben ein schlechtes Beispiel. Die alten Herren schienen betroffen.

Die Ankläger Cossutianus und Marcellus nahmen diesen Faden auf. Marcellus ergriff die günstige Gelegenheit, um seinem Ruf als brillanter Redner gerecht zu werden. »Senatoren«, rief er in der Mitte des vielhundertköpfigen Runds stehend aus, »hier handelt es sich um höchste Staatsinteressen. Durch den Trotz der Untertanen wird die Milde des Herrschers beeinträchtigt. Ihr Senatoren seid bis zum heutigen Tag nachsichtig gewesen. Ihr habt den Aufrührer Thrasea, seinen ebenso aufsässigen Schwiegersohn Helvidius, den Paconius, der von seinem Vater den Haß auf den Kaiser geerbt hat, sowie den Montanus, der abscheuliche Spottgedichte verfaßte, ungestraft gelassen! Vergeblich sucht man den ehemaligen Konsul im Senat, bei Gelübden den Priester, bei der Eidesleistung den Bürger Thrasea. Doch dieser hat sich ja entgegen dem alten Brauch öffentlich als Mittäter und Feind bekannt. Warum zeigt sich der Mann, der bisher den Senator nur zu sprechen und die Widersacher des Kaisers zu beschützen pflegte, nicht selbst, warum sagt er nicht seine Meinung, was er verbessert oder geändert wissen will? Es wäre jedenfalls leichter zu ertragen, wenn er einzelne Vorgänge tadelte, statt wie jetzt zu schweigen und damit alles zu verurteilen.«

Immer lauter, immer eindringlicher redete Marcellus. »Mißfällt ihm denn der Friede, der auf der ganzen Welt herrscht, oder die verlustlosen Siege unserer Heere? Man soll doch einen Mann, der über das Glück des Staates betrübt ist, der Märkte, Theater und Tempel für Einöden hält und mit Selbstverbannung droht, nicht in seinem verkehrten Ehrgeiz gewähren lassen. Für ihn gibt es ja keine Senatsbeschlüsse, keine Staatsbeamten, keine Römerstadt. So möge er doch sein Leben von einer Bürgerschaft abtrennen, die er längst nicht mehr liebt und jetzt auch nicht mehr sehen will!«

Im engen Rund der Curie herrschte betroffenes Schweigen. Da erhob sich Osterius Sabinus, der Ankläger des anwesenden Asien-

Statthalters Soranus. Er kam zunächst auf die Freundschaft des Angeklagten mit Rubellius Plautus zu sprechen. Dies war besonders perfide, weil Rubellius als Staatsfeind nach Kleinasien verbannt und später auf Betreiben des Tigellinus ermordet worden war. Soranus habe das Prokonsulat von Asien mehr zu seiner eigenen Verherrlichung als zum Nutzen der Allgemeinheit verwaltet, indem er die aufrührerischen Städte begünstigte. Der Ankläger nahm damit Bezug auf die Stadt Pergamon, die sich geweigert hatte, Hunderte von griechischen Statuen herauszugeben, die Neros Kunstsammler zum Abtransport nach Rom ausersehen hatten. Der Prokonsul hatte Pergamon dabei straffrei belassen.

Ostorius Sabinus richtete seine Anklage sodann gegen Soranus' Tochter Servilia. Sie trat in der Mitte der Curie ihrem Vater gegenüber, blickte zu Boden und wagte nicht, ihn anzusehen. Servilia wurde beschuldigt, Magier gedungen zu haben, die den Kaiser mit Zauberformeln beseitigen sollten.

»Hast du nicht deinen Brautschmuck, hast du nicht deinen gesamten Schmuck vom Hals genommen und verkauft, um das Gold für die magischen Beschwörungen zusammenzubringen?« Die schneidenden Worte des Anklägers Ostorius Sabinus standen im Raum, als wären sie an die Wand geschrieben.

Servilia, die nicht geahnt hatte, daß die Ankläger selbst darüber informiert waren, starrte zuerst vor sich hin, dann warf sie sich zu Boden und schluchzte: »Keine bösen Geister habe ich angerufen, keine Verwünschungen ausgesprochen, nur darum habe ich in meinem unglückseligen Gebet gefleht, daß du, Cäsar und ihr, Senatoren, mir meinen Vater unversehrt erhalten möget. Nur deshalb habe ich meine Edelsteine, ja sogar meine Kleider und die Abzeichen meines Standes hingegeben, als habe man mein Blut und mein Leben gefordert. Diese Männer, die ich vordem nicht kannte, mögen selbst sehen, welchen Ruf sie haben, und welche Kunstgriffe sie üben. *Ich* habe vom Kaiser nie anders gesprochen als von einem höheren Wesen. Und mein unglücklicher Vater weiß nichts von meinem Tun. Ist es ein Verbrechen, so habe ich allein gefehlt.«

Da fiel ihr der Vater ins Wort: »Servilia war nie mit mir in der Provinz, den Plautus kann sie aufgrund ihrer Jugend gar nicht gekannt haben, und in die Anklage gegen ihren Gatten Annius

Pollio ist sie nie verwickelt gewesen. Trennt *ihr* Verfahren deshalb von dem meinen ab. Ich selbst werde mich dann jedem Schicksal unterwerfen.«

Nach diesen Worten wollte er seine Tochter umarmen, doch die Liktoren traten dazwischen. Zeugen traten auf. Der Kronzeuge Publius Egnatius Celer, ein Stoiker und Lehrmeister des Barca Soranus, bestätigte die Anklage gegen Soranus und seine Tochter. Einem Entlastungszeugen schenkten die Senatoren keinen Glauben, weil er, wie jedermann wußte, mit Soranus befreundet war. Sie schickten ihn in die Verbannung. Das Schicksal der Angeklagten war damit besiegelt. Noch am selben Tag erging das Urteil: Todesstrafe für Thrasea, Soranus und Servilia. Freie Wahl der Todesart. Verbannung für Helvidius und Paconius. Begnadigung für Montanus unter der Bedingung, nie mehr ein Staatsamt zu bekleiden.

Für welche Todesart Soranus und Servilia sich entschieden haben, wissen wir nicht. Bekannt geworden ist lediglich der Tod des Thrasea. Ein Quästor des Konsuls wurde noch am Abend zu ihm geschickt. Er hielt sich mit einer großen Gesellschaft im Park seines Hauses auf und diskutierte in Erwartung des Todesurteils mit einem Philosophen der kynischen Schule über die Trennung des Geistes vom Körper. Als das Urteil bekannt wurde, weinten viele Gäste. Thraseas Frau Arria erklärte spontan, sie wolle mit ihrem Mann sterben. Doch der lehnte dies ab, sie müsse sich gerade jetzt um die gemeinsame Tochter kümmern.

Helvidius und Demetrius begleiteten den Hausherrn schließlich in sein Schlafzimmer, wo er ihnen den Befehl gab, ihm die Pulsadern beider Arme aufzuschneiden. Als das Blut floß, rief er den Quästor herein: »Wir bringen«, sagte er voll Ironie, »Jupiter, dem Befreier, ein Trankopfer!« Damit besprengte er die Erde mit seinem Blut.

»Sieh nur zu, junger Mann«, fuhr er an den Quästor gewandt fort, »mögen es die Götter verhüten, daß mein Ende eine böse Vorbedeutung für dich habe. Aber du bist in eine Zeit hineingeboren, wo man gut tut, seinen Geist durch den Anblick unbeugsamer Festigkeit zu stählen . . .«

Die Hochverratsprozesse gingen weiter. Drahtzieher all dieser Verfahren war Tigellinus, der einzige und letzte Vertraute des Kaisers. Nero selbst mied die Öffentlichkeit, er trug sich in seiner Angst vor einem neuen Anschlag mit dem Gedanken, wie einst Tiberius Rom ganz zu verlassen. Ihm schwebte Griechenland vor. So hatte Tigellinus freie Hand.

Selbst Leute, die dem Kaiser nahestanden, fielen Tigellinus zum Opfer, wenn sie seinen Unwillen erregten. Im Falle des Petronius waren es Neid und Mißgunst. Er galt als Berater Neros in Stil- und Geschmacksfragen und hatte sich, das behauptet jedenfalls Tacitus, vor allem durch Nichtstun einen Namen gemacht. Den Tag verbrachte er mit Schlafen, die Nacht mit Geschäften und Vergnügungen. Er galt als Meister des verfeinerten Wohllebens, und Nero sah in ihm ein Vorbild. Das aber störte Tigellinus.

Während der Kaiser in Campanien weilte, erhob Tigellinus Anklage gegen Petronius wegen Hochverrats, ließ seine Dienerschaft verhaften und überredete einen seiner Sklaven mit Hilfe einer großen Summe Geldes zur Falschaussage gegen seinen Herrn. Der Fall ist in unserem Zusammenhang deshalb von Bedeutung, weil er darauf hindeutet, daß nicht Nero der Drahtzieher der großen Säuberungswelle war, sondern Tigellinus. Seine Machtposition muß enorm gewesen sein, wenn er in Abwesenheit des Kaisers sogar dessen Freunde zu Tode bringen konnte.

Petronius war verzweifelt, er versuchte den Prinzeps zu sprechen, reiste ihm nach Cumä nach; doch Tigellinus hatte Anweisung gegeben, ihn nicht vorzulassen. Was blieb Petronius anderes übrig, als sich die Pulsadern zu öffnen. Sein Tod erfolgte langsam und ist bezeichnend für seine zwielichtige Persönlichkeit. Während das Blut aus seinen Adern floß, ließ er sich muntere Gedichte vortragen. Von Zeit zu Zeit bat er darum, ihm die Adern abzubinden, dann wieder zu öffnen. Manchen seiner Sklaven vermachte er reiche Geschenke, andere befahl er auszupeitschen. Schließlich verlangte er nach einer Schreibrolle und diktierte eine Aufzählung aller ihm bekannten sexuellen Umtriebe des Kaisers unter namentlicher Angabe der beteiligten Frauen, Männer und Knaben. Das Schreiben adressierte er an Nero und versiegelte es mit seinem Ring. Dann legte er sich ins Bett und starb.

Zweck seines Schreibens sollte es wohl sein, zu demonstrieren, wie gut er über das Intimleben des Kaisers informiert war. Unklar bleibt aber, warum Petronius den Liebeskatalog Neros nicht an den Senat schickte. Damit hätte er das wüste Leben des Kaisers publik gemacht, so aber erfuhr Nero nur, was er ohnehin wußte.

»Dieser überlegte«, schreibt Tacitus, »wie die genialen Erfindungen und Unzuchtsnächte bekannt werden konnten, und kam dabei auf Silia, eine ziemlich bekannte Senatorengattin, die ihm selbst zur Befriedigung seiner Lüste gedient hatte und mit Petronius eng befreundet war.« Sie hatte wohl aus der Schule geplaudert. Silia mußte in die Verbannung.

Eine zwielichtige Rolle spielte der Konsul Vestinus Atticus. Eine Teilnahme an der Pisonischen Verschwörung war ihm nicht nachzuweisen. Piso hatte ihn angeblich nicht eingeweiht, weil man ihn für unbesonnen und unverträglich hielt. Vestinus galt allgemein als jähzornig und schwierig. Einst ein guter Freund des Prinzeps, hatte er diesen später wegen seiner Unentschlossenheit verspottet, deshalb war es zur offenen Feindschaft gekommen. Doch scheint Vestinus, wenn man Tacitus glauben darf, das einzige Opfer gewesen zu sein, das ohne ordentliches Gerichtsverfahren den Tod fand. Tacitus schreibt, weil sich kein Ankläger fand und Nero sich nicht als Richter in eigener Sache gebärden konnte, habe er Zuflucht zur Gewalt des Tyrannen genommen. Welche Rolle Vestinus' Ehefrau Statilia Messalina in diesem Konflikt spielte, ist ebenfalls ungeklärt. Tatsache ist, daß sie, bevor sie Vestinus heiratete, mit Nero ein Verhältnis hatte, und daß der Kaiser sie ein Jahr nach dem Tod ihres Gatten ehelichte. Tacitus leitet daraus das Mordmotiv ab.

Zwei Dinge sprechen jedoch dagegen: Einmal starb Vestinus im Jahre 65, die Vermählung Neros mit Messalina erfolgte aber erst 66. Der Kaiser war aber nicht der Mann, der die Erfüllung eines Wunsches ein ganzes Jahr aufschob. Zweitens erfolgte die Exekution des Vestinus während der allgemeinen Säuberungswelle nach der Pisonischen Verschwörung. Die Annahme, Vestinus, ein erklärter Feind des Kaisers, habe in Verbindung mit dieser Aktion sein Leben verloren, ist demnach mehr als wahrscheinlich.

Die Feinde waren tot, die Freunde hielten die Hand auf

Daß es sich bei der Säuberungsaktion nicht um reine Willkürakte handelte, wird auch aus dem folgenden Vorgang deutlich: Nero ließ öffentliche Bekanntmachungen aushängen, auf denen alle aktenmäßig gesammelten Anzeigen und die Geständnisse der Verurteilten verzeichnet waren. Zugleich berief er den Senat ein, um, wie sonst nur nach erfolgreichen Feldzügen üblich, Rechenschaft abzulegen über sein Vorgehen im Zusammenhang mit der Verschwörung.

Kaum beachtet wird in diesem Zusammenhang die Tatsache, daß keineswegs alle Verfahren mit Todesstrafe oder Verbannung endeten. Es gab auch Freisprüche und Begnadigungen durch den Kaiser. Tacitus erwähnt dies nur nebenbei mit dem Hinweis, ein Freigesprochener und ein Begnadigter hätten nach ihrem Prozeß Selbstmord begangen. Möglicherweise waren sie schuldig und fürchteten eine spätere Entdeckung.

Voll beißender Ironie schildert Tacitus die Situation in Rom nach der Aufdeckung der Verschwörung: »Wie die Stadt mit Leichen, so füllte sich inzwischen das Capitol mit Opfertieren. Dem einen war der Sohn, dem anderen der Bruder, Vetter oder Freund hingemordet worden. Und dafür sagten alle den Göttern Dank, schmückten ihr Heim festlich mit Lorbeerzweigen, stürzten Nero dankend zu Füßen und bedeckten seine Rechte mit Küssen . . .«

Der Kaiser wußte nun, daß sein Leben nicht mehr wert war als die Zuneigung seiner Soldaten. Deshalb berief er eine Versammlung ein und überreichte jedem einzelnen seiner Getreuen die Summe von zweitausend Sesterzen. Eine feste Getreideration, für die sie bisher den jeweiligen Marktpreis zu bezahlen hatten, wurde fortan kostenlos an die Prätorianer ausgegeben. Das, glaubte Nero, war seine beste Lebensversicherung.

Dem Exkonsul Petronius Turpilianus, dem designierten Prätor Cocceius Nerva und dem Gardepräfekten Tigellinus verlieh Nero die *Ornamenta Triumphalia*, die Triumphabzeichen.

Von Tigellinus und Nerva wurden Statuen gegossen, die der Kaiser auf dem Forum und in seinem Palast aufstellen ließ. Für die Götter ordnete Nero Dankgebete an, vor allem für den Sonnengott, vor dessen Tempel beim Circus der Mord geplant war. Der Senat beschloß, den Monat April, in dem der Kaiser sterben sollte, fortan Neronius zu nennen. Den Plan, ihm auf Staatskosten einen Tempel für die göttliche Verehrung zu errichten, wies Nero mit dem Hinweis zurück, eine solche göttliche Verehrung erhalte ein Prinzeps erst, wenn er nicht mehr unter den Lebenden weile.

Bleibt nachzutragen, daß die Hauptankläger im Verschwörungsprozeß Eprius und Cossutianus von Nero je fünf Millionen Sesterzen erhielten, Ostorius bekam 1,2 Millionen. Helvidius wurde später aus der Verbannung zurückgerufen, er brachte es im Jahr 70 sogar zum Prätor, vier Jahre später ließ ihn Vespasian jedoch wegen seiner starr oppositionellen Haltung hinrichten. Das Todesurteil gegen Soranus und seine Tochter Servilia wurde später, nach Neros Tod, als Justizirrtum erkannt: Der Kronzeuge Publius Egnatius Celer war vermutlich von Tigellinus mit Geld bestochen worden; er wurde dafür im Jahr 70 in die Verbannung geschickt.

VIII.
Das Drama der frühen Christen

Nicht durch humane Hilfsmaßnahmen und nicht durch
Schenkungen des Kaisers oder Sühneopfer für die
Götter ließ sich die Schande aus der Welt schaffen,
der Brand sei befohlen worden.
Um dem Gerede ein Ende zu machen,
schob Nero die Schuld auf andere
und bestrafte sie mit ausgesuchtesten Martern.
Es waren jene Leute, die das Volk
wegen ihrer Schandtaten haßte und mit dem Namen
»Christen« bezeichnete.

Tacitus

Der Mann, der im Schutze der Dunkelheit durch die Porta Appia schlüpfte, war mindestens siebzig Jahre alt. Gebückt, aber zielstrebig hastete er im fahlen Mondlicht, an zahllosen Grabmälern vorbei, die Via Appia entlang. Da tauchte vor ihm ein Schatten auf, kam näher, direkt auf ihn zu. Erschreckt hielt der Alte inne.

»Quo vadis, domine? – Herr, wohin gehst du?« fragte er.

»Ich komme nach Rom, um mich wieder kreuzigen zu lassen!« entgegnete der Angeredete.

Darauf der Alte: »Du sollst wieder gekreuzigt werden?«

Der andere: »Ja, ich werde wieder gekreuzigt.«

»Herr«, meinte darauf der Alte, »ich kehre zurück und folge dir.«

Kaum hatte er diesen Satz ausgesprochen, war der andere verschwunden. Der Alte machte kehrt und rannte, so schnell er konnte, nach Rom zurück. Sein Ziel war das Staatsgefängnis, der Mamertinische Kerker, aus dem er wenige Stunden zuvor auf mysteriöse Weise ausgebrochen war.

Die legendäre Szene ist wörtlich in einer frühchristlichen Schrift des vierten Jahrhunderts überliefert. Sie soll sich während der letzten Regierungsjahre Neros abgespielt haben, irgendwann zwischen 64 und 67. Die beiden Männer waren: Simon Petrus, Sohn eines Jona aus Bethsaida, verheiratet, von Beruf Fischer; und Jesus, Sohn eines Joseph aus Nazareth in Galiläa, ledig, ohne Beruf. Was die Sache jedoch kompliziert macht: Dieser Jesus war vor dreißig Jahren unter dem römischen Prokurator von Judäa, Pontius Pilatus, hingerichtet worden. Jedenfalls behauptet das der antike Historiker Tacitus, und er befindet sich damit in seltenem Einklang mit allen frühchristlichen Zeugnissen. Ein Wunder also? Eine fromme Legende?

Petrus und Paulus aus archäologischer Sicht

Heute steht an der Stelle, wo sich die Szene abgespielt haben soll, eine kleine Kirche, deren Anfänge in das neunte Jahrhundert zurückreichen. Im Fußboden eingelassen ist ein Stein mit zwei Fußabdrücken, Kopie eines Originals, das in der unweit gelegenen Kirche S. Sebastian aufbewahrt wird. Angeblich sind es die Fußabdrücke jenes Jesus, der Simon an dieser Stelle erschienen sein soll. Sogar Kirchenlehrer maßen diesem archäologischen Fundstück keine große Bedeutung bei, bis Messungen ergaben: Die »Quovadis«-Fußsohlen entsprechen ziemlich genau der Größe des rechten Fußes auf dem Turiner Leichentuch – der linke ist nicht meßbar. Und an der Echtheit des Tuches zweifeln zumindest gläubige Kirchenhistoriker kaum.

In der Kirche S. Pietro in Vincoli, dort, wo die grandiose Moses-Statue Michelangelos zu sehen ist, werden die Ketten aufbewahrt, mit denen Petrus im Mamertinischen Kerker gefesselt gewesen sein soll. Schriftliche Zeugnisse bestätigen die Anwesenheit der Ketten in dieser Kirche seit dem fünften Jahrhundert. Damals dürfte die Kirche auch erbaut worden sein – auf den Grundmauern eines in ein Oratorium umgebauten antiken Bauwerks.

Das Gefängnis, in dem Petrus die Fesseln von den Handgelenken fielen, ist alljährlich das Ziel tausender Touristen. Dieser *Carcer*

Mamertinus am Abhang des Capitols wurde etwa drei Jahrhunderte vor der Zeitenwende als Staatsgefängnis und Hinrichtungsstätte angelegt. Er besteht nur aus zwei übereinanderliegenden Räumen. Der obere diente als Gefängnis, der untere – nur durch ein Loch in der Decke zugänglich – hieß Tullianum und war für die Todeskandidaten bestimmt, die hier verhungerten oder erdrosselt wurden. Ein Schacht führte direkt zur *Cloaca Maxima*, die Leichen verschwanden in der Kanalisation. Berühmte Männer ließen an diesem beklemmenden Ort ihr Leben: der numidische Fürst und Staatsfeind der Römer, Jugurtha, Cäsars gallischer Gegner Vercingetorix und die Verschwörer um Catilina. Petrus soll hier gefangengehalten worden sein und sein Weggefährte Paulus. Jedenfalls lieferte diese Annahme den Anlaß für die Umgestaltung des Kerkers in eine Kapelle.

Unter der Peterskirche im Vatikan haben Archäologen in den fünfziger Jahren ein antikes Gräberfeld freigelegt, das seit dem ersten nachchristlichen Jahrhundert benutzt wurde. Eines dieser Gräber wird heute von manchen Wissenschaftlern als das Grab des Simon Petrus angesehen. Schon Bischof Anaklet soll wenige Jahre nach Neros Tod eine Gedächtnisstätte über dem Grab errichtet haben. Kaiser Konstantin weihte an der Stelle 326 eine Basilika. Sie wurde Mitte des 15. Jahrhunderts wegen Baufälligkeit abgerissen und in den folgenden Jahrhunderten durch jene Kirche ersetzt, die wir heute bewundern.

Dieses gewaltige Bauwerk bedeckt den Circus des Nero. Allerdings war, wie schon erwähnt, die Rennbahn länger als Peterskirche und Petersplatz zusammen. Der Obelisk auf dem Petersplatz zierte einst die Spina, den Mittelbau des neronischen Circusgebäudes. Die Gräber, jetzt unter dem Mittelschiff gelegen, säumten ursprünglich die Außenmauer der Rennbahn, die bereits im zweiten Jahrhundert dem Verfall preisgegeben wurde.

Eusebios von Cäsarea, der bedeutendste Geschichtsschreiber des frühen Christentums, schrieb in seinen Chroniken um 300, der Apostel Paulus habe im vierzehnten Jahr der Regierung Neros den Tod gefunden, also 67, und an anderer Stelle vermerkt er, Petrus und Paulus seien miteinander gestorben. Diese Angabe wird später vom Kirchenvater Hieronymus bestätigt und durch den Hinweis

590 Meter lang und 95 Meter breit und damit länger als Peterskirche und Petersplatz zusammen war der Circus des Nero. Der Obelisk in der Mitte des Petersplatzes zierte ursprünglich den Mittelbau von Neros Arena.

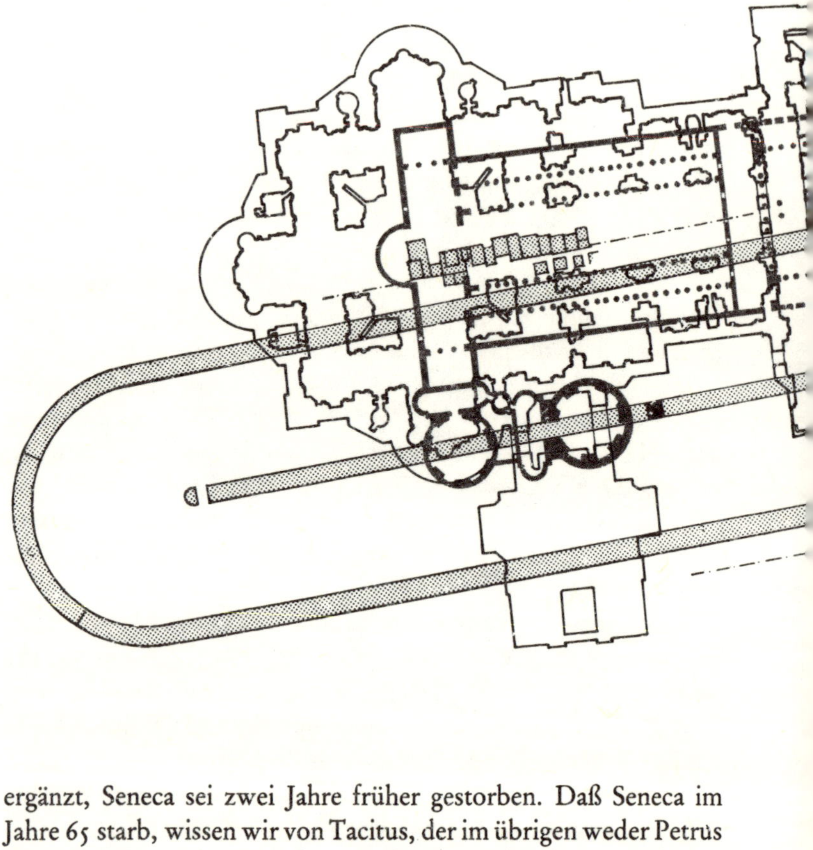

ergänzt, Seneca sei zwei Jahre früher gestorben. Daß Seneca im Jahre 65 starb, wissen wir von Tacitus, der im übrigen weder Petrus noch Paulus erwähnt. Auch wenn diese Angaben kaum nachträglich zu beweisen sind, ist es zumindest wahrscheinlich, daß die beiden Apostel im Jahre 67 den Tod fanden. Und obwohl Nero in diesem Jahr überhaupt nicht in Rom weilte, weil er durch Griechenland reiste, gilt er seither als einer der großen Christenverfolger auf dem Cäsarenthron. Wie kam es dazu?

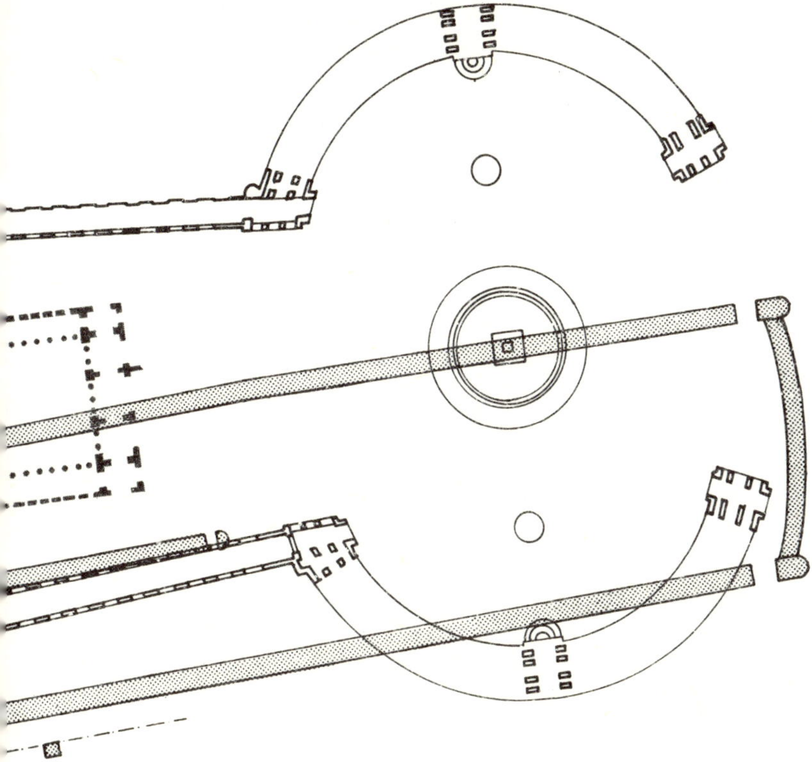

Das Verhältnis der Römer zu Juden und Christen

Die Römer sahen zunächst keinen Unterschied zwischen Juden und Christen. Das war insofern nicht verwunderlich, als die ersten Christen selbst dem jüdischen Volk entstammten und das Alte Testament zu ihren sakralen Überlieferungen zählte. Beide religiösen Gemeinschaften mißachteten die römischen Götter, diese jedoch garantierten das Wohl des römischen Staates.

Juden wie Christen lehnten den Polytheismus der römischen Staatsreligion ab. »Unheilig«, sagt Tacitus, »ist bei den Juden alles, was bei uns heilig ist, und erlaubt ist bei ihnen, was für uns unrein ist.« Im Vergleich zum Christentum, das sich mit missionarischem

Eifer auszubreiten suchte, kapselten sich die Juden seit jeher ab, wo immer in der Welt sie sich niederließen. Zu Neros Zeiten gab es kaum eine Stadt ohne jüdische Gemeinde. In einem Schreiben an Caligula zählte König Herodes Agrippa I. all die Länder auf, in denen sich jüdische Kolonien etabliert hatten: Ägypten, Phönizien, Syrien, Cölesyrien, Pamphylien, Kilikien, Asien, Thessalien, Böotien, Mazedonien, Ätolien, Attika, Argos, Korinth, auf der Peloponnes, Euböa, Zypern und Kreta, ja sogar in den Ländern jenseits des Euphrat.

Von Palästina einmal abgesehen, befanden sich die größten jüdischen Niederlassungen des Römischen Reiches in Kleinasien, Phönizien und Syrien. In Ägypten lebten zu Beginn des ersten Jahrhunderts eine Million Juden.

Unter Cäsar hatten die Juden weitgehende Konzessionen erhalten, Augustus machte ihnen erneute Zugeständnisse. Sie mußten fortan am Sabbat nicht vor Gericht erscheinen und durften ihre Getreiderationen auch einen Tag später abholen, wenn der Ausgabetag ein Sabbat war. Den Römern erschienen ihre Sitten zunächst reichlich exotisch. Seneca meinte, allein durch die Sabbat-Ruhe ginge ihnen der siebente Teil des Lebens verloren. Und daß sie kein Schweinefleisch aßen, wirkte auf die Römer noch befremdlicher. Immer, wenn sich eine Minderheit von ihrer Umwelt abkapselt, erzeugt sie das Mißtrauen der Mehrheit.

Andererseits begannen die ihrer eigenen Laszivität allmählich müden Römer die Juden wegen ihrer Sittenstrenge und der Ernsthaftigkeit, mit der sie für ihren Glauben eintraten, zu bewundern. Die Ruhe am Sabbat fand immer mehr Anhänger in Rom, Handel und Reisen unterblieben, es wurde gefastet und gebetet, was Seneca zu der Bemerkung veranlaßte, die Bräuche der Juden hätten bereits einen solchen Einfluß, daß die Besiegten ihren Siegern die Gesetze vorschrieben. Und der jüdische Schriftsteller Josephus erwähnt nicht ohne Stolz, es gebe keine griechische oder barbarische Stadt oder Provinz, in der die Sabbatruhe nicht praktiziert werde. Sogar das Fasten, Lampenanzünden und die Enthaltung von verbotenen Speisen sei zu beobachten.

Außer unter Tiberius war es den Römern jederzeit möglich, zum Judentum überzutreten. Tiberius hatte strenge Gesetze gegen die überhandnehmenden fremden Religionen erlassen. Sueton schreibt: »Der Einführung fremder Religionsbräuche, zumal der ägyptischen und judäischen, tat er Einhalt, indem er diejenigen, die sich zu solchem Aberglauben bekannten, zwang, die dazugehörigen gottesdienstlichen Kleider samt allen übrigen Gerätschaften zu verbrennen. Die jungen Juden ließ er als Soldaten ausheben und in Provinzen mit rauhem Klima verteilen. Die übrigen und die, welche einem ähnlichen Glauben anhingen, wies er aus Rom aus und setzte die Strafe ewiger Sklaverei für jeden fest, der dem Befehl nicht gehorchen würde.«

Wie viele Juden es in Rom gab, ist unbekannt; sie wohnten vor allem jenseits des Tiber. Dort brachen unter Kaiser Claudius Unruhen aus, die bereits beschlossene Ausweisung der Juden scheiterte aber wohl einfach an ihrer großen Zahl. Neros Vorgänger erließ dann ein Edikt, das den Juden wieder die Ausübung ihrer religiösen Bräuche zusicherte.

Mit den Christen verhielt es sich anders. Während die Römer den Juden den Status einer Nation zugestanden, sah man in den Christen eine Sekte, die vom väterlichen Glauben abgefallen war. Während sich die Juden als ein von Gott erwähltes Volk betrachteten und deshalb logischerweise gar kein Interesse an neuen Anhängern ihrer Religion hatten, versuchten die Christen mit missionarischem Eifer ihre Heilslehre unter das Volk zu bringen. Dies mußte, wenn sie erfolgreich waren, zur Vernichtung der römischen Staatsreligion führen.

Beliebt waren sie nicht. Die gebildete Oberschicht stand ihrer politischen Gleichgültigkeit, ihrer Bedürfnislosigkeit, ihrer Geringschätzung von Kunst und Wissenschaft meist verständnislos gegenüber. Vor allem war man nicht bereit zu akzeptieren, daß den Göttern, unter deren Schutz Rom zur Weltmacht aufgestiegen war, keine Realität zukommen sollte. Aber auch unter der breiten Masse, wo sie im Laufe der Zeit eher Anhänger fanden, gab es genügend, denen ihr ständiger Hinweis auf die ewige Verdammnis mißfiel.

»Das Volk«, schrieb Tacitus, »haßte jene Leute wegen ihrer Schandtaten und belegte sie mit dem Namen ›Christen‹. Der Name stammt von Christus, der unter Tiberius vom Prokurator Pontius Pilatus hingerichtet worden war. Dieser verderbliche Aberglaube war für den Augenblick unterdrückt worden, trat aber später wieder hervor und verbreitete sich nicht nur in Judäa, wo er aufgekommen war, sondern auch in Rom, wo alle Greuel und Abscheulichkeiten der ganzen Welt zusammenströmen und betrieben werden.«

Den Christen wurden die scheußlichsten Verbrechen nachgesagt, schamlose Orgien und geheimnisvolle Ritualmorde. Für jeden neuen Christen werde ein Kind geopfert, und in das Blut des Kindes würde Brot getaucht und gemeinsam gegessen. In ihren Gotteshäusern seien Hunde an die Leuchter gebunden. Zur vorgerückten Stunde werfe man ihnen einen Brocken zu, deshalb stürzten sie die Leuchter um, und dann passierten undenklich schlimme Dinge. Da niemand so recht wußte, was bei den in völliger Abgeschiedenheit veranstalteten Gottesdiensten der Christen geschah, war derlei Gerede noch zweihundert Jahre nach der Zeitenwende im Umlauf.

In Rom konnte ein Gerücht noch so unglaubwürdig sein, es fanden sich immer Leute, die es weitererzählten. Das Rom der Kaiserzeit war ein idealer Nährboden für Sekten und Geheimkulte. Propheten, Schwärmer, Phantasten, Fanatiker und Betrüger suchten zuhauf nach Gläubigen und Opfern und fanden sie auch in der gelangweilten, arbeitslosen, genußsüchtigen Volksmasse; aber wirklich ernst genommen wurde kaum einer der falschen Propheten.

Was das junge Christentum jedoch von anderen Sekten unterschied und ihm zweifellos die meisten Anhänger zuführte, war ein soziales Phänomen: Die neue Heilslehre wandte sich an *alle* Menschen, vor allem aber an die Armen, Unterdrückten, Unglücklichen, Verachteten, Rechtlosen. Sklaven sollten Freigeborenen, der Herr dem Diener gleichgestellt sein. Diese Welt war nur eine Vorstufe für eine bessere, in der die jetzt Leidenden entschädigt wurden. Die Verheißung eines besseren Jenseits fand bei denen

Anhänger, denen die Wirklichkeit keine Chance bot. Die Armen und Niedrigen, schrieb später der Lehrer und Schriftsteller Lactantius, glauben leichter als die Reichen. Und wenn die neue Lehre mitunter doch in gehobene Kreise gelangte, dann nicht selten durch einen Sklaven oder eine Sklavin. Die Römer spotteten denn auch, die Christen könnten ohnehin nur Sklaven, Handwerker, Weiber und Kinder bekehren.

In den höheren Gesellschaftskreisen hielt man es nicht für nötig, sich mit dem Christentum zu befassen. Die Christen galten als einfältig. Erst unter Kaiser Commodus (161–192) änderte sich diese Einstellung. Cassius Dio, der in seinem Werk auch Neros Leben beschreibt, erwähnt die Christen mit keinem Wort. Er hielt sie offensichtlich für Anhänger einer jüdischen Sekte; denn er schrieb, die Verfolgungen des Kaisers Domitian hätten sich gegen Leute gerichtet, die »des Atheismus und der Befolgung jüdischer Gebräuche« angeklagt waren. Christen aus der sozialen Oberschicht tauchen zum ersten Mal gegen Ende des 1. Jahrhunderts auf, etwa der im Jahr 95 hingerichtete Konsul Flavius Clemens und seine verbannte Gemahlin Flavia Domitilla.

Jahrhundertelang galt ein Briefwechsel zwischen Seneca und dem Apostel Paulus als authentisch. Doch dieser Briefwechsel ist fiktiv und entstammt dem Bedürfnis eines christlichen Autors nach Anerkennung der jungen Religion durch einen angesehenen Vertreter der etablierten Kultur. Senecas Morallehre berührt sich in manchen Punkten durchaus mit der christlichen Ethik, hatte aber ganz andere Wurzeln, weil sie in der stoischen Philosophie begründet war.

Daran ändert auch nichts, daß Paulus vor seiner Enthauptung wahrscheinlich mehrere Jahre in Rom verbrachte. Unzutreffend ist allerdings die Behauptung, Seneca habe als Konsul zu den Richtern über Paulus gehört, denn Seneca war 55/56 Konsul, Paulus wurde erst 56 in Jerusalem festgenommen und später nach Rom überstellt. Der Briefwechsel zwischen den beiden Zeitgenossen aus zwei völlig verschiedenen Welten ist jedenfalls eine der zahlreichen frühchristlichen Fälschungen.

Opferfeier für die Götter auf dem Forum.

Wie kam es zu den Christenprozessen?

Die Ursachen der unter Nero praktizierten Christenverfolgung sind weit ungeklärter als man gemeinhin annimmt, da man häufig die Verweigerung des Kaiserkultes als einen der Gründe für diese Verfolgungen ansieht. Das ist für spätere Zeiten durchaus zutreffend. Zu Lebzeiten beanspruchte jedoch erst Kaiser Domitian göttliche Verehrung, und allgemein üblich wurde diese erst unter Kaiser Aurelian (270–275 n. Chr.). Vorher wurde nur der verstorbene Kaiser zum *Divus* erhoben, beziehungsweise der *Genius* des lebenden Kaisers verehrt. Da Tacitus den Christen mit keinem Wort die Mißachtung staatlicher Kulte vorwirft, dürfte seine Version, Nero habe die Christen der Brandstiftung beschuldigt, um den unberechtigten Verdacht von sich selbst abzulenken, durchaus zutreffend sein. Zu fragen wäre dann nur, warum sich die Christen für einen derartig gravierenden Vorwurf anboten. Die Gründe dafür sind vielschichtig: Offiziell hatten sie sich nie um die Anerkennung als erlaubte Religion (*religio licita*) bemüht. Allein schon deshalb gerieten sie leicht in die Gefahr der Gehorsamsverweigerung. Zum anderen verkündigten sie den unmittelbar bevorstehenden Weltuntergang, der mit einem allgemeinen Weltenbrand verbunden sei. Sodann provozierten sie die Römer durch die Ignorierung ihrer Religion, und schließlich war gegen diese Minderheit mit ihren esoterischen Riten jederzeit der Haß der Mehrheit zu mobilisieren.

Wenn die Christen – sicher ebenso wie Nero zu Unrecht – für den Brand Roms zur Verantwortung gezogen wurden, so war die Todesstrafe unabwendbar. Allein die Gefährdung von Menschenleben wurde mit dem Tode bestraft, Brandstiftung ebenfalls. Vielleicht argumentierten die Ankläger aber auch, die Brandstiftung habe sich gegen die Hauptstadt, das Reich oder den Kaiser gerichtet. In diesem Fall stand das Urteil ebenfalls fest.

Die Strafen des römischen Rechts waren drakonisch. War der Schwerverbrecher römischer Bürger, so wurde er enthauptet. Das galt als die »vornehmste« Todesart. Verschwörer oder Majestätsverbrecher konnten aber auch mit der grausamsten Strafe bedacht werden, man verbrannte sie bei lebendigem Leib. Diese Strafe erwähnen schon die Zwölftafelgesetze, das älteste römische Gesetzbuch, bei Brandstiftung und Hochverrat. Unfreie und Sklaven wurden nach einer Geißelung an den Pfahl oder ans Kreuz geschlagen. Das galt als besonders verachtenswerte Strafe. Hinrichtungen römischer Bürger waren nicht öffentlich; aber wenn Sklaven oder Bewohner der Provinzen getötet wurden, strömten die Römer zusammen wie bei einem Volksfest. Christen sterben zu sehen, galt später als Zeitvertreib wie Würfelspiel auf den Stufen der Tempel.

Ankläger oder Denunzianten fanden sich genug. Sie waren, wie schon erwähnt, notwendig, um ein Verfahren in Gang zu bringen. Seit bekanntgeworden war, daß Christen beim großen Stadtbrand verzückt umhergelaufen waren und fromme Lieder gesungen hatten – sie glaubten, daß nun der Weltenbrand und damit ihre Erlösung gekommen sei –, haßten die Römer diese Sektierer noch mehr. Die Prozesse gingen auch in Abwesenheit des Kaisers Nero weiter. Nach der Verfassung übernahmen der Prätorianerkommandant oder der römische Stadtpräfekt die höchste richterliche Entscheidung.

Brandstiftung wurde in den Zwölftafelgesetzen Mord gleichgesetzt und mit dem Tode bestraft. Zweitrangig ist in diesem Zusammenhang die Frage, ob Nero selbst die Christen generell angeklagt hat, oder ob ihm bei seinem Versuch, sich selbst zu entlasten, eine allgemeine Rufmordkampagne zu Hilfe kam. In jedem Fall verlangte ein Urteil einen Ankläger und einen Zeugen. Und die waren, so scheint es, reichlich vorhanden. Daß damit dem Denunziantentum und persönlichen Haß Tür und Tor geöffnet waren, steht außer Frage. Dies zeigte sich auch nach der Pisonischen Verschwörung.

Führende Althistoriker sind sich heute einig, daß die Urteile in den Christenprozessen unter Nero nicht als Justizmord, Willkürakt oder Grausamkeitsexzesse ausgelegt werden dürfen. De jure waren diese Urteile korrekt.

Tacitus schreibt über das Ende der Christen: »Bei der Hinrichtung wurde auch noch Spott mit ihnen getrieben, indem sie in Tierhäute gesteckt und von wilden Hunden zerfleischt wurden. Andere wurden ans Kreuz geschlagen oder, zum Feuertod bestimmt, nach Einbruch der Dunkelheit als nächtliche Fackeln verbrannt. Für dieses Schauspiel hatte Nero seinen eigenen Park zur Verfügung gestellt, und er veranstaltete gleichzeitig ein Circusspiel, wobei er sich in der Tracht eines Wagenlenkers unter das Volk mischte oder auf einem Rennwagen stand. Daher wurde für jene Menschen, obwohl sie schuldig waren und die härtesten Strafen verdient hatten, doch Mitleid rege, als würden sie nicht dem Gemeinwohl, sondern der Grausamkeit eines einzelnen geopfert.«

Als Tacitus diese Passage niederschrieb, hatten die Christenverfolgungen bereits ein größeres Ausmaß erreicht als unter Nero. Domitian ließ seinen Vetter hinrichten und dessen Gattin verbannen – beide waren Christen. Unter Trajan beschränkten sich die Christenprozesse nicht mehr allein auf Rom, so daß der jüngere Plinius, damals Statthalter von Bithynien, beim Kaiser in Rom anfragte, wie er mit jenen Christen verfahren solle, die lediglich an ihrem Aberglauben festhielten, ohne die öffentliche Ordnung zu stören. Razzien, erwiderte Trajan, sollten nicht unternommen werden, aber wenn sich ein namentlich Beschuldigter weigere, die Götter anzurufen, sei er mit dem Tod zu bestrafen.

Zu späterer Zeit zogen viele Christen den Tod dem Verrat ihres Glaubens vor, zumal ihnen der Märtyrertod die ewige Glückseligkeit garantierte. Die Zahlenangaben über die Opfer in den ersten drei Jahrhunderten schwanken selbst unter katholischen Theologen beträchtlich. Die niedrigste Schätzung liegt bei viertausend, die höchste bei elf Millionen. Für die niedrige Zahl spricht einer der intelligentesten christlichen Autoren jener Zeit, Origenes, der im Jahre 249 schrieb: »Um den Glauben der Zaghaften zu stärken und sie zu lehren, dem Tod zu trotzen, haben einige Märtyrer ihnen von Zeit zu Zeit das Beispiel ihrer Standhaftigkeit gegeben. Es sind nur wenige, und sie sind leicht zu zählen.«

Die Bereitschaft, den Märtyrertod zu erleiden, wurde nicht zuletzt durch den Tod zweier Männer gefördert. Der eine hieß Petrus, der andere Paulus. Sie waren sehr unterschiedlicher Natur und Herkunft, doch durch ein gemeinsames Schicksal verbunden: Beide wurden wahrscheinlich unter Nero hingerichtet.

Simon Petrus, das Idol der Unterdrückten

Simon war ein armer jüdischer Fischer und lebte mit seiner Frau in Kapernaum, dem heutigen Tell Hum am Nordwestufer des Sees Genezareth. Sein Leben änderte sich schlagartig, als er eines Tages Jesus von Nazareth begegnete, der den Ort zum Mittelpunkt seines Wirkens gewählt hatte. Schulbildung war dem Mann aus bescheidenen Verhältnissen versagt geblieben. Von nun an nannte er sich Petrus, der Fels, ließ Frau und Fischerhaken im Stich und folgte seinem Meister und dessen Heilslehre. Auch nach der Hinrichtung des Jesus von Nazareth unter einem römischen Prokurator verlor Simon Petrus nicht den Glauben an die neue Lehre, im Gegenteil. Petrus übernahm fortan eine führende Position in der sich bildenden Gemeinde, die sich die Verbreitung der christlichen Lehre über den ganzen Erdkreis zur Aufgabe stellte.

Das erschien angesichts der bescheidenen Voraussetzungen geradezu anmaßend. Aber die Besessenheit, mit der Petrus und eine Handvoll Jünger ihr Ziel verfolgten, blieb nicht ohne Echo. Antiochia, heute Antakya, damals Sitz des römischen Statthalters für Syrien, wirtschaftliches und kulturelles Zentrum des Ostens, wurde in kürzester Zeit die erste Weltstadt, in der das Christentum sich etablieren konnte. Der Name »Christen« entstand hier. Und von hier nahm Simon Petrus zu Schiff den Weg nach Rom. Wann das geschah, ist unbekannt, manche meinen, noch unter der Regierung des Claudius, andere glauben, Nero sei bereits an der Macht gewesen.

Als dieser einfache Mann aus Galiläa in Ostia landete, mag er über die randvollen Waren- und Vorratshäuser und die reich beschickten Märkte gestaunt haben. Der Luxus, die Ausgelassenheit und die Lebensfreude, die ihm bei der Fahrt tiberaufwärts begegneten, dürften auf den unauffälligen Alten aus dem Osten des Reiches, der Enthaltsamkeit und Selbstzucht predigte, befremdend gewirkt haben.

Petrus war ein Ruf vorausgeeilt, der ihm vielerorts Tür und Tor öffnete, er sollte Wunderheilungen vollbringen, einfach durch Handauflegen. An solchen Wunderheilern war zu jener Zeit im alten Rom kein Mangel. Sie kamen meist aus dem Orient, und in der

Regel waren sie selbst die einzigen, die sich dabei gesundstießen. Petrus unterschied sich von ihnen vor allem dadurch, daß er seine Methode unentgeltlich anwandte. Das förderte den Zulauf. Und weil er seine Wunder stets mit der Verkündung seiner Heilslehre verband, brachten manche Römer seiner Mission ein gewisses Interesse entgegen.

Allerdings darf man deren Zahl nicht überschätzen; denn selbst wenn die römische Christengemeinde ein paar tausend Mitglieder gezählt hätte, wäre sie in der Millionenstadt Rom kaum aufgefallen. Wenn sie es dennoch tat, dann vor allem dank des persönlichen Einsatzes jenes Simon Petrus, der es als seine Aufgabe betrachtete, in Rom die Botschaft seines Herrn zu verkünden, der Stadt, von der aus Kaiser Nero die damalige Welt regierte.

Die Briefe, die er von hier aus in alle Welt gesandt haben soll – nach Bithynien, im Nordwesten Kleinasiens; nach Kappadokien, östlich des Halys; nach Galatien im zentralen Hochland Kleinasiens und nach Pontos am Schwarzen Meer – sind zwar nicht authentisch, stammen also nicht von ihm selbst, aber sie spiegeln doch das Lebensgefühl und den Glauben der Christen in jener Zeit wider.

»Freut euch darüber«, heißt es da, »auch wenn ihr jetzt, wenn es sein soll, für eine Weile durch mancherlei Anfechtungen bedrückt werdet. Euer Glaube soll sich dadurch als echt erweisen und weit kostbarer als vergängliches, im Feuer geläutertes Gold, zum Lob, zur Verherrlichung und Ehre beim Offenbarwerden Jesu Christi.«

Und an anderer Stelle schreibt der Autor: »Geliebte, wundert euch nicht über die zu eurer Prüfung unter euch entstandene Feuersglut, als ob euch etwas Befremdliches widerfahre. Freut euch vielmehr, daß ihr dadurch an Christi Leiden Anteil habt, um auch bei der Offenbarung seiner Herrlichkeit euch freuen und frohlokken zu können! Seid selig, wenn ihr im Namen Christi geschmäht werdet; denn der Geist der Herrlichkeit, der Geist Gottes ruht auf euch!«

Diese Worte sind fraglos eine Aufforderung, Leiden auf sich zu nehmen, um so das ewige Heil zu erreichen. Der Tod galt als Erlösung von den Qualen des Daseins; deshalb dürften manche Christen den Tod geradezu gesucht haben, indem sie den Staat und seine Institutionen provozierten. Die meisten Anhänger des Christentums kamen ohnehin – wie schon gesagt – aus der unteren sozialen Schicht.

Insofern war Petrus ein konsequentes Vorbild für die römische Christengemeinde. Er lebte bedürfnislos von Spenden und ging seinen Anhängern in den Tod voraus. Der Grund seiner Verurteilung ist unbekannt. Kein römischer Historiker nennt seinen Namen, dazu war Petrus aus römischer Sicht zu bedeutungslos. Die Hinrichtung entsprach der üblichen für einen nichtrömischen Bürger, war also keineswegs grausamer: Petrus wurde gekreuzigt. Als Hinrichtungsstätte diente vermutlich der Mittelbau im neronischen Circus.

In der Chronik der Päpste heißt es dazu: »Petrus wurde mit Paulus dreißig Jahre nach dem Leiden Christi mit dem Martyrium gekrönt. Er wurde an der Via Aurelia, bei dem sogenannten Ort Triumphalis, neben dem Tempel des Apollo, in der Nähe der Nero-Circusse begraben, da wo er gekreuzigt war, am 29. Juni.«

Steht die Peterskirche am falschen Ort?

Die Problematik dieser Überlieferung liegt darin, daß sie erst im 6. Jahrhundert, also ein halbes Jahrtausend nach den tragischen Geschehnissen, aufgezeichnet wurde. Der Circus des Nero war zu dieser Zeit längst verfallen. Die Ortsangabe »neben dem Tempel des Apollo« ist archäologisch lokalisierbar: Gemeint ist das Heiligtum der seit dem Hellenismus in Rom heimischen asiatischen Fruchtbarkeitsgöttin Kybele, die zusammen mit dem orientalischen Gott Mithras verehrt wurde, Mithras wurde häufig mit Apollo gleichgesetzt. Archäologen haben an der südlichen Längsseite der Peterskirche Inschriften aus dem 4. Jahrhundert entdeckt, die auf Stier- und Schafopfer und rituelle Bäder im warmen Blut der Opfertiere Bezug nehmen, wie sie bei diesem Kult praktiziert wurden.

Der größte Unsicherheitsfaktor bei der Lokalisierung des Petrus-Grabes besteht darin, daß der unter Nero umgekommene Apostel seit dem 3. Jahrhundert an der Via Appia mehr verehrt wurde als auf dem Vatikanischen Friedhof. Zahlreiche Wandinschriften in der

Katakombe von S. Sebastiano rufen Petrus um Hilfe an, wie dies sonst nur bei Wallfahrtsstätten üblich ist. Zudem lautet eine uralte Inschrift tief unter der Erde »Domus Petri – Haus des Petrus«. Wurde Petrus gar nicht im heutigen Vatikan bestattet? Steht der Petersdom am falschen Platz?

Dreizehn Meter tief haben sich Hunderte von Ausgräbern siebzig Jahre lang in das Erdreich unterhalb der Via Appia gewühlt, um die für das katholische Christentum so wichtige Frage zu klären – vergeblich. Die Frage, ob St. Peter am »falschen« Ort steht, kann heute nicht völlig ausgeschlossen, aber auch nicht bestätigt werden. Tatsache ist: Bevor die »*ad catacumbas* – in der Senke« gelegene Kirche im 8. Jahrhundert dem heiligen Sebastian, einem Gardeoffizier, der unter Diokletian den Tod fand, geweiht wurde, trug sie den Namen der Apostel Petrus und Paulus. *Paulo et Petre petite pro Victore* – »Paulus und Petrus bitte für Viktor!« – lautet eine der besterhaltenen Wandinschriften in der Katakombe S. Sebastiano. Solche Bittinschriften finden sich sonst nur an Grabstellen.

Eine Vermutung geht dahin, daß die Leichname der beiden Apostel Mitte des 3. Jahrhunderts auf dem Mons Vaticanus und an der Via Ostiensis exhumiert und in der Katakombe bestattet wurden, um der Schändung durch Valerianus zu entgehen.

Eine Legende aus dem 6. Jahrhundert berichtet, römische Christen hätten die Leichen der Hingerichteten entwendet, um sie auf der Via Appia gen Osten zu transportieren. Ein heftiges Unwetter habe sie jedoch gezwungen, die Überreste der toten Apostel *ad catacumbas* zurückzulassen. Aber das ist eine Legende, die den Kult an dieser Stelle zu erklären sucht.

In einer späteren Überarbeitung der Petrus-Akten zwischen 450 und 550 wird ebenfalls nach einer Erklärung gesucht. Dort lesen wir: »Der Leichnam des Petrus wurde versteckt und bestattet unter dem Terpentinbaum neben der Seeschlachtanlage im Vatikan . . . Einige fromme Personen aus dem Osten versuchten die Leiber der Heiligen zu rauben. Sofort erschütterte aber ein Erdbeben die Stadt. Als die Einwohner vom Versuch Kenntnis bekamen, liefen sie herbei und trugen die Leiber fort. Die anderen ergriffen die Flucht. Da kamen die Römer, hoben die Leichen auf und legten sie an einem Ort ab, der drei Meilen weit von der Stadt entfernt in der

Katakombe der Via Appia ist, wo sie ein Jahr und sieben Monate blieben, bis das Grab gebaut war, wo sie ruhen sollten.« Dieser Bericht wird in der späteren Päpstechronik bestätigt.

Unter Nero gab es noch keine Katakomben. Die Zahl der Christen und insbesondere der Hingerichteten war noch nicht so groß, daß es an Grund und Boden für normale Erdgräber mangelte. Dies trat erst im 2. Jahrhundert ein, vornehmlich aber im 3. Der unterirdische Stockwerkbau mit Tausenden von Mauernischen ermöglichte die Bestattung einer großen Zahl Christen auf relativ engem Raum. Hinzu kam, daß jede Katakombe nur einen Zugang hatte. So konnten Tausende von Gräbern relativ leicht bewacht werden.

Die Bekehrung des Paulus

Im Vergleich zu Petrus erscheint die historische Gestalt des Paulus viel plastischer. Die von seinem Freund Lukas verfaßte Apostelgeschichte erwähnt die Anklage gegen Paulus vor dem Statthalter von Achaia, Lucius Junius Gallio. Gallio, ein Bruder Senecas, hatte dieses Amt in den Jahren 51 und 52 inne. Daraus haben die Historiker eine relativ genaue Chronologie des Lebens dieses Apostels abgeleitet.

Er stammte aus Tarsos am Unterlauf des Kydnos. Hier residierte der römische Statthalter von Kilikien, und Paulus war römischer Bürger. Ursprünglich hieß er Saulus und ging dem Beruf eines Zeltmachers nach. Er scheint jedoch eine hervorragende Ausbildung genossen zu haben, die Redekunst und stoische Popularphilosophie einschloß. Als überzeugter und theologisch geschulter Anhänger des jüdischen Gesetzes eiferte er gegen Abtrünnige aus dem Judentum – bis zu jenem Tag im Jahre 32, der sein ganzes Leben veränderte.

Auf dem Weg nach Damaskus sah Saulus plötzlich ein grelles Licht. Er stürzte zu Boden, da erscholl eine Stimme:

»Saul, Saul, warum verfolgst du mich?«

Der blickte auf und fragte verwundert: »Wer bist du, Herr?«

»Ich bin Jesus, den du verfolgst«, erfolgte die Antwort.

Saul fragte: »Herr, was willst du, daß ich tun soll?«

Darauf die Stimme: »Stehe auf und gehe in die Stadt; da wird dir gesagt werden, was du tun sollst.«

Die Begleiter des Saulus zitterten vor Angst, sie hatten zwar die Stimme gehört, aber keinen Menschen gesehen. Als die Erscheinung vorbei war, stand Saulus auf und tastete hilflos um sich, er war blind. Dieser Zustand, in dem er jede Nahrung verweigerte, dauerte drei Tage. Dann kam ein Mann namens Ananias, legte dem Hilflosen die Hände auf den Kopf und sagte:

»Bruder Saul, der Herr hat mich gesandt, Jesus, der dir auf dem Wege, den du kamst, erschienen ist, damit du sehend werdest und erfüllt vom Heiligen Geist.«

Im selben Augenblick kehrte die Sehkraft zurück, er verlangte nach Essen, kam wieder zu Kräften und begann nun, von Jesus zu predigen.

Dies ist die – legendäre – Ausschmückung eines Vorganges durch Lukas. Medizinhistoriker sehen darin nichts weiter als einen epileptischen Anfall: Hinfallen, vorübergehende Erblindung und Nahrungsverweigerung sind deutliche Symptome. Innerhalb kürzester Zeit wurde jetzt aus dem eifernden Christenverfolger ein brillanter Verkünder der christlichen Botschaft. Paulus, wie er sich fortan nannte, begann seine Missionstätigkeit südöstlich von Damaskus. Zwei Jahre später reiste er nach Jerusalem, wo er Petrus kennenlernte, er missionierte dann in Syrien und Kilikien, Makedonien und Achaia. In Galatien, Philippoi, Thessaloniki und Korinth entstanden bedeutende Christengemeinden. Im Frühjahr 56 wurde Paulus im Tempel von Jerusalem wegen Volksaufwiegelung verhaftet.

Ein römischer Oberst ließ den Delinquenten unter Geißelhieben verhören. Doch Paulus erhob Einspruch: »Ist es euch erlaubt, einen römischen Bürger, noch dazu ohne gerichtliche Untersuchung, zu geißeln?«

Darauf der Oberst: »Sag mir, bist du ein Römer?«

Paulus: »Ja.«

Der Oberst: »Ich habe um viel Geld dieses Bürgerrecht erworben.«

Paulus: »Ich bin damit sogar geboren!«

Der Oberst ließ die in diesem Falle illegale Folterung abbrechen und schickte Paulus in Untersuchungshaft. Am nächsten Tag wurde er mit dem Hohen Rat von Jerusalem konfrontiert; doch anstatt zur konkreten Anklage kam es zum Streit innerhalb des Gremiums. Eine Verschwörung von mehr als vierzig Männern, die sich die Liquidierung des Paulus zum Ziel gesetzt hatten, veranlaßte den römischen Oberst, den Untersuchungshäftling im Schutz von zweihundert Soldaten, siebzig Reitern und zweihundert Schützen nach Cäsarea zu überführen. In einem Begleitschreiben setzte er den dortigen Statthalter Felix von der Sachlage in Kenntnis und bat ihn, den Fall zu übernehmen, da in Jerusalem aufgrund des Aufruhrs kein faires Verfahren zu erwarten sei.

In dem anschließenden Prozeß wurde Paulus zwar nicht verurteilt, aber auch nicht freigelassen. Zwei Jahre verbrachte er »in milder Haft«.

Warum Paulus Nero sprechen wollte

Inzwischen hatte der Statthalter gewechselt. Der Nachfolger Festus ließ Paulus vorführen und fragte, ob er einverstanden sei, daß in Jerusalem ein neues Verfahren gegen ihn eröffnet werde.

Doch Paulus erwiderte: »Ich stehe vor dem Richterstuhl des Kaisers, hier muß ich gerichtet werden. Den Juden habe ich nichts Unrechtes getan, wie auch du recht gut weißt. Habe ich Unrecht getan oder etwas Todeswürdiges begangen, weigere ich mich nicht zu sterben; ist aber nichts an den Klagen, die sie vorbringen gegen mich, so kann niemand mich an sie ausliefern. Ich lege Berufung ein beim Kaiser.«

Festus fällte den Spruch: »Den Kaiser hast du angerufen! Zum Kaiser sollst du gehen!«

Diese wörtlichen Passagen aus der Apostelgeschichte zeigen, daß Nero von ihrem Autor keineswegs als blutiger Christenverfolger angesehen wurde. Paulus, der weltoffene, gebildete römische Bürger, wollte beim Kaiser in Rom Gerechtigkeit erfahren. Hätte er diesen Wunsch geäußert, wenn Nero der Ruf der Willkür vorausgeeilt wäre?

Paulus kam im Jahr 58 nach Rom. Zwei Jahre lebte er zusammen mit einem Soldaten, der ihn zu bewachen hatte, in einer Wohnung. Dann erreichte er endlich die Wiederaufnahme seines Verfahrens. Paulus wurde freigesprochen. Er machte Missionsreisen nach Spanien, Griechenland und Kleinasien und verfaßte zahlreiche Briefe an die Christengemeinden in aller Welt. Dann verliert die Geschichtsforschung seine Spur. Wir hören erst wieder von ihm, als er in Rom verhaftet wird.

Paulus wurde unter Nero zum Tode verurteilt. Warum, wissen wir nicht. Die Hinrichtung erfolgte, wie bei einem römischen Bürger üblich, durch Enthauptung. Begraben wurde er angeblich drei Meilen von Rom entfernt auf der linken Seite der Via Ostiensis nach Ardea. Das geschah vermutlich im Jahre 67 – in Neros vorletztem Lebensjahr.

IX. Ein Künstler auf Tournee

»Die Griechen sind die einzigen,
die etwas von Musik verstehen, und die einzigen,
die meiner Kunst würdig sind.«

Nero

Zwischen dem 10. und 25. August 66 bewegte sich ein seltsamer Zug von Rom nach Brindisi: Singend, tanzend und Verse deklamierend, zogen Tausende von Männern mit Saiteninstrumenten, Bögen und Theatermasken die Via Appia entlang. Zwischen Musikern und Chorsängern, Perückenmachern und Kostümschneidern sah man auch Sklaven und eine Abordnung der Prätorianergarde des Kaisers, und mitten unter ihnen, sichtlich gut gelaunt, auf dem größten, schönsten, von Gold strotzenden Wagen Nero. Der Kaiser befand sich auf dem Weg nach Griechenland, seinem Traumland seit frühester Jugendzeit. In seiner Begleitung Statilia Messalina, mit der er seit wenigen Wochen verheiratet war, der entmannte Liebhaber Sporus, sein Vertrauter Tigellinus, der Theatermanager und Impresario Cluvius Rufus, der Heerführer Vespasian, Neros Privatsekretär Epaphroditus und der freigelassene Kämmerer Phöbus.

Die Furcht, von der der Prinzeps seit der Pisonischen Verschwörung geplagt wurde, der Überdruß an den innenpolitischen Querelen und den überhandnehmenden Prozessen, all das hatte den Kaiser in seinem Vorhaben bestärkt, Rom für ein Jahr den Rücken zu kehren. Dies war nicht mehr seine Stadt, nicht mehr die Metropole der Künste und Musen, dies war ein brodelnder Hexenkessel, eine gefährliche Ansammlung von Menschenmassen verschiedener Herkunft, unterschiedlichen Standes und extremer politischer Ziele.

Sinn für Musisches fehlte diesen Massen völlig. Spiele waren für sie nur interessant, wenn Blut floß und Menschen starben. Neros Welt war eine andere.

Zu Beginn des Jahres hatten die griechischen Städte, in denen musische Wettkämpfe stattfanden, Abordnungen nach Rom geschickt, um dem Kaiser die Siegespreise für den »Gesang zur Kithara« zu überreichen. Nero war gerührt und lud die Gesandten zu einem festlichen Mahl. Als die Griechen den Wunsch vorbrachten, der Kaiser möge doch etwas zum Vortrag bringen, zögerte Nero nicht lange und sang. Der Beifall der Gäste aus Achaia wollte nicht enden, Nero meinte daraufhin: »Die Griechen sind die einzigen, die etwas von Musik verstehen, und die einzigen, die meiner Kunst würdig sind.«

Damals hatte er den Entschluß gefaßt, eine Tournee durch Griechenland zu unternehmen. Er wollte beweisen, daß ihm die Siegestrophäen zu Recht zuerkannt worden waren. Da manche Festspiele nur im Zwei-, Vier- oder Fünfjahresturnus stattfanden, ließ er die Griechen wissen, er würde sich glücklich schätzen, wenn alle Spiele in diesem Sommer gefeiert würden.

Auf dem Weg nach Brindisi, in Benevent, entging Nero nur knapp einem Attentat. Annius Vinicianus, der Schwiegersohn des Feldherrn Corbulo, hatte den Anschlag mit einer Handvoll Verschwörer geplant. Details des Unternehmens sind unbekannt. Als Tigellinus den Kaiser von dem Attentatsversuch in Kenntnis setzte, waren die Verschwörer bereits verhaftet.

Griechenland, Neros Welt

Zwei Tage dauerte die Überfahrt nach Korfu, wo die kaiserliche Flotte in Kassiope landete. Dort stand ein Tempel des Jupiter Cassius. Nero ließ die Instrumente auspacken und stimmte in der reinen griechischen Inselluft einen Gesang an: Dank sei dem großen Jupiter, der ihm seinen Jugendtraum verwirklicht habe.

Es war ein bewegender Augenblick für den Kaiser, griechischen Boden zu betreten! Zur Erinnerung gab er den Auftrag, Münzen mit der Abbildung des Schiffes zu prägen, das ihn an diese Gestade gebracht hatte.

Aber die Zeit drängte. Nero hatte ein volles Programm vor sich. Bereits am 2. September, dem Jahrestag der Schlacht bei Aktium, fanden in Nikopolis an der Westküste die Aktischen Spiele statt. Augustus hatte nach dem Sieg über Antonius und Kleopatra Nikopolis, die »Siegesstadt«, gegründet und zur Erinnerung Wettkampfspiele zu Ehren des Apollo in Auftrag gegeben, die alle fünf Jahre stattfanden.

Ziel der musischen Expedition war jedoch Korinth, die Hauptstadt der römischen Provinz Achaia, eine inzwischen durch und durch römische Stadt. Lucius Mummius hatte 146 v. Chr. dieses Zentrum des letzten griechischen Widerstandes dem Erdboden gleichgemacht. Die Bevölkerung war niedergemacht oder in die Sklaverei verkauft worden. Ein Jahrhundert lang verödete die Stadt, bis Cäsar sie als *Colonia Laus Julia Corinthus* neu gründete und mit Freigelassenen und Veteranen besiedelte.

Die römischste aller Griechenstädte erstrahlte innerhalb weniger Jahrzehnte in neuem Glanz. Zuwanderer aus Kleinasien und Ägypten gaben ihr ein internationales Gepräge, die Einwohnerzahl stieg auf Hunderttausend an. Dieses Völkergemisch mit den unterschiedlichsten Lebensauffassungen stand Rom an Libertinage nicht nach. Im Tempel der Aphrodite hielten sich zahlreiche Hierodulen bereit, auch vornehme Frauen und Mädchen, um die »Heilige Hochzeit« zu feiern.

Sorglos huldigte der Kaiser in Griechenland den Musen. Hier fühlte er sich in seinem Element, vergaß, daß er Kaiser eines Weltreiches war, wollte auch gar nicht daran erinnert werden. Helius, ein Freigelassener Neros, führte indes in Rom die Amtsgeschäfte. Er sah sich in dieser unruhigen Zeit jedoch überfordert und bat den Prinzeps dringend um seine Rückkehr, die politischen Verhältnisse würden die Anwesenheit des Kaisers unbedingt erforderlich machen.

Nero antwortete verärgert: »Du magst mir zwar raten und wünschen, daß ich rasch zurückkehre, du solltest es jedoch viel eher als deine Pflicht ansehen, mir zuzureden und den Wunsch auszusprechen, daß ich eines Nero würdig zurückkehre.«

Tigellinus hielt von Korinth aus alle Fäden in der Hand und forderte von dem an der Politik nun überhaupt nicht mehr interessierten Kaiser immer neue Köpfe. So glaubte er, inzwischen auch Beweise für eine Beteiligung General Corbulos an einer Verschwörung gefunden zu haben. Dessen Stabsoffizier Arrius Varrus hatte gegen den Feldherrn Zeugnis abgelegt. Nero traf sich mit ihm zu einer geheimen Besprechung, wobei er zunächst seine Wertschätzung für den Feldherrn erwähnte. Doch Arrius Varrus – so Tacitus – »gab sich alle Mühe, die Tugenden Corbulos in der Vorstellung des Kaisers herabzusetzen«. Der Feldherr war manchen Leuten vor allem zu mächtig geworden. Nero beorderte Corbulo jedenfalls nach Griechenland. Auf dem Weg von Argos nach Tegea, in Kenchreai, erfuhr Corbulo durch eine gezielte Indiskretion, daß der Kaiser seinen Tod beschlossen habe. Ob dies den Tatsachen entsprach oder ob Tigellinus das Gerücht in die Welt gesetzt hatte, läßt sich anhand der historischen Quellen nicht eindeutig klären. Corbulo reiste nicht erst nach Korinth. Ohne den Kaiser wiedergesehen zu haben und ohne den Versuch, sich zu verteidigen, beging der große Feldherr Selbstmord. Bevor er sich in sein Schwert stürzte, sagte er: »Ich habe es wohl verdient.«

Seither rätseln die Historiker über diesen Satz. War Corbulo tatsächlich an einer Verschwörung beteiligt und bereute er dies? Oder waren die Worte ironisch gemeint? Fühlte sich der sonst so mächtige Feldherr dem Kaiserclan so hilflos ausgeliefert, daß er keinen anderen Ausweg sah?

Schlechte Nachrichten aus der Provinz Judäa

Der Tod Corbulos erfolgte in einer denkbar ungünstigen Situation; denn seit dem Frühjahr 66, also schon vor der Abreise des Kaisers nach Griechenland, kamen aus der Provinz Judäa besorgniserregende Nachrichten. Teile der jüdischen Bevölkerung rebellierten gegen die römische Besatzungsmacht, allen voran die Zeloten, die radikalen Vertreter der Besitzlosen und kleinen Händler. Sie wollten mit Gewalt einen eigenen theokratischen Staat errichten.

Die Aufständischen hatten den römischen Truppen in Judäa eine empfindliche Niederlage beigebracht. Die Zeloten haßten vor allem Gessius Florus, einen Mann, der bei Nero in hoher Gunst stand. Gessius' Frau Kleopatra war wiederum eng mit Poppaea Sabina befreundet.

Darüber hinaus konnte der als geizig und hochmütig bekannte Gessius Florus keine Qualifikation vorweisen. Im Jahr 64 war er Nachfolger des Lucceius Albinus geworden und damit Prokurator der Provinz Judäa.

»Wenn Albinus Verbrechen beging«, schreibt der jüdische Historiker, Priester und Heerführer Flavius Josephus, »dann tat er es wenigstens im geheimen und mit einigem Bedacht; Gessius dagegen tat sich viel zugute auf seine Schändlichkeiten gegenüber dem Volk und, als wäre er als Henker für die Delinquenten abgeordnet, scheute er vor keinem Raub und vor keiner Greueltat zurück.« Angeblich plünderte Gessius ganze Städte und ruinierte zahlreiche Familien.

Der offene Aufstand griff von Cäsarea auf Jerusalem über. Die Römer mußten sich aus der Stadt zurückziehen. Auch der zu Hilfe eilende Statthalter von Syrien, Cestius Gallus, war gegen die aufständischen Juden machtlos.

Nero glaubte, daß »die Ursache der Niederlage . . . eher auf die Faulheit der Feldherrn als auf die Tapferkeit der Feinde zurückzuführen« sei. Nach außen gab er sich angeblich betont sorglos, doch in Wirklichkeit habe ihn die kritische Entwicklung in Judäa bedrückt, bemerkt Flavius Josephus. Der Kaiser brauchte jetzt einen Feldherrn vom Format des Corbulo, einen Mann mit Erfahrung und Besonnenheit. Seine Wahl fiel auf Vespasian, den ranghöchsten militärischen Begleiter des Kaisers.

Eigentlich hatte Vespasian die Gunst Neros verspielt, weil er, wie schon erwähnt, während eines Theaterauftritts Neros für jedermann sichtbar eingeschlafen war und danach die Veranstaltung verlassen hatte. Seine militärischen Führungsqualitäten waren jedoch nicht zu leugnen. Als Militärtribun in Thrakien, Quästor in Kreta und Kyrene, Ädil und Prätor in Rom bewährte er sich hervorragend unter Claudius, in den Jahren 41 und 42 war er Legat in Germanien, ging dann nach Britannien und wurde mit den

Ornamenta triumphalia ausgezeichnet. Zuletzt hatte er sich als Prokonsul in Afrika Verdienste erworben.

Flavius Josephus meint allerdings, die militärischen Fähigkeiten und die Erfahrung Vespasians hätten den Kaiser auch mit Mißtrauen erfüllt. Zwar war Vespasian schon siebenundfünfzig Jahre alt, als der Prinzeps ihn mit der schwierigen Aufgabe in Judäa beauftragte; doch er hatte einen siebenundzwanzigjährigen Sohn namens Titus, der alle Voraussetzungen für einen künftigen Feldherrn mitbrachte. Vespasian schickte Titus nach Alexandria, um dort die fünfzehnte Legion für den Aufbruch nach Judäa zu rüsten. Er selbst begab sich über den Hellespont nach Syrien, wo er alle verfügbaren römischen Truppen und die der umliegenden Königreiche zusammenzog, insgesamt sechzigtausend Mann. Von Antiochia zog er nach Ptolemais, wo er auf seinen inzwischen aus Ägypten eingetroffenen Sohn Titus stieß, sodann eroberte er Gabara und Jotapata.

Josephus, der Feldherr und Wahrsager

Jotapata wurde von Josephus verteidigt. Als die Stadt aufgegeben werden mußte, flüchtete er sich mit einer Handvoll Juden in eine Zisterne, wo er – wie er selbst berichtet – zu Gott zu beten begann:

»Es ist dein Ratschluß, das Judenvolk, deine eigene Schöpfung, fallenzulassen, und das ganze Glück ist nun auf seiten der Römer; und du hast nun meine Seele auserwählt, die kommenden Dinge zu verkünden. So will ich mich freiwillig in die Hände der Römer begeben und im Leben verharren. Doch du bist mein Zeuge, daß ich nicht als Verräter, sondern als dein Diener so handle.«

Die übrigen Juden in dem Versteck bedrängten ihren Anführer: »Gott, der den Juden Herzen gab, die den Tod gering achten, würde die Augen senken. Hängst du so sehr am Leben, Josephus, daß du es fertigbringst, als Sklave das Licht zu schauen? Wie schnell hast du dich selbst vergessen!«

Es hätte nicht viel gefehlt, und sie hätten Josephus gelyncht. Aber es gelang ihm, seine Landsleute von ihrem Vorhaben abzubringen;

darauf ergab er sich den Römern. Vespasian ließ den Befehlshaber von Jotapata besonders scharf bewachen, er wollte ihn bei nächster Gelegenheit zu Nero nach Griechenland schicken.

Als Josephus davon erfuhr, bat er den Feldherrn um ein vertrauliches Gespräch. In Anwesenheit von Titus und zweier Freunde prophezeite Josephus dann Vespasian eine erstaunliche Zukunft:

»Vespasian«, begann er voll Pathos, »du vermeinst, mit Josephus nur einen Kriegsgefangenen in deine Gewalt bekommen zu haben; ich aber stehe vor dir, um dir Großes zu verkünden. Hätte mich nämlich nicht Gott geschickt, dann hätte ich gewußt, was ich dem jüdischen Gesetz schulde und wie ich als Feldherr zu sterben habe. Du willst mich zu Nero schicken?

Weshalb? Werden denn jene, die auf Nero folgen, Herrscher bleiben, bis du die Herrschaft übernimmst?

Ja, du, Vespasian, wirst Kaiser und Herrscher über alle sein, du und dieser, dein Sohn!

Jetzt lege mir noch stärkere Fesseln an und laß mich verwahren für dich selbst, denn du, Cäsar, wirst nicht nur Herr sein über mich, sondern über die Erde und über das Meer und über das ganze Menschengeschlecht. Doch bitte ich dich, mich strenger bewachen zu lassen, damit du mich bestrafen kannst, wenn ich mich gegen Gott einer Leichtfertigkeit schuldig mache.«

Vespasian sah den Juden ungläubig an. Er hätte die Prophezeiung des Josephus gern geglaubt, doch sie klang zu unwahrscheinlich. Er selbst war siebenundfünfzig, der Kaiser neunundzwanzig Jahre alt, wie sollte er jemals die Chance erhalten, Prinzeps zu werden?

Einer der Freunde Vespasians wandte ein, wenn Josephus wirklich die Zukunft vorhersagen könne, warum habe er dann nicht die Einnahme seiner Stadt und seine Gefangennahme prophezeit?

»Ich habe«, entgegnete Josephus, »den Leuten von Jotapata verkündet, sie würden nach siebenundvierzig Tagen in die Gewalt der Feinde geraten und ich selbst würde lebend gefangengenommen.«

Als Vespasian dies nachprüfen ließ, wurde es ihm bestätigt. Josephus blieb zwar weiterhin in Gefangenschaft, aber unter erleichterten Bedingungen. Vespasian schenkte ihm ein schönes Gewand und zahlreiche Wertgegenstände. Offensichtlich hatte ihn die Prophezeiung des Juden doch beeindruckt. In der zweiten Jahreshälfte unterwarf Vespasian ganz Galiläa. Nur in Jerusalem konnten sich die Aufständischen behaupten.

Auch Nero kämpfte, aber gegen Sänger

Der Kaiser vergaß den Krieg bald wieder. Er bereitete sich in Griechenland intensiv auf die Olympischen Spiele vor. Und so wie die Korinther schon bei den Isthmischen Spielen als zusätzlichen Wettbewerb den tragischen Gesang eingeführt hatten, schufen die Verantwortlichen für die Olympischen Spiele auch einen musikalischen Wettbewerb. Dafür mußte man in aller Eile ein Musiktheater errichten. Den zaghaften Einwand, in Olympia stünden keine Räumlichkeiten für musikalische Auftritte zur Verfügung, hatte der Kaiser verärgert zurückgewiesen. Außerdem mußte man nun aber auch noch einige Mitbewerber in der Sparte tragischer Gesang ausfindig machen; damit der ohnehin vorgesehene Sieg Neros nicht vollends zur Farce würde. Der Kaiser sang zur Kithara und trat auch als Tragöde auf, in beiden Sparten errang er den Lorbeer des Siegers.

Das Fahrturnier bestritt Nero tags darauf mit zwei Viergespannen. Ein weiteres Rennen mit einem Zehnergespann wurde dem Kaiser zum Verhängnis: Nero stürzte vom Wagen, wälzte sich in der Arena und konnte das Rennen nicht zu Ende fahren. Trotzdem erklärten ihn die Kampfrichter zum Sieger. Der Kaiser soll sich mit zweihundertfünfzigtausend Drachmen revanchiert haben, eine Riesensumme, die später von seinem Nachfolger Galba zurückgefordert wurde.

Nero steigerte sich jetzt in einen wahren Wettkampfrausch. Bei den Pythischen Spielen zu Ehren des Apollo von Delphi wollte er sein ganzes sängerisches Können demonstrieren. Jahrelang hatte er mit namhaften Gesangslehrern für dieses Auftreten geprobt, er hatte zahllose Atemübungen absolviert, die Stimme mit allerlei Geheimrezepten zu verfeinern gesucht, dennoch war er jetzt ungewöhnlich nervös. In seinem Ehrgeiz wollte Nero mit den berühmtesten Sängern Griechenlands konfrontiert werden. Cluvius Rufus versuchte diesen Wunsch des Kaisers zu erfüllen, ohne ihn dadurch um den Sieg zu bringen. Deshalb engagierte er altgediente Sänger, die noch über eine gute Stimme verfügten, jedoch keinen Ehrgeiz mehr hatten, noch irgendeinen Preis zu erringen.

Nero behandelte seine Mitbewerber respektvoll und höflich. Da er die besten von ihnen zu bestechen versuchte, dürfte sich sein Selbstvertrauen jedoch in Grenzen gehalten haben. Den Kampfrichtern von Delphi machte er dann auch ihre Aufgabe unmißverständlich deutlich: »Ich habe alles getan, was zu tun war, der Ausgang ist jedoch vom Walten des Zufalls abhängig. Als Männer von Weisheit und Kunstverstand seid ihr aber berufen, alles Zufällige auszuschließen.«

Er solle nur guten Mutes sein, ermunterten die Preisrichter den kaiserlichen Sänger. Daraufhin wurde Nero ruhiger. Doch während der Wettbewerb stattfand, beobachtete er sie kritisch und gab seinen Freunden zu bedenken, ob ihre Schweigsamkeit nicht als Feindseligkeit ausgelegt werden könne, jedenfalls erregten sie seinen Argwohn. Endlich war er an der Reihe.

Wie immer trat Nero mit einer Schar von Begleitern auf, jeder von ihnen hatte seine festgelegte Aufgabe. Nero sang aus voller Brust, und es klang keinesfalls häßlich. Bisweilen räusperte er sich vornehm, vermied es jedoch – wie sonst üblich – dabei auszuspukken. Schweißperlen traten auf seine Stirn. Er trocknete sie mit dem Ärmel ab.

Kaum war der Vortrag zu Ende, brach frenetischer Beifall aus. Dabei beklatschten die Griechen wohl mehr das Ereignis als den musikalischen Genuß: der Kaiser des Weltreiches als Sänger bei den Pythischen Spielen.

»Nero Cäsar ist Sieger in diesem Wettkampf«, verkündete ein Herold, »er krönt das römische Volk und die ganze Welt, die ihm ergeben ist.«

Die Freude des Kaisers war übergroß, hatte er doch seinen Jugendtraum in die Tat umgesetzt: Er war *Periodonikes* (Umlaufsieger). So durfte sich ein Wettkämpfer nennen, der bei den Olympischen, Pythischen, Isthmischen, Nemeischen und Aktischen Spielen in Olympia, Delphi, Korinth, Nemea und Aktium gesiegt hatte.

Neros wirkliche Gesangskünste sind umstritten. Einerseits protegierte er sich selbst bis zur Geschmacklosigkeit und war von Schmeichlern umgeben. Andererseits versuchten ihn seine politischen Gegner durch Spott über seinen Gesang lächerlich zu machen.

Um eine sachliche Antwort auf die Frage nach seinen tatsächlichen Fähigkeiten bemühte sich der aus Syrien stammende Schriftsteller Lukian. »Nero«, schrieb er hundert Jahre später, »ist weder bewundernswert noch lächerlich. Die Natur hat ihn auf diesem Gebiet so behandelt, daß an ihm weder viel zu tadeln noch zu loben ist. Der Fehler liegt bloß darin, daß er seiner Stimme in der Tiefe und der Höhe einen größeren Umfang geben will, als ihre natürliche Mittellage zuläßt. Daher hat seine Stimme in der Tiefe, weil er den Ton im Schlund mit Gewalt aufhält und zurückpreßt, etwas Hohles und Dumpfes, und dann tönt sein Gesang beinahe, wie wenn ein Hummel- oder Wespenschwarm zusammen summt. Allerdings wird dieser summende Ton durch den musikalischen Vortrag und die Begleitung sozusagen ausgeglichen, wenn er ohne große Prätention singt.« Mit anderen Worten: Ohne die Kaiserwürde hätte sich sein Erfolg in Grenzen gehalten.

Ein Mammutprojekt: der Kanal von Korinth

Nach einjährigem Griechenlandaufenthalt mußte man den Eindruck gewinnen, der Kaiser habe seine Hauptstadt, sein Volk und seine eigentliche Aufgabe völlig vergessen. Der Kommunikationsfluß von und nach Rom wurde immer spärlicher. Die Belange der Griechen lagen ihm weit mehr am Herzen als die ständigen Klagen seines Stellvertreters Helius.

Mehr als achtzehnhundert Jahre vor der endgültigen Fertigstellung des Projektes ließ Nero den Durchstich der Landenge von Korinth in Angriff nehmen. »Aus Langeweile« – wie Cassius Dio lakonisch bemerkt. In Wirklichkeit stand hinter dem Projekt eine wohldurchdachte Planung. Schon Cäsar und Caligula hatten sich mit dem Gedanken beschäftigt, den sechs Kilometer breiten Isthmos in einer Tiefe von fünfundsiebzig bis achtzig Metern zu durchstechen. Ein *Diolkos,* eine ausgebaute Rillenschleifbahn für kleinere Schiffe, existierte bereits seit dem 6. Jahrhundert v. Chr. Schon Periander, der weise Tyrann von Korinth, plante um 600 v. Chr. den Kanalbau. Neros Pläne waren die fundiertesten, er engagierte Geologen und Ingenieure, um den Verlauf der Trasse festzulegen.

Manche Griechen betrachteten das Projekt aber mit Mißtrauen. Sie sahen darin eine Mißachtung der Götter, die schließlich an dieser Stelle eine Landenge und keine Meerverbindung gewollt hätten. Die angeblich religiösen Bedenken entpuppten sich aber bald als Taktik einer einflußreichen Lobby von Geschäftsleuten, denen der *Diolkos* enorme Einnahmen verschaffte. Die opponierenden Schiffsschleifer setzten sogar das Gerücht in Umlauf, ägyptische Vermessungstechniker hätten bereits vor langer Zeit einen erheblichen Niveauunterschied der Meeresspiegel zu beiden Seiten der Landenge festgestellt, nach dem Durchstich würde sich ein Meer in das andere ergießen und das Land fortschwemmen.

Den Kaiser kümmerten derlei Argumente wenig, er sah in der Beschaffung von Arbeitskräften ein weit größeres Problem. Einheimische Arbeiter waren kaum anzuwerben, die Prätorianer, seine Leibgarde, waren nicht einmal im Umgang mit dem Schwert geübt, mit Schaufel und Hacke versagten sie vollends, deshalb wandte sich Nero an Vespasian, der bei der Niederschlagung des jüdischen Aufstandes inzwischen Tausende von Gefangenen gemacht hatte. Vespasian schickte sechstausend kräftige Juden nach Korinth. Der erste Spatenstich wurde mit einer feierlichen Zeremonie verbunden.

Nero trat prunkvoll gekleidet aus seinem Zelt. Ein Trompetenstoß verkündete den Beginn des Festaktes. Voll Andacht sang der Kaiser einen Hymnus auf den Meeresgott Poseidon und seine Gemahlin Amphitrite. Dann sprach er mit lauter Stimme: »Möge das Unternehmen für mich und für das Volk von Rom günstig ausgehen!«

Der Kaiser war sich der Einmaligkeit der Situation, der Inangriffnahme eines Weltwunders, durchaus bewußt.

Dies dürfte wohl auch das Motiv für den Kanalbau gewesen sein. Aber auch noch in anderer Hinsicht sind Neros Worte bedeutsam. Der Prinzeps hatte, entgegen dem Protokoll, den Senat von Rom unerwähnt gelassen. Schneller als jedes andere Gerücht erreichte diese Nachricht die Hauptstadt, die Senatoren sahen darin einen äußerst unfreundlichen Akt.

Der Kaiser tat den ersten Spatenstich mit einer goldenen Schaufel, die ihm der Statthalter von Achaia reichte. Die Zeremonie wurde durch allerlei Schabernack gestört, den offensichtlich die Gegner des Projekts inszeniert hatten: Heulende, klagende Laute waren zu vernehmen, und als Nero die Schaufel ansetzte, quoll eine rote Flüssigkeit wie Blut aus der Erde. Der Prinzeps war zunächst irritiert, durchschaute jedoch schnell den Hintergrund und füllte schließlich einen Tragekorb mit Erdreich. Dann ermahnte er die Arbeiter zu Fleiß und Sorgfalt.

Die Bauarbeiten, an denen annähernd zehntausend Helfer beteiligt waren, gingen zügig voran. Sie wurden vom Hafen Lechäon im Westen begonnen und bis zu einem Fünftel der Strecke ausgeführt. So weit war noch kein Projekt vor Nero gekommen. Der Kaiser wünschte nun, die Peloponnes in »Neronnesos« umzubenennen, »Insel von Neros Gnaden«.

Man hat viel herumgerätselt, warum Nero bei seinem Griechenlandaufenthalt Athen und Sparta ignorierte. Eine einleuchtende Erklärung gibt es dafür nicht, aber eine Vermutung: Die Athener waren wegen ihrer Schlagfertigkeit und beißenden Ironie gefürchtet, und nichts vertrug der Prinzeps weniger. Die Spartaner dagegen dürften ihn wegen ihrer amusischen Haltung nicht interessiert haben.

Der Kaiser schenkt den Griechen die Freiheit

Unruhe verbreitete sich, als Nero Mitte November des Jahres 67 an alle griechischen Städte und Gemeinden ein Rundschreiben versandte und ihre Bürger aufforderte, sich am vierten Tag vor Beginn des Monats Dezember in größtmöglicher Zahl in Korinth zu versammeln. Er gedenke, die Hellenen für ihre Zuneigung und Liebe zu entlohnen.

28. November 67: Hunderttausende strömten in die Stadt am Isthmus. In der Ebene vor Korinth war eine Tribüne aufgebaut. Cluvius Rufus bahnte dem Kaiser mit Hilfe der Prätorianer den Weg. Gespannte Erwartung brachte das Stimmengewirr zum Verebben. Nero rief mit lauter Stimme:

»Für euch, ihr Männer von Griechenland, wohl unerwartet ist – auch wenn man von meiner Freigebigkeit alles erwarten darf – das Geschenk, das ich euch heute gewähre; es ist eine wunderbare Gnade, die euch zuteil wird, eine Gnade, wie ihr sie nie zu erbitten gewagt hättet. Ihr Griechen der Provinz Achaia und des Landes, das bisher Peloponnesos genannt wurde, werdet von allen Tributen befreit und seid frei, wie ihr es selbst in den glücklichsten Tagen euerer Geschichte nicht wart; denn ihr wart immer Sklaven, entweder einer fremden Macht oder untereinander einer Sklave des anderen. Es ist bedauerlich, daß ich euch nicht schon zu Zeiten eurer Blüte diese meine Güte zuteil werden ließ, dann wären noch mehr Menschen in diesen Genuß gekommen. Es mag mir erlaubt sein, an die schlechten Zeiten zu erinnern, welche die Größe meiner Wohltaten verkleinern könnten. Doch heute ist es nicht Mitleid, sondern allein Zuneigung, die meine großzügige Haltung bewirkt. Mein Dank gilt euren Göttern, die zu Wasser wie zu Land über mich gewacht und mir all diese Wohltaten ermöglicht haben. Zwar haben andere Städte von anderen bereits die Freiheit erhalten, aber ich, Nero, bin der einzige, der eine ganze Provinz in die Freiheit entläßt.«

Jubel schallte dem Kaiser entgegen: »Heil dir, Cäsar!«

Abschriften von Neros Rede wurden in Stein geschlagen und in der ganzen Provinz verteilt, wo man sie unter Dankbarkeitsbezeugungen in den Heiligtümern aufstellte. Der französische Gelehrte Maurice Holleaux hat Ende des vergangenen Jahrhunderts eine dieser Tafeln in der Georgskirche von Karditsa im westlichen Thessalien entdeckt. Seitdem kennen wir den vollständigen Wortlaut von Neros Rede.

Zwar gab es bereits einzelne Städte im Weltreich unter autonomer Verwaltung; aber daß eine ganze Provinz die Freiheit geschenkt bekam, war eine Sensation. Das war weit mehr als eine bloße Sympathiebezeugung, bedeutete es doch gleichzeitig den Verlust der Tributpflicht eines ganzen Landes, also weniger Einnahmen für den Staat.

Mit dieser Aktion brüskierte der Prinzeps erneut den Senat. Achaia war nämlich eine senatoriale Provinz, keine Provinz des Kaisers. Als Entschädigung für Griechenland bot Nero den Senatoren die Insel Sardinien an, damals ein unkultiviertes Eiland, auf das Verbrecher verbannt wurden.

Die Großzügigkeit des römischen Kaisers ließ die Griechen vergessen, daß sich Nero mehr für ihre bildende Kunst interessierte, als ihnen lieb sein konnte. Er hatte eigene Aufkäufer mit nach Griechenland gebracht, die die kostbarsten, edelsten und besten Skulpturen der Klassik erwarben – wenn es sein mußte auch mit Gewalt. Auf diese Weise gelangten Kunstwerke wie eine Venus des Praxiteles oder ein Odysseus aus Olympia nach Rom.

Auch der hereinbrechende Winter konnte den Kaiser nicht dazu bewegen, nach Rom zurückzukehren. Dabei wurde die Anwesenheit des Prinzeps immer dringlicher. Helius sah sich außerstande, den Kaiser weiter zu vertreten. Durch die Säuberungsaktionen nach der Pisonischen Verschwörung hatte Nero den Adel und Teile der Oberschicht gegen sich aufgebracht. Das griechische Abenteuer führte zu einer Konfrontation mit dem Senat. Seit jedoch in Rom nun auch noch die Getreidelieferungen ins Stocken gerieten, machte sich sogar in der Unterschicht Unruhe bemerkbar. Nero war auf dem besten Weg, ein Kaiser ohne Volk zu werden.

Helius versuchte, seine Hilflosigkeit mit Brutalität zu kaschieren. Hinrichtungen gehörten beinahe zur Tagesordnung. Schließlich sah der Stellvertreter trotz härtester Maßnahmen den Thron gefährdet. Alle Hilferufe an Nero waren unbeantwortet geblieben, da entschloß er sich, im Januar 68 selbst nach Griechenland zu reisen, um den Kaiser vom Ernst der Lage zu überzeugen. Helius teilte dem Kaiser mit, eine neuerliche Verschwörung sei im Gange, Nero solle gestürzt werden.

Diese Nachricht blieb nicht ohne Wirkung auf den Kaiser. Dabei hing er weniger an seinem Thron als an seinem Leben, er wußte aber genau, daß der Verlust des Thrones mit dem Verlust des Lebens gleichzusetzen war. In Rom gab es entweder einen lebenden oder einen toten Kaiser, aber keinen zurückgetretenen.

Einst hatten ihm Sterndeuter prophezeit, er würde einmal seinen Thron verlieren. Damals hatte er in Anspielung auf seine künstlerischen Fähigkeiten geantwortet: »Die Kunst ernährt überall ihren Mann!« Doch das war lange her. Inzwischen wußte er, daß es für ihn keine Alternative gab – er mußte Kaiser bleiben, wollte er nicht mit dreißig Jahren sterben.

»Hüte dich vor dem dreiundsiebzigsten Jahr!« hatte ihn erst wenige Wochen zuvor das Orakel von Delphi gewarnt. Doch da zu jener Zeit die Jahre noch nicht nach Christi Geburt gezählt wurden, sondern nach der römischen Stadtgründung 753 v. Chr. oder nach dem jeweiligen Konsulat, hatte ihn der Spruch eher beruhigt. Daß sich jedoch zur selben Zeit ein Dreiundsiebzigjähriger im fernen Spanien überlegte, ob er die Nachfolge Neros antreten sollte oder nicht, das war entweder echte Hellseherei oder das bravouröse Ergebnis geheimdienstlicher Ermittlungen der Orakelpriester.

Dieser Dreiundsiebzigjährige hieß Servius Sulpicius Galba, war ein studierter Rechtsanwalt und hatte schon hohe Staatsämter bekleidet, als Nero noch gar nicht geboren war. Er hatte sich als Prätor, Statthalter von Aquitanien, Konsul und als Legat von Germanien hervorgetan. Kaiser Claudius begleitete er auf seinem Britannienfeldzug, und als Nero acht Jahre alt war, wurde Galba Prokonsul von Afrika. Vor sieben Jahren hatte ihn der Kaiser als Legat nach Spanien geschickt, dort, so meinte er, könne ihm der erfahrene Mann am wenigsten gefährlich werden. Ein verhängnisvoller Irrtum, wie sich zeigen sollte.

Die Nachricht von einer neuerlichen Verschwörung stürzte den Kaiser in Panik. Übereilt brach er seine Zelte in Griechenland ab und trat die Heimreise nach Rom an. Auch ein gefährlicher Wintersturm konnte ihn nicht davon abhalten, mit knapper Not entging er einem Schiffbruch. Statt wie sonst zwanzig Tage, dauerte die Überfahrt nur sieben – einschließlich der Verladung des umfangreichen Gepäcks, zu dem auch eintausendachthundertundacht Siegerkränze und eine reichhaltige Kollektion von Statuen und anderen Kunstwerken gehörten.

Nero landete Anfang März in Brindisi. Verunsichert ob der wahren Verhältnisse in der Hauptstadt, beschloß der Prinzeps, sich zunächst nach Neapel zu begeben, die dort lebenden Griechen würden ihn gewiß freundlich empfangen. Der Kaiser täuschte sich nicht: Die Neapolitaner schlugen eine Bresche in ihre Stadtmauer. Durch diese zog der Kaiser wie ein siegreicher griechischer Athlet in die Stadt ein. Sieben Tage lang wurde gejubelt und gefeiert, da platzte mitten in den Siegestaumel die Nachricht: In der gallischen Provinz ist ein Aufstand ausgebrochen! Doch während ihn das Gerücht über eine geplante Verschwörung um sein Leben fürchten ließ, blieb er nun erstaunlich gelassen.

»Nero«, schreibt Sueton, »nahm die Nachricht so ruhig und gelassen auf, daß man sogar auf den Gedanken kommen konnte, er freue sich darüber, weil ihm damit die Gelegenheit gegeben war, diese überaus reichen Provinzen nach dem Königsrecht ausplündern zu können.« Der Prinzeps ließ sich nicht von seinem Tagesprogramm abbringen, besuchte eine Ringschule und verfolgte mit Begeisterung die athletischen Wettkämpfe. Als am Abend neue alarmierende Meldungen eintrafen, sagte Nero beiläufig, er werde an allen Rebellen Rache nehmen und wandte sich dem feudalen Mahle zu. Eine ganze Woche lang wollte der Kaiser nicht wahrnehmen, was in seinem Reich geschah. Sueton kommentiert: »Er schwieg die Sache einfach tot!«

In Gallien hatte sich der dreiundvierzigjährige Statthalter Caesellius Julius Vindex aus nicht näher bekannten Gründen gegen den Kaiser erhoben. Er selbst wollte gar nicht Kaiser werden, diese Rolle war dem spanischen Legaten Galba zugedacht. Offensichtlich lag das Motiv des Vindex in der ständigen Brüskierung des römischen Senats durch den Kaiser; schon der Vater von Vindex war römischer Senator gewesen.

Galba hatte die Angebote des Vindex lange unbeantwortet gelassen, ihn jedoch auch nicht in Rom denunziert. Mit einem Heer von angeblich hunderttausend Mann im Rücken hatte Vindex schließlich den Aufstand ausgerufen und Galba aufgefordert, die Herrschaft zu übernehmen. Vindex an Galba: »Ein starker Körper sucht nach einem Haupt!«

Danach erließ der Gallier beleidigende Erklärungen gegen den Kaiser, nannte ihn öffentlich Ahenobarbus und bezeichnete ihn als miserablen Kitharasänger. Nichts hätte Nero mehr treffen können als diese Ungeheuerlichkeit. »Kannst du mir jemanden nennen, der ein größerer Künstler ist als ich?« fragte er jeden, dem er begegnete. Zornentbrannt schrieb er an den Senat: »Schafft mir und dem römischen Staat Genugtuung.« Er selbst entschuldigte seine Abwesenheit mit einer Halsentzündung.

Die Rückkehr des Siegers

Die Berater des Prinzeps, die sich in den letzten Wochen merklich zurückgehalten hatten, überzeugten Nero schließlich, daß seine Anwesenheit in der Hauptstadt unerläßlich sei. Ein Triumphzug wurde vorbereitet, wie in Neapel ein Teil der Stadtmauer eingerissen, Menschenmassen aufgeboten. Dann nahte der Zug der tausend Wagen. In der Mitte der Prinzeps auf einem weißen Gefährt, das von zwei Schimmeln gezogen wurde.

Nero trug die Purpurrobe des Triumphators. Die Haare hingen ihm lang bis auf die Schultern herab. Das Gesicht wirkte fett und aufgedunsen. Auf dem Kopf trug er den Lorbeerkranz, den er bei den Olympischen Spielen gewonnen hatte, in der Rechten hielt er einen Siegerzweig aus Delphi. Neben ihm auf dem Wagen stand Diodorus, ein berühmter Leierspieler, den Nero im Wettbewerb besiegt hatte. »Heil dir, Sieger von Olympia!« riefen die Römer. »Heil dir, Sieger der Pythischen Spiele. Augustus, Nero, Apollo, Nero Herkules, einziger Periodonikes, einziger Herr, Augustus, göttliche Stimme! Gesegnet, wer dich singen hörte!«

Das Volk, vor allem der Senat, wartete auf eine Rede des Prinzeps. Doch der schien verstört und ängstlich. Er fuhr huldvoll winkend inmitten einer Schar von Prätorianern über die Via Sacra zum Forum, würdigte die Curie der Senatoren keines Blickes und verschwand samt seinen 1808 Siegeskränzen im Palast. So viele er unterbringen konnte, wurden im Schlafzimmer aufgehängt, ein Teil kam in das Apolloheiligtum auf dem Palatin, der Rest in den Circus Maximus. Aber auch die Erinnerungen an seine größten Triumphe konnten Nero nicht darüber hinwegtäuschen, daß die Lage hochexplosiv war: Die offene Rebellion in Gallien, das gebrochene Verhältnis zum Senat, die Unzufriedenheit der Volksmassen, all das hätte einer starken und souveränen Führerpersönlichkeit bedurft. Doch der Kaiser begnügte sich damit, führende Politiker in seinen Palast zu bitten, die ihm die politische Lage erläuterten. Diese war so deprimierend, daß er es vorzog, seinen Gästen die neueste Wasserorgel mit einer bisher unbekannten Mechanik vorzuführen. Nero zeigte den Männern alle Einzelteile, erklärte ihre Funktion und kündigte an, das Wunderwerk demnächst im Theater vorzuführen, »die gütige Erlaubnis des Vindex vorausgesetzt«.

Doch dazu kam es nicht mehr; denn die Lage spitzte sich von Tag zu Tag zu. Vindex hatte inzwischen Galba endgültig für sich gewonnen. Dabei hatte ihn der spanische Legionskommandant Titus Vinius unterstützt, der an Galba schrieb: »Du selbst, Galba, hast ja gewissermaßen schon die Entscheidung getroffen; denn zu überlegen, ob wir Nero treu bleiben wollen, heißt schon, nicht treu bleiben. Da also Nero schon dein Feind ist, darfst du die Freundschaft mit Vindex nicht verschmähen, oder du mußt sofort Anklage gegen ihn erheben und ihn bekämpfen, weil er wünscht, daß die Römer lieber dich zum Herrscher als Nero zum Tyrannen haben sollen.«

Galba erhob daraufhin Anklage gegen Nero: Er habe zahlreiche angesehene Männer hinrichten lassen, damit müsse nun endgültig Schluß sein. Er, Galba, wolle nur dem Vaterland dienen, weder Cäsar noch Imperator wolle er heißen, sondern nur Feldherr des Senats und Volkes von Rom.

Als die Nachricht vom Abfall Galbas in Rom eintraf, saß Nero gerade frischgebadet beim Frühmahl. Der Kaiser hörte die Hiobsbotschaft starr vor Schreck, warf einen Tisch um, sank ohnmächtig zu Boden und blieb längere Zeit bewußtlos liegen. Kaum hatte er das Bewußtsein wiedererlangt, rannte er ruhelos hin und her, zerriß seine Kleider, schlug sich mit der Faust vor den Kopf und rief laut: »Es ist aus mit mir! Es ist aus mit mir!«

Trotzdem konnte Nero den Senat überreden, Galba zum Staatsfeind zu erklären. Das war ein letzter Hoffnungsschimmer für den Kaiser. In einer Art Galgenhumor meinte der Prinzeps: »Da hat sich mir in meiner Geldknappheit eine günstige Gelegenheit aufgetan, um zu Geld zu kommen. Ich werde das Vermögen der Gallier, sobald sie unterworfen sind, als Kriegsbeute beschlagnahmen. Das Vermögen des Galba steht mir jetzt schon zur Verfügung, da er ja zum Staatsfeind erklärt wurde.«

Nero ließ dann auch die römischen Güter Galbas verkaufen. Doch dieser revanchierte sich, indem er Neros spanisches Vermögen konfiszierte.

Der Senat und das Volk von Rom hielten sich erstaunlich zurück. Alle blickten erwartungsvoll auf den Kaiser. Man wartete ab, wer sich in diesem Konflikt als der Stärkere erweisen würde. Täglich tauchten neue Gerüchte auf. »Gleich zu Beginn des Aufstandes«, schreibt Sueton, »soll er viele Maßnahmen geplant haben, die von unmenschlicher Grausamkeit waren, aber durchaus zu seinem Charakter paßten. So wollte er die Befehlshaber der Armeen und die Statthalter der Provinzen abberufen und ermorden lassen, denn sie seien ja alle einmütig gegen ihn verschworen. Alle Verbannten, wo sie sich auch aufhielten, und alle Gallier, die in Rom waren, wollte er niedermetzeln lassen, die einen, damit sie sich nicht der Verschwörung anschlössen, die anderen, da sie ja Mitwisser und Helfershelfer ihrer Landsleute seien. Die gallischen Provinzen wollte er den Heeren zur Plünderung preisgeben. Sämtliche Mitglieder des Senats sollten bei Banketten durch Gift beseitigt werden. Rom würde er in Brand stecken und die wilden Tiere auf das Volk loslassen, um dadurch die Löschmaßnahmen zu erschweren.«

Keines dieser Gerüchte wurde Wirklichkeit.

Der ohne die Unterstützung seiner Berater und eines Feldherrn handlungsunfähige Kaiser starrte auf Galba wie das Kaninchen auf die Schlange. In seiner hilflosen Verzweiflung lud er die letzten Freunde zu Saufgelagen und trug Spottgedichte auf die Anführer der Rebellion vor. Doch der Freunde wurden von Tag zu Tag weniger. Und eines Abends leistete ihm nur noch seine alte Amme

Gesellschaft. Sie versuchte, ihn zu trösten; auch anderen Herrschern, meinte sie, sei Ähnliches widerfahren.

Nero weinte. »Mein Unglück«, schluchzte er, »ist ohne Beispiel, denn ich verliere, während ich noch lebe, die Herrschaft über die ganze Welt!«

X.
Das unmenschliche Ende eines Göttlichen

Eigen ist's den Menschen,
den, der fällt, noch ganz zu stürzen.
Aischylos

Mehr als er vertragen konnte, sprach Nero an diesem Abend dem Wein zu. Mühsam erhob er sich von der Tafel.

»Sobald ich«, lallte der Prinzeps, »sobald ich gallischen Boden betreten habe, will ich unbewaffnet vor die Soldaten hintreten und nichts anderes tun, als Tränen vergießen. Und wenn ich die Rebellen dann so weit gebracht habe, daß sie ihr Handeln bereuen, werde ich tags darauf fröhlich unter Fröhlichen Siegeslieder singen. Ich begebe mich jetzt zur Komposition derselben.« Sprach's und verschwand.

Tags darauf begannen die Vorbereitungen für den Feldzug. Nero überwachte sie persönlich. Aber statt Waffen und Proviant zu inspizieren, wählte er Fahrzeuge aus, auf denen er seine Theaterutensilien befördern konnte. Da er nie an einem Feldzug teilgenommen hatte und mit dem Künstlerleben mehr vertraut war als mit dem der Soldaten, fürchtete er vor allem die Langeweile im Felde. Er heuerte deshalb ein paar mit allen weiblichen Vorzügen ausgestattete Frauen an, ließ ihnen die Haare nach Männerart schneiden und rüstete sie mit Streitäxten und Schilden aus.

Nero war zu der Ansicht gelangt, seine einzige Chance läge in der militärischen Niederwerfung des Aufstandes. Bestärkt wurde er darin dadurch, daß ihm seine schlagkräftigen Truppen nach wie vor die Treue hielten. In Mainz residierte der Statthalter Lucius Verginius Rufus mit den drei besten Legionen der römischen Armee. Zu einer Legion gehörten 6095 Mann Fußvolk und 726 Reiter.

Um für die kommenden Entscheidungen freie Hand zu haben, enthob Nero die beiden Konsuln ihres Amtes und übertrug beider Stellung auf sich. Die Konsuln waren ursprünglich die Inhaber der höchsten Staatsgewalt. Dazu gehörte die Leitung der Militär- und Zivilverwaltung und das Gerichtswesen. Sie besaßen das Recht, Senatoren zu ernennen sowie den Senat oder die Volksversammlung einzuberufen. Zum Zeichen seiner Macht und Würde gingen dem römischen Konsul stets zwölf Liktoren mit Rutenbündeln voraus. Damit sie jedoch nicht allzu mächtig werden konnten, wurden die Konsuln alljährlich neu gewählt.

Mit Beginn der Kaiserzeit, als die Cäsaren das Konsulat vielfach selbst bekleideten, wurde es mehr und mehr zum Ehrenamt, und die Amtszeit verkürzte sich auf vier, später sogar auf zwei Monate.

Nero hatte das Konsulat insgesamt fünfmal inne. Das erste im Jahre 55 dauerte zwei Monate, das zweite im Jahre 57 währte sechs Monate, das dritte im Jahre 58 vier Monate, das vierte im Jahre 60 sechs Monate. Jetzt, so ließ der Kaiser verkünden, sei es ihm vom Schicksal bestimmt, Gallien als Konsul zu besiegen.

Die Amtsübernahme wurde mit einem opulenten Bankett gefeiert. Gesprächsthema war dabei natürlich der geplante Schlag gegen die gallischen Rebellen. Die letzten Freunde und Berater des Kaisers waren sich einig: Die Gallier seien zu besiegen, trotz ihrer dreifachen Überzahl. Schließlich bestünden die angeblich hunderttausend Mann nur aus einem Haufen angeworbener Legionäre: Tagediebe, Kriminelle und Obdachlose, die noch nie mit der Waffe gekämpft hätten. Drei wohlgeordneten, in Kriegstaktik geschulten Legionen, die von Hilfstruppen der Bataver und Belgier unterstützt würden, hätten sie – auch wenn diese nur insgesamt dreißigtausend Mann zählten – kaum etwas entgegenzusetzen.

In Rom standen dem Kaiser, von den Prätorianern abgesehen, keine Soldaten zur Verfügung. Aushebungen in den einzelnen Stadtbezirken blieben ohne Erfolg. Den wehrfähigen Römern erschien das gallische Abenteuer zu gewagt. Deshalb erließ Nero eine Verordnung, nach der jeder wohlhabende Römer eine bestimmte Anzahl Sklaven zu stellen hatte. Alle Stände mußten einen gewissen Prozentsatz ihres Vermögens abführen. Jeder Mieter hatte zusätzlich den Betrag einer Jahresmiete an die Staatskasse zu zahlen.

Damit verscherzte sich der Kaiser die letzten Sympathien bei den Römern. Lebensmittel wurden knapp. Vor Krämer- und Bäckerläden bildeten sich lange Schlangen. Als endlich nach langer Zeit wieder ein Getreideschiff aus Alexandria in Ostia einlief, verbreitete sich die Kunde wie ein Lauffeuer. Tausende rannten zum Hafen, um das Löschen der kostbaren Fracht zu verfolgen. Doch statt Korn trugen die Hafenarbeiter in ihren Körben nur gelben Sand aus dem Bauch des riesigen Schiffes, Sand für die Ringkämpfe am kaiserlichen Hof.

In den Straßen Roms tauchten die ersten Schmähinschriften gegen den Kaiser auf. »Vindex!« war an vielen Hauswänden zu lesen. Oder: »Selbst die Hähne hat er mit seinem Singen aufgeweckt!« Wobei *galli,* das Wort für Hähne, auch Gallier bedeutete. Einer Nero-Statue wurde ein Bettelsack um den Hals gebunden. Jemand hatte darunter gekritzelt: »Ich habe gegeben, was ich konnte, jetzt hast du dir den Bettelsack verdient.«

In der Tat, der Kaiser war bankrott, und jedermann wußte das. Ein reicher Römer bot ihm hundertfünfzigtausend Drachmen, wenn er für ihn singe; doch Nero wies die Offerte entrüstet zurück. Er finanzierte seit längerem Ausgräber, die in der Nähe von Karthago nach dem Schatz der Königin Dido suchten. Dido war eine legendäre Königstochter aus Tyros. Sie mußte nach dem Mord an ihrem Gatten nach Afrika fliehen, soll dabei aber unermeßliche Schätze mitgenommen haben und galt in der Antike als Gründerin der Stadt Karthago. Um nicht den libyschen König heiraten zu müssen, beging sie Selbstmord. Seither waren die Schätze der Dido verschollen. Neros Schatzgräbern war jedoch kein Erfolg beschieden. Als sie mit leeren Händen nach Rom zurückkehrten, wußte Nero, daß er sich die finanziellen Mittel für seine weiteren Unternehmungen mit Gewalt verschaffen mußte.

Die Teilnahme an dem geplanten Gallien-Feldzug sagte Nero mitten in den Vorbereitungen ab. Der Legat Verginius Rufus wurde beauftragt, das Unternehmen selbständig durchzuführen. Dieser überschritt die Grenze nach Gallien, belagerte Vesontio, das heutige Besançon, und versuchte dadurch, Vindex aus seinem Hauptquartier bei Lyon zu locken. Der ließ zunächst durch einen Unterhändler Verginius auffordern, sich dem Aufstand anzuschließen. Unter dem Druck seiner Truppen lehnte Verginius jedoch ab. Die Soldaten erinnerten sich noch immer an die rücksichtslose Härte, mit der sich Galba in den Jahren 39 bis 42 während seiner Zeit als Statthalter von Obergermanien zu profilieren versucht hatte. Deshalb bestand wenig Neigung, ausgerechnet diesem Mann auf den Kaiserthron zu verhelfen. Wenn schon ein neuer Kaiser gefunden werden müsse, dann einer aus ihren Reihen.

Verginius nahm die gallischen Horden des Vindex nicht übermäßig ernst und schickte zuerst einmal die achthundert von den Belgiern und Batavern gestellten Reiter gegen sie. Die römischen Legionen sollten erst später zum Einsatz kommen. Bei Vesontio kam es zur Schlacht. Verginius erkannte bald, daß sein Gegner geblufft hatte. Von hunderttausend Soldaten konnte keine Rede sein. Vindex stand höchstens ein Viertel oder ein Drittel davon zur Verfügung. Angeblich wurden zwanzigtausend Gallier von achthundert Reitern unter Verginius niedergemacht, der Rest ergriff die Flucht. Vindex verübte Selbstmord.

Mit Bestürzung erfuhr Galba in Carthago nova, dem heutigen Karthagena, von der Niederlage. Um Zeit zu gewinnen, floh er in die spanische Provinzstadt Clunia. Dort erfuhr er, die germanischen Legionen wollten entweder Verginius zum Kaiser ausrufen oder sich weiterhin zu Nero bekennen. Galba sandte Verginius einen Brief, in dem er ihn aufforderte, mit ihm gemeinsame Sache zu machen und den Römern das Reich und die Freiheit zu erhalten. Das Schreiben blieb ohne Antwort. Galba trug sich damals mit dem Gedanken, Selbstmord zu begehen.

Auch Nero lebte in Angst. Die prekäre Situation machte ihn zunehmend unberechenbarer. Trotzdem war sein Blick für die

Realität nie klarer als jetzt, wo er versuchte, zu retten, was zu retten war.

Er stellte zwei neue Generäle, Petronius Turpilianus und Rubrius Gallus, an die Spitze der verbliebenen drei Legionen, die nach Norditalien in Marsch gesetzt wurden. Die sogenannte Alexander-Phalanx, eine nach dem Vorbild Alexanders des Großen gebildete Elitetruppe – Mindestgröße der Soldaten einhundertundachtzig Zentimeter – war dazu ausersehen, die kaisertreue Stadt Lugdunum in Gallien zu unterstützen. Nach Afrika schickte der Kaiser seine alte Freundin Calvia Crispinilla, um den renitenten Legaten von Numidien, Clodius Macer, zur Raison zu bringen. Aus Marinesoldaten in Misenum rekrutierte er eine neue Legion. Das alles waren militärisch und politisch bedeutsame Entscheidungen, sie hatten nur einen Fehler – sie kamen zu spät.

Das Protokoll der letzten Stunden

8. Juni 68. Der Kaiser lag beim Mittagstisch. Ein Bote stürzte herein, überreichte dem Prinzeps eine Nachricht. Der las sie hastig, zerriß das Pergament in kleine Stücke, stieß den Tisch um und zerschmetterte in blinder Wut zwei wertvolle Pokale: Rubrius Gallus, einer der beiden neu ernannten Generäle, hatte sich auf die Seite Galbas geschlagen. Jetzt schien alles verloren.

Nero rief nach Locusta, der Giftmischerin. Die brachte eine gallige Tinktur. Der Prinzeps betrachtete sie und füllte das Gift in ein goldenes Döschen. Wenig später faßte er den Entschluß, nach Ägypten zu fliehen. Der Freigelassene Phaon und der Kabinettsekretär Epaphroditus wurden nach Ostia vorausgeschickt, um das Auslaufen des Schiffes vorzubereiten. Bittend wandte sich der Kaiser an die Tribunen und Centurionen der Prätorianergarde, ihn auf seiner Flucht zu begleiten. Doch jeder hatte eine andere Ausrede; nur einer sagte Nero ins Gesicht, was alle dachten: »Ist denn das Sterben so schlimm?«

Ein Kaiser ohne Leibgarde auf der Flucht war Seeräubern und Wegelagerern hilflos ausgeliefert. Nero verwarf deshalb den

Fluchtplan und überlegte: Sollte er sich schutzflehend an die Parther wenden? Tiridates war ihm zu Dank verpflichtet. Sollte er in Trauerkleidern vor das Volk treten und von der Rednerbühne auf dem Forum Romanum sein Volk um Mitleid und Verzeihung bitten? Oder sollte er um die Statthalterschaft von Ägypten ansuchen und den Thron freiwillig zur Verfügung stellen?

Wie Sueton berichtet, hat man später in seinem Schreibpult eine fertig ausgearbeitete Rede mit den genannten Überlegungen gefunden. Zur Ausführung freilich gelangte keines dieser Vorhaben. Nero befürchtete – nach Sueton – nämlich, »das Volk würde ihn in Stücke reißen, noch ehe er das Forum erreicht hätte«. Also verschob er die Entscheidung auf den nächsten Tag.

Gegen Mitternacht schreckte der Kaiser aus dem Halbschlaf. Aber nicht irgendein Lärm hatte den Prinzeps beunruhigt, sondern die absolute Stille, die in der *Domus Aurea* herrschte. Eine furchtbare Angst überfiel ihn. Wie von Furien gejagt, rannte er zu den Gemächern seiner Freunde und Vertrauten. Einige Türen waren verschlossen, Nero klopfte, niemand gab Antwort. Andere Zimmer standen offen, ihre Bewohner waren überstürzt aufgebrochen. Nero hastete zurück in sein Schlafgemach, rief nach den Dienern, keine Antwort, dafür überall Spuren von Plünderung. Mit den Dienern war auch das Giftdöschen verschwunden. Nero schickte seinen Freigelassenen Phaon nach dem Gladiator Spiculus, er war nicht zu finden.

Gab es denn in dem ganzen riesigen Palast keinen Menschen, der ihn töten konnte? Er selbst, das wußte Nero, hatte nicht die Kraft. Da schrie er in die Leere seines Palastes: »Habe ich denn weder Freund noch Feind?«

Phaon bot seinem Herrn das Landhaus an, das er in der Nähe der Stadt zwischen der Via Salaria und der Via Nomentana am vierten Meilenstein bewohnte. Dort solle der Prinzeps erst einmal zur Ruhe kommen. Nero nahm dankend an, warf sich, so wie er war, barfuß, nur mit einer Tunika bekleidet, einen Mantel über, zog die Kapuze tief ins Gesicht, band sich ein Tuch vor Mund und Nase, rannte, so schnell er nur konnte, zu seinem Reitstall, sprang auf ein Pferd und preschte in Begleitung von Phaon, Epaphroditus, Sporus und Akte davon.

Es war ein Wetter wie in jener Nacht, in der vor fast vierzehn Jahren Claudius umkam und er zum Kaiser proklamiert wurde. Große schwarze Wolken lagen über der Stadt, Blitze zuckten vom Himmel, die Erde bebte. Nero zitterte am ganzen Körper, er sehnte den Tod herbei. Ein paar Reiter kamen ihm entgegen. Als sie vorbeiritten, hörte er einen sagen: »Die verfolgen Nero!« Ein anderer rief: »Was gibt es in der Stadt neues über Nero?«

Im selben Augenblick scheute das Pferd des Kaisers vor dem Gestank eines Leichnams, der auf der Landstraße lag. Dabei rutschte dem Prinzeps das Tuch vom Gesicht, einer der Männer erkannte Nero, erschreckt gab er seinem Pferd die Sporen.

Am Zufahrtsweg zu Phaons Landgut stiegen der Kaiser und seine Begleiter ab und ließen die Pferde laufen, damit sie die Tiere nicht verrieten. Phaon empfahl, sich von hinten an das Haus heranzuschleichen, möglicherweise werde der vordere Zugang bereits bewacht. Dazu mußten Nero und seine Begleiter sich einen Weg durch Büsche und Dornen bahnen. Der barfüßige Kaiser stieß bei jedem Schritt einen leisen Schrei aus. Phaon zog schließlich sein Oberkleid aus und legte es Nero vor die Füße, damit er darauftreten konnte.

So gelangten sie zur Rückseite des Landhauses. Der Kaiser solle sich zunächst in einer Sandgrube verstecken, meinte Phaon, inzwischen wolle er selbst über den Zaun steigen und sehen, ob im Haus alles in Ordnung sei. Nero lehnte ab, er wolle sich nicht schon zu Lebzeiten unter die Erde begeben.

Um seinen Durst zu stillen, schöpfte er mit der Hand aus einer nahen Pfütze Wasser, das er gierig trank: »Das ist jetzt Neros Eisgetränk!« Der Kaiser spielte damit auf den sogenannten Nero-Cocktail an, ein von ihm erfundenes Getränk, das in Eis gekühlt wurde.

»Welch ein Künstler geht mit mir zugrunde!«

Den weiteren Ablauf des Geschehens beschreibt Sueton: »Dann kroch er in seinem von Dornen zerrissenen Mantel durchs

Gestrüpp, zwängte sich auf allen vieren durch ein enges Loch, das man gegraben hatte, und gelangte so in die nächstliegende Kammer. Hier warf er sich auf das Lager, das aus einer schäbigen Matratze bestand, über die ein alter Mantel geworfen war. Mittlerweile bekam er Hunger und Durst, wies aber das Schwarzbrot zurück, das man ihm anbot, von dem lauwarmen Wasser trank er dagegen eine ganze Menge.«

Phaon und Epaphroditus versuchten, die zitternde Gestalt auf dem Matratzenlager zu überzeugen, daß es nur noch eine einzige Möglichkeit gab, der drohenden Schmach zu entgehen: Selbstmord. Es bedurfte nun auch keiner großen Überredungskünste mehr.

Nero hatte mit seinem Leben abgeschlossen. Er bat, vor seinen Augen ein Grab auszuheben, dabei liefen ihm die Tränen über das Gesicht. »Welch ein Künstler«, schluchzte er immer wieder, »welch ein Künstler geht mit mir zugrunde!«

Jemand klopfte am Haustor. Ein Kurier überbrachte die Nachricht, der Senat habe Nero soeben zum Staatsfeind erklärt. Nach ihm werde bereits gefahndet, dem Kaiser drohe die in solchen Fällen übliche Strafe.

»Was ist das für eine Strafe?« erkundigte sich Nero.

Die Antwort traf den Prinzeps wie ein Schlag: »Der Verurteilte wird nackt mit dem Hals in ein Gabelholz geschlossen und mit Ruten zu Tode gepeitscht.«

Nero zitterte, rang nach Luft, ergriff einen Dolch, der vor ihm lag, dann einen zweiten, prüfte die Spitzen, steckte einen nach dem anderen in sein Gewand und stammelte geistesabwesend: »Die Schicksalsstunde ist noch nicht gekommen.«

Darauf zog er die Dolche wieder hervor, forderte Sporus auf, die Totenklage anzustimmen, setzte die Messer abwechselnd an Hals, Herz und Bauch und bat, man möge ihm doch helfen. Doch keiner hatte den Mut dazu.

»Daß ich noch lebe ist eine Schmach und Schande!« klagte der Kaiser. Betroffenes Schweigen. Alle Augen waren auf Nero gerichtet.

»Das ziemt sich nicht für einen Nero, nein, das ziemt sich wirklich nicht!« Entschlossen setzte der Prinzeps das Messer an den

Hals – ließ es wieder sinken, stammelte: »In solcher Lage gilt es, besonnen zu sein!«

Schließlich sprang er auf, rief: »Auf, faß dir ein Herz!« Von draußen drang Hufgeklapper.

Nero lauschte auf das Geräusch, von dem er wußte, was es bedeutete, und sprach in sich versunken einen Satz aus Homers *Ilias:* »Donnernd schallt mir zu Ohren der Hufschlag eilender Rosse!« Dann ergriff er den einen Dolch und stieß ihn sich in den Hals. Er taumelte, Epaphroditus sprang hinzu und stieß das Messer noch tiefer.

Soldaten stürmten das Landhaus. Sie fanden den Kaiser auf dem Boden liegend, helles Blut quoll aus seinem Hals, in dem noch immer das Messer steckte. Ein Centurio stürzte auf Nero zu, zog den Dolch aus der Wunde und preßte seinen Mantel darauf.

»Zu spät!« stammelte Nero. Mühevoll öffnete er die Augen und sprach an die Umstehenden gewandt: »Das ist Treue!«

Was Nero im letzten Augenblick seines Lebens für Soldatentreue hielt, war in Wirklichkeit der Auftrag des Senats. Nero sollte auf jeden Fall lebend nach Rom gebracht werden. Doch die Hilfe kam zu spät. Mit Schaudern sahen die Umstehenden, wie die Augen aus dem schweißüberströmten, aufgedunsenen Kopf des Kaisers hervorquollen. Nero Claudius Cäsar Augustus Germanicus war tot. Er hatte nicht einmal einunddreißig Jahre gelebt, aber fast vierzehn Jahre regiert, eine lange Zeit für einen Kaiser des ersten Jahrhunderts.

Unter den Soldaten, die den Auftrag hatten, Nero lebend nach Rom zu bringen, befand sich ein Mann namens Marcianus Icelus, ein Freigelassener Galbas. Nero hatte ihn zu Beginn des Aufstandes vor wenigen Wochen ins Gefängnis geworfen, ihn dann aber offenbar begnadigt. Icelus verfügte Neros letzten Willen und verbot, seinem Leichnam den Kopf abzuschlagen. Es war der Wunsch des Kaisers gewesen, unverstümmelt verbrannt zu werden. Icelus gab Order, den toten Kaiser in seinen weißen, golddurchwirkten Mantel zu hüllen, den er bei seinem Triumphzug getragen hatte. So verbrannte man ihn unter Ausschluß der Öffentlichkeit.

Neros Ammen Egloge und Alexandria sowie Akte, seine erste Geliebte, brachten 200 000 Sesterzen auf, um dem toten Prinzeps ein würdiges Begräbnis zu verschaffen. Die Asche Neros wurde in der Familiengrabstätte der Domitier auf dem Pincio bestattet. In diesem Grabmal befand sich, nach Sueton, noch zu Beginn des zweiten Jahrhunderts ein Sarkophag aus Porphyr, darüber ein Altar aus Carrara-Marmor und außen herum eine Einfassung aus tharsischem Marmor.

Galba ist skeptisch

Kaum hatte er das alles in die Wege geleitet, da begab sich Icelus nach Spanien. Sein Ziel war die Provinzstadt Clunia, wohin Galba sich nach der Niederlage des Vindex zurückgezogen hatte. Icelus legte die Strecke von Rom nach Clunia in nur sieben Tagen zurück.

Als er ankam, war es bereits dunkel. Galba hatte sich, wie zu hören war, schon zur Ruhe gelegt. Aber Icelus ließ sich von den Dienern nicht zurückweisen, zu wichtig sei die Nachricht, die er überbringe. Galba hörte mit gespannter Erwartung, was sein Freigelassener aus Rom zu berichten wußte: Noch zu Lebzeiten Neros habe zuerst das Heer, dann das Volk und der Senat Galba zum Kaiser ausgerufen, erst dann habe man vom Tode Neros erfahren. Weil er es nicht glauben wollte, sei er, Icelus zum Landhaus des Phaon am vierten Meilenstein geeilt, dort habe er die Leiche Neros gesehen und sei sogleich nach Spanien aufgebrochen.

Galba war skeptisch, er wollte nicht glauben, daß Icelus nur sieben Tage von Rom nach Clunia gebraucht hatte, eine Strecke, für die man damals mindestens zehn Tage benötigte. Erst als zwei Tage später ein zweiter Bote eintraf und die Nachrichten des Icelus bestätigte, verwandelte sich Galbas Skepsis in Triumph. Icelus wurde befördert, erhielt goldene Ringe und genoß unter den Freigelassenen seither das größte Ansehen.

Obwohl Galba durch Senatsbeschluß vom 8. Juni 68 zum Kaiser proklamiert war, verließ er Clunia noch nicht; die Lage sollte sich erst beruhigen. In Rom tobte der Mob durch die Straßen und übte Rache an den ehemaligen Anhängern Neros, die niemand vor der Lynchjustiz schützte. Spiculus, ein Gladiator des Exkaisers, wurde auf dem Forum gefesselt und unter eine riesige Nero-Statue gelegt; dann stieß man das Standbild um, Spiculus wurde zermalmt. Aponius, ein Mann, der unter Nero des öfteren als Ankläger aufgetreten war, mußte sich auf die Straße legen und wurde von mit Steinen beladenen Wagen überfahren. Andere – berichtet Plutarch – zerriß die Menge in ihrer Wut in Stücke. Was den hochgeachteten Senator Mauricus zu der Bemerkung veranlaßte: »Ich fürchte, man wird sich bald nach Nero zurücksehnen!« Er sollte recht behalten.

Der starke Mann in Rom hieß jetzt Nymphidius Sabinus. Der Prätorianerführer galt als eigentlicher Kaisermacher. Er stand zwar offiziell hinter Galba, lebte jedoch, nach Plutarch, »in der Überzeugung, daß Galba schon hoch an Jahren sei und bei seinem Alter kaum noch die Kraft haben würde, sich nach Rom tragen zu lassen – denn er zählte dreiundsiebzig Jahre –, und daß die dort stehenden Truppen, die ihm seit langem ergeben waren und jetzt von ihm allein abhingen, wegen der Größe des versprochenen Geschenkes ihn als Wohltäter und Galba als Schuldner ansehen würden«.

Nymphidius hatte nämlich die Soldaten der kaiserlichen Leibwache zum Abfall von Nero überredet, indem er wider besseres Wissen behauptete, Nero sei nach Ägypten geflohen und Galba biete jedem Prätorianer 30 000, jedem am Kaiserhof Dienenden 5000 Sesterzen. Das war insgesamt eine Summe, die selbst der steinreiche Galba nicht aufzubringen vermochte, wollte er den römischen Bürgern und Provinzbewohnern nicht Steuern auferlegen, die jene Neros bei weitem übertrafen.

Eine verhängnisvolle Situation. Plutarch bemerkt dazu: »Nero wurde dadurch sofort, Galba wenig später ins Verderben gestürzt. Nero wurde geopfert, um das Versprochene zu erhalten. Galba fand den Tod, als sie es nicht bekamen. Und dann rieben sie auf der Suche nach einem, der ihnen diese Summe gab, einander mit Verrat und Aufruhr auf, ohne das Erhoffte zu erreichen.«

Alle Anzeichen sprechen dafür, daß Nymphidius den alten und kranken Galba nur vorschob, um dann selbst das Erbe Neros anzutreten.

Ein erster Schritt in dieser Richtung war die Entmachtung seines Mitpräfekten Tigellinus. Er selbst gab Empfänge und große Gelage, zu denen nur Männer in einflußreicher Position geladen waren. Entsprechende Einladungen ergingen stets mit dem Wortlaut: »Galba Imperator Cäsar Augustus und Nymphidius Sabinus erlauben sich . . .« Über Mittelsmänner ließ er den Senat auffordern, bei Galba seine Ernennung zum Kommandanten der Leibwache auf Lebenszeit zu erwirken.

Die Initiative hatte Erfolg. Ein entsprechender Senatsantrag ging nach Spanien. Darüber hinaus wurde Nymphidius zum Wohltäter des Volkes ernannt, eine Abordnung des Senats machte ihm jeden Morgen vor seinem Haus ihre Aufwartung, und alle Beschlüsse mußten fortan mit seinem Namen eingeleitet werden.

Ein Streit mit den beiden Konsuln führte zum ersten Eklat. Die Konsuln hatten eine Nachricht an den Kaiser in Spanien mit ihrem Siegel versehen. Nymphidius vertrat jedoch die Ansicht, die Botschaft dürfe nur *sein* Siegel tragen. Die beiden höchsten Beamten des römischen Weltreiches entgingen nur dadurch einer Bestrafung, daß sie sich – grundlos – bei Nymphidius entschuldigten und um Vergebung baten.

Das Machtstreben des Nymphidius konnte sich deshalb so entfalten, weil in Rom ein absolutes Machtvakuum herrschte. Der neue Kaiser, alt, gebrechlich, offenbar transportunfähig, zehn Tagesreisen von der Hauptstadt entfernt; der Senat, verunsichert, devot, ohne Initiative; die Prätorianer, willfährig, geldgierig, im übrigen desinteressiert. Zwischen diesen gelähmten Machtfaktoren konnte Nymphidius, ein Mann von hervorragender Intelligenz, den Grundstock für eine vielversprechende Karriere legen.

Er setzte das Gerücht in die Welt, ein Sohn des Caligula zu sein, ein Gerücht, das genauen Recherchen allerdings nicht standhielt: Zwar hatte Nymphidia, seine schöne Mutter, mit Caligula ein Verhältnis gehabt, dies aber zu einer Zeit, als Nymphidius schon geboren war. Nymphidius war vermutlich ein Sohn des Gladiators Martianus, dem er wie aus dem Gesicht geschnitten war.

Seinem Ruf als Kaisermacher versuchte er auf unterschiedliche Weise gerecht zu werden. Zum einen rühmte er Neros Sturz in aller Öffentlichkeit als sein Werk. Zum anderen vergriff er sich an Neros Erbe und bemühte sich dabei auch um Sporus, den Lustknaben des Exkaisers. Angeblich schlief er mit ihm, während noch der Scheiterhaufen mit Neros Leiche brannte. Er nannte ihn wie Nero Poppaea. Allmählich wurde ihm das Stillhalten Galbas im fernen Spanien aber doch unheimlich, deshalb schickte er seinen Freund Gellianus auf die Iberische Halbinsel, um die Lage zu sondieren.

Galba besaß zwar nicht mehr den Unternehmungsgeist eines Jugendlichen, doch dafür war ihm die erfahrene Besonnenheit des Alters zu eigen. Während Nymphidius Galbas Pläne zu erkunden suchte, ließ dieser längst Nymphidius beobachten. Galba verfolgte seine Aktivitäten mit Mißtrauen, weil er wußte, daß sie letztendlich gegen ihn gerichtet waren.

Den zweiten Rivalen, der ihm gefährlich werden konnte, setzte Galba äußerst geschickt außer Gefecht, indem er ihn mit hohen Ehren überhäufte und in Pension schickte: Verginius Rufus. Der Bezwinger des Vindex war ein hervorragender Feldherr und hätte durchaus das Zeug zum Kaiser gehabt. Seine Truppen standen hinter ihm und drängten ihn immer wieder, das Amt zu übernehmen. Einer seiner Kriegstribunen soll sogar des Nachts in sein Zelt eingedrungen sein und ihm mit vorgehaltenem Schwert gedroht haben, entweder Kaiser zu werden oder er bringe ihn um. Verginius beharrte jedoch auf seinem Standpunkt, der Kaiser sei vom Senat erwählt worden und damit habe es seine Ordnung.

Der neue Kaiser kommt

Da endlich brach Galba in Spanien auf. Der Kaiser reiste in einem prunkvollen Wagen. Bei ihm in der Equipage saß Otho, der Statthalter von Lusitanien, dem heutigen Portugal. Auf dem Weg nach Narbo in Gallien, dem heutigen Narbonne, kam ihm Verginius mit seinem Heer entgegen. Verginius übergab das Kommando seinem Nachfolger Flaccus Herodeonius und zog sich zurück. Galba empfing eine Gesandtschaft des Senats, die den Kaiser bat, sich so schnell wie möglich dem Volk zu zeigen.

Dahinter verbarg sich die Sorge um die explosive Lage in Rom, zumal Galba in Rom völlig unbekannt war. Kaum jemand hatte ihn schon einmal zu Gesicht bekommen. Und jene, die ihn kannten, verspotteten ihn wegen seiner Glatze und der zahlreichen Runzeln. Wenn man Galba erst einmal gesehen habe, meinten manche, werde man sich der Tage, an denen er Kaiser war, schämen müssen.

Doch der neue Prinzeps erwarb sich durch seine Schlichtheit und Bescheidenheit rasch Sympathien. Das kostbare Tafelgeschirr Neros, das Nymphidius dem Kaiser nach Spanien geschickt hatte, ließ er zurückgehen. Sehr zum Leidwesen seines Freundes und Beraters Titus Vinius, der dies als Kleinmut bezeichnete, der Prinzeps müsse sich schließlich großer Dinge würdig erweisen.

Dieser Vinius war zwar fast dreißig Jahre jünger als Galba, aber aus unerfindlichen Gründen fand er beim Kaiser stets ein offenes Ohr. Er hatte Galba zur Übernahme der Kaiserwürde überredet, und sein Einfluß wuchs beinahe von Tag zu Tag. »Überhaupt«, schreibt Plutarch, »erweckte der alte Herr den Eindruck, daß er sehr bald ein Spielball in der Hand des Vinius werden würde.«

Vinius war eine zwielichtige Gestalt. Man schrieb ihm Machtrausch, Geldgier und Zügellosigkeit zu. Als Siebzehnjähriger entführte er während seines ersten Feldzuges nach Pannonien die Frau des Statthalters, zwang sie, Soldatenkleider anzuziehen und vergnügte sich mit ihr mitten im Hauptquartier. Kaiser Claudius stahl er bei einem Gastmahl ein silbernes Trinkgefäß. Und Galba mußte jede noch so kleine Leistung mit hohen Geldsummen honorieren.

Vinius ließ den Abgesandten des Nymphidius auf Schritt und Tritt beschatten. Gellianus hatte nicht einmal die Möglichkeit, in die Nähe Galbas zu kommen. Die Informationen, die er nach Rom mitbrachte, waren bescheiden, aber für Nymphidius brisant genug: Cornelius Laco sei zum Oberhofmeister und Kommandanten der Leibwache ernannt worden, Vinius habe alle Macht in Händen. Fazit: Nymphidius war überflüssig.

Härter konnte es den ehrgeizigen Mann nicht treffen. Er rief die

Offiziere der Prätorianergarde zusammen. »Galba«, meinte er, »ist zwar ein gütiger und maßvoller alter Herr, aber durchaus nicht mehr Herr seiner Entschlüsse. Er wird vielmehr von Vinius und Laco unheilvoll beeinflußt. Bevor sich diese unbemerkt den Einfluß und die Macht aneignen, die einst Tigellinus besessen hat, sollten wir dem Kaiser eine Abordnung des Heeres entgegenschicken mit der Empfehlung, wenn er nur diese beiden Freunde entläßt, wird er von uns allen viel freundlicher empfangen werden.«

Die Offiziere lehnten dies mit der Begründung ab, sie könnten einem greisen Feldherrn nicht Vorschriften machen wie einem Jüngling. Die Wahl seiner Freunde und Berater sei seine Sache. Aber Nymphidius gab nicht auf. Er schrieb Galba einen Brief nach dem anderen: Unruhe herrsche in der Stadt, Clodius Macer, der Kommandant der dritten Legion in Afrika, halte die Getreideschiffe zurück, die Legionen in Germanien meuterten, die Heere in Syrien und Judäa planten den Aufstand. All das ließ Galba jedoch kalt. Nymphidius ging nun aufs Ganze, es galt keine Zeit zu verlieren.

Nymphidius verrechnet sich

Um Mitternacht sollte Nymphidius in das Prätorianerlager geleitet und zum Kaiser ausgerufen werden. Die Tribunen sollten die Soldaten vorher über den geplanten Staatsstreich informieren. Antonius Honoratus war der erste, der am frühen Abend seine ahnungslosen Soldaten zusammenrief. Doch statt sie zum Umsturz aufzufordern, übte er Selbstkritik. Zuerst hätten sie Nero verraten, warum? Welchen Verbrechens habe er sich schuldig gemacht?

»Auch Nero«, meinte er, »hätten wir trotz solcher Verbrechen nicht gewagt, im Stich zu lassen, wir haben es getan, weil wir Nymphidius glaubten, daß Nero uns zuerst im Stich gelassen habe und nach Ägypten geflohen sei. Sollen wir nun nach Nero auch Galba hinopfern, um den Sohn der Nymphidia zum Kaiser zu machen, den der Livia töten, wie wir den der Agrippina getötet haben? Oder sollen wir diesen Mann bestrafen für das, was er getan hat, und als Rächer Neros und als gute und getreue Wächter Galbas auftreten?«

Die Soldaten beschlossen einstimmig, Galba die Treue zu halten, und sie teilten dies auch den anderen mit. Die Tore wurden geschlossen, Soldaten gingen auf den Umfassungsmauern in Stellung. Eher als geplant kam Nymphidius zum Hauptlager. Er war umringt von zahlreichen Fackelträgern und hielt erschreckt inne, als er die verschlossenen Tore sah.

»Was wollt ihr und auf wessen Befehl seid ihr unter Waffen?« rief er einem der Posten zu. Da schallte es vielstimmig aus der Dunkelheit von der Mauer herab: »Galba ist unser Kaiser! Galba ist unser Kaiser!«

Nymphidius erfaßte die Situation sofort, er stimmte in den Ruf ein und forderte seine Begleiter auf, dies ebenfalls zu tun: »Galba ist unser Kaiser!«

Langsam öffnete sich das Hauptportal. Nur das Prasseln der Fackeln unterbrach die atemlose Stille. Vorsichtig um sich blikkend, schritt Nymphidius durch das Tor. Da sauste ein Wurfspeer durch die Luft, geradewegs auf den Prätorianerpräfekten zu. Aber noch ehe das Geschoß sein Ziel erreichte, wurde es von einem Schild abgefangen, den ein Begleiter vor Nymphidius hochgerissen hatte. Dies war jedoch das Fanal: Eine ganze Horde Soldaten stürmte mit gezogenen Schwertern auf den Präfekten ein. Nymphidius floh. In der Kammer eines Soldaten wurde er entdeckt und grausam niedergemetzelt. Den Leichnam zerrten sie in den Hof und umgaben ihn mit einem Gatter, damit er von jedermann besichtigt werden konnte.

Galba atmete auf, als er unterwegs von dem unerwarteten Tod des Nymphidius Kenntnis erhielt. In seiner Euphorie über die Beseitigung des letzten gefährlichen Hindernisses auf dem Weg zur Herrschaft ging er jedoch einen Schritt zu weit. Er befahl, alle Männer aus dem Umfeld des Nymphidius hinzurichten. Darunter den für das Jahr 69 designierten Konsul Cingonius Varro, den altehrwürdigen Exkonsul Petronius Turpilianus und Mithridates Ponticus. »So«, schreibt Plutarch, »brachte er sich in den Ruf, daß er, wenn auch nicht ungerecht, so doch gegen Gesetz und Brauch vornehme Männer ohne Gericht und Urteil getötet habe.« Ein solches Vorgehen ist Nero in seiner vierzehnjährigen Regierungszeit nur ein einziges Mal nachzuweisen.

Wie wirr die Lage nach Neros Tod war, zeigt folgende Begebenheit: Als Galba Anfang Oktober 68 knapp fünf Kilometer vor der Hauptstadt haltmachte, wurde er von Angehörigen einer Einheit umzingelt, die Nero vor seinem Ende aus Ruderern rekrutiert hatte. Sie forderten lautstark Feldzeichen und eine eigene Garnison. Galba vertröstete den bemitleidenswerten Haufen unausgebildeter Soldaten auf später. Voll Zorn zückten ein paar Soldaten ihre Schwerter. Da senkte Galba den rechten Arm und gab seinen Reitern Befehl, die gesamte Einheit niederzumetzeln.

Neros letzte Legion starb ohne Gegenwehr. Und Plutarch kommentiert: »Kein gutes und glückverheißendes Vorzeichen für Galba, der nun durch soviel Blut und Leichen in die Stadt einzog. Und wenn mancher ihn bisher mißachtete und für einen schwachen Greis ansah, so erweckte er nun in allen Furcht und Entsetzen.«

XI.
Neros Nachfolger: Galba, Otho und Vitellius

Die Residenz der Cäsaren, der Palatin,
hat in kürzester Zeit vier Kaiser gesehen,
die alle wie auf einer Bühne auftraten und abgingen.
Und für die bedrängten Untertanen gab es nur einen Trost:
Sie konnten zusehen, wie einer vom anderen umgebracht wurde.
Plutarch

15. Januar 69. Sklaven zerrten am Morgen ein gefesseltes Schaf vor den Opferaltar auf dem Palatin. Sie warfen es auf den weißen Marmortisch. Davor stand Umbricius, der Opferpriester, auf der anderen Seite Kaiser Galba, hinter ihm Otho, umgeben von einer Schar Freunde und Berater.

Umbricius zog ein Messer, stach es in den Hals des Tieres. Blut quoll aus der Wunde, minutenlanges Zucken, der Tisch färbte sich rot. Mit geübter Sicherheit setzte der Opferpriester das Messer am Bauch des sterbenden Tieres an, schlitzte es auf, griff mit den Fingern in das Innere und zog die Gedärme hervor.

Prüfende Blicke des Umbricius. Er wühlte im Gedärm des Tieres, dann sagte er ohne Umschweife: »Ich sehe darin Zeichen schwerer Wirren und eine durch Hinterlist über dem Haupt des Kaisers schwebende Gefahr.«

Galba wurde starr vor Schreck. Ihm entging freilich, daß auch der Mann hinter ihm blaß wie ein Leichentuch wurde: Otho. Onomastos, ein Freigelassener des Otho, trat hinzu und sagte zu seinem Herrn: »Die Baumeister sind gekommen, sie warten zu Hause auf dich!« Die Worte wirkten erlösend in der beklemmenden Stille. Otho entschuldigte sich, er habe ein Haus gekauft und wolle dem Vorbesitzer die schadhaften Stellen zeigen. Sprachs und verließ den Palatin.

Weder Galba noch einer seiner Begleiter konnte ahnen, daß der Satz »Die Baumeister sind gekommen« das Codewort für einen neuerlichen Staatsstreich war. Otho ging geradewegs zum Goldenen Meilenstein am Rande des Marktplatzes; dort warteten dreiundzwanzig Männer mit einer Sänfte. Als Otho das bescheidene Häuflein sah, erschrak er: »Beim Jupiter, ich bin verloren!« Dreiundzwanzig Männer waren für einen Umsturz wirklich zuwenig.

Doch die Männer drängten Otho mit gezogenen Schwertern in die Sänfte, rannten lärmend mit ihrer kostbaren Last über das Forum. Immer mehr Soldaten schlossen sich der aufgeregten Prozession an. Als sie am Prätorianerlager anlangten, war aus dem Häuflein eine stattliche Ansammlung geworden. Martialis, der wachhabende Kriegstribun, wußte nicht, was er von dem Vorfall halten sollte, und ließ die Soldaten passieren.

Kaum im Lager angelangt, schallte es aus Tausenden von Kehlen: »Heil dir Cäsar, heil dir Cäsar Augustus Otho!« Rom hatte einen zweiten Kaiser, wobei es verwundern mag, daß ausgerechnet Otho, der sich als erster Statthalter auf die Seite Galbas geschlagen hatte, jetzt diesem den Thron streitig machte.

Das Jahr 69 hatte stürmisch begonnen. Im Lager der Prätorianer vor der Stadt gärte es: Die Soldaten hatten die versprochene Prämie angemahnt, von Galba aber nur den Bescheid erhalten, er pflege Soldaten auszuheben, nicht zu kaufen. Ein mutiges Wort, gewiß, aber in seiner Situation war es Selbstmord. Zudem trafen aus Germanien Hiobsbotschaften ein: Aulus Vitellius, den Galba erst im Dezember 68 zum Kommandanten der obergermanischen Truppen bestellt hatte, meldete Meutereien unter den Soldaten. Ähnlich Unheilvolles berichtete der Verginius-Nachfolger Flaccus von dem anderen germanischen Heer. Galba hatte Anlaß zur Sorge.

Der greise Galba sucht einen Nachfolger

Die Römer waren mit dem altersschwachen Kaiser schon nach einiger Zeit unzufrieden. Nicht nur seine rigorose Unberechenbarkeit, vor allem auch seine Kinderlosigkeit irritierte sie. In Anbetracht seines schlechten Gesundheitszustandes wurde die Frage nach einem Nachfolger allmählich akut. Galba entschloß sich deshalb, einen begabten jungen Mann zu adoptieren. In Rom bestand kein Zweifel, auf wen die Wahl fallen würde, auf den karrierebewußten Otho natürlich.

Dieser Otho war einst auf Senecas Anraten von Nero nach Lusitanien geschickt worden. Dort hatte er als Statthalter ein recht luxuriöses Leben gepflegt, ohne sich deshalb beim Volk unbeliebt zu machen. Er hatte den neugewählten Kaiser, der von recht schlichter Lebensart war, zuerst einmal aus seinem Privatbesitz mit goldenem Tafelgeschirr und einer vornehmen Dienerschaft ausgestattet. In Rom hielt er sich vor allem an die Militärs, setzte sich für ihre Beförderung ein und gab, wenn er beim Kaiser zu Besuch weilte, jedem Soldaten der wachhabenden Kohorte ein Goldstück.

Die Adoption Othos wurde von Vinius befürwortet. Der tat dies freilich nicht uneigennützig; denn – so wurde vereinbart – wenn Otho als Sohn Galbas anerkannt und als Thronfolger designiert war, sollte er die Tochter des Vinius heiraten.

Galba hatte von Otho jedoch keine hohe Meinung. Seine Verschwendungssucht, der Grund für zweihundert Millionen Sesterzen Schulden, veranlaßte den sparsamen Kaiser, sich anders zu entscheiden. Seine Wahl fiel auf Piso, einen vielversprechenden jungen Mann von großer Sittsamkeit. Otho hatte das Nachsehen, er sann auf Rache und war dann schneller als erhofft Kaiser – Gegenkaiser vorerst.

Galba erfuhr von Othos Ausrufung, als die Opferzeremonie auf dem Palatin gerade zu Ende ging. Vom Forum her, wo sich die Nachricht schon verbreitet hatte, strömten Scharen zum Palatin, sensationsgierige Römer wollten den Fortgang der Dinge aus allernächster Nähe erleben. Vinius und Laco stellten sich mit gezogenen Schwertern vor den Kaiser, sie winkten einige Freigelassene herbei und bildeten einen Schutzring um Galba. Der zögerte, was in dieser Situation zu tun sei: Sollte er sich zurückziehen oder war es besser, sich demonstrativ dem Volk zu zeigen?

In die allgemeine Ungewißheit tönte der Ruf: »Platz da, ich habe den Feind des Kaisers getötet!« Julius Atticus, ein Mitgied der Leibwache, drängte sich durch die Menschenmenge. Vor Galba angelangt, hielt er dem Kaiser sein blutverschmiertes Schwert vors Gesicht.

»Wer hat dir den Befehl gegeben?« fragte der Prinzeps ernst.

»Meine Treue und der Eid, den ich geschworen habe«, antwortete der Soldat.

Die Umstehenden klatschten beifällig. Galba sah darin eine Aufforderung, sich seinem Volke zu zeigen. Also bestieg er seine Sänfte und ließ sich zum Forum hinuntertragen, wo die Menschen dichtgedrängt standen und aufgeregt durcheinanderschrien, Otho sei gar nicht tot, das Heer habe sich auf seine Seite geschlagen. Darauf gerieten die Begleiter des Kaisers in Streit, die einen drängten zur Umkehr, die anderen forderten zum Weitergehen auf. Die Sänfte Galbas, eingekeilt zwischen brüllenden, johlenden Menschen, wurde hin und her geworfen und drohte jeden Augenblick umzukippen.

Ein Mann stürzte sich auf den Träger der Feldzeichen, schlug ihn nieder und riß das Bild Galbas herunter. Im selben Augenblick flogen aus der Menge Speere auf die Sänfte des Kaisers; sie verfehlten ihr Ziel nur knapp. Wie auf ein Kommando lösten sich Soldaten mit gezogenen Schwertern aus der Menschenmenge und versuchten, den Prinzeps aus seiner Sänfte zu zerren. Ein einziger Mann leistete Widerstand: Der Centurio Sempronius Densus zog seinen Stock, mit dem er für gewöhnlich ungehorsame Soldaten züchtigte, und schrie die Angreifer an: »Vergreift euch nicht an eurem Kaiser!« Daraufhin fielen sie über ihn her; doch Sempronius zog sein Schwert und verteidigte sich entschlossen. In die Knie getroffen, stürzte er schließlich zu Boden.

Die Sklaven nützten die allgemeine Verwirrung und versuchten, mit Galba in der Sänfte zu entkommen. Das geschah jedoch so überhastet, daß das Transportgerät umstürzte. Der Kaiser fiel heraus und blieb hilflos am Boden liegen. Als die Soldaten das sahen, stürzten sie sich auf den Prinzeps. Da er einen Panzer trug, hieben sie mit ihren Schwertern auf Arme und Beine und brachten ihm klaffende Wunden bei. Galba aber reckte den rasenden Soldaten seinen Hals hin und stöhnte: »Tut es nur, wenn es zum Heil des römischen Volkes ist!«

Über den weiteren Ablauf des Geschehens gibt es widersprüchliche Aussagen, vor allem darüber, wer dem Kaiser den Todesstoß versetzte. Vier Männer kommen dafür in Betracht. Der junge Soldat, der Galba den Kopf abschlug, legte ihn, weil er wegen der fehlenden Haare nicht zu packen war, in sein Gewand und wollte damit davonrennen. Doch die Umstehenden meinten, er solle seine Tat nicht verbergen. Da spießte er den Kopf auf eine Lanze und lief, gefolgt von einer johlenden Menschenmasse, zum Hauptlager der Prätorianer.

Otho sah die grauenhafte Prozession schon von weitem kommen. In höchster Erregung schrie er: »Das ist noch nicht alles, Kameraden, zeigt mir den Kopf des Piso!« Zu dieser Zeit war Piso jedoch bereits tot, ein Soldat hatte ihn nicht weit entfernt vom Todesort Galbas beim Tempel der Vesta erschlagen. Ermordet wurden auch Vinius und Laco, die engsten Berater Galbas. Ihre Köpfe wurden zusammen mit dem Pisos ebenfalls ins Prätorianerlager gebracht, wo Otho sie nebeneinander aufreihen ließ.

Aus diesem Gemetzel, für das es in der gesamten Regierungszeit Neros keine Parallele gibt, versuchten viele Kapital zu schlagen. Sie beschmierten sich Arme und Schwerter mit Blut, sprachen beim neuen Kaiser Otho vor und forderten für »ihren« Mord an den Staatsfeinden eine Belohnung. So kam es, daß es schließlich für vier Leichen hundertzwanzig Mörder gab. So viele Bittschriften um Belohnung wurden jedenfalls eingereicht. Vitellius, Othos Nachfolger, ließ später alle auf dieser Liste stehenden hundertzwanzig Männer aufspüren und hinrichten.

In aller Eile wurde nun der Senat zusammengerufen. Die würdigen alten Herren schworen den Eid auf Otho und sprachen ihm den Titel Cäsar und Augustus zu. Die kopflosen Leichen lagen noch immer auf dem Forum, die abgeschlagenen Köpfe befanden sich im Prätorianerlager. Schließlich boten die Soldaten die Köpfe zum Verkauf an: Den des Vinius verkauften sie für zehntausend Sesterzen an seine Tochter, den des Piso bekam seine Frau Verania, Galbas Kopf wurde an zwei Sklaven verschenkt, die damit Ball spielten. Ein Freigelassener bestattete seine Leiche in der Nacht.

Othos Kaiserthron stand von Anfang an auf tönernen Füßen; denn er wurde nur von den Balkan- und den Orientprovinzen anerkannt, die Truppen in den beiden germanischen Landesteilen, in Gallien und Britannien, hatten sich schon Anfang Januar 69 für den Statthalter von *Germania inferior* Aulus Vitellius entschieden. Otho regierte ganz im Stile Neros, dessen im wesentlichen verfassungstreue Herrschaftsausübung zunehmend wehmütige Erinnerungen wachrief.

»Um der Menge zu gefallen«, schreibt Plutarch, »lehnte es Otho anfangs in den Theatern nicht ab, Nero genannt zu werden. Auch als einige sogar Bildsäulen Neros öffentlich aufstellten, schritt er nicht dagegen ein. Der Statthalter Cluvius Rufus sagt, daß nach Spanien sogar Ausweise gebracht wurden, wie sie den amtlichen Briefboten mitgegeben wurden, auf denen dem Namen Othos der Beiname Nero beigefügt war. Als er aber bemerkte, daß die ersten und vornehmsten Männer daran Anstoß nahmen, ließ er den Namen fallen.«

Der neue Kaiser schwankte zwischen der Befriedigung der unterschiedlichen Interessen von Senatoren und Prätorianern. Wollte er seine Herrschaft behaupten, brauchte er die Unterstützung beider. Zunächst lud er achtzig einflußreiche Senatoren zu einem Festmahl in den Palast. Das kam den Prätorianern zu Ohren, die eine günstige Gelegenheit sahen, alle Feinde des Kaisers auf einmal zu beseitigen. Dem Prinzeps blieb nichts anderes übrig, als seine hohen Gäste durch einen Hinterausgang zu entlassen. Kaum war der letzte Senator verschwunden, drängten die Prätorianer in den Speisesaal. Die leergegessene Tafel erregte die zum Letzten entschlossenen Soldaten so sehr, daß Otho sie nur beruhigen konnte, indem er jedem Prätorianer für den nächsten Tag fünftausend Sesterzen versprach.

Othos Widersacher Vitellius

Otho benötigte die Unterstützung seiner Leibgarde dringend; denn wenige Tage vor seiner eigenen Kaiserproklamation hatten die obergermanischen Legionäre den Statthalter Vitellius zum Kaiser ausgerufen. Vitellius nahm den Titel Germanicus an, den Titel Cäsar lehnte er vorerst noch ab. Außer den sieben in Germanien stationierten Legionen waren auch die spanischen, gallischen und britannischen Truppen zu Vitellius übergelaufen; damit stand das Gros der Streitkräfte auf seiner Seite.

In den kalten Januartagen des Jahres 69 jagte in Rom eine Hiobsbotschaft die andere. Otho befand sich auf verlorenem Posten. Er sandte Vitellius eine Botschaft und versuchte, sich mit ihm zu verständigen. Er garantierte Vitellius eine hohe Abfindung und ein sorgenfreies Leben in einer Stadt seiner Wahl, wenn er auf die Kaiserwürde verzichte. Vitellius lehnte entrüstet ab. Daraus entwickelte sich ein heftiger Briefwechsel, in dessen Verlauf sich die beiden Rivalen gegenseitig Zuchtlosigkeit, Weichlichkeit, militärische Unerfahrenheit und ihre hohe Verschuldung vorwarfen.

Im Bewußtsein seiner militärischen Überlegenheit suchte Vitellius von Anfang an die bewaffnete Auseinandersetzung. Daher überraschte es nicht, als in Rom die Nachricht eintraf, Cäcina und Valens, zwei Generäle des Vitellius, hätten mit ihren Legionen die Alpenpässe erreicht und seien auf dem Vormarsch nach Italien. Otho ernannte Flavius Sabinus, den älteren Bruder Vespasians, zum Statthalter von Rom und zog dem Gegenkaiser selbst mit einem Heer entgegen.

In Briellum, einer Stadt am Po, schlug er sein Hauptquartier auf und ließ seine Truppen unter den Generälen Marius Celsus, Suetonius Paullinus, Gallus und Spurina weiter vorrücken. Die beiden letzten kämpften erfolgreich um die Stadt Piacenza. Allerdings war es mit der Kampfmoral auf beiden Seiten nicht sehr weit her. Die Vitellier zeigten sich gegenüber ihren Offizieren häufig aufsässig, Othos Soldaten hatten noch nie eine Schlacht geschlagen, sie waren verweichlicht und schwärmten mehr für Trinkgelage und Theatervorstellungen als für Exerzieren.

»Theaterhelden, rüstige Tänzer!« verspotteten die Vitellier die Soldaten Othos vor Piacenza. »Ihr habt weder Kriege noch Feldzüge erlebt, ja noch nicht einmal gesehen und bildet euch etwas darauf ein, daß ihr einem waffenlosen Greis den Kopf abgeschlagen habt!«

Das provozierte die anderen derart, daß sie ihren General Spurina baten, endlich losschlagen zu dürfen. Sie kämpften so erbittert, daß es ihnen gelang, die wesentlich erfahreneren Angreifer aus Germanien unter schweren Verlusten niederzuwerfen. Der Verlierer war Cäcina, ein General, der von den Römern allein schon deshalb mißachtet wurde, weil er Hosen und langärmelige Röcke trug und von seiner Frau in kostbarer Kleidung hoch zu Roß ins Feld begleitet wurde. Cäcina erlitt noch einige weitere kleinere Niederlagen, trotzdem gelang es ihm, sich am Po mit den übrigen Abteilungen unter Fabius Valens zu vereinigen.

Vitellius befand sich noch in Gallien, deshalb drängte Otho auf eine Entscheidungsschlacht. Man hatte ihm zwar abgeraten, da Annius Gallus nach einem Sturz vom Pferd verletzt war und sich eine Streitmacht aus Mösien zur Unterstützung Othos im Anmarsch befand, aber Otho setzte sich durch. Plutarch berichtet: »Offensichtlich waren die Prätorianer, die Leibwache des Kaisers, die damals zum erstenmal einen wirklichen Kriegsdienst zu kosten bekamen und sich nach den Vergnügungen und dem unkriegerischen, von Festen erfüllten Leben in Rom zurücksehnten, nicht zu bändigen in ihrem Drängen auf eine Schlacht, weil sie glaubten, sie würden die Gegner im ersten Ansturm vernichten. Aber auch Otho selbst konnte, wie es scheint, die Ungewißheit nicht länger ertragen. Aus Ungewohntheit und Weichlichkeit wollte er nicht weiter in dem Gedanken an die Gefahr leben. Deshalb ging er eilends daran, von Sorgen überwältigt, gleichsam mit verbundenen Augen sein Schicksal von der Klippe aufs Geratewohl hinabzuschleudern.«

Die Schlacht bei Betriacum war Othos Ende

Über die Schlacht, die am 14. April 69 bei Betriacum stattfand, gibt es recht widersprüchliche Berichte. Vor dem Kampf hatten die Vitellier das Gerücht kolportiert, sie würden allesamt zu Otho überlaufen. Deshalb marschierten die Soldaten Othos freudig winkend auf die Gegner zu, riefen schon von weitem »Hallo,

Kameraden!« und waren sehr schockiert, als jene die freundschaftlichen Gesten mit gezielten Schwerthieben beantworteten. Als größte Belastung erwiesen sich die auf seiten Othos kämpfenden Prätorianer, weil sie vor Angst durch die eigenen Reihen rannten und bald nur noch von hinten zu sehen waren. Die Schlacht endete mit einer Niederlage Othos.

Jene Soldaten, die nicht gefallen waren, kamen zum Teil schwer verwundet in das Hauptlager zurück, sie weinten, fielen vor Otho auf die Knie und baten, sie nicht zu verlassen und dem Feind preiszugeben. Einer von ihnen rief: »Wisse, Kaiser, daß wir alle für dich zu handeln bereit sind!« und stürzte sich in sein Schwert.

Otho ahnte, was ihm und seinen Soldaten bevorstand. Er erhob sich, sah jeden einzelnen seiner Männer prüfend an und sprach: »Kameraden, diesen Tag sehe ich für einen glücklicheren Tag an als jenen, an dem ihr mich zum Kaiser gemacht habt, da ich euch so gesinnt sehe und ihr mich so hoher Ehren für würdig haltet. Aber beraubt mich nicht des noch höheren Preises: rühmlich zu sterben für so viele wackere Bürger. Wenn ich der Herrschaft über die Römer würdig gewesen bin, darf ich auch das Opfer meines Lebens für das Vaterland nicht scheuen. Ich weiß, daß der Sieg für die Gegner weder gesichert noch von Dauer ist; man meldet, daß unser Heer aus Mösien nur noch wenige Tagesmärsche entfernt ist und schon die Adria herabkommt; Asien, Syrien, Ägypten und die Heere, welche gegen die Juden kämpfen, sind auf unserer Seite, der Senat bei uns und die Frauen und Kinder der Gegner in unserer Hand. Aber der Krieg geht ja nicht gegen Hannibal, Pyrrhos oder die Kimbern für Italien, sondern wir kämpfen Römer gegen Römer und fügen beide, siegend oder besiegt, dem Vaterland Unrecht zu. Denn auch was Glück ist für den Sieger, ist Unglück für das Vaterland. Glaubt mir, der ich es oft durchdacht habe, daß ich mit größerem Ruhm sterben als herrschen kann.

Denn ich sehe nicht, wie ich als Sieger von so großem Nutzen für die Römer sein könnte, wie wenn ich mich für Frieden und Eintracht aufopfere und dafür, daß Italien nicht noch einmal einen solchen Tag erleben muß.«

Nun forderte Otho die im Hauptlager anwesenden Senatoren auf, sich Vitellius zu ergeben. Gleichzeitig diktierte er einen Brief an die in Rom weilenden Senatoren, sie sollten Vitellius als Kaiser empfangen. Dann ließ er seinen Neffen Cocceianus rufen. Otho erklärte ihm, warum er ihn nicht adoptiert habe. Seine Absicht sei es gewesen, ihn nach einem Sieg zum Mitregenten zu erheben, im Falle der Niederlage sollte der Neffe jedoch nicht mit ihm zugrunde gehen. »Diese letzte Mahnung, mein Sohn«, fuhr Otho fort, »richte ich an dich, du solltest weder ganz vergessen noch gar zu sehr daran denken, daß du einen Kaiser zum Oheim hattest.«

Am Abend versammelte er seine Diener um sich und teilte sein Vermögen unter ihnen auf. Obwohl alle wußten, was das zu bedeuten hatte, wagte es keiner, den Kaiser von seinem beabsichtigten Selbstmord abzubringen. Jeder bedankte sich und ging, nur die Diener blieben in einem Nebenraum zurück. Otho stellte sich schlafend. Am frühen Morgen sagte er zu dem Freigelassenen, der ihn bewachen sollte: »Jetzt gehe auch du und laß dich bei den Soldaten sehen, wenn du nicht jämmerlich von ihnen umgebracht werden willst, weil du mir beim Tod behilflich gewesen bist.«

Kaum hatte der Diener seinen Herrn verlassen, nahm Otho sein Schwert, stellte es aufrecht und stürzte sich hinein. Die Diener im Vorraum hörten einen Schrei, als sie in das Schlafgemach des Kaisers hasteten, fanden sie ihn in seinem Blut. Wie ein Lauffeuer verbreitete sich das Geschrei der Soldaten durch das ganze Lager. In ihrem Schmerz verwünschte einer den anderen, schließlich jeder sich selbst, weil sie Otho nicht vor seinem Selbstmord bewahrt hatten. Obwohl alle wußten, daß die Gegner nahe waren, ergriff keiner die Flucht. Die Soldaten errichteten einen Scheiterhaufen, schmückten die Leiche, wie es vor der Verbrennung üblich war, andere warfen sich über den Toten, küßten die tödliche Wunde oder hielten seine Hände fest. Einige Soldaten begingen angesichts des brennenden Scheiterhaufens Selbstmord mit dem Schwert.

In Bricellum wurde Kaiser Otho ein bescheidenes Grabmal mit der schlichten Inschrift errichtet: »Dem Andenken an Marcus Otho.« Otho war siebenunddreißig Jahre alt, als er starb. »Er hat«, schreibt Plutarch, »drei Monate regiert und hinterließ nicht weniger und nicht schlechtere Lobredner seines Todes als Tadler seines Lebens; denn gelebt hatte er um nichts anständiger, aber er war auf eine würdigere Art gestorben.«

Vitellius verwandelte Rom in ein Heerlager

Die Zuneigung der Soldaten gegenüber Otho führte konsequenterweise zu einer unversöhnlichen Feindschaft gegen Vitellius. Dieser kam erst Mitte Juli nach Rom. Die Römer empfingen ihn festlich, allerdings mit weit weniger Enthusiasmus als seine Vorgänger, schien es doch äußerst ungewiß, ob dieser Vitellius das Jahresende erleben würde. Bereits im August tauchten erste Gerüchte auf, die bald zur Gewißheit wurden: Im Osten des Reiches hatten meuternde Truppen Vespasian zum Gegenkaiser ausgerufen, angeblich mit sanfter Gewalt; denn der General wollte die Sicherheit an der Spitze eines ihm ergebenen Heeres nur ungern mit den Risiken der Kaiserwürde vertauschen.

In Rom herrschten indes unerträgliche Zustände. Vitellius hatte außer den germanischen Legionen auch zahlreiche Anhänger mitgebracht. »Und weil er«, berichtet Josephus, »die vielen Leute nicht in den für Soldaten bestimmten Behausungen unterbringen konnte, machte er ganz Rom zu einem einzigen Heerlager und belegte jedes Haus bis zum Äußersten mit Schwerbewaffneten. Diese aber erlebten nun den für sie unfaßbaren Anblick des Reichtums der Römer und sahen sich allenthalben von Gold und Silber umgeben, so daß sie kaum ihre Gier so weit zurückhalten konnten, daß sie auf eine Plünderung verzichteten, und jeden umbrachten, der ihnen dies verwehrte.«

Vitellius' Ende begann schneller als erwartet. Während ihn eine Krankheit ans Bett fesselte, drang Antonius Primus, ein Parteigänger Vespasians und Oberkommandierender der Truppen von Mösien, in Oberitalien ein. Vitellius stellte ihm Truppen unter General Cäcina entgegen. Am 24. Oktober kam es bei Cremona zur Schlacht. Die Stadt wurde völlig zerstört. Antonius besiegte die Vitellius-Anhänger, tötete 30 200 Soldaten und Zivilisten und drang anschließend bis zum Apennin vor. Vitellius erkannte die Aussichtslosigkeit seiner Lage. Sollten Rom und seine Bewohner durch den Bürgerkrieg nicht noch mehr zu Schaden kommen, mußte sobald wie möglich ein Kompromiß geschlossen werden. Angesichts der politisch und militärisch schwächeren Position machte Vitellius seinem Gegner Vespasian deshalb das Angebot, gegen freies Geleit und eine Abfindung von hundert Millionen Sesterzen abzudanken. Er schloß mit Sabinus, dem Bruder Vespasians, ein entsprechendes Abkommen; Vespasian selbst hielt sich noch immer abwartend in Alexandria auf.

Der römische Pöbel und germanische Hilfstruppen hintertrieben jedoch den Plan. Es kam zu blutigen Straßenkämpfen. Sabinus mußte sich mit seinen Anhängern auf das Capitol zurückziehen. Am 19. Dezember stürmten Soldaten des Vitellius das Capitol. Sie töteten Sabinus und ließen den Tempel in Flammen aufgehen. Tags darauf rückte Vespasians General Antonius von Norden her gegen die Hauptstadt vor. An drei Stellen der Stadt kam es zu erbitterten Gefechten, wobei die Vitellier bis zum letzten Mann niedergemetzelt wurden.

Vitellius selbst hatte sich in seiner Verzweiflung in den neronischen Palast zurückgezogen. Sein Ende schildert Flavius Josephus mit folgenden Worten: »Vitellius trat betrunken aus dem Kaiserpalast, nachdem er im Hinblick auf das bevorstehende Ende noch einmal besonders reichlich an seinem lasterhaften Tisch gezecht hatte. Er wurde durch die Reihen des Volkes gezerrt, wobei viele auf ihn losgingen und einschlugen. Und mitten in Rom wurde er von der aufgebrachten Menge gelyncht. Acht Monate und fünf Tage hatte er die Herrschaft ausgeübt, und wäre es ihm gegeben gewesen, noch länger zu leben, so hätte, glaube ich, seine Gier nach Luxus die Kraft des ganzen Reiches überstiegen.«

Wieder einmal hatte sich bewahrheitet, daß es in Rom nur einen regierenden oder toten Kaiser geben durfte, aber keinen abgedankten. Die Bilanz des Bürgerkrieges: 50 000 Tote. Am 22. Dezember 69 verlieh der Senat Vespasian den Augustustitel und den Ehrentitel Vater des Vaterlandes. Nero war eineinhalb Jahre tot und hatte bereits den vierten Nachfolger gefunden.

XII. Epilog: Wie wahnsinnig war Nero eigentlich?

*»Es adelt einen Menschen, ohne Rücksicht auf seine eigenen Kräfte,
nur im Vertrauen auf die Natur nach den Sternen zu greifen
und sich gar noch höhere Ziele zu stecken
als selbst die größten Geister zu erreichen vermögen.«*

Seneca

War Nero geistesgestört?

Antike Historiker haben Nero als Wahnsinnigen bezeichnet, ohne den Beweis für diese Behauptung anzutreten. Heute ist die Wissenschaft vorsichtiger. Zweifellos besaß Nero einen ungewöhnlichen Charakter, sein Verhalten entsprach nicht den Normen seiner Zeit. Seine Vorliebe für die Kunst, vor allem aber sein Auftreten als Sänger und Schauspieler befremdete viele Römer.

Die Gesetze, die Augustus zum Schutze des Kaisers erließ, waren streng, zum Teil drakonisch. Augustus, der Vergehen gegen diese Gesetze unnachsichtig ahndete, wurde kaum jemals Cäsarenwahn vorgeworfen. Nero hingegen wurde immer wieder in Verbindung mit diesem Schlagwort gebracht.

Nero wie Augustus waren kraft ihres Amtes auch oberste Richter des römischen Weltreiches. Sie richteten über Kapitalverbrecher oder sprachen ihr Urteil in Religionsprozessen. Und in diese Kategorie fielen auch die Gesetze zum Schutze des Alleinherrschers. Hierbei spielte vor allem der Begriff der *maiestas* eine Rolle. Ursprünglich wurde die damit gemeinte Hoheit, Erhabenheit und Würde den Göttern zugebilligt, in der Zeit der Republik aber auch dem römischen Staat und dessen Repräsentanten. In der Kaiserzeit wurde die *maiestas* auf den Herrscher übertragen, aus einem Verstoß gegen den Staat wurde nun das »Majestätsverbrechen.« Entsprechend der sakralen Herkunft des Begriffes waren Majestätsverbrechen eine Art Religionsfrevel, ein Sakrileg. Respektlosigkeit vor dem Herrscher kam einer Gotteslästerung gleich. Nero, zeit seines Lebens ein verängstigter Charakter, wachte argwöhnisch über die Respektierung dieses Herrscherideals, nach dem des Imperators Wille oberstes Gesetz war. So mag es begreiflich erscheinen, wenn Nero an der Stelle, wo später das Colosseum errichtet wurde, eine über dreißig Meter hohe vergoldete Statue von sich selbst aufstellen ließ. Augustus zeigte kaum weniger Zurückhaltung beim Bau des monumentalen Mausoleums, das er noch zu Lebzeiten inmitten der Stadt für sich errichtete.

Neros Handlungsweise kann man nur richtig verstehen, wenn man sie an seinen Vorgängern und Nachfolgern mißt. Nero gehörte dem julisch-claudischen Kaiserhaus an, führte seine Abstammung also auf Gaius Julius Cäsar und Tiberius Claudius Nero, den Gemahl der Livia, zurück. Lag in diesen beiden uralten Familien der Ursprung einer geistigen Anomalie?

Medizinhistoriker haben sich eingehend mit dieser Frage beschäftigt und sind zu überraschenden Ergebnissen gekommen.

Cäsar war weit exzentrischer als Nero

Cäsar, ein Mann von edler Erscheinung und faszinierendem Auftreten, gab sich bescheiden im Essen und Trinken, war in seiner Sexualität jedoch alles andere als zurückhaltend. Er übertraf ganz zweifellos Nero, den man allzuleicht als Monster auf diesem Gebiet abgetan hat. Cäsar war bisexuell veranlagt, er hatte schon in jungen Jahren ein Verhältnis mit Nikomedos, dem König von Bithynien, und zahlte für schlanke Sklaven so hohe Preise, daß seine Ausgaben in keinem Rechnungsbuch erscheinen durften. Sueton nennt Cäsars Sexualtrieb schlichtweg unnatürlich, und es ist keineswegs nur ein Histörchen, daß der Volkstribun Helvius Cinna ein Gesetz ausgearbeitet hatte, wonach es Cäsar erlaubt sein sollte, mit jeder Frau zu schlafen, mit der er wollte – angeblich zum Zwecke der Zeugung von Kindern. Das Gesetz wurde nicht mehr erlassen, da Cäsar den Dolchen seiner Mörder zum Opfer fiel.

Augustus mit einem Bürgerkranz aus Eiche bekränzt.

Obwohl viermal verheiratet und bisexuell, war keine Frau vor ihm sicher. Zeitgenossen meinten, dem Diktator seien deshalb die Haare ausgegangen. »Sperrt eure Weiber ein, der Kahlkopf kommt!« war ein geflügeltes Wort. Daß er mit der rätselhaft-faszinierenden Kleopatra ein Verhältnis hatte oder mit Eunoe Maura, der Gemahlin des mauretanischen Königs Bogudes, mag jedem Mann verständlich erscheinen, daß er jedoch jede Frau nahm, die ihm über den Weg lief, also nicht gerade wählerisch war, verblüfft.

Bei vielen amourösen Abenteuern kannte Cäsar nicht einmal den Namen der Frau. Waren es Damen der Gesellschaft, so hatten die Römer etwas zu tuscheln, etwa über Postumia, die Gattin des Servius Sulpicius Rufus; oder Lollia, die Frau des Aulus Sabinius; Tertulla, die Gemahlin des Marcus Crassus; Mucia, die Angetraute des Gnäus Pompeius oder Servilia, die Ehefrau des Marcus Brutus.

Pathologisch bedeutsam und weitgehend unbekannt ist, daß Cäsar Epileptiker war, er litt an der genuinen, das heißt erblichen Fallsucht. Daß sie erstmals in seinem einundfünfzigsten Lebensjahr aufgetreten sein soll, erscheint den Medizinhistorikern fragwürdig, weil Epilepsie normalerweise in den ersten drei Lebensjahrzehnten auftritt. Verschiedene Autoren schildern die Symptome in unterschiedlichen Situationen sehr eindeutig: Schwindelgefühl, Trübung der Sinneseindrücke, Geistesverwirrung, Bewußtlosigkeit. Cäsar vermutete den Ursprung seiner Krankheit im Kopf und war deshalb bis zur Manie bestrebt, sein Haupt Wind, Regen, Sonne und Kälte auszusetzen. Mit Vorliebe hielt er sich unter freiem Himmel auf.

Augustus war ein Adoptivsohn Cäsars, seine Mutter Atia war allerdings eine Nichte Cäsars. Väterlicherseits stammte er hingegen aus dem Geschlecht der Octavier.

Augustus litt wegen seines Äußeren unter Komplexen. Er hatte eine fleckige Haut, die Augenbrauen waren über der Nasenwurzel zusammengewachsen, die Ohren abstehend, er zog das linke Bein nach; und zudem war er so klein, daß er ständig Schuhe mit hohen Absätzen trug. Bis zum dreiundzwanzigsten Lebensjahr pflegte er einen Bart; als er ihn abnahm, veranstaltete er – wie Nero – ein großes Fest. Anders als Nero, der nur dreimal in seinem Leben krank war, kränkelte Augustus zeit seines Lebens. Er konnte weder

Hitze noch Kälte ertragen. Im Winter trug er vier Unterkleider unter der Toga, ein wollenes Brusttuch und Wickel um die Schenkel. Im Sommer reiste er nur nachts, um der Hitze zu entgehen. Wie sein Adoptivvater und Großonkel hielt er sich beim Essen und Trinken zurück, nicht jedoch bei den Frauen.

Wie Cäsar war auch Augustus bisexuell veranlagt, doch bevorzugte er Knaben. Auch seine erste Ehefrau war noch sehr jung, »kaum mannbar«, wie es heißt, sie war zwölf. Weil er sich mit der Schwiergermutter nicht verstand, verstieß er sie und heiratete Scribonia. Aus dieser Ehe ging die Tochter Julia hervor. Im Jahre ihrer Geburt ließ Augustus sich auch von Scribonia scheiden, weil er auf Livia Drusilla ein Auge geworfen hatte. Livia war schwanger, als er sie ehelichte, aber auch diese Ehe hinderte ihn nicht daran, zahlreiche Verhältnisse zu unterhalten. Das mit der Frau des Maecenas ist vielleicht am bekanntesten.

Augustus zwang im Jahre 12 v. Chr. Tiberius, sich von seiner Frau Vipsania Agrippina scheiden zu lassen, obwohl diese gerade ein Kind von ihm erwartete. Tiberius mußte Augustus' Tochter Julia heiraten. Diese war zwar schon verheiratet und mit fünf Kindern gesegnet, aber Augustus hatte nun einmal Tiberius als seinen Nachfolger ausersehen.

Alle Claudier waren radikal, so auch Tiberius

Tiberius Claudius Nero entstammte dem Geschlecht der Claudier, aus dem nicht wenige gewalttätige und verbrecherische Naturen hervorgingen. Im Gegensatz zu seinen letzten Lebensjahren war der junge Tiberius ein Mann von ausnehmender Schönheit: groß, wohlproportioniert mit großen dunklen Augen. Von hervorragender körperlicher Konstitution, verspottete er gern seine Ärzte.

Seine Ernährungsweise war höchst eigenwillig und beschränkte sich fast ausschließlich auf Gemüse. Er liebte junge Zuckerrüben, die er vom Niederrhein kommen ließ, Spargel aus Obergermanien; Kohl und vor allem Gurken gab es jeden Tag. Tiberius war ein Trinker, auf Capri, seinem freiwillig gewählten Exil der letzten

Lebensjahre, wird noch heute der heimische Wein nach ihm benannt: Timberio.

Sein ausschweifendes Leben wird von den Wissenschaftlern unterschiedlich beurteilt. Die Skala der Diagnosen reicht vom spannungsgeladenen Charakter bis zur Schizophrenie.

Kompliziert sind die erblichen Verhältnisse bei Caligula. Er stammt über seinen Vater Germanicus, den Großvater Drusus und den Urgroßvater Tiberius Claudius Nero, der mit Livia Drusilla verheiratet war, aus dem Hause der Claudier. Weil er jedoch auch ein Ururgroßneffe von Gaius Julius Cäsar war, floß auch julisches Blut in seinen Adern. Das gilt natürlich auch für Agrippina, Caligulas Schwester, Neros Mutter.

Sein Vater Germanicus war ein Idol der Römer, seine Mutter Agrippina maior brachte neun Kinder zur Welt. Caligula war das sechste und der jüngste Sohn. Ausgesehen muß er ziemlich wild haben, durch einstudiertes Grimassenschneiden verstärkte er diesen Eindruck noch. Sein schütteres Kraushaar verursachte ihm Komplexe. Das ging so weit, daß er es als Verbrechen ansah und mit dem Tode bestrafte, wenn sich jemand über ihn mokierte oder im Gespräch das Wort Ziege aussprach. Antike Historiker erwähnen auch den starren Blick des Imperators, der ohne Zweifel sadistisch veranlagt war. »Gefoltert«, heißt es bei Seneca, »hatte er sie mit allem, was es an allerhärtesten Dingen gibt, mit Stricken, Fußschrauben, Marterpferd, Feuer und seinem eigenen Blick.«

Wie bereits erwähnt, führte Caligula bis zum Ausbruch seiner Krankheit ein gemäßigtes Leben, das sich danach jedoch ins genaue Gegenteil verkehrte: Fressen, Saufen, exzessiver Sexualverkehr mit Männern und Frauen. Schon Sueton bezeichnete ihn als weder körperlich noch geistig gesund und wies darauf hin, daß er, Caligula, sich seines krankhaften Geisteszustandes durchaus bewußt gewesen sei.

Medizinhistoriker stufen Caligula heute schon aufgrund der Vererbung als Epileptiker ein. Schwieriger ist die Frage zu beantworten, ob Caligula schizophren war.

Der Medizinhistoriker der Medizinischen Akademie Düsseldorf, Professor Dr. med. habil. Dr. phil. Albert Esser, meint dazu: »Wir wissen heute, daß schizothymer Charakter, schizoid und Schizophrenie verschieden gestufte Ausdrucksformen eines bestimmten psychischen Typus sind, von welchem die erste durchaus im Bereich des Normalen, die beiden anderen jedoch in der Sphäre des Anomalen liegen, und zwar so, daß das Schizoid nur Abortivsymptome der Schizopsychose aufweist, während die Schizophrenie das vollentwickelte Bild der geistigen Erkrankung bietet. Ich möchte das Verhältnis schizothymer Charakter, Schizoid und Schizophrenie mit dem Bild Tag, Dämmerung, Nacht vergleichen. Daß die Abgrenzung nicht absolut gilt, sondern fließenden Übergängen von einer Stufe zur anderen Raum gibt, braucht nicht weiter ausgeführt zu werden.«

Professor Esser kommt nach Wertung aller zur Verfügung stehenden Indizien – zum Beispiel übernormal große Füße, sehr blasse Haut, abstehende Ohren, borstiges Haar usw. – zu der Diagnose: Caligula war schizoid, wenn nicht gar schizophren, also verrückt.

Neros Vorgänger Claudius wurde sogar von seiner eigenen Mutter Antonia minor als Mißgeburt bezeichnet, deren Entwicklung von der Natur nicht abgeschlossen, sondern nur angefangen sei. Und seine Zeitgenossen waren nicht weniger unmißverständlich in ihrem Urteil. Kein Wunder, Claudius zitterte mit dem Kopf, stotterte und benahm sich tolpatschig. Andererseits widmete er sich wissenschaftlichen Studien und überraschte seine Gäste mit unverkennbarer Gewähltheit in der Ausdrucksweise. Wie alle julisch-claudischen Kaiser lebte er sexuell über seine Verhältnisse.

Daß Claudius schwachsinnig war, wird in der Regel nicht bezweifelt. Sueton gibt einen Hinweis darauf, daß dieser Schwachsinn möglicherweise gar nicht ererbt, sondern durch eine Meningitis, Enzephalitis oder multiple Sklerose in jungen Jahren ausgelöst wurde. Es ist allerdings auch nicht völlig auszuschließen, daß Claudius seinen Zustand nur mimte, um Nachstellungen zu entgehen. Je weniger man ihn ernst nahm, desto weniger war sein Leben gefährdet.

Die Römer beurteilten Nero zwiespältig

Aus diesem Umfeld von Heroen und Narren ging Nero hervor, ein junger Mann, intelligent, gebildet, musisch und sportlich veranlagt, für römische Verhältnisse im ersten Jahrhundert eigentlich ungewöhnlich normal. Seine Ahnen väterlicherseits, die Ahenobarbi, mit dem Familienkennzeichen des roten Bartes behaftet, waren unbeständige, zügellose Charaktere. Mütterlicherseits hatte Nero den Germanicus und Marc Anton in seiner Ahnenreihe aufzuweisen, aufrechte Persönlichkeiten der Geschichte. Geht man noch weiter zurück, dann ist Nero

– väterlicherseits ein blutsverwandter Urgroßneffe des Augustus,
– väterlicherseits ein blutsverwandter Ururgroßneffe von Cäsar,
– mütterlicherseits ein blutsverwandter Ururgroßneffe von Cäsar.

Die Römer waren von ihren Cäsaren vieles gewöhnt, sie waren sogar auf exzentrische Eigenheiten vorbereitet. Bei Nero scheinen sich zumindest einige durchaus an seinem theatralischen Gebaren als Sänger, Schauspieler und Wagenlenker ergötzt zu haben. Das war für sie neu, die sexuellen Exzesse eines Tiberius, die Grausamkeiten eines Caligula waren ohnehin nicht mehr zu übertreffen. Aber ein Kaiser, der auf der Bühne weinte, wie ein Wahnsinniger wütete, wie eine Schwangere bei der Geburt stöhnte, das faszinierte – zumindest zunächst. Darüber sprach man, das bewunderte man. Aber viele Intellektuelle verachteten auch ein solches Gebaren. Und zweifellos hat die antike Geschichtsschreibung wegen dieser auffälligen Eigenschaften Neros zahlreiche positiven Aspekte dieses Kaisers unterschlagen.

Die drei wichtigsten Quellen für die Lebensbeschreibung Neros, die auch diesem Buch zugrunde liegen, stammen von den Historikern Tacitus (55–116 n. Chr.), Sueton (70–150 n. Chr.) und Cassius Dio (150–235 n. Chr.). Sie unterscheiden sich in Detailangaben oft sehr, stimmen aber in ihrer senatorisch-republikanischen Tradition überein. Kein Wunder also, daß ein Kaiser wie Nero von allen drei Historikern schlecht beurteilt wurde, und sie in ihrer moralisch-lehrhaften Absicht oft über das Ziel hinausschossen.

Als Tacitus geboren wurde, war Nero achtzehn Jahre alt. Tacitus' Vater bekleidete ein ritterliches Amt, und ihm wie dem gesamten Adel im alten Rom wurde von Nero übel mitgespielt. Daß Publius Cornelius Tacitus also von Anfang an gegen den julisch-claudischen Kaiser eingestellt war, ist verständlich. Die Ämterlaufbahn bescherte ihm unter Titus die Quästur, zum Volkstribun stieg er unter Domitian auf, unter Nerva war Tacitus Konsul und als Krönung seiner Laufbahn wurde er Prokonsul der Provinz Asien.

Wann die »Annalen«, die Geschichte des julisch-claudischen Kaiserhauses, entstanden, ist unbekannt. Auf jeden Fall wurden sie *nach* den »Historien« geschrieben, in denen die Geschichte des nachneronischen flavischen Kaiserhauses berichtet wird; diese entstanden zwischen 105 und 110 n. Chr. Die Zeit Neros wird in den Büchern 13–16 der Annalen behandelt. Das dreizehnte Buch beginnt mit Neros Regierungsantritt im Jahre 54, im vierzehnten werden die Jahre 59–61 abgehandelt. Die Jahre 62–65 folgen im fünfzehnten Buch. Bedauerlicherweise bricht die Chronik im sechzehnten Buch ab, so daß wir für die beiden letzten Lebensjahre Neros auf die Berichte des Tacitus verzichten müssen.

Gaius Suetonius Tranquillus wurde als Sohn eines Mannes plebejischer Abkunft geboren, als Nero schon tot war. Mit Fleiß und Bescheidenheit brachte er es zu einem geachteten Gelehrten, dem der Freundeskreis um den jüngeren Plinius offenstand. Später schlug Sueton die Laufbahn eines Rechtsanwalts und Redners bei öffentlichen Prozessen ein und schrieb die Biographien der Kaiser von Cäsar bis Domitian, wobei er seltsamerweise die Kaiser der julisch-claudischen Dynastie wesentlich ausführlicher behandelt als die späteren Flavier, die ihm doch allein schon zeitlich viel näher standen.

Anders als Tacitus, der sich stets als Historiker betrachtete, will Sueton unterhalten. Auf Kosten historischer Begründungen und Zusammenhänge zielt Sueton gern auf Anekdoten und allzu menschliche Begebenheiten ab. Das hat ihm bisweilen den Ruf eines Klatschkolumnisten eingebracht.

Sueton bevorzugt die Schandtaten und Laster, die Affären und Histörchen seiner Helden, die er oft minuziös abhandelt, ohne nach den Ursachen zu fragen oder sie in das Ganze eines historischen

Ablaufs zu stellen. Dabei war er außerordentlich fleißig, er befragte Augenzeugen – für Nero steuerte sein Vater zahlreiche Aussagen bei – und zitiert nicht weniger als achtunddreißig zeitgenössische Autoren. Sueton durchforstete die Protokolle der Senatsverhandlungen und Volksversammlungen, die Leichenreden bedeutender Familien, die Archive auf dem Palatin und stieß so auf Einzelheiten, die dem Historiker Tacitus entgangen waren. Er wollte keine lückenlose historische Darstellung präsentieren, seine Leser kannten die jüngste römische Geschichte. Sein Standpunkt ist das Ideal seiner Jugendzeit, die glückliche Epoche von Vespasian und Titus.

Aus diesem Blickwinkel wurde Nero zum Ungeheuer.

Cassius Dio stammte aus Bithynien und bekleidete hohe Reichsämter unter mehreren Kaisern der Severer-Dynastie, 229 war er sogar Konsul. Unter Septimius Severus gab er eine Schrift über Träume und Vorzeichen heraus, später faßte er den Plan, eine römische Geschichte zu verfassen. Er schrieb insgesamt achtzig Bände in griechischer Sprache, die jedoch nicht alle erhalten sind. Ihre Zuverlässigkeit ist umstritten, zumal er mit Vorliebe Reden einfügt. Die selbst miterlebte Zeit nach Marc Aurel, die er sehr ausführlich behandelt, ist gewiß eine exakte Schilderung jener Zeit, seine Nero-Biographie läßt hingegen vielerlei Fragen offen, vor allem die nach seinen Quellen.

So wurde das Nero-Bild verfremdet

Die letztendliche Negativprägung erhielt das Bild Neros durch die Art, wie die genannten Originalschriften überliefert wurden. Die wenigsten sind direkt auf uns überkommen. Meist handelt es sich um Abschriften oder Auszüge, die von frühchristlichen Autoren übernommen wurden. Dabei ist nur noch selten festzustellen, wo Passagen ergänzt, verfremdet oder gekürzt wurden. Nehmen wir Cassius Dio: Von den achtzig Bänden seiner »Römischen Geschichte« sind nur die Bände 36–60 und Teile aus 78 und 79 erhalten. Die fehlenden Kapitel finden wir in Auszügen bei Joannes Xiphilinos, Zonaras und Konstantin. Daß diese dem Kaiser, unter dessen Regierung Petrus und Paulus den Tod fanden, nur Übles nachsagten, ist allzu verständlich.

So kommt es, daß uns die historische Überlieferung ein zum Bösen verfremdetes Nero-Bild präsentiert, das vom tatsächlichen Charakter des Kaisers offensichtlich abweicht. Hinweise darauf finden wir bei Tacitus wie bei Sueton, wo im Gegensatz zu der sonst negativen Charakterzeichnung bisweilen erstaunlich positive Eigenschaften erscheinen. Da begegnen wir einerseits einem blutgierigen Tyrannen, andererseits sagt dieser bei der Unterzeichnung seines ersten Todesurteils wörtlich: »Oh, hätte ich nie schreiben gelernt!«

Manche dieser Widersprüche gehen allerdings nicht auf Manipulationen, sondern auf den zwiespältigen Charakter Neros zurück. Da ist einmal der Hang zum Größenwahn, dem andererseits ein erkennbarer Minderwertigkeitskomplex gegenübersteht: Da glaubte Nero, eine Stimme zu haben wie ein Gott, gewaltig und groß. Aber er sang zunächst nur im Palast und in seinen Gärten. Und seinen ersten öffentlichen Auftritt wagte er nicht in Rom, er reiste nach Neapel, in die Stadt der Griechen, dort verstand man seiner Meinung nach mehr von Kunst. Nero sang in einem vollbesetzten Theater. Neapolitaner, der Hofstaat, die Diener und einige Abteilungen der Prätorianer applaudierten begeistert. Als sie nach Hause gegangen waren, stürzte das Theater ein. »Ein böses Omen!« meinten die einen, Nero konterte selbstbewußt, im Gegenteil, es zeuge nur von der Gunst und Fürsorge der Götter, wenn niemand zu Schaden gekommen sei.

Cassius Dio wie auch Sueton äußern sich abfällig über Neros Stimme: Sie sei »klein« und »dumpf« gewesen. Dabei hatte der Kaiser sein Stimmorgan wie der berühmte Kitharasänger Terpnius geschult, indem er auf dem Boden liegend mit einer Bleiplatte auf der Brust Atemübungen absolvierte. Er aß kein Obst, weil er glaubte, es schade seiner Stimme, ließ sich Brechmittel verabreichen, weil er fürchtete, mit einem *plenus venter*, einem vollen Bauch, singe er schlecht. An bestimmten Tagen aß er zum Frühstück Schnittlauch in Öl – ohne Brot –, das sollte angeblich die Stimme geschmeidig machen. Trotz allem war er neidisch auf seinen Stiefbruder Britannicus, der eine noch schönere Stimme hatte.

Sueton führte sogar den Brudermord auf den Neid des Kaisers zurück, eine äußerst fragwürdige Interpretation. Vergleicht man den Aufwand, den Nero mit seiner Stimme trieb, mit dem Kult, den Gesangsstars heute inszenieren, so erscheint das Gebaren des Kaisers in keiner Weise verrückt, und wenn, dann gäbe es heute nur verrückte Sänger.

Nero litt, und auch darin unterscheidet er sich nicht von heutigen Gesangstars, in jungen Jahren unter dem Komplex, andere Sänger könnten besser sein als er. Vor Wettbewerben ließ er seine Mitbewerber bespitzeln, er verleumdete sie sogar, hatte er jedoch in einem Wettbewerb gewonnen, so war seine Freude maßlos. Nach seinem Sieg in Griechenland verlieh er der gesamten Provinz die Selbstverwaltung und Steuerfreiheit, die Preisrichter erhielten das römische Bürgerrecht. Er ging so weit, daß er die Standbilder früherer Sieger bei den Wettkämpfen umstürzen und in die Latrinen werfen ließ.

Dies sind alles Symptome innerer Unsicherheit, die bei ihm echte Angstzustände hervorriefen. Er kannte das Schicksal seiner Vorgänger allzugut und legte gegen Ende seines Lebens das Gelübde ab, er werde, wenn ihm seine Herrschaft erhalten bleibe, als Wasserorgel- oder Flötenspieler, als Dudelsackbläser und Ballettänzer auftreten.

Auspizien und Vorzeichen brachten den sensiblen Mann vollkommen aus der Fassung. Bis zum Mord an seiner Mutter Agrippina hatte Nero angeblich niemals geträumt, doch nun begegneten ihm des nachts bedrohliche Traumgesichte: Er steuerte ein Schiff, irgend jemand trat auf ihn zu und riß ihm das Ruder aus den Händen. Oder: Seine Gattin Octavia zerrte ihn in eine enge, finstere Schlucht. Schwärme geflügelter Ameisen bedeckten ihn. Die Statuen der unterworfenen Völker aus dem Pompeiustheater hatten ihn eingekreist. Sein Lieblingspferd verwandelte sich – bis auf den Kopf – in einen Affen und wieherte laut.

Medizinhistoriker halten Nero keineswegs für verrückt

All das sind Schulbeispiele für den Psychiater. Diese Träume spiegeln Angst und Aggressionen wider. Nero fühlte sich als junger Kaiser überfordert. Als Schauspieler und Sänger versteckte er sich vor der Verantwortung. Die Macht über all die unterworfenen Völker bedrückte ihn. Doch das einzige, was er tun konnte, er verwandelte sich wie sein Lieblingspferd: Aus dem Kaiser wurde ein Sänger.

Der Muttermord belastete ihn schwer. Agrippina erschien ihm immer wieder im Traum, Furien jagten ihn mit Geißeln und Brandfackeln und raubten ihm den Schlaf. Halluzinationen des Gehörs erzeugten dröhnenden Trompetenschall, der vom Grab der Mutter herkam. Diese Symptome steigerten sich mit zunehmendem Alter und mit den Jahren seiner Regierung.

Im Jahre 64 wurde Nero bei einer Kulthandlung im Tempel der Vesta das Opfer seines nervenaufreibenden Lebenswandels. Als er aufstehen wollte, blieb er mit einem Zipfel seiner Toga hängen, er stolperte, ihm wurde so schwarz vor Augen, daß er nichts mehr sehen konnte. Mediziner diagnostizierten dies als Flimmerskotom beziehungsweise einen Anfall von Augenmigräne. »Als er«, schreibt Tacitus, »dort zu den Göttern gebetet und den Vestatempel besucht hatte, zitterte er plötzlich an allen Gliedern.« Und der antike Historiker fügt hinzu: »Entweder erschreckte ihn die Gottheit, oder er war im Bewußtsein seiner Freveltaten niemals frei von Angst.«

Das Zittern vor Angst wurde in den folgenden Jahren immer häufiger. Tacitus erwähnt in Verbindung mit der Pisonischen Verschwörung, »obwohl er seine Wachen verstärkt hatte«, habe er immer mehr vor Angst gebebt. Der Abfall Galbas mit der gesamten Provinz Spanien brachte schließlich den völligen Nervenzusammenbruch. Nero stürzte ohnmächtig zu Boden, blieb ohne Bewußtsein liegen und bekam, als er zu sich kam, einen Tobsuchtsanfall. Daß Nero wenn nicht durch Mord, so durch Selbstmord enden würde, schien eigentlich vorgezeichnet. Er war psychisch am Ende, das Bellen eines Hundes, das Zwitschern eines Vogels ließen ihn angstvoll zusammenfahren; denn seit er auf dem Thron saß, fühlte sich dieser hoffnungslos überforderte junge Mann gehetzt und verfolgt.

Bis in das Innerste verunsichert, klammerte Nero sich an jeden Strohhalm. Daß er dabei die Hilfe der Götter verachtete, erscheint angesichts der psychischen Zwangslage seltsam. Doch der Prinzeps war kein gläubiger Mensch, er stand den römischen Götterkulten ablehnend gegenüber, nur der syrischen Muttergöttin Kybele brachte er, zumindest anfangs, gewisse Sympathie entgegen. Nach einigen Enttäuschungen empfand er jedoch auch gegen Kybele Abneigung und er verrichtete sein Bedürfnis an ihrer Statue. Andererseits hegte er eine kleine Mädchenstatuette, die ihm ein Unbekannter als Talisman gegen Verschwörungen geschenkt hatte, wie seinen Augapfel. Als die Pisonische Verschwörung gegen ihn aufgedeckt wurde, schrieb er dies dem Figürchen zu und brachte ihm bis an sein Lebensende dreimal täglich ein Opfer dar.

All dies sind durchaus menschliche Verhaltensweisen, sie werden es zumindest aus der Erklärung der Situation heraus. Deshalb kann man Nero nicht als schwachsinnig oder schizophren bezeichnen. Unter psycho-pathologischen Gesichtspunkten wird Nero von Medizinhistorikern höchstens als manisch eingestuft. Die Manie bewirkt einen übersteigerten Betätigungsdrang, verstärkte Triebregungen, Ideenflucht und Selbstüberschätzung.

Wahnsinnig war Nero nie.

Was war er aber wirklich?

Ein Spielball der Geschichte.

Anhang

QUELLENVERZEICHNIS

I. Kapitel: Ein Siebzehnjähriger wird Kaiser

Tacitus über Britannicus: Tac. *Ann.* XII, 26. Das Zitat der Agrippina über Britannicus wurde von indirekter Rede in direkte Rede gestellt. Es stammt aus Tac. *Ann.* XII, 41. Das Claudius-Zitat ist aus Tac. *Ann.* XII, 64. Das Sueton-Zitat über Neros sexuelle Beziehungen zu seiner Mutter, siehe: Suet. *Nero*, 28, 2. Neros Antrittsrede vor dem Senat steht in indirekter Rede bei Tac. *Ann.* XIII, 4. Die Parole *Optimam matrem* überliefern Tac. *Ann.* XIII, 2, und Sueton, *Nero* 9, 1.

II. Kapitel: Nero und seine Zeit

Sueton über Germanicus in: Suet. *Cal.* 3. Die Frage des Tiberius an Agrippina die Ältere überliefert Sueton in *Cal.* 53. Die Dialoge Tiberius–Agrippina d. Ä. sind nachzulesen bei Tac. *Ann.* IV, 52, 53. Die Beschreibung von Tiberius' unappetitlichem Äußeren finden wir bei Suet. *Tib.* 68. Tacitus über die Angst der Römer vor dem Spitzelwesen zur Zeit des Tiberius in *Ann.* IV 69. Über die Hinrichtungspraktiken unter Tiberius siehe Suet. *Tib.* 61, 62. Das Tiberius-Zitat: Suet. *Tib.* 67. Über den Tod der Schlange des Tiberius lesen wir bei Suet. *Tib.* 72. Der Tod des Tiberius mit der Episode des pulsfühlenden Charikles wird bei Tac. *Ann.* VI, 50, und Suet. *Tib.* 73–75 beschrieben. Über den Tod des Tiberius gibt es noch eine zweite Version: Nach Seneca sei Tiberius zwar aus seiner Ohnmacht erwacht, habe sich, da niemand auf sein Rufen antwortete, vom Lager erhoben und sei dann tot zusammengebrochen (siehe auch Suet. *Tib.* 73). Die Eidesformeln auf Caligulas Schwestern und die Heimholung der Asche seiner Mutter siehe Suet. *Cal.* 15. Das Ahenobarbus-Zitat über Nero steht bei Suet. *Nero* 6, 1. Caligula-Zitate zu dem Denunzianten aus Suet. *Cal.* 15. Im Kap. 17 die Hinweise auf Caligulas Spendenfreudigkeit. Über Caligulas Krankheit und seine körperliche und geistige Verfassung bei

Albert Esser, *Cäsar und die julisch-claudischen Kaiser im biologisch-ärztlichen Blickfeld*, Leiden 1958, S. 132/133, und Sueton. *Cal.* 50/51. Über den Charakter Caligulas in der Sicht des Mediziners bei: Esser, *Das julisch-claudische Kaiserhaus*, S. 134 ff. Wie Caligula sich im Gold wälzte bei Suet. *Cal.* 42. Die Charakterisierung des schizothymen-schizoiden Charakters in: Gottfried Ewald, *Lehrbuch der Neurologie und Psychiatrie*, München und Berlin 1944, S. 291/292. Über Caligulas Ehen berichtet Sueton in *Cal.* 25. Die Dialoge mit Caligula bei den Zechgelagen überliefert Suet. *Cal.* 32, 33. Sueton über das Mordkomplott der Messalina gegen Nero in: *Nero*, 6, 4. Die Nachricht an Claudius, daß seine Frau Messalina den Silius geheiratet habe, überliefert Tac. *Ann.* XI, 29–31. Das Ehewerben der Frauen um Claudius beschreibt Tacitus mit allen Argumenten in seinen *Annalen*, XII, 1–3. Die Klassifizierung des L. Vitellius bei Tac. *Ann.* XII, 4. Die Rede des Vitellius vor dem Senat Tac. *Ann.* XII, 5–6. »Umgewandelt war die Stadt . . .« Dieses behauptet Tacitus in seinen *Annalen* XII, 7. Der Antrag des Mammus Polio vor dem Senat: Tac. *Ann.* XII, 9; Seneca: *Ad Marciam de consolatione*, München o. J. Pallas zu Claudius über die Adoption des Domitius in Tac. *Ann.* XII, 25.

III. Kapitel: Frauen waren sein Verhängnis

Das Zitat der Präambel stammt aus Tacitus, *Ann.* XIV, 9. Tacitus über Neros Sexualleben und seine Zuneigung zu Akte in *Ann.* XIII, 12, 13. Tacitus über den Audienzzwischenfall mit Agrippina in *Ann.* XIII, 5. Agrippinas Anschuldigungen gegen Nero bei Tac. *Ann.* XIII, 14. Dialog Nero–Locusta und Bericht über die Prügelszene: Suet. *Nero* 33, 2. Plutarch über Otho in: *Große Griechen und Römer, Otho und Galba*, 19. Tacitus über Otho in *Ann.* XIII, 45. Über die Schönheitspflege der Poppaea Sabina berichten Plinius d. Ä. in *Naturalis historia*, 11, 238, 28, 183, und Juvenal *Sat.* 6, 465. Der Dialog Nero–Poppaea wird von Tacitus in *Ann.* XIII, 46 in indirekter Rede überliefert. Sueton gibt in seiner Nero-Biographie 34, 2 den Hinweis, der junge Kaiser habe seiner Mutter beim Abschied den Busen geküßt. Poppaeas Vorwürfe gegen Nero sind bei Tac. *Ann.* XIV, 1 nachzulesen. Anicetus' Worte über die Mordpläne für Agrippina finden wir bei Tac. *Ann.* XIV, 3. Die Botschaft Agrippinas an Nero nach dem mißglückten Mordanschlag und die folgende Unterredung des Kaisers mit Seneca und Burrus: Tac. *Ann.* XIV, 6, 7. Tacitus über Neros Einzug in Rom: *Ann.* XIV, 13. Poppaeas Rede an Nero angesichts der Volksmassen, die Octavias vermeintliche Rückkehr feiern, bei Tac.

Ann. XIV, 61. Tacitus über die Verbannung der Octavia in *Ann.* XIV, 63, 64. Über Neros Schmerz nach dem Tod der Tochter Augusta bei Tacitus *Ann.* XV, 23. Sueton über Neros Charakterveränderung: *Nero* 27, 1. Neros Lieblingsspiel bei den Gelagen: Suet. *Nero*, 29, 1. Tacitus über den Tod Poppaeas in *Ann.* XVI, 6. Sueton über die Geschlechtsumwandlung und die Hochzeitszeremonie des Sporus in: *Nero*, 28, 1. 2. Die Grabinschriften stammen aus Ludwig Friedländers *Darstellungen aus der Sittengeschichte Roms*, 1. Band, Leipzig 1922, V. Plinius über eine Dreizehnjährige in: *ep.* V 16, 2 f. Das Zitat von Martial (V., 61) ist dem Kapitel »Die Frauen« aus Friedländers Darstellungen aus der *Sittengeschichte Roms* entnommen, ebenso die nachfolgenden Zitatangaben. Senecas Klage über das Sänftenunwesen: *De beneficiis* I, 9. 3. Über den Isis-Kult und das schändliche Leben der Römerinnen bei Tacitus, *Ann.* II, 85. Die Prostitutionsverordnung des Tiberius bei Sueton, *Tiberius*, 35.

IV. Kapitel: Brot und Spiele

Das Eingangszitat des Tacitus über Neros Wunsch öffentlich aufzutreten aus *Ann.* XV, 33. Über die Schauspiele im alten Rom bei Ludwig Friedländer, *Darstellungen aus der Sittengeschichte Roms*, Leipzig 1922 / II. Band, VIII. Über die Juvenalien und Neros ersten öffentlichen Auftritt bei Tac. *Ann.* XIV, 15–16. Neros Auftreten bei den 2. Neronia erläutern Sueton *Nero* 21, und Tac. *Ann.* XVI, 4, 5. Über den Circus bei den Römern siehe: Ludwig Friedländer, *Darstellungen aus der Sittengeschichte Roms*, II. Band, Leipzig 1922. Caligulas Verhältnis zu seinem Pferd Incitatus in Suet. *Cal.* 55, 3. Die Prozession zum Circus ist detailliert geschildert bei Ludwig Friedländer, *Darstellungen aus der Sittengeschichte Roms*, II. Band, Leipzig 1922, S. 44/45. Die Schlacht der Verbrecher am Fucinersee siehe Tac. *Ann.* XII, 56. Sueton über Neros Zurückhaltung bei den Gladiatorenkämpfen in *Nero*, 12, 1. Die Rufe von den Rängen sind bei Seneca *epist.* 7, 5 überliefert. Über Gladiatorenselbstmord und -ausbruch bei Seneca, *epist.* 70, 3, und Tac. *Ann.* XV, 46.

V. Kapitel: Nero als Politiker

Die Präambel zu Beginn des Kapitels schrieb Sueton wörtlich im 18. Kapitel seiner *Nero*-Biographie. Die Episode von Malorix und Verritus berichtet Tacitus in seinen *Annalen*, XIII, 54. Im selben Buch, Kap. 55 und

56, wird die nachfolgende Geschichte der Ampsivarier erzählt. Über den Feldherrn Corbolo berichtet Tacitus in *Ann.* XI, 18–20. Die Radamistus-Geschichte steht in den *Annalen* des Tacitus, XII, 50–51. Der Konflikt Corbulo–Tiridates bei Tacitus, *Ann.* XIII, 37–41. Seine Rede an die Soldaten in Kap. 39. Über den Britannieraufstand und seine Niederwerfung berichtet Tacitus in seinen *Annalen* XIV, 29–39. Der Aufstand der Icener bei Tacitus, *Ann.* XIV, 29–39. Die Rede des Gaius Cassius wegen der Hinrichtung der vierhundert Sklaven bei Tacitus, *Ann.* XIV, 43–44. Über den Tod des Burrus berichten Sueton, *Nero,* 35, und Tacitus, *Ann.* XIV, 51. Die Unterhaltung zwischen Seneca und Nero wörtlich bei Tacitus, *Ann.* XIV, 53–56. Tacitus berichtet die Vergiftung der Freigelassenen Doryphorus und Pallas in *Ann.* XIV, 65. Die Ansprache des Vologaises an seinen Adelsrat bei Tacitus, *Ann.* XV, 2. Das Gespräch zwischen Corbulo und Pätus bei Tacitus, *Ann.* XV, 17. Tacitus zitiert den Brief des Vologaises und die anschließende Unterredung in *Ann.* XV, 24, 25, ebenso die Begegnung Corbulo–Tiridates: XV, 29. Sueton über den Einzug des Tiridates in Rom, siehe *Nero,* 13.

VI. Kapitel: Der Brand Roms

Von Tacitus stammt das Eingangszitat aus *Ann.* XV, 38. Über den Einsturz des Amphitheaters unter Tiberius bei Tacitus, *Ann.* IV, 62, 63. Der Brand Roms und die Ausbreitung des Feuers wird von Tacitus, *Ann.* XV, 38, beschrieben. Das Scheitern des geplanten Attentats auf Nero beim Brand: Tac. *Ann.* XV, 50. Die Capitol-Beschreibung des Jahres 69: Tacitus *Historien* (III, 71–72). Daß Nero Rom angezündet haben soll: bei Tacitus, *Ann.* XV, 38; Sueton, *Nero* 38, Cassius Dio LXII, 16. Clemens Romanus gilt nach früherer Überlieferung (Dionysios von Korinth bei Eusebios, *Hist.* 4, 23, 11) als Verfasser des Briefes an die Korinther. Die Zitate Tertullians aus *Ad nationes* I, 7 *Apologeticum* V, 3. Lactantius über die neronische Christenverfolgung in seinem Buch *De mortibus persecutorum.* Die auf die Christen abgewälzte Brandstiftertheorie des Tacitus in *Ann.* XV, 44. Das Sulpicius-Severus-Zitat stammt aus den *Chronica,* Buch XI, Kapitel 29. Die Version des Tacitus dazu siehe oben *Ann.* XV, 44. Über die *Domus Aurea* berichten Tacitus in den *Ann.* XV, 42, und Sueton, *Nero,* 31. Die Laokoon-Gruppe wurde von Plinius d. Ä. im Palast des Kaisers Titus gesehen (*Naturalis historia* 36, 37). »Nero trachtete nach dem Unglaublichen«, Zitat aus Tacitus, *Ann.* XV, 42. Über die Ausstattung der *Domus Aurea:* Plinius, *Naturalis historia,* XXXV, 3 und XVI, 233, 195. Neros Kommentar beim Einzug: Sueton, *Nero* 31.

VII. Kapitel: Die Pisonische Verschwörung

Das Tacitus-Zitat zu Beginn des Kapitels stammt aus *Ann.* XV, 48. In seinen *Annalen* XV, 48 ff., zählt Tacitus die Mitglieder der Pisonischen Verschwörung auf. Der Dialog Nero–Subrius Flavus im Kap. 67, Buch XV, der *Ann.* Senecas Tod behandelt Tacitus in *Ann.* XV, 60–64. Sueton über Neros Vorgehen nach der Pisonischen Verschwörung in *Nero*, 37. Die Anklagerede des Capito gegen Thrasea zitiert Tacitus in *Ann.* XVI, 22. Die darin genannten Tubero und Favonius waren unbeliebte Oppositionelle. Die weiteren Anklagen *Ann.* XVI, 27–32. Thraseas Ende: Tac. *Ann.* XVI, 34, 35. Der Tod des Petronius und die Verbannung der Silia bei Tac. *Ann.* XVI, 18–20. In Buch XV, 68, 69 wird die Ermordung des Konsuls Vestinus behandelt. Tacitus über die Situation in Rom nach der Pisonischen Verschwörung: *Ann.* XV, 71.

VIII. Kapitel: Das Drama der frühen Christen

Von Tacitus (*Ann.* XV, 44) stammt das Eingangszitat. Tacitus über den Glauben der Juden in seinen *Historien* V, 4. Sueton über die fremden Religionen unter Tiberius in *Tib.* 36. Über das Verhältnis des Judentums und Christentums zur römischen Staatsreligion in Ludwig Friedländer, *Darstellungen aus der Sittengeschichte Roms,* III. Band, S. 202 ff. Tacitus über die Christen in *Ann.* XV, 44. Cassius Dio über die Christenverfolgungen unter Domitian in *Römische Geschichte,* LXVII, 14., 2. Über die Christenprozesse unter Nero siehe Bruno Doer in der Fachzeitschrift *Das Altertum,* Band 1, 1955: Neros Menschenfackeln. Das Tacitus-Zitat über die Christenhinrichtungen ist *Ann.* XV, 44 entnommen. Origenes über die Zahl der Opfer bei den Christenverfolgungen siehe *Contra Celsum* III, 8. Die Zitate aus dem ersten Petrusbrief: 1. Kap. 6, 7, und 4. Kap. 12, 13, 14. Zur Frage der Apostelbestattung siehe: J. Stevenson, *Im Schattenreich der Katakomben,* Bergisch Gladbach 1980, S. 40 ff. Die Saulus-Bekehrung siehe *Apostelgeschichte* 9, 3–19. Über die Saulus-Bekehrung aus medizinischer Sicht siehe Joel Charmichael, *Steh auf und rufe seinen Namen,* München 1980, S. 26. Die Verteidigung des Paulus in: *Apostelgeschichte,* 22, 24–29, und 24, 10–12.

IX. Kapitel: Ein Künstler auf Tournee

Das Nero-Zitat über das Kunstverständnis der Griechen bei Sueton, *Nero,* 22. Das Tacitus-Zitat über Corbulo stammt aus den *Historien* III, 6. Flavius Josephus über den Statthalter Gessius Florus in *Der jüdische Krieg,* München, 1974, II, 14, 2. Das Gespräch des Josephus mit seinen Freunden und die Prophezeiung des Josephus für Vespasian in: *Der jüdische Krieg,* III, Kap. 8; 3, 4 und 9. Nero zu den Kampfrichtern von Delphi bei Sueton. 23,3. Lukian über Neros Stimme in: *Klassiker des Altertums,* 1. Reihe, Band 11, S. 220, München 1911. Neros Ansprache zur Proklamation der Freiheit der Provinz Achaia siehe G. Dittenberger, *Sylloge Inscriptionum Graecarum,* 3. Aufl. »Die Kunst ernährt überall ihren Mann!« Dieses Nero-Zitat steht bei Sueton, *Nero,* 40. Im selben Kapitel ist auch der Orakelspruch aus Delphi erwähnt. Sueton, *Nero,* 40, beschreibt die Reaktion Neros auf die Nachricht vom gallischen Aufstand. Über die ersten Kontakte zwischen Vindex und Galba (»Ein starker Körper sucht nach einem Haupt!«) siehe Plutarch, *Galba,* 4. Die Beleidigungen des Vindex und Neros Frage nach dem größten Künstler bei Sueton, *Nero,* 41. Die Vorführung der Wasserorgel und das anschließende Zitat bei Sueton, *Nero,* 41. Der Ratschlag des Titus Vinius bei Plutarch, *Galba,* 4. Suetons Mutmaßungen über Neros Pläne nach dem Gallieraufstand siehe *Nero,* 43. In Kap. 42, 1 desselben Buches das Zitat »Mein Unglück ist ohne Beispiel . . .«

X. Kapitel: Das unmenschliche Ende eines Göttlichen

Neros betrunkener Monolog nach dem Festbankett zur Konsulatsübernahme bei Sueton, *Nero,* 43. Neros Fluchtpläne bei Sueton, *Nero,* 47. Den »Nerococktail« beschreibt Plinius in *nat.* 31, 40. Das Lager im Hause des Phaon beschreibt Sueton, *Nero,* 48, 4. Über Neros Beisetzung: Sueton, *Nero,* 50. Plutarch über die Lynchjustiz nach Neros Tod in *Galba,* 9. Die Motive des Nymphidius: Plutarch: *Galba* 2 und 8. Plutarch über Vinius: *Galba* 11, 12. Nymphidius' Rede ebenda Kap. 13. Die Rede des Kriegstribunen Antonius Honoratus bei Plutarch, *Galba* 14.

XI. Kapitel: Neros Nachfolger: Galba, Otho und Vitellius

Das Eingangszitat bei Plutarch *Galba* Kap. 1. Der Dialog über die angebliche Ermordung des Otho bei Plutarch, *Galba* 26. Plutarchs Hinweis auf Othos Namensübername »Nero«, siehe Plutarch, *Otho*, 3. Plutarch über die Motive Othos zur Entscheidungsschlacht zu drängen siehe *Otho*, 9. Othos Abschiedsansprache: Plutarch, *Otho*, 15. Seine Worte auf den Neffen Cocceianus, *Otho*, 16. Die letzten Stunden Othos und die damit verbundenen Zitate bei Plutarch, *Otho*, 16–18. Über die Sitten der Leute des Vitellius in Rom lesen wir bei Josephus, *Der jüdische Krieg*, IV, 10, 1. Ebenfalls bei Josephus, IV, 11, 4, das Ende des Vitellius.

XII. Kapitel: Wie wahnsinnig war Nero eigentlich?

Das Seneca-Zitat aus *Vom glückseligen Leben*, Kap. 20. Über Abstammung und Veranlagung Neros und seiner Vorgänger auf dem Cäsarenthron: Albert Esser: *Cäsar und die julisch-claudischen Kaiser im biologisch-ärztlichen Blickfeld*, Leiden 1958. Sueton über Cäsars Sexualleben und den ungewöhnlichen Gesetzesentwurf: Suet. *Cäsar*, 52. Sueton über Caligulas starren Blick in Seneca, *De ira*, 3, 19. Zur Schizophrenie im julisch-claudischen Kaiserhaus: Albert Esser, *Cäsar und die julisch-claudischen Kaiser in biologisch-ärztlichem Blickfeld*, Leiden 1958, S. 135. Neros Träume erwähnt Sueton, *Nero*, 46, 1. Tacitus über Neros Zitteranfall: *Ann.* XV, 36; über seine Angst bei der Pisonischen Verschwörung: *Ann.* XV, 57.

Alle in diesem Buch enthaltenen Dialoge und direkten Reden sind von den antiken Autoren überliefert und wurden folgenden Klassiker-Ausgaben entnommen:
Tacitus, *Annalen*, übertragen von Carl Hoffmann (Goldmann TB 7574);
Sueton, *Kaiserbiographien I*, übertragen von Adolf Stahr, bearbeitet von Martin Vosseler (Goldmann TB, KL 108);
Sueton, *Nero*, herausgegeben von Marion Giebel (Reclam TB 6692);
Flavius Josephus, *Der jüdische Krieg*, übertragen von Herman Endres, (Goldmann TB, KL 110).

Zeittafel

Jahr n.Chr.	Alter Neros	Reg.-Jahr Neros	
37	0		15. Dez. in Antium geboren; 18. März Caligulas Thronbesteigung; Galba ist bereits 40
38	1		
39	2		Verbannung von Neros Mutter Agrippina
40	3		Geburt der Octavia (aus der Ehe Claudius-Messalina)
41	4		24. Jan. Tod Caligulas; Claudius wird Nachfolger; Geburt des Titus; Geburt des Britannicus
42	5		Versuch des dalmatinischen Statthalters L. Scribonianus, die Republik neu zu errichten
43	6		
44	7		
45	8		
46	9		
47	10		800-Jahr-Feier Roms; Nero beim Troja-Spiel (Sueton, *Nero* 7, 1; Tacitus, *Annalen* XI, 11)
48	11		Apostelkonvent in Jerusalem (Paulus)
49	12		Claudius heiratet Agrippina (Tac. XII, 5–7); Neros Verlobung mit Octavia (Tac. XII, 9, 1)
50	13		25. Feb. Nero von Claudius adoptiert (Tac. XII, 25); Agrippina wird Augusta (Tac. XII, 27, 1)
51	14		Toga virilis für Nero (Tac. XII, 41, 1); Domitian geboren (Sueton, *Dom.* 1)
52	15		Nero Praefectus urbi feriarum Latin. (Sueton 7, 2); Paulus bis 55 in Ephesos
53	16		Eheschließung mit Octavia (Tac. XII, 58, 1)
54	17	0	12. Okt. Ermordung des Claudius, 13. Okt. Neros Leichenrede (Tac. XIII, 3, 1); Kaiserakklamation (Tac. XII, 69, 1)

Jahr n.Chr.	Alter Neros	Reg.-Jahr Neros	
55	18	1	im Feb. läßt Nero Britannicus vergiften; Liebschaft mit Claudia Akte (Tac. XIII, 13, 1)
56	19	2	im Frühjahr Gefangennahme des Paulus in Jerusalem
57	20	3	
58	21	4	Krieg gegen die Parther (Tac. XIII, 37–41); Überstellung des Paulus nach Rom
59	22	5	Ermordung Agrippinas
60	23	6	»Neronia« (Tac. XIV, 20, 1); Corbulo besetzt Armenien (Tac. XVI, 23—26)
61	24	7	Aufstand der Boudicca von Suetonius Paullinus niedergeschlagen (Tac. XIV, 19—39)
62	25	8	Scheidung von Octavia, Heirat der Poppaea Sabina (Sueton 35, 1–3, Tac. XVI, 63, 1 und 64, 3)
63	26	9	Neros Anfang des Jahres geborene Tochter stirbt (Tac. XV, 23, 1–3)
64	27	10	18./19. Juli Brand Roms, Christenverfolgung (Tac. XV, 38—44); Nero als Kitharöde (Tac. XV, 33, Sueton 20, 2)
65	28	11	Pisonische Verschwörung (Tac. XV, 48–63); Tod der schwangeren Poppaea (Tac. XVI, 6)
66	29	12	Tiridates in Rom (Sueton 13); Heirat der Messalina (Sueton 35, 1); Künstlertournee im August
67	30	13	Nero in Griechenland; Enthauptung des Paulus (Eusebius von Cäsarea, *Chron.* II)
68	31	14	März Rückkehr Neros; Erhebung des Vindex; Galba (Sueton, *Galba* 9, 2); 9. Juni Selbstmord Neros (Sueton 50)

Die römischen Kaiser des 1. Jahrhunderts n. Chr.

	Geboren	Regierungs-antritt	Kaiser im Alter von	Sterbealter	Todesjahr
Augustus	63 v. Chr.	27 v. Chr.	36	75	14
Tiberius	42 v. Chr.	14	56	78	37
Caligula	12	37	25	29	41
Claudius	10 v. Chr.	41	50	64	54
Nero	37	54	17	31	68
Galba	3. v. Chr.	68	71	72	69
Otho	32	69	37	37	69
Vitellius	12	69	57	57	69
Vespasian	9	69	60	69	79
Titus	39	79	40	42	81
Domitian	51	81	30	44	96

Register

Bildnachweis

Textabbildungen:

Alinari/Maria Berger, Köln: Seite 80, 88, 107;
Archiv für Kunst und Geschichte, Berlin, Seite 71, 136/7, 213, 234/5, 254/5;
Bildarchiv Preußischer Kulturbesitz, Berlin: Seite 319;
Jérôme Caropino, Rom – *Leben und Kultur in der Kaiserzeit,* Philipp Reclam Verlag, Stuttgart: Seite 24, 197;
Museo Capitolino, Rom: Seite 37;
Römisch-Germanisches Museum, Köln: Seite 31, 123.

Kunstdruckteil:

nach Seite 32:	
Vorderseite:	Thermenmuseum, Rom
Innenseite:	Toni Schneiders, Lindau
Rückseite:	Bildarchiv Preussischer Kulturbesitz, Berlin
nach Seite 64:	
Vorderseite:	Bildarchiv Preussischer Kulturbesitz, Berlin
Innenseite links:	Bildarchiv Preussischer Kulturbesitz, Berlin (unten rechts) Erich Lessing, Wien (3)
Innenseite rechts:	Alinari/Maria Berger, Köln
Rückseite oben:	Vatikanische Museen, Rom
Rückseite unten:	Bildarchiv Preussischer Kulturbesitz, Berlin
nach Seite 128:	
Vorderseite:	SCALA/Maria Berger, Köln
Innenseite:	Archiv für Kunst und Geschichte, Berlin
Rückseite oben:	Bildarchiv Preussischer Kulturbesitz, Berlin
Rückseite unten:	entnommen aus Umberto M. Fasola, *Peter und Paul in Rom,* Vision Editrice, Rom
nach Seite 224:	
Vorderseite:	Toni Schneiders, Lindau
Innenseite links:	Gabinetto Fotografico Nazionale, Rom
Innenseite rechts:	Philipp Vandenberg, Baiernrain
Rückseite:	Philipp Vandenberg, Baiernrain

nach Seite 288:	
Vorderseite:	entnommen aus Umberto M. Fasola, *Peter und Paul in Rom,* Vision Editrice, Rom
Innenseite links oben:	Pontificia Commissione di Archeologia Sacra, Rom
Innenseite links unten:	Erich Lessing, Wien
Innenseite rechts:	Anthony Verlag, Starnberg
Rückseite:	Anthony Verlag, Starnberg
nach Seite 320:	
Vorderseite:	Alinari/Maria Berger, Köln
Innenseite:	entnommen aus L. B. Dal Maso, *Das Rom der Cäsaren,* Bonechi-Edizioni Il Turismo, Rom
Rückseite oben links:	Philipp Vandenberg, Baiernrain
Rückseite oben rechts:	Archiv für Kunst und Geschichte, Berlin
Rückseite unten links:	Museo Capitolino, Rom

Zeichnungen:

Seite 216:	Dieter Weber, München, entnommen aus Herbert A. Stützer, *Das antike Rom,* DuMont, Köln
Seite 248/9	entnommen aus Umberto M. Fasola, *Peter und Paul in Rom,* Vision Editrice, Rom

Sämtliche Landkarten zeichnete Adolf Böhm, München.

Vor- und Hintersatz:

Das antike Rom, Rekonstruktion von Italo Gismondi, Museo della Civiltà Romana, Rom